令雨平生

冯其庸口述自传

冯其庸 口述
宋本蓉 记录整理

商务印书馆

工作中　黑明摄　2010年

母亲冯顾氏

在无锡国专的毕业纪念留影 1948年（二排右三：冯其庸）

参军　1949年4月

在无锡市第一女中任教　1950年

冯其庸主编的《历代文选》出版 1962年

与夫人夏蒹涓登八达岭长城　1955年

在北海全家合影 1979年（左起：冯幽若、夏菉涓、冯其庸、冯燕若）

与夫人夏菉涓结婚六十周年纪念　2015年

校改本书　2015年

库车盐水沟山水一 1986年摄

库车盐水沟山水二 1986年摄

库车盐水沟山水三　1986年摄

库车盐水沟山水四　1986年摄

库车五色山　1986年摄

塔什库尔干石头城遗迹　1995年摄

卡拉库里湖和慕士塔格峰　1998年摄

在卡拉库里湖和慕士塔格峰前　1998年摄

库车神秘大峡谷（通往唐阿艾石窟的40米绳梯） 2004年摄

库车峡谷奇峰 2004年摄

明铁盖达坂山口，玄奘取经东归入境处　2005年摄

汉玉门关夕照　2005年摄

白龙堆雅丹地貌　2005年摄

楼兰古城建筑遗迹 2005年摄

龙城雅丹 2005年摄

天下归仁

汶川大地震，惊世界中夹首长孙小妇肉躯刑，隳墙折柱挥镐锹全国军民万众一心共抗天灾亦志成城奋不顾身以情以义可歌可泣又十大实行农业免税又实施粘全国农民沙浩序官雨沾化两人咸绿化而沐仁公共于今八十有六身体抗日大灾乱亡多义岭百支以来誉有也已以十三忆人民咸沾绿化而沐仁公共

门遵后历经合雨令乃遇此仁德之世然不有实托心乎固书天下归仁四字以其实以颂盛世盛德

戊子大暑八十六岁 门外汉启骅书

为汶川地震书
"天下归仁" 2008年

为山东章丘李清照纪念堂题"归来堂" 2015年

儋阳楼

为海南东坡书院题"儋阳楼" 2015年

流而亚峡猿声彩翠
唐贤壽壽皆不可同観
矣
魏君请宇篤古之
士乃謀建竹枝詞碑
周俟在昔巳渝之歌浮
與金石而同壽盖書
家之逸映清流而長存
也乎故樂爲之序云
爾
甲戌䂨暑寬宇
馮其庸撰并書
时年七十又二

白帝城竹枝词碑园序

巴渝竹枝词讨之国兮骚之九歌也昔仲尼刪讨而存国兮屈原作骚而定九歌故知圣人重言宣而辞祖珍乡音也夫三峡形胜自古而我歌辭发聲不随夢波自郢到巴是為世所重夢浮舟創為聯章雅俗共稱遂使

题白帝城竹枝词碑园序拓片　1994年

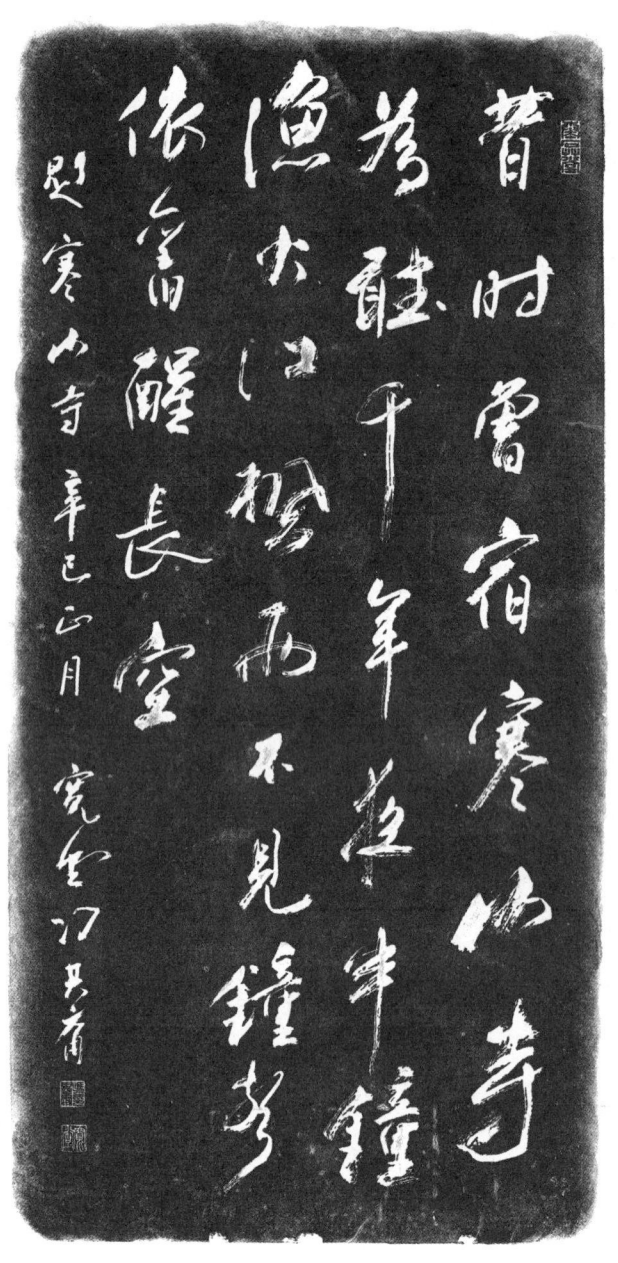

为寒山寺题诗拓本　2001年

题泰山无字碑,碑在山东泰安市岱庙内　叶兆信摄　2009年

重彩山水《金塔寺前》 1998年作

山水画《雾失楼台》 2007年作

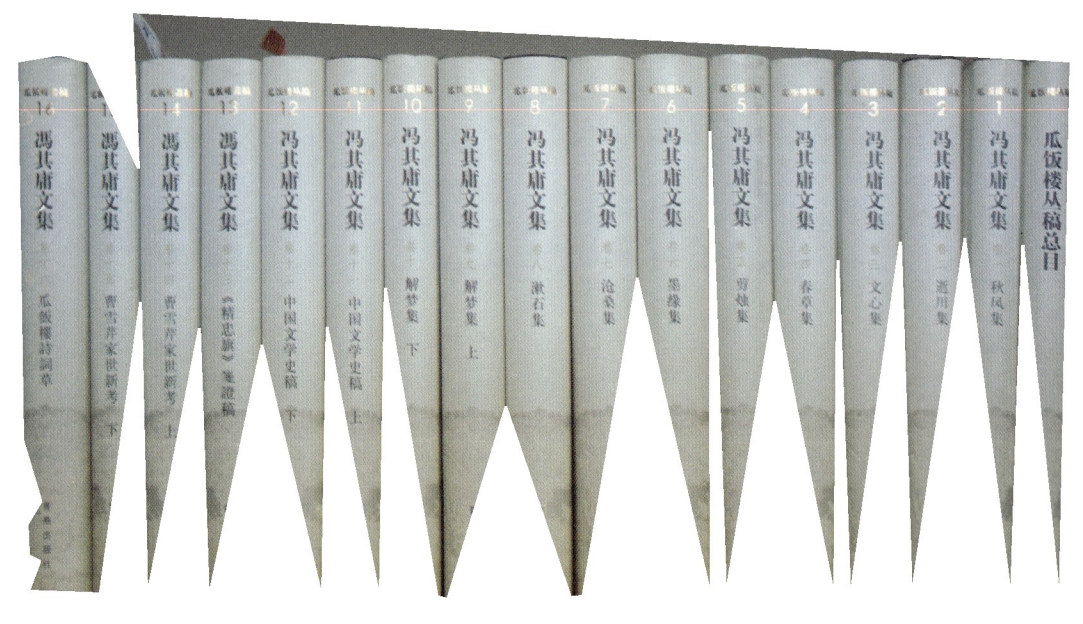

《冯其庸文集》出版　2012年

《冯其庸评批集》出版　2012年

《冯其庸辑校集》出版　2012年

冯其庸与助手高海英　2016年

本书记录整理者宋本蓉

目　录

一　童年记事　/ 1

　　一　地地道道的农民　/ 2

　　二　小学逢战乱，不忘读书，痴迷戏剧　/ 9

　　三　鬼子进村了　/ 16

　　四　初中的良师　/ 21

　　五　南瓜充饥　/ 25

　　六　老屋的变迁　/ 28

二　求学之路　/ 33

　　一　无锡工业专科学校　/ 34

　　二　从诸健秋先生学画，从张潮象、顾钦伯先生学诗词　/ 37

　　三　听阿炳演奏　/ 41

　　四　失学回家，教书种地　/ 45

　　五　无锡国专　/ 49

　　六　初识地下党　/ 54

　　七　上海无锡国专　/ 58

　　八　无锡解放，参加解放军　/ 65

　　九　无锡市第一女中任教　/ 69

三 执教人民大学 / 75

　　一　初入京华 / 76
　　二　《历代文选》的编注 / 78
　　三　《中国文学史》的编写 / 82
　　四　我与红学前辈俞平伯先生 / 85
　　五　和平画店，初识许麐庐先生、黄永玉先生 / 88
　　六　暗中受诬 / 93
　　七　险成右派 / 95

四 历史剧争论和戏曲会演 / 101

　　一　中华人民共和国成立十周年戏曲会演 / 102
　　二　新编历史剧辩论 / 110
　　三　1963年全国传统戏曲的会演 / 115
　　四　1964年全国现代戏会演 / 117
　　五　《春草集》 / 123
　　六　中宣部写作组 / 134
　　七　我与郭沫若先生 / 139

五 三年大饥荒 / 145

　　一　回乡见闻 / 146
　　二　"四清" / 153
　　三　考察古迹 / 158

六 独立乱流中 / 163

　　一　"文革"开始 / 164
　　二　"文革"中 / 173

三　郦陵君鉴和罪己诏 / 179

四　抄《红楼梦》/ 183

七　解散人民大学 / 187

一　江西干校 / 188

二　行走在天地间 / 198

三　解散人民大学 / 208

四　北京市委写作组 / 213

五　"天安门事件"，毛主席去世，"四人帮"垮台 / 219

八　《红楼梦》校订组 / 223

一　校订《红楼梦》/ 224

二　《论庚辰本》/ 233

三　《曹雪芹家世新考》/ 240

四　《石头记》脂本研究 / 250

五　李煦和曹家的败落 / 257

六　曹雪芹墓葬的发现 / 263

九　红楼梦研究所 / 269

一　红楼梦研究所的成立和《红楼梦学刊》的创办 / 270

二　中国红楼梦学会的成立 / 272

三　国际《红楼梦》研讨会 / 275

四　《红楼梦》校注本出版 / 283

五　列藏本《石头记》的回归 / 290

六　探访五庆堂曹家墓 / 300

十 《项羽不死于乌江考》及其他 / 303

    一 《蒋鹿潭年谱考略》/ 304
    二 吴梅村墓的重建 / 309
    三 《项羽不死于乌江考》/ 312
    四 姚迁事件 / 321

十一 调任中国艺术研究院 / 327

    一 职称评审 / 328
    二 我与刘海粟大师 / 332
    三 我与百五寿星朱屺瞻老画家 / 340
    四 我与紫砂大师顾景洲、高海庚、周桂珍和徐秀棠 / 345
    五 我与武侠小说大家金庸 / 352
    六 和田青去德国 / 357
    七 史华慈与《浮生六记》《红楼梦》的翻译 / 359

十二 《红楼梦》"三汇" / 365

    一 《红楼梦》论汇 / 366
    二 《脂砚斋重评石头记汇校汇评》/ 367
    三 《红楼梦》"史汇" / 373

十三 《红楼梦大辞典》《八家评批红楼梦》红楼随谈 / 375

    一 《红楼梦大辞典》/ 376
    二 《八家评批红楼梦》/ 378
    三 红楼随谈 / 381

十四　十赴西域，探寻玄奘取经之路 / 389

一　游天池和调查吉木萨尔 / 390
二　去古龟兹国经干沟古道 / 393
三　找到玄奘取经回国的明铁盖山口古道 / 397
四　到明铁盖山口立玄奘东归古道碑记 / 402
五　穿越罗布泊、楼兰，查证玄奘回长安的最后路段 / 406

十五　人大国学院和安阳中国文字博物馆 / 419

一　国学院的创建 / 420
二　关于国学的概念问题 / 422
三　西域研究所的建立 / 424
四　安阳中国文字博物馆 / 428

十六　《瓜饭楼丛稿》和《瓜饭楼外集》 / 431

一　《瓜饭楼丛稿》 / 432
二　《瓜饭楼外集》 / 434

后记 / 439

一
童年记事

一

地地道道的农民

按照我们中国传统的阴历来算,我是民国十二年十二月廿九日出生的,那年是癸亥年,属猪。出生的时间是十二时辰的最后一个时辰,就是亥时。我出生后过了一个除夕,到第三天就是大年初一了,我就应该算两岁了。到今年(2012年)是刚好已经过了90生日的大半年了。

这是按传统算法的,中国传统的计龄方式,从怀孕起就开始计龄,生下来就是一岁[①]。这个有没有道理呢?我觉得是有道理的。因为它把母亲怀孕的10个月时间算进去,你生命的形成,也是你年龄的开始。我觉得我们老祖宗的这个年龄计算方法是科学的。如果不承认母亲怀孕的这10个月的时间,生命生下来才开始,我觉得这反倒是不合情理,所以我至今一直是用传统的算法。

但是民国十二年十二月廿九那一天,按阳历算,已经是1924年的2月3日了,所以按阳历算,我是1924年出生的人。

如果按阳历的说法,跟我同龄的有很多朋友,南开毕业现在在加拿大

---

① 中国传统的计龄方式为:出生时算一岁,以后每到一个春节便增加一岁。近代西方的计龄方式传入中国,因此,现代中国有了两种计龄方式。为了相区别,两者被分别称为虚岁和周岁。

的叶嘉莹、画家黄永玉、小说家金庸等。

我出生的那一年是癸亥年，属猪。要是按照阳历算，我就不应该属猪，应该属鼠了。但是没有道理，属相是按照阴历算的，所以我不能跟别人说我属鼠，我还是属猪。我一般对外说的是旧历的生年，但是在一些文章里，只好从俗，说出生于1924年2月3日。但是我跟其他的1924年出生的人不完全一样，他们属老鼠，我属猪。所以我跟别人开玩笑，我说我一生下来就很尴尬，说我属什么，我只能说属猪不能说属鼠，要问我生日的阳历年，我只能说1924年。就是这么一个情况。

我的家乡是江苏省无锡北乡前洲镇，现在还叫前洲镇，村子叫冯巷。居住的四十几户人家大都是姓冯的，都比较贫困，所以别人也称我们这个巷叫"穷巷"。在无锡，"冯"字和"穷"字的发音差不多，别人就干脆称我们那里为"穷巷"了。

我出生在一个贫困的农民家庭。小时候印象最深的是经常半夜听到母亲的哭泣声。因为明天又要没有饭吃了，一家人怎么活下去，母亲忧愁了，所以她常常半夜哭泣。我那时候还小，开始不明白，后来慢慢明白母亲为什么哭了。所以造成我一种心理痛苦的反应，只要一听到这种声音就很难受，就想到母亲当时的艰难。尤其是青年到中年的一段时间，最怕听到这种声音，一听到这种声音就有这种心理反应。

我的曾祖父是有功名的，家庭也算富裕，在当地是比较有名望的。我家本来也不是真正的大户人家，一共那么一点地。到我祖父那一辈，家产被几个兄弟一分，就已经没有多少地了。到我父亲（冯祖懋）一辈，分的地更少了，就几亩地了。再加上我小时候，我父亲抽鸦片，经常卖地。他偷偷地卖地，家里人都不知道。

我们江南的村子，土地用来种水稻、种麦子、种桑树养蚕。记得有一次我跟我的祖母一起到桑树地里采桑叶，突如其来一个人跟我们说，你不能采了，这块地你们已经卖给我了，你回去问问。我祖母一听，伤心得当时就哭了，带着我回去，回去就骂我父亲。父亲不说话，但是地已经被他卖掉了，也没有办法。

父亲冯祖惠与侄儿冯有为

到我懂事的时候已经没有剩下几块地了,靠种地已经养不活家里人了。但是还有几亩地,还在自己种。因为穷困,根本不可能雇工。我父亲虽然抽鸦片,还是下地种地的,也带着我去种地。我从八九岁就开始干活,没有一项农活不会干。

那时候我们的地都是小块小块的,不是这么大面积的,五分地就算是很大的一块地了,有一块完整的一亩地就觉得了不起了,都是三分、四分、两分,一小块一小块。每个地都有名字的,像棉花地、六人田、尖头里、大闩里等等,当地的人都知道这些地的名字。我年年在地里干活,说干活去了,到哪里啊?尖头里,就知道是哪一片地。

我们兄弟三个,我是最小的一个,我上面还有两个哥哥和一个姐姐。姐姐叫素琴,二十二岁未嫁就去世了。我姐姐就是因为没有钱看病,那个时候肺病还很难治。我母亲为我姐姐的病,也是一直压得很难受,有一次我还陪着我母亲,陪着我姐姐乘着船到青旸,请了一位大夫看病,回来也没有什么效。

两个哥哥,大哥叫宗燮,二哥叫宗勋,他们在无锡和上海当学徒。到抗日战争的时候,他们都失业了,回到家里。这样种地就多了两个人,但是农忙的时候还是忙不过来。

我母亲在娘家是大姐,她有四个弟弟,二舅舅、三舅舅、小舅舅都是纯粹的农民,都是非常好的。他们看到我母亲太辛苦了,三个舅舅农忙时节就来我家帮忙。大舅舅也是抽鸦片,几乎没来我家帮过忙。

我小时候,水稻地的、种麦的、养蚕的这些活,全都能做。秋收季节,劳动很艰苦。我先收割,收割完了再把稻子挑回去。我那时候年纪小,大概只能挑七八十斤,挑不到一百多斤。肩膀上挑着收割下来的稻子,不能中途停顿,如果中途停下来把担子往地上一放,就会有很多稻穗折断,掉到地上。连续休息几次就会丢掉很多。老规矩是一肩挑到家,不管稻田离家多远也要挑到家才休息,所以必须学会左右两肩都能挑,而且换肩不能停在地上换肩,要挑在肩膀上换。挑在肩膀上,右肩承受不起了,就要学会这么一耸自动转到左肩,左肩不行了又转回来。我都会,每

二哥冯宗勋

大嫂华月华和侄子、侄女们

次一担挑到家。

我们那儿种地有一句俗语，就是"种田学会三缩退"，意思就是种地要学会三种往后退的本领。

第一个是莳秧，就是插秧。插秧的姿势是蹲着，手里拿着秧把，秧把是两把绞合在一起的。经验丰富的人把秧一摊开，秧就自然地展开了。插秧时，两脚的右边两棵，中间两棵，左边两棵，一共六棵秧，拿着就插。插完一行以后，右腿一边往后退，手里还要不停地插，然后左腿往后退。这样不断地往后退，腰不能直起来，只能这么埋着头往后一边退一边插秧，不管是200米还是100米，插到头了，才能直起腰来。技术熟练的人，插完的秧是六条笔直的线。如果中途直起腰来，休息一会儿再插，就不可能笔直。

这个往后退，技巧在什么地方呢？关键就是右脚，右脚往后退的时候，不能拔出来，只能在平地笔直地往后拖，不能斜，左脚可以提起来。右脚是个标准，是不能离开地的。这是一个缩退。

第二个是绞草绳。种田人要学会做草绳的本领，因为捆稻子、麦子都要草绳。绞绳时要两个人，一个人负责绞，另一个人不断添草，不断往后退，草绳就越绞越长。

最后一个就是加固田埂。用一个铁锹，一锹铲来"啪"一下就打在原来的那个田埂上，一锹一锹打，一步一步往后退，铲一下，打一下，退一下。

这是三个最特殊的活，三种往后退的活，其他都是粗活。所以"种田学会三缩退"，这三个活不过关，就不算会种地。

还有一种南方常用的水车，把水从河里运送到地里的水车。上面一根横着的木杆子，两边各有一个竖着的木杆架着横杆，戽水时人趴在横杆上，底下是水车，一般有四个或六个踩脚，形如横的短木棍，人趴在上面的木杆上，脚不停地跑步一样踩动踩脚，每一脚都要踩在踩脚上，然后使底下戽水的面向河里的长水箱里链状的木板不断地转动运水，这就是戽水。这也得学会，而且当时经常是大家一起干活，年轻人一高兴起来就比赛，踩得踩脚飞快，有时候快得你跟不上了，踩脚就打在脚背上了，所以必须跟上去。这些活我年轻的时候都做过来了，前前后后一共做了有十几年，所以我当时是地地道道的一个农民。

那时候，我经常到我外祖父家去。外祖父家也种地，有个叫阿相的长工来帮忙，他是常年固定在我外祖父家帮忙干活的。阿相就说过，这个孩子可惜了，不能读书了，只好种地了。他是好意，他是可惜我，觉得我很聪明，但是家庭困难得这样，没有可能读书。当时这句话给我的刺激很大，我觉得：我应该读书啊，我怎么能一直种地呢？

前几年我身体不好，医生检查我的脊椎骨，发现我颈椎下面的两节合成一起了。他说，这是你未成年的时候挑了重担压成这样子的，但是现在不成什么病了，它已经自然长成这个样子了。这看得出来当年的艰难困苦的情况。

艰难的童年岁月是对我的一种磨炼，是对我的人生第一步的教育。到现在回忆当年的这种艰难困苦的岁月，我觉得这就是最好的一种教育。让我懂得人生是要吃苦的，不是一生下来就是享乐的，享乐不可能有什么成就。

二

小学逢战乱，不忘读书，痴迷戏剧

1932年，我（虚岁）九岁了，开始上学。因为我身体虚弱，所以上学比较晚。九岁上学还是上的幼儿园，不是小学一年级。幼儿园的老师是我伯父的小女儿冯韵华，她带着我去上幼儿园。

第一天上学了，自己觉得很新鲜，有许多小朋友，还有糖果什么的，印象很深。

校长是刘诗棠先生，我们当地的老百姓都很敬重他。因为他很认真、很热心地办学，他也非常爱护学生。大家喜欢叫他诗棠先生，所以我们大家也习惯了，也不叫他校长，就叫他诗棠先生。

后来过了一段时间，诗棠先生年龄大了，换了一位校长，叫俞月秋。俞月秋先生当校长的时候，有两件事我印象特别深。

有一件事情我一直记得。那时候，每周礼拜一要做"纪念周"，什么叫"纪念周"呢？纪念孙中山先生逝世，所以每周一早晨上课前在大礼堂开会，大家默诵孙中山先生的遗嘱："革命尚未成功，同志仍须努力。"有一次在"纪念周"的时候，突然听到日本人炮轰沈阳城、炮轰北大营的消息。其实这就是中日战争开始了，那个时候东北已经沦陷了。那个时候我只是一个小孩，还不太懂，也不知道沈阳在哪里，也不知道究竟怎么回事。但是炮轰沈阳城、炮轰北大营的事情啊，当时印象很深，虽然还小，但是也知道日本人无缘无故炮轰沈阳城是侵略我们，这个概念是很清楚的。

还有一件事情忘不了的，就是"双十二事变"（西安事变），张学良、杨虎城在西安逼蒋介石抗日。我为什么还记得这件事呢？因为俞月秋校长给我们出了一个题目"上张学良、杨虎城二将军书"。要我们写信给张学良、杨虎城，要求他释放蒋介石。其实我们都还是小学生，哪懂这些事情啊？根本不知道。我的作文在班上素来是很好的，但是面对这个题目也不知道从何说起。反正老师要求写吧，我们就写。后来我才明白，实际上他出这个题目是写给上面看的，因为平时上面有领导要来视察。他写在黑板上"上张学良、杨虎城二将军书"，实际上是校长搞的一个名堂，他是想自己讨好上级，让上级看他怎么教育学生。

我印象最深的是我上了小学以后，每年要交两块银元的学费。每到要交学费的时候，我母亲就发愁了。我看她真是困难，到哪里去找这两块银元？

我就给我母亲说，我不上学了，在家种地吧。她说，哪能不上学，两个哥哥都没能上成学，你不上学将来怎么办？你一定要好好上学。交不起学费是暂时的，总归能解决的。她想尽方法，最后她向她的母亲、我的外祖母，想办法弄了两块银元，给我交了学费。所以在我的记忆里，两块银元的学费这件事一直忘不了，任何时候都不能忘记。

1937年小学五年级的时候，我生病了，得了疟疾，有好几天没有上学。等病好了，我背着书包去学校，快要到前洲镇上的时候，日本飞机飞来了，撒下来很多传单。我捡了一张看，上面写着"暴蒋握政权，行将没落"。这是日本鬼子的宣传单。因为那个时候我们根本不知道有共产党，只知道中国有蒋介石，"暴蒋握政权，行将没落"，那就是蒋介石要垮台了。当时我的心里，就激起了一种爱国的心理，觉得无论如何不能让日本鬼子打进来，一定要抵抗到底。

可是我到了学校一看，学校已经关闭了，老师都已经逃难走了，无法再上学了。我书包里还有一部《三国演义》，向学校图书馆借的，也还不了了。我就背着这部《三国演义》回到家。

从此没有学上了,我就种地、放羊、割草。我家当时养了十几只羊。外祖家里有一头牛,我经常去帮外祖家放牛。那时候做饭用的柴火主要是稻草、麦秆,我家的地少,稻子、麦子收得不多,烧完了就没有燃料了。我就要到荒坟上去割干枯的野草作为燃料用。现在我的手背上、手指上,还有很多镰刀的伤痕,有的是割稻子的时候不小心割破的,有的是割草的时候割破的。

我从小学五年级失学起,也就是1937到1941年,是纯粹在家里种地的五年。我倒也没有白种地,有空我就看书,读了不少的书。

那时候没有什么书读,我书包里有《三国演义》,读完了再读第二遍,再读第三遍,读到后来,好多词句、好多回目都能背得出来,有些精彩的句子,到现在还记得住。那个时候《三国演义》不是现在的整理过的,我们那个时候是原始的本子,上面有毛宗岗的评,还有很多诗词,我特别爱读,所以连这些诗词也都读了。

我到处找书读,接着把《水浒传》《西厢记》也读了。《西厢记》是曲文,词句很深奥的,但是我觉得《西厢记》文字漂亮。

农闲的时候,农民要积肥,我们叫罱河泥,就是挖河泥。开一个小船,到河里用网挖河里的淤泥,在船里用一个木勺舀泥往岸上扔,岸上先做好一个坑,一扔上来都扔在坑里了。我的任务就是守在坑旁边,带着一些稻草,不是整齐的烧火的稻草,是普通的稻草,乱的稻草。船上的人把淤泥甩到坑里,我就把稻草甩到泥坑里。稻草和淤泥混到一起,腐烂以后,就是地道的肥料。

因为船出去挖泥至少要半个多小时,我在那里没有事,就有空闲了,我就读书。《西厢记》读得非常熟,有些词句我还记得,比如:"夫主京师禄命终,子母孤孀途路穷,因此上旅榇在梵王宫,盼不到博陵旧冢,血泪洒杜鹃红"。这就是开头一段老夫人唱的。《西厢记》的词句是真漂亮。

所以每到罱河泥的时候,我就读书。有时候带《西厢记》《水浒传》,或者带别的。但是大部分书是在家里读的,一般都是在晚上,往往读到深夜，还有每天的大清早，天还未亮我就点着蜡烛读书。《古文观止》《史记菁华录》《西青散记》《西青笔记》《华阳散稿》《宋词三百首》《白香词谱》《秋水轩尺牍》《雪鸿轩尺牍》《浮生六记》《古诗源》《唐诗三百首》等，还有张岱的《陶庵梦忆》和《西湖梦寻》都是在深夜和清早读的。

我还找了一本《芥子园画谱》，我喜欢画，自己就学着画。

当时还有一个小同学，小朋友，就是经常送南瓜给我的邻居的第二个儿子，叫邓桐芳，小名叫阿桐，跟我年龄差不多。我们除了种地、割草、放羊都在一起之外，他的兴趣也是读书，经常是他读的书给我讲，我读的书给他讲。有一次他拿来一部《东莱博议》，是一部议论性的书，是议论史实的，我以前也没有见过这部书，他给我讲得津津有味，后来借给我读，我也读得很有味道。

一起读书的阿桐，后来他家里给他找到工作，是到云南去。我们那时候小啊，也不知道云南在什么地方，只知道很远很远，以后能不能再见面都不知道了。当时要分别了，很舍不得，我就写了一首五言诗，送他的诗。当时完全是小孩子，自己感情的驱使，反正也不给别人看，自己当时都背得滚瓜烂熟的。"簇上春蚕老，垄头麦油油"，现在只记得这两句了。意思就是，春天的蚕老了，因为蚕要结茧，要放到稻草做的簇上；麦子已经长得叶子发亮，麦粒饱满了。后来我和阿桐见过一次，我们已经是中年人了。这以后我离开了家乡，不久他也去世了。

那个时候有没有水平读这些书呢？按现在的情况来看是根本不够水平，但是实际上我们连读带猜，大体的意思都明白。你不要看那个《史记》很艰深，我们当时读到"项籍者，下相人也"，大致的意思，项羽这个人是下相地方人，这个意思都明白的。因为我读的《三国演义》是半文言的句子，所以过渡到读《史记》，也就大致能够读懂不少。

这时候读的书也不是买的，都是亲戚朋友给我的。我初中的一个同学，他家是藏书的，有很多书，但是根本没有人看。他就说，你要什么就拿吧。我去看了，多可惜啊，地上踩的也是书。我不好意思拿太多，拿了四五部，也已经一大堆了。拿回来，高兴得很，当宝贝。

我到现在还保留着一部分当年读的书。可惜一部分书没有带到北京来，我后来到部队里，不方便带那么多书。后来到北京以后，几次回去，都要带一部分小时候读的书，觉得还喜欢它们，就带来了。还有一部分线装书，体积大，拿起来不方便，留在老家了，没有想到"文化大革命"中，我陆续积累下来的几个柜子的书，全给烧掉了，全毁了。

这一段是在抗战时期，我自学读书的一种生活，我觉得这一段时间是我非常难忘的，没有这一段时间的自学，我兴趣不会那么广。

还有一个给我实际上带来教育的是看戏。那个时候，娱乐的品种太少了，最普遍的就是京戏。在我们村子前面有个庙，叫猛将庙，庙前面有个广场，就在这个广场上搭台演戏。现在我家乡富了，所有的贫穷的遗迹全部弄掉了，唯独这个猛将庙里有两棵古银杏树没有弄掉，所以是一个标志，我回家还能看到那两棵银杏树。

那个时候我们家乡有一种风俗，农忙过了，就是八月中秋，或者是再晚一点，稻子全部收完了，一般都是秋末的季节。我们的习惯就是，每到秋收完了，红瓤西瓜上市，吃西瓜的时候，农民就开始请草台班[①]来演戏。草台班就是流动的戏班子。远近十几里二十里路的人都赶来看戏。有时候还搭两个戏台，两个草台班同时演。两个台演，带有竞争的性质了，所以两个台的演员，都是互相拿出最好的剧目来。

我特别喜欢看戏，所以每到这个机会，我总是一点不错过，从开场一直看到结束。那时候的演出形式跟现在是完全不一样的。那时候第一出一定是跳加官、跳财神。跳加官的演员穿着大红袍，白脸，戴了纱帽，出场舞蹈，然后拉出来一个帘子"加官晋爵"，吉祥的嘛。完了以后跳财神，财神是金脸，戴着纱帽，手里捧着一个大元宝，到了台前也挂下一条"恭喜发财"。这个完了以后，就开始正式演戏。

[①] 草台班，指民间剧社，也泛指长期流动演出于农村集镇的戏曲班社，得名于"草台戏"。草台戏源于民间的酬神演出活动。每逢东岳、火神、城隍等诞辰，各地照例要在神庙作会演戏，如当地没有庙宇，则于野外空旷处搭设草台演唱，供百姓"藉神诞以行乐"。

演到两出以后，就要休息一会儿，农民叫"腰台"。"腰台"要停半个小时，所以那时候底下的观众可以随便到哪个小摊上买点东西吃，聊天什么的。重要的戏都在"腰台"以后，就是第三出、第四出戏了。前面两出是"腰台"前的，后面两出是"腰台"后的，一般一次就是演四出戏。有时候戏班子为了卖劲，就在"腰台"以后，除了规定的两出以外，再加一出戏，那么老百姓更高兴了，大家总是看到半夜才回去。

我家里还有个特殊情况，我有个亲戚，是我大嫂的叔父，叫华世祥。他生活很贫困，一直帮工，工资很低，娶不起妻，一直独身。攒下来一个月的钱，够买一张好的戏票。无锡城里有正式的剧院，他每到月末，拿到工资了，就步行15公里，到无锡城里买一张戏票看一场戏。回来就给我讲，这次我看到谁了，演的什么戏。

碰到他看得非常满意，回来就讲得津津有味。今天是刘奎官、孟鸿茂，孟鸿茂是孟小冬的叔父，刘奎官当时也是一个花脸的知名角色，我都是从他那里听到的。一出一出戏的剧情，一个一个名角的表演，都是他给我讲的。反正下雨天地里活干不了了，我就在家里舂米，华世祥就拿个板凳坐在旁边讲。整个半天他都讲，讲得津津有味。反正舂米不用脑子，就听他讲，也消除疲劳。有时候碰到他花了钱买了票，看的戏不满意，回来又讲又骂又生气，这个戏怎么怎么不好，白花了多少钱。就是由于他的讲说，才引起我在戏曲方面的特别兴趣。

我二哥那时候在无锡城里当学徒，他也是一有空就到戏园子看京戏。他因为在城里，机会多，一有空就去看。那时候有个规定，就是中间以后，一般是第三出演到将近一半，第三出叫压轴，第四出就是大轴，最名牌的演员总是最后一出上来，有时候为了卖劲，名牌演员第三出第四出都演，观众更高兴了。二哥对戏也特别熟，有时候，他回来也给我讲。而且他回来还带几本当时的《戏剧月刊》，等于现在的《戏剧报》，上面有演员的照片，有文章分析，我看得津津有味。

有一次他带我到城里去，带着我到戏园子看戏。那个时候都是等两出演完以后不卖票了，就带我进去看，其实最后两出才是最好的。这样培养了我浓厚的戏剧的兴趣。1954年我到北京，正是老一辈的演员都在。我是相慕已久，但一直没有见过，我到北京后，许多老一辈的名角，如梅兰芳、周信芳、盖叫天、马连良、谭富英、裘盛戎、姜妙香等都看到了。

以上就是抗战时候在农村老家看社戏的情况，这是在我童年到青少年时候的一段很难忘记的情节。

三

鬼子进村了

1937年，卢沟桥事变扩展到淞沪会战，无锡城整个被日本人烧了几天几夜。日本鬼子放火烧无锡城的时候，我们看到了。我家离无锡城15公里，要是现在开汽车，只十几分钟就到了。

开始还不相信日本鬼子那么快就打到我们老家了。有钱人都逃走了，但是我们穷，逃难根本逃不起，我们整个村子都是穷人，根本没有逃难的。

日本鬼子开始进我们的村子了。那时候我大哥失业在家。他天不亮就起来，到青旸去看看。青旸是距离前洲镇5公里左右的一个地方。早晨天没亮去了，到了吃早饭的时候，我大哥气急败坏地跑回来说，不得了了，青旸满地死尸，枪丢了一地，当地的民团、商团，全被日本鬼子打死了。当地的民团，商团，就是商人组织的武装队伍，其实是根本没有战斗力的，全被日本鬼子打死了。

眼看着日本鬼子距离我们已经只有5公里了，当时我们心里觉得，叫天不应，呼地不灵了。没有国家保护了，没有任何一点保护力量了。我真正尝到了亡国的悲惨。这一段时间，我们的家乡成为沦陷地区，国家已经顾不上我们了。

没有过几天，日本鬼子就真的来了，我正在厨房里跟我母亲做饭。我家的房子很破陋，厨房有漏窗，漏窗可以看到大门外面。大门外的小道上，日本鬼子扛着闪亮的刺刀，真像漫画一样的，刺刀上面挂着两只鸡，前面一个带路的汉奸翻译。

当时我母亲急得不得了，说你赶快走吧。她拿了一双布鞋，找了两个干的饼子，给我带上，从后门把我推出去，说你赶快跑吧，反正在家里是不行了，他们可能一家一家来抄呢。我就急急忙忙从后门逃出去。逃出去以后不知道往哪里走，四周都是田野。

我就找长满甘稞的墓地里钻。甘稞就像玉米一类的植物，叶子非常锋利，但是秆子比玉米细，长得比人还高得多，我就钻到那个里头去。当时也是慌不择路，以为躲到里面就没人找得见我了，没想到刚躲进去，一会儿就听到旁边有人走路，原来我就在路边。我心想这个太危险了，但是也不敢再出去了，一直不敢动。到了傍晚的时候，忽然听到有人叫，出来吧，鬼子走了，大家放心吧，回来吧。我一听那声音很熟，是村子里的人。我就从甘稞丛里出来，结果发现甘稞丛里有很多人，都出来了。

回家一看这次总算是没有杀人，但是我两个堂房的妹妹都被日本鬼子抓走了，任鬼子糟蹋，到放回来的时候已经一个多月以后了。

我姐姐素琴那个时候肺病很重，还有心脏病。一听日本鬼子来了，吓得就没有办法了，病就越来越重。最后，我和我母亲正在我外婆家的时候，我大嫂急急忙忙赶来，说我姐姐不行了，我们就赶回去。等到我们赶到家，我姐姐已经去世了。

这时候，我的祖母83岁，也病了，去世了。祖母是非常疼爱我的，我每次经过她床边的时候，我都很难过，但是没有办法，治不好。这一来，家里简直是无法生存了。当时我母亲实在是憔悴得很，真是无法形容了。

紧跟着我的伯母发疯了，她是精神失常，她认为她的外孙女被她做菜的时候，不小心误搁了毒药毒死了。其实她外孙女好好的，她完全是胡思乱想。她先是用剪刀剪自己的喉管，没有剪断，外面的皮剪破了。我母亲陪着她睡的，发现满地是血，赶紧请医生来治，治好了。但是她的精神病没有好。

过了一个月吧，她女儿冯韵华——就是带着我上小学的那个姐姐——当时已经出嫁了，在上海工作。她知道她母亲睡不着觉，给她买回来一些安眠药。后来她又犯病了，自说自话，我犯了这么大的罪，我外孙女被我害死了，与其被警察抓去，不如我自己死了好一点。她把所有的安眠药全吃进去了，幸亏发现得早，我的姑父是名医，连忙半夜里把他请来，就用办法把她的胃洗了，把吃进去的药全部洗出来了，总算是又抢救过来了。

抢救过来以后，忽然间她完全清醒了，跟正常人一样。她说，我造这么多罪，太对不起你们了。大家高兴得不得了。没有想到，没过几天，她忽然又犯病了，说不对不对，你们还是骗我，我错信了你们的话了。我母亲再三劝解她，她还是那样。

那是一个大夏天，突如其来，有一天下半夜了，我母亲醒过来，发现没有她了，把我们叫起来到处找，找不着。我一个人跑到我家屋后的一条小河边去，一看，看见她躺在水里。我父亲知道以后，马上跑到水里把她背上来，已经没有气了。

这时候因为我姐姐去世，祖母去世，家庭困难到没有办法了。我伯母家里没有别人，我哥哥是过继给她的，他们什么财产也没有，非常穷困。从礼节上来讲，她是我们的伯母，我大哥过继给他们了，理应尽力把她安葬得好一些。所以我们卖掉了剩余的一点点地，买了棺材。她女儿也回来了，也很理解，知道我们对她母亲是非常好的。这是病，没有办法了，就给她安葬了。这个丧事过了以后，家庭困难得不得了了。

同时还有两件惊天动地的大事。一件是我堂房姑妈冯梅秀，因为日本鬼子到她们村子里去了，见到她的女儿，就去强暴她的女儿。我姑妈当时正在给地里的菜浇粪，她一看见鬼子进到屋子里，她女儿在叫，知道不行了，她拿着粪勺冲进去，对着日本鬼子的脑袋就是一粪勺。日本鬼子一惊，以为游击队来了，转身就跑了。大家都知道日本鬼子会带着大队人马来烧杀的，所以我姑妈就跟全村的人讲，你们赶快走吧，我一个人在这里等他们。因为如果连她也走了，房子会被全部烧掉，日本鬼子找不到人，也不会轻易放过村子里的人，所以只好牺牲她一个人。全村的人都走了。等到天黑了,看到日本鬼子走了,大家回去,我姑妈已经被砍成四块,还剖开了肚子,扔在地上。这是一件非常令人痛心的事。

就在差不多的时间,日本鬼子"清乡"①,闯到我三舅舅顾学愈家。他是个种地的农民,他的书法写得很好,也有较好的文化修养,就在乡里教小学。日本鬼子进村以后,就把他给抓起来了。因为看他好像跟普通的农民有点区别,就认为他是游击队,就一定要叫他讲出游击队到哪里去了?枪藏在哪里?他说不知道,就把他绑起来,挂在树上,拼命打。后来在他嘴里塞进去了三个煮熟的鸡蛋,又把一把毛竹筷子打到他的嘴里去,还继续毒打。

我三舅舅家距离我家也就5公里左右。他们村上跑出来的人跑到我们家,告诉我母亲三舅舅的情况。我母亲一听到她弟弟这样,急得不得了。我那时候是初中一年级,衣服上戴了学校的牌子,日本鬼子当时宣传,不伤害学生。我母亲带着我,不顾一切地跑到我三舅舅家。

还在大门外,就看见我三舅舅还挂在树上,赶忙找了几个人把他放下来,从他嘴里把筷子弄出来,把鸡蛋抠出来,可是他已经断气了。正在这个时候日本鬼子又来了,我们只好放下我三舅舅。我母亲带着我逃到另外一个破房子里,里面都放着稻草。她叫我往里钻,跟我说,任何人叫你,你都不要答应。她就走了。

走了没有多久,我听到皮鞋声过来了,好像是两三个人。有一个声音说。里头有人吧?另一个声音说,不像有人。日本鬼子就用刺刀往草堆里捅,我动都不敢动,因为我躲得很深,捅了两三下没动静,日本鬼子就走了。等到天快要黑了,我母亲过来叫我,我一听是母亲的声音,我就出来了。躲过了这次的劫难。

还有一次,也是我到舅舅家去,"清乡"的日本人把我抓走了,抓到附近一个寺庙里,关在一间房子里。我去的时候,里面已经有不少被抓的当时的游击队,有的被吊起来架起柴火烧,有的用棍子打,用皮鞭抽,惨不

---

① "清乡"是抗日战争时期日本侵略者在占领区实行的一种残酷的"清剿"办法。

忍睹。我们是学生，也抓了不少，都关在另外一间屋子，没打。我小舅舅急得不得了，跟着找到我们被关的地方，也不敢进去，只好偷偷地躲在外头看动静。后来越抓人越多，没地方关了，日本鬼子把学生统统赶出来了，我也被赶出来了。我一出大门也不知道该往哪里走。我小舅舅看到我出来，高兴得不得了，把我背着就回他家去了。

还有一次放学回家，被日本鬼子拦住了，统统赶到一个荒坟上。那时候不知道是怎么回事。到那儿以后发现绑着一个人，原来是日本鬼子要让大家看着枪毙我们的游击队员。那时候没有办法，眼看着他被日本鬼子打死了。

还有一次"清乡"的时候，我躲到了离我家只有5公里左右的石塘湾一个亲戚家里。我这个亲戚家离石塘湾的火车站非常近，他把我藏在楼上一个偏僻的小房间里。只听到火车站传来很凶狠的狼狗的声音。我知道，日本人有告示：凡是窝藏外面来的人，全家通通一起杀掉。我说，我不能害你们，我要走，他们不让我走，他说，你既然来了，我一定要保护好你。我说，你保护不了，日本鬼子一来抄家，连你们都害了。我就走了。

路上还真是碰到日本鬼子了，在这个时候，我镇静下来，只当没有什么事，侧身让他们过去。鬼子们也没有在意，就这样擦肩而过。后来知道那个狗咬的声音，把我一个同伴抓走了，他的舅舅家跟我的舅舅家是邻居，所以经常在那里见面的，他稍微年长一点，就参加了游击队了。他被日本鬼子抓去以后，绑起来，用狼狗把他的心和肺都咬出来了。

这些就是我童年时候，日本鬼子侵占时期，亲自经历的许多血淋淋的事实。至于附近村庄上面，其他我听到的、知道的，更是难以胜数。

四

初中的良师

1941年的时候，镇上办了青城中学。青城中学是农村中学，收费不是很贵，而且农忙季节，可以放假回家种地，或者上半天课，另外半天回家干活；农闲季节，整天上课。家里就想办法让我去读书，我就去报考。其实我小学没有毕业，五年级也没有上完。但是那个时候不那么严格，考试成绩好就可以考取。结果我就考取了。三年的初中，给我教育是很深的。

我从小就爱读书，一有空就看书，所以到我上初一的时候，我的语文水平比一般的同学都要高。国文老师特别喜欢我，都夸我的文章写得好。对我每次交的文章都非常欣赏，我的文章经常被老师在课堂上面读给大家听。

我印象最深的老师，是我们初中一年级的老师，叫丁约斋。丁老师给我的教育是很深的，我最记得他的三句话。

一句话是"读书要早，著书要晚"。为什么"读书要早"呢？他说，一个人一生就这么多年，如果迟迟不读书，读书的时间就很少了，能读的书就不多了，要尽量多读书，所以要很小的时候就下功夫读书。为什么"著书要晚"呢？他说，你写书是写给后人看，不是写给自己看的，假定你的知识、你的认识、你的结论是不对的，你就会贻害后人，所以晚一点，你成熟一点、见解准确一点，不会贻害别人。

丁老师的第二句话是"读书要从识字始"。意思是说读书的时候，不能囫囵吞枣，要从真正认识每一个字入手，尤其是读古书，要把每一个字的字音、字形、字义搞清楚。只有这样，才算是真的读懂了这篇文章或这本书。我深深体会到这句话的重要性，所以读书的时候不放过每一个字，包括自以为认识了的字。我后来总把《说文解字》一类的字书放在案头，好随手查阅。

丁老师还有一句话是"自己写的文章要能背"。自己写的文章，自己要背得出来，这是丁老师的严格规定。每篇文章，不论写的是文言，还是白话，都要能背。所以，有时候学生交稿子上去，要告诉他，我读了5遍、10遍，他才收。如果你说你没有读几遍，他根本不收。有时候问你，你自己背一段给我听听。如果背不出来，他就说，你的文章，你背不出来，你回去自己再看几遍，能背了你再交来。小时候这个训练，可以说是独特的。

丁老师当时这三句话，我一直到现在都记着，我觉得丁老师，是我碰到的很有见解的老师之一。

丁老师一个劲儿说我是书香门第。我说我不是，我家里穷困得不得了，饭都吃不饱。他不相信，他说哪有这个可能呢？你写这样好的文章，你的文章我基本上不太改。我的文章写了以后总是被老师夸奖。有的同学写不出来，就叫我代写，有时候一个题目我帮人家连写两三篇，都这么写出来了。

我也记不起来他是哪里人，应该是离我们村子不太远的。因为有一次他说要到我家看看。到我家来一看，看到我家的房子确实已经破旧不堪了。我住在老房子的楼上，那是我堂房兄弟的房子。他们都在外头，房子没有人住，所以我住在里面。因为我喜欢读书，这里安静。亲戚朋友家里有什么书我都借来，放在我的房间里。

丁老师到我的房间看了，在我房间里找到几本线装古书，《安般簃诗钞》《古诗笺》，他说，你看你不是书香门第吗？否则怎么有这样的线装书。我说，丁老师，这是我借来的。不管怎么样，他非常高兴，他跟我说，将来要好好读书，会有出息的。

我当时从旧书摊上意外地买到太平天国时候有名的词人蒋鹿潭的《水云楼词》，那不是一个初中学生能读的，但是我特别喜欢。那个时候都不带标点的，词句有长有短，就凭你自己的感觉去断句。当时越是难断句越是爱读。觉得词的味道比诗还要浓厚、还要深奥。丁老师看到了我读《水云楼词》，他说，哎呀！这个词真好。

他后来给我写了一把扇面，用的《水云楼词》上的词句，我还记得后面三句："细竹方床蕉叶伴，薄罗衫子藕花熏。晚凉闲坐看秋云。"丁老师留下来的东西，就这么一点点。现在这把扇子也找不到了，无从纪念了。

还有一位语文老师，是天津人，叫汪荫秋，大高个子，教学很严格，学生都怕他。他给我们留下的印象就是严格。他从来没有笑容，对学生一直是严肃的态度，要求也很严格。我记得1954年我到北京以后，我托人到天津打听有没有汪荫秋这个人，别人告诉我汪荫秋老师还在，年龄大了，后来不教书了，经商了，但是也始终没有见面。汪先生给我的印象就是从来没有笑容，对着学生一直是一种严肃的态度，要求也很严格，其他想不起来。

初中三年级的语文老师，叫方伯霄。方伯霄先生也是讲课非常认真的，最影响我的就是他说我的名字不好。当时我的名字不是现在这两个字，是奇怪的"奇"，英雄的"雄"。这是我大哥给我起的，让我做一个杰出的人物。方老师说，你这个名字太露了，不应该这样。他给我改名字，用其他的"其"，平庸的"庸"，而且初中毕业文凭上就给我改成了"冯其庸"，所以我现在的名字，是方伯霄先生给我改的。

当时我们中学的校长有两位，也很值得一讲。一位是薛暇龄，他是谁呢？就是我国著名的经济学家薛暮桥的弟弟。我到北京以后薛暮桥还在党中央工作呢，因为我知道我们都是同乡，他是礼社，我是前洲。我就到故宫的东华门旁边他住的地方去拜访他，告诉他，我是前洲人，我的老师是薛暇龄，是他的弟弟，我现在在人民大学工作。他很高兴，看到一个同乡的年轻人来了。

后来薛暇龄先生走了以后,继任的校长叫蒋伯屏,他没有给我们上过课。我们初中毕业了,大家道别,请老师留言。我有一本小的留言本子,蒋先生给我写了这么几句:"其名为庸,其人则非庸也。"我一直记得。这是一种鼓励。

1942年,在初中毕业之前,我已经在无锡的报纸上发表我的诗词、散文,有两首词,发表在无锡的报纸上[1]。我一直保留着。"文化大革命"的时候,我第一个挨批斗,我怕红卫兵找到这个报纸,又会给我加罪名。因为我发表文章的那个时候还是敌伪占领的时期,他可以给你上纲上线,他可以说,在日本人统治的时候,你发表诗词了。我害怕这个,我就把报纸的名字和我自己的名字剪掉了,文字留着,夹在一本旧书里。

还有一篇散文《闲话蟋蟀》。我小时候喜欢斗蟋蟀、抓蟋蟀。我父亲也非常精于这个方面。所以当时我农忙之余,秋天捉了很多蟋蟀。我能辨别蟋蟀的好坏和品种,有一次我捉到一只特别好的蟋蟀,叫金背蓝项血牙:背上两个翅膀是金颜色的,脖子是蓝颜色的,两个大牙是红的,血一样的两点。这是很少见到的特殊品种,牙齿这么大,估计斗起来一定很厉害。后来我父亲拿去卖给人家了,据说卖了很多钱。我小时候还能做引逗蟋蟀的草,叫牵草。所以我写了一篇《闲话蟋蟀》。这篇散文主要是引用我读过的古人的诗词里涉及蟋蟀的诗句、词句。这篇散文也保留了,把报纸的年月、名字都抠掉了,也夹在旧书里。红卫兵到我家来抄三次,这几本旧书没有抄走,报纸还保留着。

所以我现在文集里最早的作品就是两首词和一篇散文。

---

[1] 《浪淘沙》一:"一叶又惊秋。无限新愁。那堪独自倚高楼。几叠雁声人已去,恨也悠悠。 往事在心头。珠泪难收。斜阳脉脉水空流。从此相思频入梦,梦也难留。"二:"时节又中秋。无限离愁。夜来独自怕登楼。一簟凉蟾清似水,思也悠悠。且莫忆从头。锦字慵收。几时重与话风流。寄语征鸿为转意,冰雪同留。"

五

南瓜充饥

1943年下半年,我初中毕业,已经虚龄19岁了。我从出生一直到初中毕业这一段时间,家庭生活是最苦难的。但是,这并不是说以后生活就好了,实际上,1943年以后一直到抗日战争胜利,还是在苦难中间。

我的家庭非常困难,因为完全靠自己种地养不活全家,那点粮食不够。秋收完了没有多久,到了冬天基本上就没有吃的了,尤其到第二年春天是最困难的时候,春荒。所以贺敬之写的《王贵与李香香》"第二年的春荒人人愁",我第一次读到这个句子,眼泪都要出来了。每年到春荒的时候,真正我母亲瘦得不得了,我祖母也愁得不得了。有一次我看着祖母在厨房,她蹲在灶后面哭,为什么呢?我们那时候不懂啊,跑去一看,祖母怎么哭了,一看那锅里没有米,放了一锅水,烧了也没用。没有米啊,烧什么呢?

那个时候没有饭吃,就吃南瓜,不是一次两次吃南瓜,整个秋天,没有饭吃,就是吃南瓜。有个邻居叫邓季方,他还有个弟弟叫桐芳,他家就是母子三个。他们家人少开支小,种的南瓜多。经常是看到我们不够吃了,他就背着南瓜送到我家来。有时候他还送点大米来,和在南瓜里一起煮。

我有一张图片是我早年读书的老屋,旁边有片空地就是我们家常种南瓜的一个地方，叫和尚园，可以种很多南瓜，每到秋天长满了南瓜。但是光是这个还不够吃，邻居送来的，也不能完全解决问题。

最困难的时候，就是吃麸皮。小麦外面有一层外壳，那是不能吃的，那是麦壳。麦壳弄掉以后还有浅咖啡颜色的一层皮，要把那层皮剥掉以后才能磨成面粉。我们现在吃的面粉，都是雪白的，那是剥掉外面一层黄颜色的皮了。剥下来的皮叫麸皮，这个麸皮，在当时我们饥寒中的人来讲还是很好的东西。因为麸皮虽然吃起来很粗糙，它不坏身体，不会让你产生别的麻烦，就是不好吃一点，但是吃进去以后也还能消化掉，还能够充饥。

最困难、最不好吃的是糠。大米外面的一层皮，皮外还有一层硬壳，那个不叫糠了，那叫砻糠。我们种水稻，地里收回来要先脱粒。脱粒最土的办法是打，用手甩。后来有一种机器，滚动的，滚轴上有很多牙齿，往上一放，"哗啦哗啦"，这个牙齿就把稻粒刮下来了。这都是我小时候干的，一边踩，机器"哗哗"转，一边一捆稻子放着，稻粒光了，就扔掉，再拿一捆。但是都是带着硬壳的谷粒，然后还要牵砻（脱壳）。什么是牵砻呢？是把谷粒放在磨盘上，一点点下去，在石磨的牙齿里"哗啦哗啦"出来了，"哗啦哗啦"出来的时候，它这个硬壳就掉了，这是一种最原始的方法。

后来又发明了一种机器，一个箱子一样的，把谷粒倒进去，机器一扇动，那边脱出来的就是米了，旁边卸出来的是壳。它是利用谷子与谷子互相挤压把硬壳全脱掉，脱下来的这层硬壳叫砻糠。这个砻糠只能拿来烧火。

脱完硬壳的米粒外面还有一层软的皮，还要把它去掉，原始的办法就是用锤舂。带着皮的米粒，放在石臼里，用锤子舂。舂米的时候，既不能力气太大，也不能力气太小，要恰到好处。一直不断地舂，米不断在里面翻动，米与米之间挤压，里面那层皮就被剥掉了。舂完以后到大筛子上筛，一筛以后，那个脱完皮的米粒，都从筛子底下落下去了，一层皮被筛子淘汰在外头了，那一层皮就叫糠。

糠，是一点没有营养价值的，而且吃下去会损坏身体。但是饿得没有办法了，地上的草都要吃，这个也得拿来吃了。我小时候也吃过，但是那个时候大家有经验，吃糠的时候一定要兑着别的，一大半是别的。比如南瓜和一点糠，不用南瓜，也要用其他的菜，总是要和别的。否则的话，纯吃糠，人都要吃死的，会噎死人。到了胃里，它也消化不了。最大的问题是大便不出来了，所以后来，再饿也不敢吃了。但是我家都吃过了，不吃你不会知道这些。

所以我一看到《琵琶记》演出吃糠那一节，体会特别深，那个演员表演得逼真，因为嗓子都咽不下去啊，咽下去胃里也受不了啊。

我们最困难的时候，秋天，等不到稻子收上来就没有粮食了。我家里因为没有粮食吃，就种一部分早稻，它成熟得早，所以可以早解决饥荒问题。

但是等不到早稻完全成熟，就到地里去捡已经基本上成熟的，用镰刀把那个穗子割下来。没有办法脱粒，就放在锅里焙，底下烧火，在锅里不断翻，烤得很干以后，再想法子脱粒，脱粒以后再剥掉外面一层。因为自己手工弄的，往往米粒很零碎，但是总归把这个糠去掉了。每天吃饭的时候，一大锅金花菜或者其他的野菜，只敢放一小把米，因为没有那么多粮食。一把米，和了别的地里种的菜，或者和了南瓜，一起煮成粥，就已经算是非常好了。

这是我童年生活艰苦的情况。

六

老屋的变迁

照片上这个老房子，是太平天国时候我曾祖父盖的。这个房子在村子里当时是最好的，从侧面看很气派，其实很简陋的。门面很窄，大门第一进只是一间门面的宽度；第二进两间，是个厅堂；第三进是两层楼的三间楼房；到第四进又变成一间了，是做饭的地方；到第五进又是一间了，是猪圈，喂猪养猪的。

这个房子非常不规则，为什么侧面有这么一大片空地，这个房子还盖得歪歪扭扭的？我小时候听我老祖母讲，我的曾祖父，大家叫他秬香公。秬香公是很有德望的一位老人，当时他要盖房子，他不愿意去侵占别人的土地，别人不愿意卖，他也不愿意用自己的影响向人家强买，所以他这个房子盖得开头窄，中间宽，到后来又窄了，因为周围的地都是人家的，所以只能就着地，盖这么一栋长条的房子。

后来这个房子分给我曾祖父的三个儿子。当时我的祖父没有分到大屋子。我祖父是我曾祖父的长子。他就说，我是大哥，我不能跟弟弟们争。他主动要老屋旁边盖的一栋很破陋的堆柴草的屋子。在这个屋子旁边有一栋新房子，那就是给我曾祖父的第二个儿子盖的。第三个儿子，就是老房子分了一半给他。为什么要讲这些情况呢？从我这个家庭的变迁可以看到近百年来社会的变迁。

我父亲一辈的,伯父很早就去世了,我没见到。他有两个女儿,大女儿我记忆中间曾见过,也很早就去世了。小女儿就是带我上幼儿园,后来到上海申新九厂工作的冯韵华。伯母精神失常,后来去世了。

堂叔叫冯祖武,从我见到他开始,他就是一直拼命地喝酒,从来没有见到他做过什么别的事。一清早起来就一个人上大街逛街、玩儿,到晚上,喝得醉醺醺的回来。他三个儿子我都见过,大儿子叫冯宗焕,二儿子叫冯宗煜。两个儿子都到上海去了。冯宗焕加入到上海帮派里了,听说是杜月笙下面的黑社会的组织。他们黑社会有一种严格的规矩,抗战一开始这些人都参加抗战了。

冯宗焕打日本鬼子的时候牺牲了。冯宗煜是个铜匠,挑着个担子专门给人家修补铜器,后来被他哥哥拉到帮派里去了,也是因为日本人侵占上海以后,他们跟日本鬼子打,也牺牲了。冯祖武的两个儿子,虽然参加了帮派,最后在抗日战争中牺牲了,那也是尽了民族的一份力量吧。

早年读书的老屋(江苏无锡)

最小的儿子叫冯宗志，年龄大概比我只大一岁，也喜欢读书。他父亲从来不管家里的事，他也没饭吃。我母亲非常喜欢冯宗志，所以看着他没有饭吃，就叫他过来。他还特别腼腆，觉得没有饭吃，他自己想点别的办法马马虎虎就过去了。我母亲去一看，他根本什么吃的也没有，就把他硬拉过来吃饭。我们吃什么，他也吃什么，我们喝粥他也喝粥。所以他跟我们感情特别好。他那个时候喜欢刻图章、喜欢写字，也影响到我写字、刻图章。

后来，到1936年，宗志被他哥哥带到上海去了。但是他到上海没有参加到帮派里去，他是到一家书店里去做学徒。在书店里碰到咱们的地下党了，地下党一看这个小青年非常积极，而且读书很聪明，字也写得很好，慢慢地给他灌输教育，最后他倾向于革命，1938年就到苏北去了，在陈毅的部下。

从1938年开始，我们家就没有他的信息了，我母亲特别喜欢他，总说，哎呀，怎么没有宗志的消息了。我们都怕他被他哥哥拉到帮派里去，可我们真是毫无办法。我也没有到过上海，也不知道有多远，无法找他，一直到解放。

1949年4月23日无锡解放，没几天，突如其来我接到一封信，是宗志写的信。他告诉我，他1938年到解放区参加陈毅的部队，先是当战士打仗，后来因为他有文化，又把他调到宣传部，专门刻钢板，报道战斗的情况，以后又跟着陈丕显到上海了。他说，我在上海外滩，你赶快来吧，我已经回来了。这样我们大家当然高兴得不得了了，原来以为他跟着两个哥哥都牺牲了。

我收到宗志的信，连忙到上海去找他，一下子找到了，高兴得不得了。1938年以后到1949年见面，十多年了没有音信。宗志他后来改名叫冯越。正好陈丕显也在，陈丕显就问这是谁。宗志说，这是我弟弟，现在也在部队里，陈丕显很高兴，陪着我们弟兄两个吃了一顿饭。我当天就赶回无锡了。

我们这个老屋里的一家人，从我的堂叔开始分化，一部分人进入黑社会里去了，但是最小的儿子，参加了革命，后来到了外交部，做了外交官，派到非洲去了，现在也去世了。

我右边的堂房叔叔，叫祖绥。他也是一样，早晨起来就喝酒，一直到晚上，一天至少喝三次，喝醉了就骂人，从来没有见他做过什么事。

他有两个女儿，两个儿子。大儿子冯宗尧那个时候在上海当学徒，也是喜欢看书，鲁迅啊、茅盾啊、郭沫若啊，他看了不少，抗战胜利回家后，给我大讲鲁迅、茅盾、郭沫若。

大女儿冯菊英在上海纺织厂里工作，家里只有第二个女儿冯蕙英和小儿子冯宗义。

有一次，我实在伤心，我堂叔喝醉了酒，他把蕙英姐姐横搁在门槛上打，他家门槛很高。我母亲看得都掉眼泪了，去把蕙英姐姐抢救下来了。后来，蕙英也被她姐姐菊英带到上海的工厂里了，后来都参加了地下党。宗义到上海去开始跟我们还有联系，以后再也没有联系了。

跟我非常好的小同伴们一个个都走了，阿桐走了，宗志也走了，宗义也走了，我再也没有朋友了。

前不久我一个几十年没有见的亲戚忽然找到我家来，告诉我菊英、宗义都不在了，都已经去世了。蕙英还在，九十多了，已经老年痴呆了，在养老院。我堂叔这边的大家庭也发生了分化，两个女儿参加了革命。

我自己的家庭也是这样，我有两个哥哥：大哥参加过国民党，二哥参加过三青团。这个现在的人不太能够理解。在那个时代，民国二十来年的时候，你要做什么事，都得参加国民党或者三青团，所以这个实际上是一个很普遍的社会现象。我1947年接触了地下党以后就参加了党的活动了，回来劝过大哥，大哥已经参加了国民党，他不相信共产党会胜利。

伯母患精神病去世了，后来伯母那个房子也归我们了，因为她去世了，我们就继承了老祖宗的大房子。后来还有两家，我的叔叔一辈，都不行了，就硬叫我大哥把他们的房子买下来，我大哥卖掉了几亩地，也就全买下来了，但是已经破烂了，大门第一进是重新修建了，本来已经没有了。

一个封建大家庭分化成三家，三家又分化，一部分走向革命，一部分人跟着旧社会没落了。

二
求学之路

一

无锡工业专科学校

1943年的下半年我就去考无锡工业专科学校,这是个工科学校。我根本不想读工科,我是喜欢文科、喜欢艺术的,但是当时要谋生,我二哥说这个学校毕业出来,找工作好找,所以叫我去考这个学校。

我估计我考不取,家庭又很穷困,交不起那么多学费,抱着试试看的心态去的,结果一考就考取了。由于亲戚朋友都爱护我,觉得我能读书,都帮助我,再加上我大哥极力主张我读书,想办法交了学费,我就上了无锡工业专科学校。这就相当于是高中了。

无锡工业专科学校是在无锡城里,离我家有15公里,我只能到学校住,做寄宿生。

从1943年的下半年到1944年的上半年,整整一年,在无锡城里,我受到的教育非常的深。这个学校是省级学校,规模大,国文老师就有很多位。我知道的至少有四位专教语文的,而且都是当时非常有名的老师。

我们在初中都学英语,我初中时候的英语学得还是比较好的。我是很用功的,天不亮就起来在操场上背单词。没想到无锡工业专科学校,日本鬼子一律规定不准读英语,只准读日语。当时因为我的三舅舅、我的姑妈,都被日本鬼子害死了。我对日本鬼子仇恨至极,所以我就坚决不读日语。

每到上日语课我就在最后一排低着头看我自己的书。日语是日本人教的，大家都叫他田中先生，这个老师对学生倒也没有什么横暴，但是他在课堂上只准读日语。我反正混过去了，日语课考试什么都是马马虎虎混过去，其实我一句也没有学会。我有一个同学叫薛欲达，他日语学得很好。他告诉我，抗日也需要日语。我说，不会日语照样抗日，我们这么多抗日将士都会日语吗？我坚决不读日语。

在无锡老家门口1943年

给我们讲国文课的老师叫张潮象。张潮象先生是有名的词人，别号叫雪巅词客，词做得很好，名望很高的。有一次他给我们讲《圆圆传》，后来《圆圆曲》也给我们讲了。讲到吴三桂开了山海关投降满清，迎满清的官兵进关这一段，老先生在课堂上放声大哭，同学们也都掉眼泪了。当时都觉得民族沦亡了，国家沦亡了，人民前途非常渺茫了，所以张先生一讲到《圆圆传》，就号啕痛哭了。还痛骂吴三桂开门迎敌，实际上骂的是日本人和汪精卫。同学们都很害怕，因为我们课堂上经常有日本人穿着中国服装来听课的，听你在讲什么，那天刚好没有。张先生讲《圆圆传》给我的印象太深了。

我们美术课还有一位沙白先生，他是画油画的，他重点教图案。无锡工业专科学校的业务主要是纺织和印染，我学的是印染，印染需要有很多图案，需要我们设计，这个沙白先生教我们设计图案。

还有一位教印染学的范光铸先生，他的文化修养很高，书法特别好，尤其写的一手《麓山寺碑》，就像原碑一样漂亮。范光铸先生的书法一直给我印象特别深。我的书里印了他当时送给我的两幅字。

当时他就告诉我，他说你喜欢写诗，你去看《红楼梦》吧，《红楼梦》里都是讲诗的。那时候我不知道《红楼梦》是什么样的书，以为就是讲怎么写诗的，我就高兴地借来看，一看发现是讲故事，而且是女孩子的故事。那时候我特别喜欢《三国演义》《水浒传》那种战斗的、英雄豪侠的题材。我一看，看了多少回，都是女孩子的故事，里面不是讲做诗，是他们自己做诗。我要的是怎么做诗。我看看没兴趣就没有读下去。

范光铸先生和我是同乡，他是无锡堰桥人，我们相隔5公里。后来我高中一年级以后上不起学了，就回家种地，范光铸先生有时候假日还特地步行到我的前洲镇，来看望我。那个时候，他比我年龄当然大好多岁，但是还是个年轻教师，我们很投合，他知道我贫困交不起学费，上不起学，所以一放假就来看我了。

但是这位范先生非常不幸，后来在上海一家印染公司工作时得了病，在家里被人谋杀了，把他的保险柜里放的戒指啊什么的财产全部拿走了。范先生去世以后，家里就是他夫人和女儿，没有什么人做主。告了几次状，打了几次官司都没有办法，因为没有证据。我每想到这件事情都为范先生非常难受。他之前还给我写了一封信，他说我马上搬家了，搬好新家以后我再给你写信，再告诉你地址。没有想到，搬到新家以后就被谋杀了。

在无锡工业专科学校这一年间，还认识了无锡其他的画家。无锡那时候书画风气很盛，当时像孙葆羲、陈旧村、陈负苍、钱松嵒，都是很有名气的。他们都是大画家，我都跟他们接触了，而且都受到他们的启示。但是一场"文化大革命"，孙葆羲失踪了，不知怎么死的，都不知道，大家都找不到他。当时名气很大的，我在公园饭店经常看他的画展。秦古柳先生，"文革"中间把他整得特别厉害，把他整得精神失常了，我回家去看他，他跟我号啕痛哭，他对我说，你是冯其庸，我知道，我们是好朋友，本来你回来我应该给你画画，但是我都不知道怎么拿笔了。说完了又大哭，后来没有多久就去世了。

二

从诸健秋先生学画，从张潮象、顾钦伯先生学诗词

张潮象先生组织了一个"湖山诗社"，这是他与当时喜欢诗的青年人、中年人以及他一辈的朋友，共同组织的。"湖山诗社"还有一位组织者叫诸健秋，诸健秋是位大画家。之前诸先生跟我有一次意外的见面。

有一次我跟诸健秋先生的学生邵雪泥，在无锡公园的茶座里喝茶。邵雪泥是画家，我怎么认识他的呢？他的画室是临街的，有玻璃窗，他的画桌就靠着玻璃窗。我从街上走过，老看到他低着头画画，我觉得非常有意思，我喜欢画画，我就老站在玻璃窗外面看他画画。他父亲叫邵晋康，看到一个年轻人老来看画，就开门叫我，你进来看吧。我就进去看，跟他们攀谈攀谈。

其实那时候我书读得比较多了，文笔也比较好了。张潮象先生特别喜欢我，看到我的作文，总是称赞，冯其庸的文章写得真好。

他们的画画得很好，但是文化水平太低。我一看，说你这个画上题的句子不通。我给他随便讲讲这个应该怎么题。他一听非常高兴，说我们正缺少这样的人。所以后来他每次画完以后主动请我去，你来帮我考虑这个

怎么题。我就给他起好草，他的字写得很好，他就写上去。他越看越有味道，这以后，很欢迎我去了。

邵晋康有个绝技——刻碑，他一只手拿着刀，一只手夹一块布还拿着锤，在石头上依着那个字的字迹一刀一刀刻下来，刻一会儿就用这块布一擦，刻下来的石头屑就擦掉了，可以看到上头的字。他教我刻碑，我学了一段时间。他也尽心教我。但是我毕竟是在中学读书，那时候礼拜六还照样上课，只有礼拜天休息，礼拜天去首先要帮助他们考虑题画这些事，然后有时间学学刻碑。所以大体知道怎么刻，没有真正完整地刻过一块碑。但是我能刻图章，那个时候我图章已经刻得不错了，图章的印面、边款都能刻。

那天我跟邵雪泥在公园茶座喝茶，突然诸健秋先生走过来了。他看到邵雪泥手里一把纸扇，他很奇怪。他当时没注意我，他注意他的学生。他把那把纸扇拿过来，看了半天，说这画是谁画的？邵雪泥指着我说，他画的。诸健秋先生说，你跟我学了三年，没有他这几笔好。这以后才问我是谁。邵雪泥说我的名字，我的家庭情况，我的经济困难，现在读高中一年级，可能下面读不下去了。诸先生就跟我说，你的画比他好，你的天分比他高，这样吧，你喜欢画画，我来教你，但是你不要拜师。因为按当时的规矩，拜师要交很多拜师的费用，还要办酒席。你不可能做这些事，不要这些形式上的东西，你就来看我画画就行了。因为不是他的学生不让进去看他画画的。他说了一句"看就是学"，这句话，其实我一辈子受用，我看什么都把它当作学，不仅是看画、学画，看他画画当作学，我看别的东西也都当作学来看。

张潮象先生和诸健秋先生组织了"湖山诗社"。有一次两位老先生在诸健秋先生家里，叫我去，就说，你参加"湖山诗社"。我吓一跳，我说，我从来没有学过诗，也没有写过诗。张潮象先生就说，不管你写过没有写过，你自己写一首来，我看看再说。

他是我的国文老师，我觉得我不能不写。我就回去想了一下，因为无锡是东林党的基地，当时东林书院还在，但是已经荒废了，我就想到这个，我自己写了四句诗"东林剩有草纵横。海内何人续旧盟。今日湖山重结社,振兴绝学仗先生"。我也不知道对不对,反正要我写,我也只好这样了。我就拿了去交给张先生。张先生看了以后高兴得拍桌子说,你还说你不会写诗,这诗多好啊!他马上用笔就在旁边批了两句"清快,有诗才。"

诸健秋先生看了以后也称赞得不得了,就送我一把他画的扇面。那时候我还认识不到诸老先生的画有多好,只觉得它好,现在再看这幅画真正功力深厚,意境高,笔力好,真是大画家。1954年我到北京的时候,他还专门画了一幅画送给我,作为赠行。我画画受他的影响很大,启蒙的时候就碰到了最了不起的画家。

还有一位顾钦伯先生,我经常到他宿舍去听他讲诗。那时候我是寄宿生,校园里下了一场雨以后,我在走廊里就想到了一句"雨馀天气更清凉"。顾先生也住在学校,我刚想到这句,他从走廊那边过来了。我就问顾先生,我说,我刚才有这么一个句子,"雨馀天气更清凉",能成立吗?他一听,他说,平仄特别合,但是这是词句,不是诗句,词和诗是有区别的。我自己也感觉到这句是词的格调。

我就忽然兴起,我说我还有小时候写的一首诗呢,他说,你拿来给我看看。我就把我小时候写给阿桐的那首五言诗背出来,抄好给顾先生看,没想到顾先生看了以后大为称赞,说,你小小年纪,就写得那么好,这个完全不用改,就是一首古风。"簇上春蚕老,垄头麦油油",现在只记得这两句了。

我还有一位老师,我们的美术老师钱松嵒,现在也去世了,是1949年后最有名的一位美术老师,最近好像北京画院还在举行他的画展呢。在钱松嵒先生的课堂上学画国画,钱先生称赞我,全班你画得最好。但是我只待了一年,每个礼拜一次课,钱先生只是课堂上教你画几笔,没有机会跟着他多学。实际上我跟诸健秋先生学得多,因为常看他画画。我的山水画开始主要是诸先生教的,到了北京后,主要是学古人,同时也受到许多老画家的指教。

钱先生晚年的时候,有一次在扬州宾馆,我忽然遇到他了。20世纪80

年代的时候，扬州宾馆那天大摆筵席，我去了，钱松喦先生去了。扬州的领导我都很熟，他们请的宾客都去了。一去以后，我见到钱先生，我说，我是你的学生，我高中一年级的时候，你在无锡工专教图画，我叫冯其庸。他说，我没想到还能见到你，我一直记着你的名字，你是当时班上画国画最好的。我说后来我不画了，因为我工作太多，我就没有机会画了，他说，你应该画画。后来他过了不多几年以后就故去了。

有一次无锡公园饭店，举行吴昌硕、齐白石的画展。那一次我见了齐白石、吴昌硕的画真是惊心动魄，我心里说，天下还有这么好的画！从此我就将这两个人作为我学习的榜样，更多的是学习齐白石。我觉得齐白石那种用笔的简单、质朴，神采的丰富，这是非常难得的，而且诗也题得好。当时我读书很紧张，对我来讲，要花很多时间画一幅山水是不可能的。诸健秋先生画山水的画法，让我一直看，我都懂了，该怎么画，但是没有时间来实践。可是要画吴昌硕、齐白石那个大笔淋漓的，几十分钟就可以画一幅画，对我来说有这个时间。所以我开始学齐白石，学吴昌硕。尽管我当时看诸健秋先生画山水，我自己看了没有画山水，但是我现在主要画山水了。主要是诸先生当时教导让我看了以后受到的一种启示，我一直记在心里。后来我画山水画，就明白一幅画应该怎么下手。至于我后来画的变化，那是我见到大自然多了，尤其到新疆，看到了龟兹的那种奇形怪状的山形和特殊强烈的颜色，所以我自己画了重彩的山水。

1943年下半年到1944年夏天，对我是一个非常重要的历程：在诗词上，有张潮象、顾钦伯先生的教导；在艺术上，有诸健秋先生的指点，还经常到邵雪泥的画室看他画画，还在公园饭店看到吴昌硕齐白石的画展。在这方面，开了很多眼界，给我启发特别大。要没有这一年，没有这几位先生的指引，我读书和画画不会是现在这样子的。所以在无锡工业专科学校的一年，对我来说，有非常重大的收获。

三

听阿炳演奏

在无锡工业专科学校这一年，就是1943年下半年到1944年上半年，还有件大事情，就是我在无锡，亲自听到瞎子阿炳的演奏。

瞎子阿炳的身世非常坎坷，他的真实名字叫华彦钧，因为他眼睛瞎了，他小名叫阿炳，大家都叫他瞎子阿炳。他原来是个道士，在道庙里当学徒，他喜欢音乐，道家也有音乐，但是他又不愿意完全演奏道家的音乐，他喜欢自己拉自己想演奏的东西。结果，他的这个行为不符合道家的要求，就把他驱逐出来了，他就流浪在街头了。

当时我们听他演奏的时候，他身体还可以，但是眼睛已经看不见了，基本上要有人扶着才能走路。他当时也没有任何职业，就是街头拉琴要点钱。我们学校里每学期至少有一次大规模的学生联欢会，同学开联欢会，最后一个节目总是瞎子阿炳的演奏。这是我第一次听到他的胡琴和琵琶演奏。

那次我印象特别深，他演奏的第一个曲子是《二泉映月》，第二个是《听松》，第三个是《昭君出塞》。前两个是胡琴，后一个是琵琶。

那个时候请他是非常容易的，只要给一点点钱，他就来拉了。但是，整个无锡城里大家没有一个不欣赏、不佩服他的胡琴和琵琶演奏水平的。可是他的生活没有人管，困难到衣食都没有依靠，靠沿街要饭。就是有人请他去演奏一次，给几毛钱，也只能活几天，就是这样的情况。

他还有个特点，这个《二泉映月》也好，《听松》也好，《昭君出塞》也好，他都说不是他创作的，是古人的。他认为古人的才了不起，明明是自己创作的，他也说是古人的。

《二泉映月》，尤其是了解他的身世和熟悉这个曲子的人，都会体会到，完全是他倾诉自己的艰难困苦的生活，向社会哭诉、哀鸣。胡琴拉到最伤心的地方，就像哭泣一样。他拉琴的方法跟人家完全不一样，拉到最深入的地方，最高潮的地方，他不是用琴弓拉，他是用手指头摘那个琴弦，"噔噔噔"这种极短促的声音，然后又低回婉转地拉开了。每次听他的演奏，都会使人掉眼泪。

他弹奏的《昭君出塞》，现在刘天华也都弹，但是跟他弹的不一样。我们听阿炳的琵琶曲子《昭君出塞》，感觉到是一个大的场面：一个是马蹄奔跑的声音，"嚓嚓啪，嚓嚓啪，嚓嚓啪"的声音；一个是军士带着剑带着水壶，互相碰撞的声音，"嘀嘀呱，嘀嘀呱，嘀嘀呱"的声音；还有一个北方的大风，"呼哈，呼哈"的呼啸的声音。让你一听就是觉得，在塞外沙漠里奔跑，马在奔跑，战士们武器和水壶互相碰击，风呼啸，尘土满天这种感觉。

《听松》也是这样，它描写飓风把那个松树吹得摇晃，松树撑着自己的树干顶着风的强劲的力量，这种感受。熟悉瞎子阿炳的人，都知道这些曲子，就是有的是古曲的名字，也经过他重新改过了，不是原来的味道了，有的完全是他自己创作的东西，他也用一个古人的名字。

那次联欢会以后，我家贫无法继续读书就离开无锡了。但是后来抗战胜利以后，我又回到无锡读书了，那个时候瞎子阿炳还在，我有几次有机会再跟瞎子阿炳接触。

我后来看到一个小女孩，用一根竹竿，拉着他沿街向人家要饭。他已经完全沦为要饭的了，不再拉琴了。人家知道他是瞎子阿炳，只要他来，大家对他还是很同情的，总是给他钱。

我们老家有一位音乐专家叫杨荫浏，是中国艺术研究院以前老早的音乐研究所的所长，他对瞎子阿炳非常了解。所以1950年他就回无锡找瞎子阿炳,要给瞎子阿炳录音,同时也准备安排他到音乐研究所来。但是,那个时候阿炳身体已经很不好了,而且他老早已经不拉琴了。

他不拉琴是有原因的,有一次无锡暴风雨,他在街上走,眼睛看不见,一辆黄包车躲雨奔跑过来,把他一下撞倒了,把他的胡琴撞断了,他说"天不让我拉琴了"。回到家他把琵琶挂在墙上,夜里耗子又把他琵琶的弦咬断了,他就说"老天爷不让我再拉琴了"。他没钱再买胡琴和琵琶了,这以后就不拉了。

他拉琴的声音跟别人的琴声不一样,特别低回苍凉,慷慨悲凉,他只用两根最粗的琴弦,不像一般的胡琴一根粗的一根细的,要拉细的声音就是在细的上面出来了,要粗的声音就在粗的上面。他却是两根最粗的,什么原因呢?因为他没有钱买琴弦,买最粗的拉的时间长,可以不多花钱。但是他控制这两根琴弦,照样高低分辨得很清楚,而且声音出来,显得慷慨、苍凉,别人都学不到的。不了解瞎子阿炳的真实生活情况的人是不知道这一点的。

后来杨荫浏先生动员他再拉琴,他开始不同意,他说,我已经拉不出来了,我的胡琴、琵琶都已经没有了,再也拉不出我当年的曲子了。后来杨先生给他找来了琵琶,胡琴,经过他自己调整,还给他时间练了三天,勉强拉了几个曲子,录了音。

拉了几个曲子以后,杨先生要他再拉,他再也不拉了,他说,已经不是当年的瞎子阿炳了,我哪是这样的味道?他自己听听都伤心了。他认为自己已经没有当年连自己都醉心的这种最得意的曲子了。现在留下来的,我们听着觉得已经真正了不起了,瞎子阿炳听了,自己觉得已经拉不出来当年的味道了。

当时决定要把他调到北京来,结果他突如其来地吐血去世了。那已经是1953年年底了。那时候我在无锡女中教书[①],我的同事跟他是邻居。那天

---

① 无锡市第一女子中学建校于1912年,原为无锡县立女子师范学校,1927年7月,学校改办无锡县立女子初级中学,始招初一新生,不再招收师范生。1937年10月,日寇入侵,无锡沦陷,学校停办。1940年8月复校,易名江苏省立第二女子中学。1945年9月,抗战胜利后,学校更名为无锡县立女子中学。1949年无锡解放后,改名无锡市立女子中学。1952年10月,学校正式更名无锡市第一女子中学。

夜里瞎子阿炳死了以后，第二天我那个教体育的同事，叫杨志仁，女同志，就马上来告诉我说，瞎子阿炳昨天夜里去世了。

后来全国文联还批评了无锡文联，说是这样了不起的杰出艺术家，你们怎么也不管他，由着他这样重病去世，没有治疗。无锡市文联还为此做了检讨。

现在我看有人把他的《二泉映月》改成轻音乐了。我有一次听到这个合奏的轻音乐《二泉映月》，我觉得太不理解人家了，把人家的辛酸和苦难，当作一种轻音乐来娱乐，太不理解他了。一个艺术家，时间过了没有多久，就已经被人曲解了，这个是非常让人难以承受的。

现在无锡为了纪念他，把他原来的故居重新修理了一下，陈列出来了。我第一次去看的时候，修得比较新，又受到批评，说当年他的生活困顿，要住得这个样子他还要出去要饭吗？所以后来重新恢复他破烂不堪的那个破房子的原貌，跟他悲惨的身世相一致，否则的话，就不能说是他的故居。现在不知怎么样了，因为我也很少回家去，也没有再去看过。

我是不太懂音乐，但是我很喜欢听中国的传统音乐。杨荫浏他们灌的唱片出来以后，我就买了一套。我在无锡第一女中教书的时候，我就给学生开音乐晚会，月光底下，放着他的唱片，请大家欣赏，让大家领会。1954年我调到北京来的时候，把这一套唱片赠送给女中了，所以我自己手里已经没有这个唱片了。

四

失学回家，教书种地

1944年的下半年，我就不上学了，回到老家了，为什么呢？我交不起每学期的学费，而且住宿在学校里，我真是没有那个经济负担能力。再由于我读的工科，读的纺织科的印染学，这个课程需要数理化的许多成绩，文史方面的知识对它没有多大用处。我对数理化这方面不太感兴趣，成绩有时候老不及格，有时候很差，所以自己也觉得没有劲。当时课堂听的大多不是我爱听的，完全靠课余的时间，请教请教像顾钦伯、张潮象这些老先生，所以就回家了。

回家当然还是没有任何事做，照样继续种地。我们前洲镇有个小学，叫前洲小学，需要教师。当时这个小学里许多教师，都是我初中时候的老同学。他们说，你来教书吧。我就到了前洲小学，因为离我家只有半小时的路程，所以我可以照样种地，上课时候我去教课，而且有自己同班的许多老同学都在一起，也很高兴。

我在那里教了半年，距离我们5公里的一个地方，叫礼社镇，礼社镇小学聘请我。这是一所私立的小学，是礼社镇上几个比较有影响的、有钱的老人出钱办的一所学校。这所学校也是由来已久，并不是新办的，听说我讲课好，就专门来请我到礼社镇小学去教书。

那所学校，距离我母亲的小妹妹，就是我的小姨母家很近，也有人照顾，所以我就到了礼社镇小学教书了。去了以后，校董事会的领导来听课，觉得我讲得非常好，学生也很欢迎。很快，要我到旁边另外一所礼社中学担任课程。我说，我自己才高中一年级，我怎么能够教中学？他们几位老先生也不讲究什么学历、文凭，说你去试试看，我们觉得你可以，我们也请不到人，你去试试看，如觉得可以，你就讲下去。

我到礼社中学去兼任这个初中的语文课，一讲以后，那个中学的校长和同事都非常赞赏，说冯其庸讲课讲得非常好，学生非常欢迎。所以，我就小学中学同时教下来。我自己才高中一年级，就教中学，有点误人子弟，但是，礼社校董都坚持要我讲下去。

但是在那里有一个使我不安的大问题，是什么呢？当时有一支游击队，不是那种正规的、有组织的、有正式编制的正式的游击队，而是一批地方上的人组织起来的，既打日本鬼子也抢老百姓，好事坏事都做。他们有几十个人，所有的人都是包一个黑的头巾，穿一身黑的衣服，紧身的衣服，手里拿一把雪亮的大刀，只有几支枪。他们那个领头的还相当有文化，他也从别人那里听说了我讲课好，特别感兴趣，专门到学校来跟我聊天，还喜欢画画，完全是个文人。这个领头的，一到我们学校，就找我聊天，希望我给他讲文学，晚上睡觉还要跟我睡一个床。他睡觉的时候把那个枪放到枕头底下，我已经很不安了，再加上他还有一支队伍，完全是一种黑道上的组织，经常在镇上出入。有一次，就在我们学校旁边，我看到他们大队人马前面押着一个人去杀头。我一看这个情景，太不安了，就是因为这个，所以我在礼社镇只待了半年。

1944年的年底，我就想法子转到无锡城里的孤儿院小学去了，在这里上学的都是孤儿。抗战的时候很多孩子的父母牺牲了，子女没有人管。当时有一个比较有钱的善人，叫陈汉文，这个名字我一直还记着，我觉得他做了一件很大的好事。他创办了这个孤儿院小学，把失去父母的孤儿都收来，抚养他们，稍微年龄大一点的，就进学校读书，年龄小的由保姆带着。我二哥被请去当这个小学的校长，所以我就跟我二哥商量，我说，我在礼社镇实在不放心，这些杂牌军，也不知道究竟是什么面目，将来火拼起来可不得了。他说，那你到孤儿院小学来教书吧。所以我就转到无锡孤儿院小学教书了。

1945年春天开学，我就在无锡孤儿院小学教书了。我有空就去看望诸健秋先生，看他作画，还有其他无锡的一些画家。另外我喜欢读书，无锡崇安寺有一家旧书店叫"日新书店"，经常来一些旧书，我们礼拜天一有空就到城里去，去"日新书店"买书。

我在那个地方买到清代史震林的《西青散记》《华阳散稿》，明代汤若士的《汤显祖尺牍》，清代沈复的《浮生六记》等，还有明末张岱的《琅嬛文集》《陶庵梦忆》《西湖梦寻》等书。这些书我以前都读过，但是借来的，现在我终于自己有了。后来又买到襟霞阁丛书，襟霞阁丛书当时散掉了，我买了十几本；还买了三四本明拓的《淳化阁帖》。其中收有王羲之的字，还有王羲之一门的其他一些人的书法，东晋时代的一些名家，都被收进去了，刻得好，拓得好。我当时没有钱，就想办法把收有王羲之尺牍的帖买了，到现在这个帖还在我手里，我现在有时还会拿出来看看，欣赏欣赏。启功先生也来看过，过了几天，他告诉我，其中有一本是极难见到的，他也是第一次见到。

1945年夏天，孤儿院小学放暑假，我就回到前洲镇我的农村老家，刚好碰到日本鬼子投降了。1945年8月15日，日本鬼子投降了，当时消息传来，我们都高兴得不得了。我初中的同班同学，也是我的表弟邓南伟，后来是上海铁路医院的心脏病的专家，现在也去世了。还有张紫荆，现在也在上海，也九十多了，当时都是年轻人啊，一听到了日本鬼子投降了，高兴得不得了，从前洲镇上跑到农村乡下来找我。因为我在乡下也没有什么信息，根本不知道。他们在镇上听到这个消息了，就专门来找我。

那天夜里夜色特别好，月亮也很好，我们就在月光底下，高高兴兴一起到镇上狂欢了一夜，觉得祖国抗战胜利了，日本鬼子投降了，国家恢复了，高兴得很。但是那个时候还不知道共产党的情况，因为我们那个时候完全是国民党统治区，根本不给你讲这方面消息的。

等到暑假过了，我回到孤儿院小学以后，可能是十月份吧，我亲自看到当时国民党军队举行入城仪式。日本鬼子投降，我们的军队进城，举行庄严的入城仪式。

　　这以后，我有时候到公园里去，还经常看到有一些流落在无锡的日本人，其中有一个日本妇女，每次去都看到她在公园里自己找一个圆的茶座，要两杯茶，对面一杯茶，自己这面一杯茶，对面是从来没有人的。

　　以前在无锡城里，日本鬼子刺刀闪亮闪亮的，动不动就杀人，等到"八一五"他们投降以后，连日本小孩都不敢出来了，出来中国小孩就打他们。

五

无锡国专

1945年8月15日，日本鬼子投降以后，苏州美专①招生，我特别喜欢美术，我就去考。当时经济也没着落，我就试试看能不能考取。先考素描，素描课考完以后考国画，考文史知识，还有作文。其他课程还没有考完呢，老师就来通知，说：你其他都不用考了，你被录取了，因为你的素描，你的国画，你交的文章，大家都很欣赏，所以就录取了。这样，我就正式到了苏州美专学习。

苏州美专原来是很有名的一所美术专科学校，现在还在。苏州美专本来在苏州沧浪亭，抗战以后到内地去了，现在抗战胜利了，回来了，但是沧浪亭已经破败了，要整顿，没有地方教课，所以暂时在无锡的一个孔庙里招生上课。

当时的校长叫颜文樑，有西画系和国画系。国画系一位有名的老师叫孙文琳，他画的水彩画特别好。

但是我那个时候还在孤儿院小学教书，我就跟老师说明，我每天只能去一段时间，我要把学校的课教完，才能过去。当时老师很爱护我，觉得

---

① 1922年，颜文樑创建苏州美术学校，1924年更名为苏州美术专门学校，1930年更名为苏州美术专科学校。

我有画画的天分，就说，你生活也很困难，你就按照你的情况，我们能够支持你、理解你。

所以我就每天来回跑，路也不太远，我一边教课一边学习。没有想到三个月以后，苏州沧浪亭修复好了，苏州美专要迁回沧浪亭去了。我离开无锡孤儿院小学就交不起学费，生活也没有来源了，所以我就又失学了。当时美专的老师和同学，都惋惜，说你不学画太可惜了，但是我没有办法，我没有经济来源，不可能跟着到苏州。

这个时候，诸健秋先生鼓励我，你自己还是自学，根据你自己的条件，反正你有时间就来看我画画，自己多练。

到了1946年春天，无锡国专①在无锡复校了。无锡国专抗战时候迁校到广西了，现在抗战胜利了，要回到原校。广西的还没有迁过来，先在无锡招生。

我喜欢文史，当时读了那么多古书，我就去考无锡国专。写一篇文章，当场就写，写完了交上去，还有一般的文史常识，也是没有完全考完，老师来告诉我，你底下的都可以不考了，大家都对你的文史知识和写的文章非常满意。那时候还没有正式公布，我还不相信，我觉得我还没考完呢。后来，隔了几天，公布录取的名单了。那个时候都是手写的布告，贴在校门外，我一看我果然被录取了，而且名字排得很前。

我高兴得不得了，但是我也发愁，我没有钱交学费。我大哥宗燮鼓励我读书，他想法子卖掉了自己仅有的一点点地皮，再向亲戚朋友借了一点

---

① 1920年12月施肇曾捐资创办无锡国学专修馆，由唐文治担任馆长。1921年正式开馆上课。1930年改名无锡国学专修学校。1937年10月6日，日本用飞机轰炸无锡，11月，国专西迁，迁徙于长沙、桂林、上海等地。1938年3月，国学专修学校在上海复课。1946年春，无锡本部招生，共取本部及附中新生300余人，聘定教职员20余人；2月桂校师生开始复员，至6月初全部返回无锡。沪校仍留上海办学。1949年7月，经苏南行政公署准予备案，改名私立无锡中国文学院。1950年2月，沪校与中国文学院合并。5月并入苏南文化教育学院。1952年，苏南文化教育学院和东吴大学、江南大学数理学院合并，在东吴大学旧址建立苏南师范学院，同年定名为江苏师范学院，1982年改名苏州大学。（参见陆阳《无锡国专》，凤凰出版社2011年版，第486—495页。）

钱，交了学费，我就开始上无锡国专。

无锡国专是分本科、预科，预科就是初中毕业以后，去读它的预科，补高中，补完高中再升本科一年级。我因为成绩好，就直接让我上了本科一年级，相当于现在的大学一年级。

到无锡国专学习是一件大事，是我人生经历中非常大的变化。我原来一直是小学教师、中学教师，现在进入一所有名的文史方面的专科学校读书了，当时很兴奋。

大家都寄宿，因为离开家太远了，不可能走读了，所以都是寄宿的。去读书的那也都是差不多跟我类似的经历，都不是什么富家子弟，家庭也都是一般的，所以同学大家都很投合。

我尤其喜欢诗词，我在初中时候买到的一部《水云楼词》，我也带到了无锡国专。当时有一个同学叫梅鹤徵，他也有一部同样的《水云楼词》，后来我那一部《水云楼词》不知道怎么不见了，找不到了，他就把他的《水云楼词》送给了我，题了一段话，现在这部书我还保留着。

我们那时候组织了一个诗社名称叫"国风"，大家喜欢写诗填词的，组织起来用刻蜡版的方式印刷，我负责刻钢板。

过了几个月，就遇到一件事情，我们都是寄宿生，交的学费很多，伙食费也很多，但是伙食很差劲。当时老师吃饭很丰盛，老师们和我们都在一个大厅里吃饭。后来有同学就发现，老师们根本不交伙食费的，都是从我们的伙食费里扣出来的，这还不要说，还有舞弊、贪污，这是一件事。

还有一件事，有一位老师不会讲课，学问究竟怎么样也不知道，上课总是磕磕巴巴的讲也讲不清楚，大家意见很大。当时广西的本部还没有回来，其他几位老师呢大家还勉强能够接受。因为我们当时都是考进去的，实际上自己都自学了很长时间，都有相当基础了。

一个是个别的老师讲课不满意，再有一个伙食那么差，学生就闹起来了。我当时也是很容易激动的，有正义感，觉得怎么能这样呢？伙食办成这样，我们交这么多的费用，不可能伙食那么差劲啊！我就写了一篇杂文，题目叫"长铗归来乎,食无鱼",我就把食堂差劲的情况都写出来了,贴在饭厅里,这样一来学生都闹起来了。

我的同学头脑比较冷静,他说不抓到真凭实据,这样闹是没有用的。他就趁他们不备的时候,闯进食堂的伙房,翻他们的账簿。把他们每天买菜开支的账簿都掌握在手里。一查呢,第一个查出来的全校老师的伙食都是不交钱的,都是用我们学生的伙食费;另外呢,每天买菜的钱都有账啊,买多少菜,花多少钱,加起来每个月我们每个人只要多少钱,都一清二楚。他就把这个账目清算了以后,公布了。那个总务处的管伙食的老师,就受不了了,脸上都挂不住了。

再加上那位教师讲课实在不行,学生就自动开始罢课,那时候也没有组织,就是自己觉得气愤,这种课我去听干什么?我自己在家里看看书比这收获还多一点。这样呢,闹得很厉害了。

广西的本部还没有回来,当时管理在无锡招的学生的是蒋石渠先生。他是讲先秦诸子的,他讲《墨子》,他勉强还可以,书法还不错。蒋石渠先生没有办法处理了,处理不了了,马上告诉上海的王蘧常先生。

上海还有一个无锡国专的分校,王蘧常先生在管着这个分校。唐文治校长原来也到了广西,后来因为他年龄大了,身体经不起了,就把他送回上海了。王蘧常先生名义上还是我们无锡这个学校的教务长,王蘧常先生就从上海到无锡来。

王蘧常先生当时在学术界的声望是很高的,尤其他的书法,大家都佩服他,日本人称他是当代的王羲之。他一来以后,大家就推我为学生代表,去给王蘧常先生反映情况。在这个情况之下我也觉得无法推辞,我就直接去到王先生的办公室,王蘧常先生很客气地接见了我。

我就把伙食问题的账目都摆在那儿,他一看就明白了,还有一个是教课问题,当时我们心里很忐忑不安,也不知道王老先生会怎么处理。没有想到王先生一听这些意见以后,全部同意,他说,伙食不能这样做,伙食重新改组,要严格地分开,老师归老师,老师吃的费用都由老师自己负担;学生归学生,学生吃的费用从学生的伙食费里开支,但是要符合事实,吃多少开支多少，不能有贪污现象。

关于教课，他也同意换教师，但是他说，给你们讲课的老师姓蒋，蒋先生不是没有学问，他只是不会讲，没有经验，讲课磕磕巴巴；再一个呢，第一次上课，面对着你们这些学生年龄都不小了，都读过很多书的，有点胆怯，讲话也不会讲了。我同意给你们调换老师，因为你们来读书也不容易，但是不完全是因为蒋老师没有学问，而是他不会讲课，你们应该理解他，让他有一个实践过程，慢慢会讲得更好一点。也就是说，为蒋先生保留了一定的面子。我们也不管了，只要是答应换教师，大家就非常高兴了。从这一件事情起，等于无形中间，无锡国专就有了一个学生的组织，把我自然而然地看成是类似学生会的这样一个机构的领导了。

这个事情过去不久，就发生了"沈崇事件"。沈崇当时是北大的女学生，被美军强奸了。这个消息一出来以后，全国各地的大学，都有学生游行，反对美国，组成反美运动了。实际上当时国共摩擦已经非常厉害了。

1946年开始，实际上就是抗战胜利没有多久，经过重庆谈判以后就开始内战了，当时地下党也在那里组织学生运动，进步思想也在不断地传播，"沈崇事件"等于是点着一个导火线。

当时我还没有接触党的地下组织，只是凭直觉，感觉到一个美国兵，糟蹋我们中国的女青年，气愤得不得了，大家都气愤得不得了，所以无锡市的大专院校、中学，都起来游行了，形成了一个全市的学生大游行。我是跟我们无锡国专的同学一起上街游行的，当时无锡还有一个高等学校，就是在无锡市的北面，叫社会教育学院[①]，也是正式的高等学校，他们的学生会也带了学生浩浩荡荡上街了，我们会合在一起了，形成全市的大游行，这是第一次的"反美运动"。

---

① 1928年3月，江苏民众教育学校在苏州成立，同年6月改名中央大学区民众教育学院，之后迁至无锡。1930年合并前一年成立的中央大学区劳农学院，定名为江苏省立教育学院。1941年，江苏省立教育学院部分学生并入国立社会教育学院。1950年，江苏省立教育学院和两年前更名为中国文学院的原无锡国学专科学校以及国立社会教育学院合并为苏南文化教育学院。

六

初识地下党

"沈崇事件"以后，紧跟着就是"反饥饿、反内战、反迫害"运动。因为那时候东北战争已经开始，林彪率领他的部队在东北开始参加战争，内战开始了。所以学生运动的重点，就是"反内战"运动。

1945年，重庆的谈判已经公布了国共合作，这以后的国民党撕毁了协议，开始发动了内战。其实我们这边，现在看起来也是老早就准备好的，已经估计到了不可能谈到一块儿去的。但是毛泽东当时不可能不去重庆，如果不去重庆，那说明我们对和平没有诚意，所以毛泽东当时冒着很大的危险去了重庆。他们本来想要暗杀毛泽东的。但是国民党当时也不敢公然当着全世界来做见不得人的事。

为什么章士钊跟毛泽东他们的关系比较好呢，就是因为章士钊在重庆，跟毛泽东说"三十六计，走为上计"。就是提示他，你已经到了，谈判也谈了，你该走了，不该再停留了。毛泽东马上就飞回延安了，不久内战就开始了。

当时抗战刚胜利，老百姓生活都很困难，一到冬天就真正饥寒交迫，我们都经历过来的。所以当时要求改善生活，发起了"反饥饿、反内战、反迫害"的运动，是全市性的，其实是全国性的，各地都是这样，我们无锡市也是这样。我在这个运动中，等于是无锡国专的带头人一样。

当时还有高滌云，现在也去世了，其实，高滌云他比我早就跟地下党有关系了，但是他虽然跟我特别要好，他也没有告诉我。我们两个人一直带头，我等于是冲锋在前，第一个带着大家上街游行，高滌云也在一起，还有好几个呢，我一下记不起来那么多名字了。这样地下党就重视我了，通过当时地下党组织的领导人叫甘京林的跟我接触。我们平时都认识的，但是不知道他真实的身份，甘京林跟我平时关系也很好，但是他没有告诉我他是地下党的领导，我也不知道他的这个情况。

我就是当时看着很气愤，因为从现象上来看都是当时国民党的不讲道理，事实也是这样的，国民党已经腐败到不像样了。那些从重庆过来接收各个地区的官员，老百姓给他起的名字是"劫收大员"，说"劫收大员"回来发大财，日本占领的财产他们拿了，老百姓的财产他们也拿了。

另外国民党那些高级人士都是八年抗战，在重庆抛弃原来的家庭，自己重新娶了老婆，组织的家庭，所以当时"抗战夫人"很流行的，都是讽刺国民党的那些大员们。学生掀起的这个汹涌澎湃的学潮，当时社会已经不可遏制了。

到这一年的学期结束，学校开学校的教务会议。会议上面有一位老师叫王子畏，他是国民党的铁杆分子。原来对我特别好，觉得我的文章写得好，我的字写得好，文史方面我都是在前面，特别喜欢我。

他的文学史讲义也是我刻的，我当时也是清寒学生，就利用刻钢板补助自己生活。我平常写的文章，他也非常称赞。特别是他出一个题目，《拟苏武答李陵书》，拟一封苏武给李陵的信。咱们现在有一篇古文叫《李陵答苏武书》，他就出了一个相反的题目：苏武给李陵的信，作为作文的题目，我就写了这篇文章。王子畏先生看了我这篇文章称赞得不得了，在课堂上都讲，魏晋六朝的时候有个元瑜写书信特别漂亮，人家称他"书记翩翩"，他就说冯其庸这篇文章真是"书记翩翩"，这样称赞我。

但是他是国民党的铁杆人物，一看学生起来抗议，起来搞运动，就坚决主张镇压。他尽管对我很欣赏，但是他在教务会上提出来开除我，这个是后来参加会议的老师告诉我的。

没有想到在这个会议上面，另外一位也是国民党的权威老人叫俞钟彦，在会上王子畏先生提出要把我开除，俞先生刚好坐在王子畏先生对面，俞先生也不说话，拿起桌上的茶杯就往王子畏先生头上扔，开口大骂，这样的学生你要开除，你算什么老师？我们就是要教学生，教他们成才，你是国民党，我也是国民党，我资历比你还老，两个老人，吵起来了，吵得不得了，几乎打架。

俞钟彦先生是国民党的元老，他在国民党上层，还有一定的影响，李济深是他很好的朋友。他退下来教我们唐诗的课程，我唐诗课程的成绩也特别好。我在"湖山诗社"写的诗，很受称赞，到了无锡国专办"国风诗社"，我不断写诗填词在刊物上登出来，大家都很欣赏。

当时主持会议的是教务长冯振心，他教诗词课，教《说文解字》，教《老子》，在他的课程上我成绩都很好，尤其在《说文解字》课上我成绩最好。他们心里都有数，都不愿意开除我，但是他主持会议不能先表态。还有一位叫冯励青的先生讲中国文化史的，实际上他是地下党的领导，无锡国专的整个地下党，包括甘京林他们的学生组织都归他管。

冯励青先生一看两个先生都吵起来了，他就站起来调解说，像冯其庸这样的情况不应该开除，不可以开除，最多记两个过。冯振心先生就顺水推舟说，不吵了，不吵了，不开除，不开除，给他记两个大过两个小过，成绩单上评操行"丙"①。两个大过两个小过，再加一个小过就是要开除了，因为三个小过就是一个大过，三个大过就开除了。那个跟我一起闹学生运动的高滁云就被开除了，因为他的学习成绩没有我好，别的老师没有出来再给他说话，他就被开除了。

这么几次一闹以后，地下党就间接地跟我接触了。就在这个时候，我接到地下组织的通知，叫我赶快离开无锡，说无锡城防指挥部的黑名单里就有我，马上要逮捕，叫我赶快离开。一看到这个形势，我马上就回到无

---

① 无锡国专第二学年第二学期冯其庸的成绩报告单，操行成绩为"丙"。成绩单的年份为"中华民国三十七年（1948年）一月"。

锡自己老家农村里，我就给王蘧常先生写信，告诉他我现在的处境，我说我要马上离开无锡，能不能到你上海的学校来读书？王先生马上就给我回信说，你赶快来，不用再说别的，离开无锡再说。因为我跟王先生第一次见面，就是为了伙食问题，为了换教师问题，见面谈了以后呢，他对我印象特别好，当时还写了两副对子送给我，我一直保留到现在。所以得到王蘧常先生的回信我心里就踏实了。

我就到上海了，跟着我一起去上海的还有沈燮元，现在是版本目录的专家，全国第一流的。还有一位叫张仁迪，现在也还在，年龄也不小了。我们三个人都到了上海。

但是，我没有跟上海的地下组织联系，因为当时地下组织都是单线联系，不横向联系的。

1948年上半年，我就开始从无锡转到上海，在上海读书了。上海地下组织的负责人叫于廉，就是于丹的父亲，当时我们在上海读书的时候是同班同学，我们特别要好，但是都没有说自己的政治身份、政治倾向。

七

上海无锡国专

上海无锡国专的盛况不亚于无锡国专，比无锡还要强一些。在上海无锡国专，我最大的收获除了政治上面我知道背后有党在支持，在领导着我们，我在学习上面最大的收获是王蘧常先生。我崇拜他已经多少年了，在上海一直在他的教育之下。他给我们讲庄子的《逍遥游》。

王先生讲《逍遥游》什么都不用带，全是脑子里记忆。除了庄子《逍遥游》的原文以外，历代各家对《逍遥游》的注释一句一句他都能记住，都能背诵出来。这一句谁家是怎么解释的，谁家是怎么解释的，他把各家解释的长处短处分析完了以后下自己的结论，这句话现在来看应该怎么讲解。然后再讲第二句。所以整个一个学期《逍遥游》没有讲完，但是给我们很大的启发，一个是读书要广博，把所有的东西都要记住，弄明白，另外一个要读熟背熟。我们到王先生家里去，没有看到他有什么问题了拿书来查，没有这样，他都记在脑子里。

教课上面还有一位童书业先生，教秦汉史，1949年以后到山东大学了。童先生是一个落拓不羁的人。他讲秦汉史，也是不带一张纸，就一口袋粉笔。我是1948年年初去的，还是冬季，他穿的衣服，里面是一个棉袍，外面是一件罩着棉袍的罩衣，罩衣比棉袍短一大截，穿着一双胶底的运动鞋，就来上课了，但是他上课讲的秦汉史所有的资料都在他脑子里。他板书很快，《左传》怎么讲，《国语》怎么讲，他马上就在黑板上写出来。他安排两个学生在旁边给他做记录，他口述，学生随时记录。等到这学期讲完了，他把这个讲课的讲义整理一遍，后来出了《秦汉史》，到现在还经常印。

童书业先生跟王蘧常先生一样，大家对他也是佩服得不得了。别的课程经常爱听就听，不爱听就走了，但是一到王先生、童先生讲课大家没有一个人走的。

还有一位顾佛影先生讲唐诗。当时无锡国专对诗词非常重视，在无锡的时候就有几位老师专门讲唐诗，俞钟彦老师讲唐诗，冯振心先生也讲唐诗，都开这个课，你都可以来听。吴白匋先生讲词。

1948年的时候，在上海还发生了另外一件事。我有一个同学叫孙渊，他有一次到舞厅里跳舞。这个事情被学生告诉了王蘧常先生，王先生就决定要开除他。因为当时严格得很，我们除了允许看电影以外，哪能到舞厅里去。大家都可惜这个孙渊，觉得还差半年就毕业了，开除了可惜了。我跟王蘧常先生关系比较好，大家都希望我去跟王先生讲一讲。孙渊平时还是不错的，偶然被人拉着去了一次，原谅他，批评他，记过也可以，希望不要开除了。

我就跟着其他两个同学出校门去找王先生。没有想到走得太匆忙，走到校门口处一辆汽车把我撞倒了，汽车在我两条腿上开过去。那时候是冬天，我穿了很厚的裤子，跟着汽车滚了一转，汽车跑了。我那个时候其实已经伤得很重了，已经没有知觉了，两条腿也不疼，就是起不来了。同学一看，连忙追这辆汽车，幸亏前面的警察发现了，把汽车扣住了。扣住了以后，就由这辆汽车送我到医院去，没想到这辆汽车就是这个医院的汽车。医生为了推卸他们医院的责任就敷衍了事。我当时不疼，就是不能动，脚要举也举不起来了，也动不了了，我以为没有什么，我也没有怎么疼嘛。其实整个腿部的神经都已经麻痹了，已经混乱了。

我看这个司机很害怕，我还安慰他，我说，我没有什么太大的问题，也不疼，慢慢会恢复的，你不要怕。我还特别同情他。医生说没有什么事，你就回去吧。我就回来了，回到学校第二天，就不行了，神经慢慢恢复了，疼得不得了了。两条腿整个全紫了，也肿了。这事情告诉王蘧常先生。

王蘧常先生就亲自出面，找那个医院交涉。医院勉强算是给了一点医疗赔偿费，其实是非常有限的一点点。我拿了这个钱也没什么意思，看病不可能靠这一点点钱。我喜欢词，我就用这个钱买了一部《宋六十名家词》，有20多册，作为纪念。

但是腿越来越严重，后来我的一位同班同学跟上海最有名的伤科医生比较熟。其实这位伤科医生也是我们无锡人，无锡老乡，姓楚叫海山。他听说这个情况马上跟他这个亲戚说：你赶快把他送到这儿来，我帮他看。就要我去看病。他这个医药费、治疗费很高的。因为他知道我的家庭经济困难，又是同乡，就安慰我说，一个钱不要你出，药我也给你，要好好治。

我去了，他叫我坐在椅子上，把我捆好，我说为什么要捆，他说，我治的时候，你会很疼，受不了的，但是不能动。我说，不至于到这个地步吧，你不要捆了，你治吧。我坐在一个直背的椅子上，坐了以后，他的手指在我的腿上往底下摸下去，就像十根钉子插在我腿上一样，疼得浑身冒汗。他说，你骨头没有断，可是你两条腿的筋全部混乱了，位置已经完全不对了，一定要把它理到原来的位置上去，所以说你一定不能动。这样不断地治了有半个小时，浑身冒了大汗，全身衣服都湿透了。完了以后，给我一大包药。他说，你一定还要来三次。

我回到学校以后，吃了药，本来腿是紫的，吃了药以后发青，发青以后变了三次颜色。第三次是黄色，黄得就像白醮鸡的皮一样。我害怕了，问那个大夫，他说这是一步一步好，转黄是慢慢恢复到正常了，叫我等吃完药，再去。我当时觉得治病一个钱也不花，很过意不去。住在上海的费用也比较大，再有一个也听不了课了。我就回无锡老家养病了，到了无锡农村，当然不可能再请他看病了。这位老大夫还不断叫他的亲戚带信来，说，他不来看，将来老年时候要出大问题的。当时我在无锡，住了有两个多月，觉得好得很快。他的药真是很灵，慢慢地肿也消了，皮肤颜色也正常了，走路也没有问题了，我就再回上海读书。

回上海又路过苏州。因为我第一次去上海的时候,在苏州停留过,到虎丘,到枫桥看过。当时苏州有一种营业,就是骑马,可以骑马到虎丘到枫桥。我就学着骑马,骑着马去了。我受伤好了,再回上海又路过苏州。我就写了一首诗:大劫归来负病身。瘦腰减尽旧丰神。青山一路应怜我,不似春前跃马人。我经历了这场大劫,回来的时候还是一个带着病的身体。当时人瘦了不少,这一路上的青山看到我,应该同情我可怜我。不像春天那个时候,我是骑着马来玩的。

我在车上随口吟成的这首诗,后来到了上海的学校,上诗词课的时候,我就把这首诗给顾佛影老师看。我说请老师给我指点,结果没有想到,顾老师看了我这首诗说,好诗好诗,他就在课堂上把这首诗念给同学听了,这实际上是给我一个很大的鼓励。

当时上海无锡国专还有一位知名的老师是词人,也是画家,是一位女老师,叫陈小翠,当时大家都称她是当代的李清照。

可惜后来她不来讲词了,我们总想去见见她。有一次跟几个同学一起找到她的家里了。她的家是一个大富贵的家庭,她住在家里三层楼的楼上,陈设很文雅,没有一点富贵气。

到了她的书房里,我把自己当时写的一些诗词给她看。没有想到陈小翠先生也是非常欣赏、夸奖,你小小年纪,能写出这样的诗词来,太好了。她还知道我喜欢画画,她哥哥是上海最有名的大画家陈定山。她说我带你去看我哥哥,她从三层楼下到第一层,她的哥哥有一个大画室在楼下。

陈定山先生正好在画室里。陈小翠先生就把我介绍给陈定山先生,这是无锡国专学生冯其庸,喜欢画画,你多指点指点他。陈定山先生也很客气,让我看他正在画的画,和画好的挂在墙上的画,叫我有空尽管可以去看他。这是一大收获,能够见到陈小翠,见到陈定山。这是我原先不敢奢望的。

陈小翠先生非常不幸,在"文化大革命"期间,受不了造反派的冲击,自杀了。她的女儿后来去法国了。陈小翠先生一生很不幸,她的婚姻是由她父母包办的,她非常不愿意,但是因为父母之命,没有办法。结婚以后据说一年就离婚了，离婚以后一直一个人。我们去看望她的时候，她早已经是一个人了。我也看到过她画的画，是非常好的，很秀气的中国画。

在上海除了王蘧常先生以外，还有一位王先生介绍的，当时最有名的大词人，龙沐勋，字榆生，现在的《唐宋名家词选》就是他当年选的。他是当时沦陷时候汪精卫政府"中央大学"文学系的主任，当时这是伪职，就等于是投降日本人了，在伪政府的国立大学里担任中文系主任，所以给他判了罪。我去看望他的时候，刚好他已经从监狱里出来了。他个子很高，瘦得不得了，胃病很严重。

龙先生是词学的泰斗，我又喜欢填词，所以王蘧常先生写了封信让我去拜见他。我去了，龙先生一看是王先生推荐的，特别客气，也看了我填的词，也加以鼓励，谈了很长时候。我看他说话的时候都很吃力，他有严重的胃病，人瘦得不得了，说话也没有力气，尽管他非常热情，谈了有个把小时，我就不敢再留了。他嘱咐我，你有空就来，他也非常爱护喜欢词的年轻人。

除词以外，还有昆曲一门课，是赵景深先生的课。赵先生是昆曲研究专家，他的昆曲课我在课堂上没有听到，因为他刚好那年没有开。我是到他家里去拜访他的，他是戏曲界非常有名的大家。

在上海还认识了书画界的白蕉先生。白蕉先生画兰草、写行书是非常有名的，是真正了不起的大家。白蕉先生在上海举办画展，需要有人帮他去挂画、收拾，刚好我的同学跟他熟，就找我一起去帮忙，所以跟白蕉先生见面了。

白蕉先生每一卷画盖的图章都用宣纸衬了，用来衬的宣纸都是他写过字的纸，剪碎了搁在上面，有时候一张纸有很多字。我一看太好了，我就捡了好几十张，虽然不成章，不成书页，但是看字是清清楚楚的。他自己写的字，觉得不满意了剪碎了来衬印章用，这些字因为没有装裱过，我用灯光或者在日光底下可以看出来笔画交叉的情况，哪一笔在前哪一笔在后，用笔的情况看得清清楚楚。所以我捡了有二三十张，非常高兴，拿回去一直作为自己学习的一个榜样。一直到我到北京来，我记得开始还有呢，夹在书里，后来就找不到了，因为多次的运动可能慢慢弄丢了。

跟白蕉先生见面，受到了他的书法、绘画的影响。他是写王羲之家书的一路，王羲之传下来的除了《十七帖》《圣教序》《兰亭序》以外，还有《右军家书》，就是写的信，最好的几封信都到了日本去了，但是也已经是唐代勾摹的本子，已经不是原件了。《丧乱帖》《孔侍中帖》《频有哀祸帖》和《妹至帖》这几个知名的帖，前几年日本专门拿到上海来展览过一次，我专门乘飞机到上海看了这几个帖，都看到了原件。

在日本也轻易不拿出来，因为到了日本皇宫以后，除了日本天皇的印章以外，没有后来别人收藏的印章。是密藏在日本宫廷里的，但是外面都知道有这几个帖，日本人也曾经影印过一次，我见到过影印本。白蕉先生是学这一路字学得最有成就的，确实写得好，到现在看还是好。我的书里，《墨缘集》里有他一幅兰花、一幅书法，就是他的精品。

在上海的收获还有戏剧方面。上海的戏剧名家，海派嘛，都是在天蟾舞台演出。我们只要有空，有机会，就去看戏。那个时候，也是老规矩，只要第三出开始演了一段，第四出还没有演就可以进去，不用买票了。当时我们根本买不起票，恰好前两出都是不要紧的。第三出快要开场了，我们就在那儿等着了，一会儿这个戏园子的门敞开了，就可以进去看了。往往一些名家都能看到，所以我在上海看到不少名家的演出。

特别是1947年，我那个时候还没有到上海，我堂姐在上海，我去看望她，刚好碰到了抗战胜利以后杜月笙做寿，举行义演。全国的名伶，梅兰芳、孟小冬这些名家都去了，演三天。袁世海、李少春，那时候还是青年，刚上舞台，初露头角，都看到了。周信芳都是成名演员，老演员了，我都看了。当时戏剧界老生一行，地位最高的就是孟小冬。那次做寿义演有孟小冬的《搜孤救孤》，这是她最拿手的戏，也是余叔岩的余派最有代表性的戏。

我当时买了一个站台票，在三层楼，就是最高层的站票。那种盛况简直是空前的，天蟾舞台外整个的胡同里都摆满了花篮，贺寿、祝贺义演、祝贺梅兰芳、祝贺孟小冬这些名家出场演出。演出所有的收入都拿来拯救难民。我在三层楼上看了孟小冬的《搜孤救孤》，那确实是不同凡响，这个印象到现在还非常深刻：潇洒、嗓音好、做派好、文雅、一种书卷气。孟小冬一出场，全场都有热烈的掌声，掌声过后，鸦雀无声，这么满满一园子，没有一点声音，就听她唱，真是少有的。

我总算看到了孟小冬，这增加了我以后到北京特别喜欢戏曲的原因。孟小冬后来跟着杜月笙去了香港，这之后再也没有上台演过，只教教学生。最后去了台湾，也没有上台演出，所以我看的那次是孟小冬一生最后一次演出，我是碰上了看到了。

我还保留了那一年的戏单子，等到了北京以后，我还带到北京，一大包，作为戏曲资料。但是一次一次的运动，"破四旧"什么的，我也不敢再保留了，就毁掉了，非常可惜，现在一张当年的戏单都是文物了。

"四人帮"垮台以后，第四次文代会上，我就建议当时的主持人冯牧、林默涵，请孟小冬的传人张文涓来唱《搜孤救孤》，因为孟小冬已经不可能请来了，可能那时候都已经不在了。张文涓还是能够得她的真传的，他们接受了建议，从上海把张文涓请来唱《搜孤救孤》这出戏。我后来听说张文涓到美国去了，不知道究竟怎么样了。

总而言之，在上海这些情节回忆起来，对我是无形中的一种教育和提高。尤其是几位老前辈的教课，葛绥成讲地理学，我们国家的地图就是葛绥成主持画的。还有周谷城讲中国通史，但是我没有听到周谷城先生讲课，只是后来认识他，这是1948年在上海半年的收获。

八

无锡解放，参加解放军

1948年下半年，实际上就是解放前夕了，解放战争也是进行到了摧枯拉朽的时候了，当时学生运动更加如火如荼了。

当年我到了上海以后，无锡的同学也有人起来继续学生运动的事业，发展得非常激烈。他们叫我快回来，说形势变化了，国民党势力都逐步撤退了，我们不怕了，你要回来；再有一个呢，以前要开除我的那个王子畏老师，学生们发动一个驱王运动，把王子畏赶走了，因为他是国民党的铁杆人物。等到1948年下半年，我回到无锡国专的时候就亲自看到了这场运动。

那时候学生会的领导已经是另外一个人了，他说你马上毕业了，你支持我们就可以了。我看到他们把王子畏先生的行李打好卷，捆好以后扔在院子里，然后贴着大标语"驱逐王子畏"，王先生也无法待了，那种情况，就只好走开了。

1948年下半年，我就正式跟地下党的甘京林他们以组织的身份见面了，但是没有多少时候，因为12月我就毕业了，1948年12月我就从无锡国专毕业了。当时毕业就是失业，没有什么事情做了，就回到我前洲的老家。

当时前洲有几个学校，青城中学、前洲小学、树德小学。树德小学的校长叫孙默君，现在还在，也是地下党员，知道我在无锡国专的情况，就马上亲自到我家里来找我，希望我到树德小学去教书。我当时也没有地方去嘛，他一请我，我就答应了。

到了树德小学没有多久，1949年的春天，有一位叫王鹏的，穿了个棉袢子，跑到我办公室来找我。他胸口还插了一支枪，外面看不出来，一说呢，他是江阴武工队的队长，就是地下党的武工队，专门打游击战的。但是我们树德小学隔壁就是国民党的征粮大队，就是向老百姓苛捐粮食，门口都摆着两挺机枪。我一看这个形势，就跟王鹏讲，这个地方不安全。他说，不怕，那算什么。我说，还是安全一点好，这毕竟是学校。我带他到我的老家村子里去，从树德小学后面走半里路就到我家了。他劝我到江阴的武工队工作。我说我不能去了，前洲也有地下组织，我已经跟孙默君他们接上头了，孙默君才请我去树德小学的。我留在树德小学做党组织安排我的适合我的工作，叫我去打游击，打仗，不是我所熟悉的事。王鹏一听这面组织已经给我安排了，所以他就没有勉强我去，王鹏1949年以后当了江阴县的第一任县长。

我在树德小学教了只有一个多月，突如其来锡澄公路边上的胶南中学，一位地下党的同志暴露了身份，国民党马上要去抓他了，他连夜就走了。胶南中学的校长叫孙荆楚，孙荆楚先生也是进步人士。他对这些地下党的同志也都了解，他保护他们，支持他们。那个同志一走以后，缺人了。他们告诉孙默君说最好请我去，因为我刚从学校出来，大家都不知道我的真实面目，所以最合适。我就马上从树德小学转到了胶南中学，当时胶南中学教课都有特务盯梢，每次上课，课堂里都混进便衣来。当时的学生也都很倾向于进步，倾向于革命，学生眼睛都很亮的，一看陌生人进来了，给老师递暗号，讲课的时候要注意，后面有特务。我去了大概一个多月吧，我记得二月末三月初去的。

1949年4月21日，开始是国民党军队陆续从南往北到江阴。因为胶南中学就在锡澄公路边上，对公路上国民党部队的动向看得一清二楚。他们是去支援江阴的江防，阻挡解放军过江。不断地，都是国民党军队往江阴，

二　求学之路

往长江边上开。但是4月22日下午呢，倒过来了，国民党军队是从北向南了，从锡澄公路往无锡撤退了，我们一看形势很明白。因为我们学校就在公路边上，我们在二层楼上看得清清楚楚，公路上来来去去跑的。等到国民党败退的时候还把我们学生拉走了几个，拉夫，帮他们挑东西。我带着学生，准备了几桶茶水，隐蔽在桑树地里，地里都是养蚕的桑树，树叶很茂盛，躲在地里看不见。傍晚的时候，国民党军队没有了，一片静寂，等到天将要黑的时候，听到跑步的声音，有部队带着冲锋枪往南面走。解放军已经过江了，冲向无锡了，我们从桑树地里出来，把茶水放在路边，他们正跑得渴的时候拿着就喝，喝了就往前走。有的还问，到无锡有多少路？我们告诉他还有多少路。他们都一直往前走。

　　4月23日清早，实际上夜里，无锡就解放了。无锡等于是没有打，一下就解放了。4月23日上午，就有几个解放军到我们胶南中学的食堂里吃早饭，我就陪他们一起吃早饭。有一位问我，到无锡还有多少路？怎么走？我说，你沿着锡澄公路走，我也要去城里，我跟你一起走吧。

　　我要到城里就是要找我的组织关系，因为无锡解放了嘛。一起走，聊聊天，我也没有问他，你是谁？他也没有说，后来无锡解放以后，正式开会，报上公布照片，一看，跟我一起吃饭走到城里去的，就是包厚昌。

　　我到城里找到了我的组织关系，找到陶白。陶白同志当时还没有什么职务，就是由他来跟我接头。他后来是苏南行署文教处的处长，这是后来的正式名称了。那是刚解放第一天吧，恐怕还没有这些机构。因为原来是地下组织，已经跟他交代清楚有哪些人，我去他就非常热情地接待。

　　陶白同志就动员我，你赶快来部队吧，参加解放军吧。你回去辞职，我们要培养一批人，去解放大西南，要充实力量。我当然是非常愿意了，马上就报了名。我们那个同班同学有好多个，我就跟大家联系以后，我们一共去了有五六个人，都去报名参军了。

　　我回到胶南中学，就给孙荆楚校长讲了这个情况，孙校长也是很支持的，他也说青年人当然要参加解放事业，他说你去我支持。这个课程的问题我想法子再找人。另外知道我家里贫困，很困难，到了部队是根本不可能有工资了,小米加步枪,当时,大家都知道。他就给我多发两个月的工资,叫人送到我家里去。就让我安安心心地在部队。

因为学校离开我家只有5公里,很近。到了苏南行署,我几个同班同学像沈绍祖,还有现在在苏州大学的陆振岳,还有后来任农大校长的张仁迪,几位老同学先后都一起来了,都到了,大家都愿意参与这个任务。本来我们准备的是解放大西南,编制也都编好了,后来临时部队有命令:新解放区要留一批有文化的年轻人做政治教育工作。

九

无锡市第一女中任教

因为当时社会非常不稳定，一个是留下来的特务很多，一个是市场非常混乱，银元贩子贩卖银元等等，很乱，老百姓生活很困难。我们就被留下来了，我就被派到无锡市第一女中，一方面是部队同意派我们去，另一方面是我们跟女中有关领导碰了头，他们需要人，每个中学都要有人去，所以我就被派到第一女中了。

我被分配到无锡市第一女中，当时还是部队编制，是部队派到学校去的，不是作为学校的教师，当时还穿了部队的服装，但是学校也以教师待遇给我们工资。我们本来是小米加步枪，没有任何生活费用的，除了保证吃饭以外，其他的没有，一派到学校去以后，学校就给我们按教师待遇，我们生活上面有很大的改善，我记得无锡市第一女中的工资也不算低。去了以后我的第一个工作就是讲政治课。

所谓政治课除了讲共产党的基本知识以外，就讲当时解放战争的形势。因为当时人心还不稳定，共产党究竟站得住站不住，都没有底啊。所以组织上给我的任务，每一个月在全市做一次演讲，讲什么？讲解放战争形势，我们现在解放军打到哪里了等等。除了报纸上公布的以外，我们组织上面还提供很多没有公布的新的信息，给我们做讲解用。所以那个时候，我几乎是每个月都讲,当时是中学老师小学老师都来听。

第二个工作就是领着学生做街头宣传,讲国民党的腐败,共产党是老百姓的部队,我们的前景是什么样的前景。

除此以外呢,我们的任务还有查银元贩子。因为当时人民币刚在新解放区发行,主要的货币还用银元。当时利用银元捣乱也是国民党潜伏特务的一个任务。银元贩子捣鬼,使人民币失去信用,所以我们就组成小队,街头巷尾都宣传,告诉老百姓,人民政府是永久性的,是我们人民自己的政府,人民币是我们老百姓自己的货币,不要相信银元贩子的话。碰到银元贩子我们就凭政府的力量,把它没收了,取缔了。经过这样几个月的奋斗,最后银元贩子取缔了,人民币畅通了,老百姓相信了人民币,银元不用了。你拿银元买东西我不卖给你了,你必须拿人民币来买。

再有一个冬天老百姓怎么过冬?当时已经是民穷财尽了,那时候冬天老百姓是饥寒交迫。

当时除了讲课以外工作紧张得不得了,每天晚上要一两点钟才能睡觉。我呢,除了这些运动以外,还有一个重要的工作,增加了一项抗美援朝的宣传运动。1950年开始抗美援朝了,美国不是打到朝鲜去了吗,当时就掀起了抗美援朝运动。那更是了不起的大事。当时人心浮动得不得了,大家觉得美国出兵可不得了,蒋介石要回来了。因为当时都宣传蒋介石要反攻大陆,美国是为他开路,先从朝鲜那边打过来。

当时党中央决定出兵支援朝鲜,名义上是支援朝鲜,实际上是保卫我们自己啊,所以当时的口号是"保家卫国"。我们就带着学生到街上去做演讲,街头演讲,有的还搭了台,大家都来听。我在台上给大家讲抗美援朝的意义,美帝国主义不可怕,是纸老虎。因为毛主席当时分析了嘛,大家也深信不疑,抗美援朝肯定能够把美国打回去。

接着就是参军运动,我教的学生里面有好几个都参军了,参加了抗美援朝。有的后来是到了前线医院当医生护士,有一位参加空军,后来经过几次体检不够条件,又重新派到部队的下属机构里去了,现在他们都还在。

所以从1949年起,一直到1954年我到北京来为止,整个的运动我都参加了。

1950年，镇压反革命，镇反运动的时候。因为1949年以后，国民党留下的，潜伏下来的特务很多，对社会的安定，新的秩序的建立，都造成重大的障碍。当初我们虽然脑子里知道有这个事，但是并没有想象到自己身边就有这样的事。

有一次作文课，我班上的学生交上来一篇文章，文笔写得很流畅，表达得也很明白，但是她是骂共产党，怨恨共产党，说共产党是解放全人类，解放大家，结果呢共产党一来以后，我的家就破产了，我的生活就大大不如以前了。

我是教导副主任管政治教育，同时我又担任语文课，讲语文，作文课也是我管的。这个卷子交到我手里了，我一看，在当时来说这是反动言论，我就把这个作文通过支部，反映到无锡市委。

当时从校内到无锡市委，就有两种意见：一种意见，说这是个政治事件，必须严加惩处，对这个学生不能含糊，因为这是白纸黑字写在那里，咒骂共产党，说解放后遭罪了；另外一批同志对这个问题拿不准，觉得究竟这个学生是不是背后有政治背景，是潜伏的特务跟她勾结起来做的，还是究竟什么原因。

我就到市委去参加这个会，我就提出来我的看法，我说，这件事情，从文章来说是带有政治性质，她是咒骂共产党嘛，这个毫无问题，但是，她是属于无知，属于不了解共产党，不了解今天社会造成这种局面的原因，到底是一个无知青年写的发泄性的文字，还是有意布置一个破坏我们社会的阴谋，我说这个要严加区别。

我说这个中学生还不到20岁，没有成年，她家庭破落、失业，收入大不如前，也是事实，她并没有捏造。万一她是出于无知，才写出来的，并没有任何政治企图，你把她当政治犯来惩处了，那这么多的青年人，有的是有这种想法没有写，你也不知道啊。我说如果处理不当，对于青年的教育会带来很大的负面影响，会让他们真正不相信共产党了。所以我说照我的看法，不能用这个政治处理的办法，只能用教育处理的办法。后来市委听我讲了以后，觉得有道理，就决定不加惩处，就由我不断地给她做思想工作，从思想工作过程中间，再琢磨她有没有背景。

后来我找这个学生谈话，指出她这篇文章写的完全是错误的，许多言论是属于反动言论，从政治上来看完全可以给处分的，但是，因为你是个青年学生，还没有到成年的时候，而且你的家庭确实是遭遇到困难了。我给她分析社会原因，让她看到前景，让她看到革命是为了全国的人民，不是为哪一家。革命过程中间，有受到损失的，人家为了革命生命都牺牲了，哪有财产上面损失一点，就全盘否定共产党的。经过很多次反复地给她讲解，后来这个学生慢慢地觉悟过来了。

我从市委开会回来以后，一夜之间，整个无锡市传遍了这篇文章，这引起我们重大的警惕。有的人就根据这个情况认为这个学生可能是特务，或者是被特务利用。这个学生知道这个情况以后，她不敢回家去住了。她就提出要求，希望住在学校宿舍里，她说，我都不敢回去了，怎么我的文章，我交给你的，怎么会出去？她说，我都害怕了，不要真闹出什么事来。可见她还是相信我们的，她愿意住在学校来，不要住到家里了，可见她是相信学校的。

但是对我们来讲，一定要搞清楚文章怎么会跑出去。我是在一个大办公室，我有一张桌子，一堆学生作文卷子就放在那个位置上。这篇文章怎么会一夜之间全市都知道？肯定有坏人在利用这个事情，但是当时毫无线索。

过了几天，还是这个女孩子就跟我讲，她说，冯老师，每次你给我讲完以后，和你一个大办公室的，在那面的窗口刻钢板的殷老师。每次看到你跟我谈话完了以后，他就把我叫去，说的完全跟你相反的话，全是说共产党怎么怎么坏，我听那个殷老师讲的，有点故意在煽动我。这一句话，就提醒了我们。

正巧，在这个时候，我有个亲戚来看望我。我们学校旁边有个池子，池子旁边有个走廊，那个来的客人从走廊里往里走，我呢往外面走，我旁边呢那个殷老师也是往前面走，我进来的亲戚一看到他说，哎，你怎么在这儿呢？他支支吾吾说，我在这里工作，就走了。我就奇怪，我接待那个亲戚到我房间里以后,我就问他,你怎么跟刚才那个人认识?他说,哎呀,他原来是国民党党部里的什么人啊。这一下就等于提醒了我们,他原来是国民党。他在无锡女中工作我也不知道谁介绍去的,查他的档案也没有这些事情。但是我那个亲戚熟悉他,他是国民党党部,无锡市国民党的党部里的人。

等我亲戚一走以后,我就马上把这个情况报告给无锡市委。无锡市委就马上进行调查,一下就把这个人的整个历史全部查清楚了。他是国民党留下来的潜伏特务,最后我们抓住他了,他也承认,那篇文章是他趁我不在的时候拿去抄下来了就印发给全市了。这样真相大白,这个人就被马上逮捕了,逮捕以后,最后是枪决了,因为他还有很多案件。

在同一个时候,我们学校还发生一件事情。一个男青年,是部队编制,解放军的,当时刚解放嘛,全国各地都是扭秧歌、跳舞。他就是作为无锡市委下来的一个指导青年学生跳秧歌舞这些活动的。

他是上面派来的,我们也根本没有想到他会有什么问题,而且这个人是又会说话,各方面都觉得都是非常老练的,一点没有怀疑。后来时间一长,问题发生在什么地方呢?有学生告诉我,这个人跟我们一个同学,也是我班上的一个女同学发生了关系。我是觉得这个学生多少天没有来上课了,我就问同学,究竟怎么回事?家里有什么事?跟她要好的女同学就告诉我,说她发生麻烦了,跟某某人好了以后,已经怀孕了,不能来上学了。我们就奇怪了,这个上面派来的人,指导大家跳舞唱歌,做宣传工作的,怎么会发生这样的事情呢?所以把这个情况跟市委报告了。市委一听说这个情况,查来查去,根本不是上面派下来的,他就穿了一身解放军的服装,冒充解放军。他每个礼拜来几次指导学生,他说自己是上面派来的,我们都以为是市委派他来的。结果市委一查这个人的历史,非常严重,已经杀害了好几个人了。最后,就把他枪毙了。

这两个人枪毙以后,对我们学校的学生是一次很深的教育。许多坏人,国民党潜伏下来的特务,在暗中破坏,制造很多谣言。那时候不光是这一类的事情,谣言也很多,就是什么国民党要反攻大陆了,美国要打过来了,第三次世界大战要爆发了，这些谣言不断地传来。所以那个时候我们做政治工作非常吃力，要使老百姓，青年学生都完全相信你，你如果不跟青年学生完全打成一片，事情处理得不得当，就会走向反面。

所以这两件事情处理完了以后，无锡市委就非常相信我，觉得冯其庸考虑问题考虑得慎重周到。如果我们毛毛糙糙把写文章的学生作为特务处理，就把一大批学生推到对立面了。这两件事情以后，这个学生又现身说法，自己回去跟别人讲当初自己怎么不懂，现在明白过来了，感觉到解放军共产党确实使我们国家走向兴盛了，她也就成了我们的宣传力量了。这个事情在无锡，是全市都知道的一件大事，幸亏处理得慎重稳妥，没有发生其他事情。

接着就是"三反""五反"运动。所谓"三反""五反"就是"反贪污、反浪费、反官僚主义"和"反行贿、反偷税漏税、反盗骗国家财产、反偷工减料、反盗窃国家经济情报"等几个内容。"三反""五反"运动，打击奸商，因为抗美援朝的时候有些商人卖假药给前线战士，所以有些商人真是没有良心。前面的战士流血牺牲，他们贩卖拿去的药品还是假的。所以当时叫打老虎，把那些贪污分子，就是弄虚作假分子，找出来。运动一浪接一浪不停的，我们的学生一半的时间都参与到运动中去了。一个是让他们接受社会教育锻炼，知道新社会不容易，要稳定，另外一个，这个也是不可避免的，当时你如果不做这些工作，人心都很混乱。等大家经过不断的宣传以后，老百姓慢慢相信了，前线传来消息，尽管美帝国主义那么凶狠，我们志愿军还是顶住了，所以人心慢慢稳定下来了。

慢慢地，在这些运动过程当中，无锡人民政府开人代会，我被推选为人民代表。但是"文化大革命"期间，许多造反派非要抄我的家，硬说我是国民党留下来的特务。我自己想想都好笑，怎么可能有这种事情呢？他们翻来翻去，把我的镜框都拆开来抄，想找那些所谓的反动证据，结果倒给我找出一张人民代表证，我自己都忘了放在哪里了，结果他们给我找出来了。这是后来的事情了。

三
执教人民大学

一

初入京华

中国人民大学需要语文老师，当时人大国文教研室的教师吴××，是我无锡国专的同学，就向学校提出了我。1954年8月，组织部马上就下了个调令调我到北京来，那时候只要是中央调令谁也不会阻挡。所以我就马上收拾行李到北京来，担任中国人民大学语文教师。当时我刚到，他们也不了解我，我也没有在大学里教过课，也不好给我定什么职称，就定一个教师。

我是8月份到北京的，那一年刚好发大水，天津到北京的铁路都断了，被大洪水冲掉了，不知道要多少天才能修好，火车只能到天津。所以我就乘长途汽车，从天津到了北京。

当时的人民大学到西直门之间，都是农村，是一片荒凉的田地。我到了北京以后，一路打听，找到了学校。学校也很简陋，住房像部队的营房一样。到了以后当然就安下心来了。

本来我以为我是一个新到岗位的老师，总要给我一段时间准备课程。因为一般规矩都是这样，新聘来的老师第一个学期不会上课的，总得有一个学期的时间了解学校的情况，课程的情况，计划好怎么讲课，至少第二学期甚至第三学期再开始正式上课。没有想到我8月份到，9月份开学，就安排我上法律系和经济系的大一国文。当然我也很紧张,但是因为我平时喜欢古典文学,古代的典范的散文,有很多我都能背诵,我就拼命地努力备课。

当时中国人民大学还没有语文系,只有国文教研室。教研室主任是山东人,叫王食三。王食三是大大咧咧的一个人。他也不放心,觉得我没有教过大学,一直在中学里教书,来大学教课行不行?他亲自去跟着听课,连讲了几周以后,两个系里的学生都纷纷反映,说新来的冯先生讲课讲得非常好,大家都愿意听。几个星期以后,教研室的王食三主任也放心了,同事都觉得我教学能力不错。

二

《历代文选》的编注

但是,马上遇到一个困难,没有教材。刚解放,哪里有现成的教材?

因为当时就是让我讲大一国文,大一国文主要的内容就是古代的散文。所以我先着手编了一个《历代文选》[①]。

《历代文选》的选目基本上是由我拟定的,然后全教研室同志一起讨论确定。这部书的注释体例也是我定的,是由作者小传、题解、散文正文和注释这几个部分组成的。比如《滕王阁序》的作者王勃是什么人,哪年生的,哪年死的,为什么写这篇《滕王阁序》,在作者小传里要讲清楚;用题解的方式,分析这篇文章主要是讲什么内容;难解的词句,都做注释。

所以读者拿到这本书,先看作者小传,就会明白,这是唐代的什么人,为什么写这篇文章。再读题解对这篇文章的分析,有利于读者更好地理解这篇文章。然后一字一句不懂的地方都有注释,帮读者读懂词句。

教研室的同志都参加做注释,我负责改大家的注释,没有时间再自己做注释了,所以我注释注得很少,都是改他们的注释。人民大学有誊印社。

---

① 中国人民大学语文系文学史教研室选注,中国青年出版社1962年9月出版,全书分上下册,上册出版于1962年9月,下册出版于1963年8月,印数2.4万册。上册于1979年12月重印(1.15元),下册1981年12月重印(0.9元)。

我们编好以后就交给誊印社，誊印社刻钢板，油印出来，发给学生。开头一直是这样运转的。

没有想到这部油印讲义传到外面去了，被中国青年出版社的周振甫先生看到了，觉得这本《历代文选》正是大家现在都需要的，就到人民大学来找我，说他们愿意出版这本书，问我们愿意不愿意。我们当然很愿意。出版社要出这本书，说明我们的书还是编得不错的。也问了我们学校领导，学校领导当然也很愿意了。自己学校编的书能够正式出版，他们当然很愿意了。

所以我就负责写一篇文章，讲中国散文发展的脉络，从先秦一直到民国，从《论语》《孟子》，到汉魏词赋，到唐代的诗，到宋代的词，到元代的曲，中国散文的发展历程。

这篇文章大概有三万多字，这个任务很紧迫。有一次，我在家写着写着就晕倒了，突如其来地晕倒在椅子上。因为当时我爱人在俄文系教书，也忙得不得了，不在家。我什么时候醒过来都不知道。醒过来以后，自己知道身体不行了，没有能够立刻就写。但是因为任务很紧迫，第二天，我又继续写，终于把这篇文章写完了。

没有想到1962年9月这本书的上册出版以后，毛主席很快就看到了，他非常赞赏这本书，在中央会上号召大家都来读这本书。人民大学的校长吴玉章参加会议，听到了毛主席的称赞，非常高兴，回到住处（东四八条），就叫秘书王宗柏来找我，王宗柏把我带到吴老家里，吴老躺在藤椅里。王宗柏介绍后，吴老就叫我坐下来，然后说：好啊！你写了书也不送给我。我说我没有写什么书啊，吴老说《历代文选》不是你写的吗？我说，噢，这是我编的，吴老说不要咬文嚼字了，总之这部书你做的。我说是是是，吴老就说，我是跟你开玩笑，我告诉你吧，毛主席看到了这部书，非常称赞，我是人大校长，我能不高兴吗？你不是不送给我书吗？我就先送给你我的书。他立即叫秘书王宗柏拿来他的《吴玉章文集》，签了名，送给我。我回到家里，赶忙将书签好名，请王宗柏代送给吴老。

这篇叙文放在《历代文选》的上册，后来被吴晗看到了，他那时候是北京市副市长。当时吴晗主编一套《语文小丛书》①，就是帮助青年人读我们的传统的古文的。他就聘请我为《语文小丛书》的常务编委，同时把我为《历代文选》写的这篇序文，作为《语文小丛书》的一种印出来了。因为文章太长，分成上下两册，印了上册。后来"文化大革命"了，"文化大革命"以后，下册就没有印过，上册现在还能见到。《历代文选》一直到现在还在印。

我编的这本是散文的书，另外还编了一本《历代诗词选》，也是我编的目录。但是人民大学这么多系需要我们去教大一国文，教研室的其他老师也有课程任务。大家集中精力注释《历代文选》已经花了很大力气了，再要做《历代诗词选》，就实在赶不及，因为有的课程是同时开的。所以《历代诗词选》就全部由我来选了，选了以后大家讨论定的。注释采用当时社会上或者1949年前已有的注释，移过来，说明这个注释是采自哪几本书。这本《历代诗词选》采用别人的注释，油印了一直作为内部教材。

过了两年，人民日报的安岗同志跟中央商量了，要在人民大学办一个新闻系，培养新闻人才。

他到人民大学来跟学校的领导接触好多次，也跟我们教研室接触。因为要培养写作人才，要培养新闻人才，离不开国文教研室。他也从学生和学校听到各方面的反映，知道我讲课很好。他就提出来，要把我调到新闻系去，学校也同意了。后来，干脆整个国文教研室都归属到新闻系了，全校的课程还照样安排，但是管理归属新闻系了。

到了1956年，新闻系要开中国文学史的课程。安岗同志跟大家商量，都提出来，要我讲中国文学史，我也就接受了这个讲中国文学史的任务，上这个课。但是，我又要讲古代散文，又要讲文学史，还要讲诗词选，课程太重了。再有一个，依然是没有教材。当时老的教材太简，比如上海那

---

① 1960年前后，吴晗为了配合学校教学和青年学习文化的迫切需要，先后主编出版了四套通俗普及的知识读物，那就是，《中国历史小丛书》《外国历史小丛书》《地理小丛书》《语文小丛书》。《语文小丛书》出版得比较晚，1962年年末筹办，1964年由北京出版社开始出书，到"文化大革命"前共出版了18种。

几位老先生写的文学史,都不是作为教材用的,没有具体分析。北京师范大学的教授李长之写的有一本《中国文学史略稿》,三千多年的文化发展的历史,就是简简单单的一小本,根本不能用来做教材,学生可能看不明白。所以需要编写一本中国文学史的教材。所以我决定自己来编写一本《中国文学史》。

三

《中国文学史》的编写

　　新闻系的学生，他们都是来进修的在岗生，不是考试进来的青年学生。他们都在工作单位工作若干年，有工作经验，而且一般都是新闻机构出来的，文笔也都比较好。他们出去还是要写新闻报道，要写作，如果是干巴巴地讲这个文学史，没有血没有肉，对他们没有用。所以我决定我的文学史写法要跟一般的文学史不一样，我要注重分析作家的作品，分析完了以后再做概括的结论。李白是什么创作手法？为什么称他是浪漫主义诗人？前面讲的这些诗篇都可以说明他想象力丰富，夸张得厉害，艺术效果非常强。杜甫是现实主义诗人，讲完了杜甫主要的名作，然后概括一下，大家一看就明白了，确实杜甫是真实地反映社会历史，他写了当时"安史之乱"的混乱、困苦的局面。中国文学史的教材，我是边写边刻边讲，油印出来发给学生，学生非常高兴，觉得这个不是那么干巴巴地讲什么主义、什么方法就完了，是让你读懂文章，读懂诗词，了解作者本人的身世。所以这个课程很受欢迎。

　　1957年整风、反右的时候，文学史课程大大减少，课程受到相当的影响，课程的钟点被压缩了，因为要腾出时间来听政治报告啊。但是我还是认真地继续写。我说，你们不可能有那么多的时间在课堂听，我就写出来

冯其庸撰《中国文学史稿》油印本封面 1956年　《中国文学史稿》油印本内文 1956年

给你们看。我写的文学史，明代写完了，清代讲是讲了，还没有来得及写。我的原稿交给誊印社，就是我们刻蜡版的地方，先秦到宋代全刻了，元代刻了第一章，宋元话本，底下的稿子还没有来得及刻。在"文化大革命"期间，我的这些原稿，这些油印讲义，我家里都留了，抄家的时候全给造反派弄走了，都毁掉了。我花了这么大力气，1956年开始写，经过1957年在这么紧张的运动中间我天天开夜车写，结果都被毁掉了。所以这部《中国文学史》就是这样一个结局。

到近几年，青岛出版社出我的文集的时候，我念念不忘我当时花那么大的心血写的这部文学史，一个字也没有了，因为无从找起了。我忽然想起来，当年听课的学生手里是不是还有，因为都有讲义发给他们的。现在他们大多是省级干部了，有的在省级干部岗位上已经退下来了。我就打电话给一个当年的学生俞乃蕴，他现在是安徽省政协的秘书长。我问他，当年听课的讲义你还有没有？他说，我都当文物保护的，完完整整的，我这里有。我高兴得不得了，我说，光有一部不行，因为油印有的地方印得不清楚,看不出来,我想再找一部讲义。湖北省委宣传部的周维敷是不是有?你帮我打个电话。他说,没问题,我给他打电话。电话打通以后,周维敷说,我有。就这样就找到了。

  我重新审读一遍,除了改了错别字以外,我又重新修订了一下,总算挽救了这部《中国文学史》。今年1月8日(2012年1月8日)是我33卷的文集的首发式。王蒙同志参加首发式了,他首先讲:这部文学史最适合我读,其他文学史都是讲一些条条框框,什么主义,这个文学史一篇篇作品都有详细的分析。还有中央美院一位老师,他忽然来电话,他说,我天天在读你的文学史,太好了,我正缺少这样具体分析的书。可见这部《中国文学史》在今天社会上还是有需要的。

四

我与红学前辈俞平伯先生

我刚到北京的时候,中央发动了批判俞平伯与胡适的《红楼梦》研究[①]。开始批判俞平伯,是李希凡、蓝翎写的《关于〈红楼梦简论〉及其他》引起的,李、蓝的文章是文学评论。后来中央又加了胡适,因为俞平伯先生、胡适先生都是一代人,比较有交往。胡适也是研究《红楼梦》的专家,当时他的影响很大。所以中央有意识地要批判胡适。因为胡适是台湾国民党文化方面的一个代表人物,借这个机会,也把胡适一起批判了。这样,中央发动的批判,就成为一场政治运动了。

当时中央的目的,是通过批判俞平伯、胡适,来提倡马克思主义的观点和方法,改变旧时代的唯心主义的思维方式,使思想界、学术界、文化界学会用唯物论、辩证法的思维方式来研究问题。

当时每到中央做大报告、大批判的时候,我们都要去中宣部的礼堂听

[①] 1954年3月俞平伯的《红楼梦简论》在《新建设》发表。9月,山东大学《文史哲》发表李希凡、蓝翎《关于〈红楼梦简论〉及其他》,批评俞平伯在《红楼梦》研究中的观点。10月16日,毛泽东给中央政治局和其他有关同志写了《关于〈红楼梦〉研究问题的信》,随后,全国展开了对胡适、俞平伯在《红楼梦》研究中的阶级立场、观点、方法的批判。

报告。当时批判俞平伯与胡适的时候，做报告的人很多，其中有周扬，周扬是中宣部副部长；有杨献珍，杨献珍是中央党校的老专家，原中央高级党校校长。还有好多人都是讲马克思主义理论问题的，讲《红楼梦》相关的不是很多，都是从更高的层面来分析俞平伯、胡适研究《红楼梦》的错误的地方。

那个时候社会上普遍写文章批判俞平伯、胡适。我们学校里许多老师都希望我写这方面的批判文章。我没有写，什么原因呢？说实话我还没有认真读《红楼梦》，我怎么写啊？我对《红楼梦》本身都没有下功夫研究阅读，就要去批判人家，觉得心里实在说不过去，所以整个运动期间，我没有写过批判俞先生的文章。

我有另外一个好朋友，叫陈从周，他是古典园林研究的专家，也是个画家，跟我关系特别好，给我画了不少画。他每次到北京来，总会来看望我。他跟俞先生也是好朋友，因为俞先生遭到这种打击，他心里非常替俞先生委屈。他觉得俞先生是真正做学问的人，做学问不能保证自己的每篇文章都是真理，也会有讲得不准确的地方，用不着这样的规模来批判，全国性的大批判。

因为我没写过批判俞先生的文章，所以陈从周先生就说，咱们一起去看看俞先生吧。我非常高兴，我本来也想去看看俞先生。俞先生是苏州人我是无锡人，大的来讲都是南方人，而且俞平伯先生的父亲俞陛云写过诗词方面的解析文章，俞平伯先生也写过《清真词释》（开明书店1949年出版），我都读过，所以很想去看看他。陈从周先生和我就一起去看俞平伯先生。俞平伯先生看到我去，也非常高兴，我们谈得非常投合。当时别人批判他的文章他都看的，他也知道我没有写过批判他的文章。

后来陈从周先生没来北京的时候，我也去看望俞平伯先生，我们总是谈得非常投合。所以后来俞先生自己写了几幅字送给我，留做纪念。

批判俞平伯先生的运动，中央在那个时候还是有一定的分寸的。就是俞先生的待遇，没有任何变动，而且还给他提升了。也就是说批判归批判，对老前辈，中央还是重视他的。还提级了，升了工资了。这是后来他们告白石的画风，许先生一看我的画非常称赞，他说，你喜欢白石老人的画，我带你去看白石老人。我当时觉得自己画得没有水平，怎么好去见全国最有名的大画家，我就不敢去，我说，等我再学一段时间，稍微好一点再去吧，现在拿着这个画去，都不好意思。没有想到一拖拖了一年多吧，白石老人就去世了，我当时悔恨得不得了，我说我有这么好的机缘，能见到白石老人，结果我错过了这个机会，没有能见到[①]。

白石老人去世后，1958年1月，在北京展览馆举办了一次规模很大的画展，"齐白石遗作展"，很多精品都展出来了。北京展览馆原来叫苏联展览馆，后来跟苏联关系闹僵了，名字就改掉了。我带着学生去看了，真是佩服得不得了，我还写了一首长诗，《白石老人歌》，现在收到我的诗集里去了。

从这个时候开始，我跟许麐庐先生的交往一直没有间断，他儿子给他盖了一个很大的别墅，接我到他那里去，老先生很高兴，说我们再合作吧，就一起合作了一张大画。那个时候身体还很好，送我出来的时候还送到大门口，没有想到，我们合作这张画以后，第二年，他就去世了，年龄也高了，已经是九十好几了。

许麐庐先生一直是鼓励我画画的。尤其是那个时候，他住的地方就在现在老的北京站的旁边，老的北京站就在天安门广场东南，现在这个火车站的大门还在呢。许麐庐先生住得离火车站很近，还有黄永玉也住在那儿，就在许麐庐先生附近，所以我礼拜天有时候去看望他们，都是看完许先生再去看黄永玉，或者看完黄永玉再去看许先生。

许先生特别热情，总是要留着我吃饭，要我在他家画画，看我画，然后再指点我，我现在有一幅画就是在他那里画的。记得有一次我去看望他，刚好有几个画家朋友也去，大家的兴致来了，每人在他的画桌上，拿起他的笔，铺起他的纸，就画了。我自己觉得我不是画家，我就没有动，许先生就说，你也画，被他一说，我也就画了，画了几根藤子底下两个大葫芦。

[①] 1957年9月16日，齐白石老人去世，我曾作诗云："京华初识竹箫翁，便欲提携拜岱嵩。可惜村童心胆怯，遂令交臂失真龙。"

画完以后，许先生很称赞，他说这完全是白石老人的画风嘛，他就在葫芦上给我加了一个蚂蚱。这张画我一直保留到现在。

黄永玉的住房很小，一块木板铺开来，做一个喝茶放茶杯的地方，旁边有几个小凳子，里面就是他们的住房了。生活很艰苦，他夫人和几个孩子也都在。我们经常见面，一直到"文化大革命"，大家被打倒，打倒以后，我们也还经常在我住的张自忠路旁边的张正宇老先生的家里见面。

因为那个时候，大家除了挨批斗外，还没有被关起来，所以我们还可以自由活动。我每天从家里出大门往右一拐，隔开一个和敬公主府就是张正宇先生住的地方。黄永玉他们也都来，我们都在张正宇先生家聚会，大家都喜欢画画、写字，所以就在那里画画。这一段生活，虽然是在灾难中间，但是大家都比较相知，都是隔一段时间就会到那里去见一次面。许麐庐也常去，张仃也是经常去的，还有几位画家我一下说不出来名字。后来"四人帮"搞"黑画展"，把他们这些人的画都当做"黑画"展览了。欧阳予倩也住在那里，还有曹禺，有很长一段时候，曹禺一直住在我隔壁，所以我也经常跟曹禺见面，他后来搬到上海去住了。

张正宇先生是个全才，他的专业的是舞台美术设计，书法、绘画都好，我到现在都想不出来有第二个像他这么才气纵横的人。我因为后来校订《红楼梦》，下班回来，总要先经过他的大门口，他年龄大了，七十多了，我就先到他家里看望他。因为下午下班嘛，到吃饭时候了，他总留着我吃饭，不让我走了，聊聊天。他有很大的画桌，旁边堆满了纸。我每次去了，他总要叫我写字，有一次我写字的时候，他叫他儿子来，他说，你来你来，你看冯大哥写字，你要好好学他，冯大哥将来肯定是个大书法家。其实他自己才是真正了不起的大书法家、大画家。有时候高兴起来，他拿起笔来就写，写了就送给我们了，所以我这里积累了他不少写得真正好的书法作品。现在的书法家，我觉得没有一个能够比得上他的。

有一次，非常有意思的，张正宇先生对他的儿媳妇说，你也学字，他的儿媳妇就说，那我学什么帖啊？张正宇先生就说，你学《瘗鹤铭》吧。我收藏有《瘗鹤铭》的拓本，那是比较珍贵的一个拓本，之前我拿到他那里去，请他题跋了一段话。他一说学《瘗鹤铭》，我就说，我去把我的拓本拿来，他说，不用不用，我写出来就行了。他拿起笔来就写，他脑子里面《瘗鹤铭》的字，记得清清楚楚。他就写出来了，完全跟《瘗鹤铭》一个样子，他对他儿媳妇说，你就照着我这个写就行了。

有一次，他像游戏一样铺了一张纸，他说，我写怀素的狂草。拿起笔来就是一连串的狂草，惊心动魄，不加思索的，那支笔不断地飞动。我看了特别欣赏，我就说，能不能给我一张，他说，那你拿去吧，我拿回来一张，到现在还保存着。

但是张正宇先生后来得病了，我帮他请了一位知名的中医叫耿鉴庭，他的医院就在颐和园旁边的西苑。这位耿先生也是了不起的人物，他是医学方面的天才，特别拿手的是针灸。他用的针都是古人的针，有一次摊开来一个包，我一看，我说，你这个针灸的针怎么跟现在的不一样，他就告诉我，这是什么时代的，很细很细的一条，都是银针，有的很长。张老先生病重的时候，我就把耿先生请来了，耿先生给他看了病，针灸了，也开了药方，张老先生还特别高兴，拿起一张大纸给他写了一幅大字，耿鉴庭先生当然高兴得很。耿鉴庭先生跟张正宇先生说，你按我的药方吃，吃三个月，你就会好转。我送耿先生出大门，耿先生就低声地告诉我，张正宇老先生的病啊，吃我的药还能延长三个月，如果不吃我的药，一个月也顶不住了。

但是，张老先生家里没有按照这个药方给他买药，突如其来地就病危了，我帮着他儿子一起把他放在躺椅里，我们几个抬着，走出大门，他手里还拿着个拐杖。出门的时候，他拿这个拐杖戳戳地上说，我这次是不能再回来了。

后来送到朝阳医院，病越来越重，已经垂危了。恰好是1976年，"四人帮"垮台。我听说"四人帮"已经被抓起来了，我是10月8日得到信息的，我就连忙赶到医院里去告诉张正宇老先生。我说，江青垮台了，他说，消息可靠吗？我说，绝对可靠，肯定是被抓起来了。哎呀，他说，太好了，我要狠狠给她画张画。他的漫画也是很精彩的。我就扶他坐起来，靠着墙，我拿了一张纸放在夹子上,拿了一支笔,笔拿到他的手里就掉下来了,他已经笔都拿不住了,已经病危了。

他也是被"四人帮"整得很苦,这个老先生艺术才华是真了不起的,在中国青年艺术剧院,他是舞台美术设计专家,实际上他的能力,远远不止一个舞台美术设计。这个老先生真正是书画都好,尤其是书法绘画,那真正是没有第二个人,现在没有一个书法家能够跟他相提并论。工艺美术这方面,大家遇到难题都来向他请教,只有他能帮你解决,都开玩笑地称他为"祖师爷",只有祖师爷能解决。有一次剧院编了一个话剧,就是讽刺美国的,搞舞台美术设计的都没有办法,拿到这个剧本啊,都设计不出那个舞台美术怎么个安排,结果到张正宇老先生手里,他设计得非常好。我去看了这场戏,现在还有印象,他把这个舞台正中画了一个美钞上的大"$",推到舞台前面,周围还有相应的一些装饰性的画面,因为这是个滑稽讽刺剧,所以他用这种讽刺的手法,大家看了佩服得不得了。像《蔡文姬》的舞台美术设计也是请他去解决的,《蔡文姬》是郭老写的剧本,朱琳演的《蔡文姬》,我去看了,真是非常佩服。

他去世前我又去看他,他嘴还能有点声音,他的意思就是说:我总算看到"四人帮"垮台了,我就是自己生命结束也没有什么遗憾了,大概这么个意思吧。他就是嘴不断动,跟我示意,我说,你是不是看到"四人帮"垮台,高兴了,他就点点头,然后去世了。他去世时才七十三岁。

六

暗中受诬

1955年下半年，全国肃反运动开始。语文教研室的吴××，为了掩盖他自己的反动历史，冒充积极分子，向党诬陷、举报我是无锡国专的"三青团"分子，这事我一点也不知道。

吴××原来是我无锡国专的同班同学，只同学了一年。他后来到东吴大学去了。为什么要到东吴大学去呢？他说东吴大学毕业以后，可以戴学士帽，无锡国专毕业以后没有学士帽，他为了争这个头衔就到东吴大学去了。他是江阴人，我是无锡人，那个时候我们关系也比较亲密，他到东吴大学去以后，我和他也没有任何矛盾。

吴××先到华北大学。华北大学是人民大学的前身，后来改成人民大学了，当时完全是一所政治性的学校，只有一个国文教研室，没有正规大学这么多。后来慢慢的国文教研室的人不够了，当时的国文教研室的主任叫王食三，王食三就问吴××，有没有可来任教的人，吴××就提到我，说冯其庸是无锡国专毕业的，可以调来。王食三向人大组织部提出来以后，中央马上就下一个调令把我调来了。

我被调到人民大学来，吴××起了推荐作用，但是他的目的是希望我来了就介绍他入党。当时的支部书记叫赵侃，是陕西周至人。赵侃告诉我，吴有很多问题，你不要介绍他入党。他人品不好，生活作风上也出了很多事情，还有其他事情，叫我不要提这个事，所以我就没有提。吴心里就很不满意，刚好肃反运动开始，他就冒充积极分子，用诬陷我的办法，来掩盖他自己的政治历史问题，说我是当时无锡国专的"三青团"分子，说我参加了国民党的"三青团"。当时我一点也不知道，组织上也没有向我调查，也没有问，我自己从来没有想到有这些事。

当时组织上派了两个人秘密调查我，一个叫邓茂生，一个叫宋瑞祥。我只是感觉到凡是来找我的客人，组织上都要先跟他谈一次话，或者要问他一些关于我的问题。有一次我一个原先的学生来看我，我们见面后，他说，怎么见你那么难呢？而且见了你以后，马上就有人来问我，你过去的情况什么的。当时我也没有太在意这个学生说的情况，我说可能政治运动多吧。这样的情况发生了很多次，我自己虽然也觉得有点弄不明白，但是也没想到，居然是有人在暗中诬陷我。

后来等到肃反结束了，宋瑞祥和邓茂生亲自跟我讲，你的问题弄清楚了，你们同班三十几个同学，统统调查过了，没有一个人说你是"三青团"。特别是找到了一个姓丁的同学，他是当时我们同班同学里"三青团"的头头，找到他，他就说，冯其庸怎么是"三青团"？他是我们的对头。我因为当时参加党的地下活动，我们和"三青团"一直就是斗争的对象，因为我们搞学生运动什么的，他都来从中捣乱。所以最后邓茂生、宋瑞祥跟我说明白了，你的问题，就是吴××诬陷你是"三青团"，组织上花了不少的钱，跑了不少地方。因为当时我的同学们都毕业了，都分散在全国各地了。只要查到我的同班同学在什么地方，他们就去跑，跑了几年，最后是完全弄清楚了，我所有的同班同学都被调查过了，没有一个人说我参加过"三青团"，相反都说我是当时学生运动的头头，带头反对当时国民党的统治，最后总算是把我这个事情澄清了，给我做了结论，了却了这件事。

之后不久，支部书记赵侃对我说，吴××的老家，江阴县组织上寄来了一份揭发吴的材料，说吴在国民党时期参加"忠义救国军"。但这时肃反运动已结束，也就没有听说如何处理这个问题。

七

险成右派

1957年，整风、反右运动出来以后，许多知识分子，看到不对的地方，都很诚恳地对党提意见了。因为开始，整风、反右讲得很清楚，党要听取大家的意见，尤其是批评性的意见，可以帮助改进工作。

我当时提了什么意见呢？我就说，支部书记、总支部书记，这些干部，他本身应该上课，不上课，只是安排政治学习不断开会，把教师备课的时间都占光了，教师怎么能上好课？他自己也需要教课了，就不会整天搞政治学习了。

1957年的整风、反右，我们的上课的课时大大减少，教师们，也是投入到整风、反右里去。几乎每个礼拜都要开很多次会，甚至每天开会。开会一开两三个小时，拖下去，没有给教师备课的时间，这样对提高教育质量，就很有妨碍。

我在支部里讲了这些意见以后，我自己觉得，我是诚心诚意希望组织上考虑这个问题，能够改善我们的教育面貌，根本没有想要攻击党，我这也不是攻击党的言论。但是，实际上因为我这么一讲，一批评支部书记、总支书记以后，他们就把我列到右派名单里了，说我攻击党，我一点也不知道。

学校基本上大鸣大放完了以后，就定下来哪些是右派。最后，中央委托了李培之到人民大学来了解划右派的情况。李培之就是王若飞的夫人，她名义上也是人民大学的副校长，其实只是挂个名，她是在中央工作的。学校就把内定的右派集中在张自忠路一号大礼堂里，告诉大家，中央要听取你们的意见。当时我们还非常高兴，觉得中央重视我们的建议。

第一个讲的是葛佩琦，葛佩琦后来是著名的大右派。第二个是王德周，也跟葛佩琦一样，是全国知名的大右派。当然葛佩琦、王德周他们讲的话是很激烈的，说共产党怎么现在是这样子？王德周说，如果我手里有机关枪，我就要对着你们干。实际上葛佩琦是周总理在国民党时期单独发展的地下党员，冒着出生入死的危险，为党做了不少工作。所以1949年以后，他有许多情况看不惯，说话也大胆，觉得中央领导都了解我，我怕什么呢？王德周听说也是属于这个类型，所以容易激动，说话就没有分寸了。葛佩琦、王德周讲了以后，李培之没有说什么。

第三个轮到我发言了。我还是讲刚才的那两点意见。等我讲完这两点意见，想不到，李培之讲话了，说这个同志讲得好啊，整风反右，整风就是给党提意见，要改进工作，这个同志提出来的两点意见，我觉得很对，最基层的行政工作人员都不做教育工作，教育课程怎么能够提高？她说大家要像他那样既愿意提意见，又是出于爱护党。她说，我看他的发言就很好，大家要像他那样。这样一来，胡校长马上就回去把我的名字从右派名单里划掉了。

这件事情也只是上层知道，隔了几年，到了"文革"以后，社科院历史所的李新所长。我们人大整风反右时李新是教务长，他了解情况，我被定为右派他也知道，后来李培之一讲以后把我从右派名单里去掉，他也非常清楚。有一次他说，你的运气真好，那天要不是李培之来听讲话，说你讲得很好，否则你就是第三名右派了。

我的几个好朋友都是右派。杨廷福，他是研究唐代法律的专家。实际上他是真有学问，而且讲的意见也非常在理，但是把他划成右派了。一划成右派，命运可想而知。后来虽然平反了，但是没有几年就得病去世了，就是长期的忧郁，长期的心里的痛苦，造成了身体的病。

他被定为右派的那篇文章，讲的就是：要提倡法治，共产党的司法部门，如果有错判，有审查不当，也要负法律责任。他举个例子，这个人不应该是死罪，你把他判了死罪，枪决了，你明明是错的，你置人于死地了反而没有责任，这怎么行呢？所以他提出来，司法部门的判决如果有错误，也要负法律责任。这完全是为了健全我们的法制提出的一个很好的建议。那个时候"左"得不得了，说他是攻击共产党，所以把他打成右派。

隔了好几年，杨廷福到北京来帮季羡林先生校注《大唐西域记》。他原来也是无锡国专的学生，所以王蘧常先生让他来看我。我们一见如故，我也知道他的遭遇。他在王府井文联大楼工作，到我住的张自忠路那个地方很近。每个礼拜都会两三次到我家吃饭聊天谈学问。我觉得他做学问是真正了不起的一个人才。

我想了个办法，我说，你把你被打成右派的那篇讲法制的文章拿来给我看看。他拿来给我，我看了以后，把这篇文章给《人民日报》法制版的主编汪子嵩寄去，我说，你看看这篇文章能不能用。当时"四人帮"刚垮台，大家呼吁要健全法制。汪子嵩一看这篇文章讲得非常有道理。《人民日报》就登了这篇文章。《人民日报》一登出这篇文章，上海市教育学院就着急了，就是因为这篇文章把杨廷福打成右派，现在《人民日报》把他的文章发表出来了，上海市教育学院哪还敢马虎，马上给他平反，而且把扣发的工资全部发还。

那时候中央还没有正式开始平反呢，他正好在意大利参加国际会议，讲法制的问题，知道消息以后，高兴得不得了。他回来就买了两瓶酒来看我，说他彻底平反了，工资也都一次补还了，家庭生活马上改观了，非常高兴。大家都说冯先生出的这个主意非常高明，自然而然就平反了。

但是实际上这么长时间的右派帽子，压得他非常抑郁，不久，就发现他得了癌症。日本还派了一个医疗队，专门来给他治癌症。日本的专家来了，看了以后，也没办法了。我专门到上海去了三次，看望他。第三次碰到周谷城先生，中国通史的老专家，也是我们无锡国专的老师。杨廷福说,周老师你还来看我,我的学问都是你教的。周先生连忙说,不能这样说,不能这样说,我从来没有涉及唐律,你现在是世界闻名的唐律专家,这都是你自己努力的结果。周谷城先生就跟我说,廷福是勤奋加天才,一般人做学问做不到这个境界。

我们怕他太疲劳,稍微待了一下就出来了。出了病房,主治医生告诉我们,他最多还有7天。他病故的时候还没到60岁呢。

那个时候我们教研室还有两个右派,一个是邵祖平。一个是杨纤如。为什么要划他们两个是右派呢?现在想想也完全是冤枉的。

邵祖平年龄已经很大了,他是鲁迅那个时期的人,他跟鲁迅有几次笔战,反驳鲁迅。当时大家的概念是毛主席对鲁迅评价那么高,鲁迅当年是革命的一面旗帜,你反对鲁迅,你就是反对革命,因此你就是右派,就这么个逻辑下来的。这个老先生这么大年龄了,他也弄不清楚为什么把他定成右派,也无处去申诉,无处辩解。邵祖平先生能写诗,古典文学修养好,我以前经常为了课程问题去请教邵先生,我觉得他毕竟是老一辈的学者,知识面比较广,知道的也多。他就因为当年跟鲁迅有几次笔战,到反右的时候他就成了老右派。

杨纤如原来是北京地下党的党员,他老是有点自以为了不起,老子的脑袋是别在裤腰带上的,我怕什么?觉得你们都是年轻人,根本不知道我们当年怎么斗争的,所以说话就目空一切。群众关系也不好。但是他有他的长处,他写作能力强,他能写东西。他听了我的几次讲课以后,对我非常有好感,所以跟我关系比较亲密。当时他也没有想到会把他定成右派,后来想想,也是没有道理,因为定右派的唯一标准是反对共产党,他并没有反对共产党。定了右派以后,他也不能教课了,他就正式投入写作,写的几部小说都出版了,也相当不错。

从我们人民大学小小的一个语文系来看,划的右派都不是那么回事,都不是要反共产党。实际上撇开国民党潜伏的那些人员以外,绝大多数的老百姓、知识分子、教授、大学里的工作人员,没有不拥护共产党的。当初我们党中央毛主席对这个问题估计错了,而且还要按比例分配,你这个系多少人啊，要有百分之几的右派，有些人就是这样被凑成右派的。

唯有上海古籍出版社的领导李俊民，他非常正直，非常爱护自己的部下。他就给上海市委报告，我的单位没有右派，都是拥护共产党的，要定右派你来定，我定不出来，没有反对共产党的。那也拿他没办法，所以上海古籍出版社没有一个右派。这是全国少有的这种情况，这位领导已经去世了，以前我也很熟。这段事情是后来听到的。

1957年过了以后，1958年"大跃进"了，那更不得了了。"大跃进"，大炼钢铁，那更没有上课的时间了。有的学生也很天真的，他说，我们要听课，我们不想成为炼钢铁专家，我们到人民大学来也不是来炼钢铁的。但是整个政治运动，你不参加这个运动，你对党是什么态度？就变成这样一个大帽子。所以整个社会的思想越来越"左"，教育的时间，尤其古典文学教育的时间，越减越少。

四

历史剧争论和戏曲会演

一

中华人民共和国成立十周年戏曲会演

中华人民共和国1949年成立,到了1959年,就是建国十周年了,戏剧界就举行建国十周年的会演,全国各地有名的演员,都到北京来演出。

我特别喜欢戏剧。但是我原来住在西郊,离城里太远,晚上看完戏回到西郊人民大学,半夜都不止了,而且课程又那么重,所以没有办法,基本上就没看戏了。幸好第二年(1955年)让我搬到城里来了,先住在海运仓,因为城里张自忠路那里的课程多。从海运仓到长安戏院,就是西单那个老的长安戏院,那就一点没有问题了,所以从1955年开始,凡是有精彩的演出,我就去看。前门外有个广和楼,现在不知道还在不在,都是清代的老戏院。

1956年4月,浙江苏昆剧团到北京来演出《十五贯》,这个剧团跟我有很深的渊源。还是抗日战争时期,我读初中一年级的时候,这个剧团流落到我们无锡前洲镇,他们生活非常艰难,实际上这些演员都是一流的名演员,但是因为抗战,这些艺人根本没有机会再表演了,所以流落到我的家乡。我们镇上有几位比较有名望的老人,等于是绅士一类的人,都喜欢戏曲,就把他们留下来,镇上有一个小剧院,就安置他们在我们镇上的剧院里演出。

四 历史剧争论和戏曲会演

我当时因为是在农村，生活很艰难，上学都很困难，不可能有钱去买票看戏。但是，刚好我下午的课上完了，回家路上要经过镇上的戏园子，那时候第三出戏刚开始，戏园子大门打开了，就可以随便进去看戏，不用买票了。所以他们天天演，我就天天放学去看，跟他们慢慢就熟悉了。

这个剧团的班主是朱国梁，朱国梁小生老生都演，后来演老生了。当时演小生的叫周传瑛，丑角是王传淞，旦角就是张娴，还有一些其他配角。在我们前洲镇的时期，他们的最精彩的戏，我全看过，而且反复看，跟他们关系也特别好。

1956年，我忽然接到朱国梁的电话，他说，我们到北京来了，要在前门广和楼的广和剧场演出《十五贯》，但是不知道我们这个戏能不能适应北京的观众。因为昆曲是苏州话，语言和唱腔听不懂，可能会麻烦，他希望我去听听，彩排的时候先去看看，帮他们估计一下，有没有可能在北京受大家欢迎。我一听是朱国梁来电话，而且那些名家都来了，都是我很要好的朋友，我说不管怎么样我一定去。

我就到广和楼去了，看完这个《十五贯》以后，我说你们放心，这个苏州道白呢，大体上北京的人也能听懂，特别是唱腔好、做功好，尤其是这个戏的内容非常适合当时的情况。那个时候镇反肃反已经过了，但是社会上还是不安定，还是有一些坏分子捣乱，这个内容也适合现实社会需要，我说你放心吧，这个戏肯定会打响的。

后来隔了几天，朱国梁突然来了电话，他说我们这个戏周总理来看了，周总理非常欣赏这个戏，说这个戏特别适合当时的需要，所以《人民日报》发表了一篇专论《从"一出戏救活了一个剧种"谈起》[①]，专论等于一个社论，文章也写得很精彩，开始我不知道谁写的，后来他们告诉我是田汉亲自写的。

---

① 1956年5月18日，《人民日报》在头版头条发表社论《从"一出戏救活了一个剧种"谈起》，指出：《十五贯》有着丰富的人民性、相当高的思想性和艺术性，它不仅使古典的昆曲艺术放出新的光彩，而且说明了历史剧同样可以很好地起现实的教育作用，使人们更加重视民族艺术的优良传统，为进一步贯彻"百花齐放，推陈出新"的方针，树立了榜样。

1949年以后，戏曲，特别是昆曲被重视，就是从这个时候开始的。因为这个《十五贯》也带动了整个全国戏曲的复兴，尤其是昆曲的重振。后来王传淞他们经常在杭州和上海一带演出，因为它是苏昆剧团，它的这个语言、唱腔，更适合于南方人。

北方有北昆，北昆跟苏昆曲调是一样的，但是北昆完全是用北京语言唱的。北昆的名演员我也都很熟，北京当时有一批一流的演员，跟苏昆不相上下，像侯玉山演《钟馗嫁妹》，侯永奎演《林冲夜奔》《单刀会》。每到侯玉山演《钟馗嫁妹》我都会去，他的演出是北派的演法。

我还专门请教侯永奎。我就问，现在的戏曲里，元人的唱腔还有没有保留下来？因为我喜欢戏曲，我也思考，元代的戏曲这么兴盛，它的唱法应该是有所遗存的。他告诉我，《单刀会》这出戏里有一个曲子叫《新水令》，激昂慷慨，这个曲子就是完全照原来的唱法。这出戏很特殊，就是一开始出场以后，关羽一直坐在椅子上，就是表示坐在长江的船头上，看着一排的江水唱《新水令》，这个《新水令》就是元人的唱腔。

当时上海的许多名家，周信芳、盖叫天；北京的许多老一辈的名角，谭富英、叶盛兰、侯喜瑞、侯玉山、梅兰芳、尚小云，梅、程、荀、尚，除了程砚秋以外，其他的我都看过，反复看过。程砚秋不能演，因为当时他太胖，他是旦角，唱花旦，一个大胖子怎么能演呢，他就不演了，其他我都看过。

还有外地来的，调演的地方戏我也看了不少，反正只要有戏曲我就看，而且我把它当作自己学习古典文学的一个方面，因为古典戏曲也是我们的古典文化。

我后来体会到，我们全国的各种地方戏里，也应该会保留着很多元人的东西。因为地方上的变化慢，它不会很快就变掉了，所以许多梆子戏里，山西梆子、陕西的传统剧都有一些听起来很特别的，但是实在是很精彩，可惜我后来课程很重，不可能全部钻到戏曲里去。要是当时那批老艺人还在，把他们的唱腔整理一下，应该能够看到元代当时是怎么演出的。

福建有一种戏叫"梨园戏"，有一年到北京来演出，我专门去看了，看了以后我写了一篇戏剧论文。"梨园戏"的舞台有一个特点，就是台口有一排栏杆，从出场的地方一直转到入场的地方，演员都在栏杆里演出。因此我就联想到，古代称戏曲为勾栏，实际上"梨园戏"还保留着最古老的那种传统形式，带着一排栏杆，这个"梨园戏"是一种古老的剧种。

有一次是袁世海和李世霖演《青梅煮酒论英雄》，整个一场戏演得非常精彩，但是在节骨眼上发生了大的差错。在这个剧情里，当时刘备还没有成气候，没有自己的地盘，还在曹操的手下。他唯恐曹操把他害了，因为自己还没有势力啊，所以韬光养晦，自己在家里种种菜，好像胸无大志的样子。曹操就有点怀疑，要试探他一下，所以就请他来喝酒，关羽张飞没参与这个宴会。

曹操跟刘备见面，议论天下英雄。曹操说，谁是英雄？刘备心里有数，你是试探我，我必须答得一点没有水平，平庸得很，让你觉得我目不识英雄，胸无大志，不足为患。所以他就猜谜一样的，袁术是不是英雄啊？孙策是不是英雄啊？曹操听了以后，哈哈大笑，你说的这些都不对头。刘备问，那么谁是英雄呢？曹操说："当今天下英雄，唯使君与操耳。"说到"唯使君"这个地方啊，刘备吃惊了，我装了半天，被他一句话戳穿了，这一惊，不小心就把筷子掉到地上了。刚好这时候，天上响雷了，"哐"一声巨响，刘备聪明得很，机警得很，马上就说："哎呀，吓死我也。"那句台词是"一震之威，乃至于此"。然后弯腰捡起筷子。曹操就说："丈夫亦畏雷乎？"意思是天下的英雄还怕打雷吗？那你算什么？觉得这个刘备算不上英雄，雷一打就把他吓成这个样子了，刘备就这样混过去了。

但这处情节在舞台上的表演就错了，就是曹操说完"今天下英雄，唯使君与操耳"以后才响雷，响雷以后，刘备故意把筷子碰到桌子底下，然后再去捡这个筷子。我的文章里就说，这几个动作要完全配合在一起的，刘备有一句台词："一震之威，乃至于此"，自说自话，这一打雷把我吓到这个样子，我都受不了了，所以有曹操后面这一句话："丈夫亦畏雷乎？"现在把这个情节分开来以后，就明显是拼凑的了，我说这个闻雷、拾箸要在同一个时间，说"一震之威，乃至于此"也是这个时间，然后才是曹操说：

"丈夫亦畏雷乎？"那是刘备捡起筷子来以后，曹操讥笑他的。我说整个剧情不按照这样的次序来演，故事就全散了，刘备这样做给曹操看，曹操能上当吗？

我当天看完戏以后，回家就写，一个晚上我写了八千字，写完了，过两天我就寄给《人民日报》了，结果《人民日报》整版发表了我的《青梅煮酒论英雄》这个评论文章。这篇文章一发表以后，中国京剧院的袁世海，专门就来到张自忠路我住的地方看望我，希望我去给他们指导。袁世海是导演，他们决定改排，但是要吃透曹操、刘备这两个人物。因为京剧院为了这篇文章开了会，我这篇文章主要是赞赏他们的演出，只是提了一个关键情节，是一个硬伤，他们都很佩服，所以请我去。还请我给戏剧家协会做讲座，专讲曹操，所以我就到现在的王府井商务印书馆的位置，原来是中国文联的房子，中国戏剧家协会和作家协会都在那里，我就在那个礼堂里，连续讲了两个半天，就是讲曹操。

我是把中国的传统的戏曲作为我的一门课程来看待的，因为光看剧本，还是一个文字的、书面的，只有看到舞台上的演出，才是立体的，才是行动的，理解起来就不一样了。所以我每次去看传统戏曲，能够找到剧本，我就带着剧本去。比如昆曲，每次梅兰芳或其他人演《游园惊梦》，我都带了《牡丹亭》的书去，对照着他唱到哪里，这个唱腔怎么安排的，对我学习非常有用。

再一个，它的动作对我学习古典文学也很有启发，例如："照花前后镜，花面交相映"，这个句子是温庭筠的《菩萨蛮》里写的词句，但是《牡丹亭》里杜丽娘梳妆的那一段也用了，前面一个镜子，后面一个镜子，不就是"照花前后镜，花面交相映"吗？那么生动的词句。这对我学习戏曲也好，学习诗词也好，都有帮助。舞台上面做出动作，演出形象来，等于把词句立体化地演给你看了，所以每次品味演员的唱腔，再读剧本，自己脑子里就明白了不少。听他唱每一句话的时候是怎么用动作来表达的，等于是用行动来注释曲文。所以我把这些老演员和后来许多优秀演员，都把他们作为老师来看待，我觉得听戏曲演唱等于我上戏曲史的课。

四 历史剧争论和戏曲会演

1962年我参加中国戏剧家协会和中国作家协会，那个时候不是自己去要求的，那个时候比较严格，是戏剧家协会常务理事会开会讨论的时候，由他们提名吸收谁参加戏剧家协会。我自己也没想这个事，突如其来地收到一封戏剧家协会的信，说戏剧家协会吸收我做戏剧家协会的会员，我当然很高兴。没有想到隔了一个来月，又收到一封中国作家协会给我的信，通知我经过中国作家协会理事会讨论，吸收我为中国作家协会的会员。这两件事只差一个月，为什么当时会吸收我做戏剧家协会的会员呢？主要是那一段时间，从1959年开始吧，我写了不少戏曲方面的，主要是传统戏曲方面的文章。参加作家协会当然是高兴的事，我根本没有想自己很快就能够参加作家协会。因为当时许多老作家都是我老师一辈的，像老舍、夏衍、巴金、张光年、冯牧都是作家协会的领导，所以通知我参加作家协会，我非常高兴。一个月之间，先后参加了两个最重要的文艺团体，我觉得非常高兴。

1959年国庆十周年全国戏曲会演，当时的老演员都还在，许多名角都到北京来了，中国戏剧家协会要安排演出，同时又要安排写评论文章。《戏剧报》忽然找我，说，你老看戏，你能不能给我们写文章？我说，可以，你们要我写哪一位。他们让我写武汉的陈伯华。陈伯华是汉剧有名的旦角，被称为"小梅兰芳"，她演出的剧目是《二度梅》。汉剧跟京剧非常接近，实际上汉剧是京剧的源头之一。

恰好在此之前，我已经两次看过她的《二度梅》了，这一次作为国庆十周年应邀来演出，演出剧目也是《二度梅》。《戏剧报》要求我写陈伯华这个剧，就给我准备好了票，我就去看了。

看了以后，我回来就写了一篇《三看〈二度梅〉》，交给《戏剧报》了。这篇文章送到《戏剧报》以后，编辑部的人都称赞得很，说是以前很少碰到这样高水平的剧评，编辑部就互相传看。这以后一有重要的演出，《戏剧报》总会通知我，预先留好了票，要我看完以后写文章。

《三看〈二度梅〉》这篇文章登出来以后，田汉同志看到了，就让《戏剧报》一定要找我。恰好我那天去《戏剧报》编辑部开会，讨论演出的其他剧目，他们就递给我一个条，说散会以后你不要走，田汉同志有事要跟你说话。田汉同志是戏剧家协会的主席，而且是老剧作家，进步剧作家，是全国最著名的戏剧界的领导人。

实际上我跟田汉同志已经不是第一次见面了。我在无锡国专读书的时候见过田汉一次。田汉、洪深一起到无锡排话剧《丽人行》。我有一位老师叫周贻白，戏曲史专家，后来到中央戏剧学院当教授。周贻白先生跟田汉、洪深都很熟。还有一位向培良，是鲁迅的晚辈，后来跟鲁迅关系不好了，就离开鲁迅了，他也是话剧运动的一个重要人物。当时田汉、洪深来了，他们就带着我还有其他几个同学，到秦淮海祠堂去看望田汉同志。大家见面都非常高兴，我是第一次拜见田汉同志，周先生跟他们是老朋友，他们一起吃饭了。

后来我又去看他，带了一本当时的学生都流行的纪念册，就是折叠式的可以拉得很长的，请田汉同志签名留念，他说你放在这儿吧。后来隔了两天去，他说，我给你写好了，结果一拉开，整个一个纪念册全部写完了，写了几首他题的排《丽人行》诗，田汉同志诗写得好，书法也好，哎呀，我把它当作宝贝，一直是放在身边的，但是后来一次又一次的运动，这本纪念册也就不见了。

这次在《戏剧报》编辑部开完会以后，我就留下来了。《戏剧报》的同志说，田汉同志在曲园酒家等你，请你吃饭。到了曲园酒家，吴晗、翦伯赞都在，还有一个王文娟，上海越剧院的演员，她刚好到北京演出，还有《戏剧报》的一位，陪着我坐的。那时候吴晗、翦伯赞我都已经比较熟了。吴晗编《语文小丛书》请我当编委，还用我那个《历代文选》的序言印了一本书。翦伯赞也是戏迷，我们每次看戏、讨论戏都在一起，他写的《中国通史》，我也认真读过，遇到《中国通史》上的问题我也跟翦老请教，我们都很谈得来，也很有感情。

到曲园酒家，坐下来以后，田汉同志就说，我来给你们介绍。吴晗同志说，用不着你介绍，我们比你认识得早。翦伯赞同志也马上说，我们老早就是看戏的老朋友了，用不着你介绍了。大家都很高兴。

田汉同志在吃饭时候称赞我写的剧评，说这篇文章写得非常漂亮，有文采也有很深的分析。后来，《二度梅》拍成电影的时候，按照我评论里的意见做了一些修改，有些部分删掉了，有些部分补上去了。

这之后，陈伯华有一次到北京演出，刚好住在张自忠路附近，东四八条的一个宾馆。《戏剧报》的同志就告诉我，陈伯华同志来了，她很想跟你见面，她不知道你住的地方，你能不能到宾馆去找她一下？她住的宾馆就在我住的宿舍旁边，几分钟就走到了。我到了宾馆请服务员查她的房间号，去了她的房间。一见面，她听说是我，高兴极了。她非常谦虚，她说，我还没演得那么好呢，你就写得那么好了，我真有点不好意思。我和她谈了很长时间。

后来隔了若干年，我到南京去开会，陈伯华同志也在南京。我刚好住在北面，房门朝南；她住在南面，房门朝北。我不知道她住在那里，她不知怎么知道我住在那里了。但是我们的活动情况都不一样，她每天早上老早出去了，晚上回来很晚，我们都已经休息了。她就在门的底下塞了一封信，还留了一包巧克力之类的糖果，说我刚刚知道你就住在我对面，但是我们大家活动时间不一样，见不到面了，就算我向你问候吧。

等到她八十岁做寿的时候，他们汉剧院专门邀请我去武汉参加陈伯华同志的八十岁的寿辰，这是陈伯华同志自己提出来的，我就去了。她也非常高兴，专门给我们演两出戏，一出是《游龙戏凤》，她唱李凤姐，一个八十岁的老太太，演一个十七八岁的小姑娘，演得活灵活现；另外一出是《小放牛》，跟她配演的是丑角名家李罗克，两个人都是高龄，都是八十岁左右了，一个演小姑娘，一个演小牧童，演得全场掌声不断。我后来还写过一首诗赠送给她，最近听人家说，她还好，坐轮椅了。

时间久了以后，我写的剧评越来越多了，所以我就出了一本戏曲评论的文集叫《春草集》。

二

新编历史剧辩论

  1963年到1964年，戏剧界还有一次重大的争论：历史剧怎么写？当时，这个争论主要是李希凡和吴晗的争论，他们的争论也是友好的，就是意见不同，没有别的。主要是历史剧应该怎么写，怎么创作，看法不一样。

  我当时是跟另外一个人争论，他叫戴不凡。戴不凡是《戏剧报》的一个编辑。当时啊，正在讨论历史剧，吴晗提出意见来，李希凡不同意，就跟他争论。戴不凡也提出来自己的主张，我不同意戴不凡的看法。

  他是怎么看呢？他认为这个历史剧，一定要写得跟历史人物一模一样。我当时就不赞成，我说用什么标准来衡量这个历史人物跟原来的历史人物一模一样？没有一个标准，历史人物早已不在了，几百年上千年前的事，你哪能做到一模一样？就算你真做到了，也无法说这是一模一样。谁见过屈原？谁见过岳飞？所以我说你这个话完全是空洞的理论，没有实践的可能，完全是误导。

  第二个争论的焦点就涉及岳飞。戴不凡认为岳飞的爱国主义跟岳飞的封建忠君思想是一个事情。当时舞台上正在演《满江红》，李少春还演过岳飞。戴不凡认为新编的历史剧不能把岳飞这个历史人物拔高，光是讲他的爱国，不讲他的封建忠君思想。岳飞的封建忠君思想就是岳飞的爱国主义，把这两个分开了，就不是当时的岳飞了。这一点我也不同意，我觉得对历史人物不能笼统地看，有的人的封建忠君思想，跟爱国主义可能是混在一块了，有的人呢，他偏偏就不是一回事，特别是我们讨论的岳飞。我说对具体事物要做具体分析，笼统地说封建爱国主义就是封建忠君思想，那你把古代所有的历史人物都看作是一样的了。我说岳飞出身于农民，这个跟出身官僚家庭的子弟不一样，他深知农民的痛苦。

岳飞处的时代不是一个和平安定的时代，徽钦二帝被金人俘虏了，带到北方来了，就在琉璃厂和报国寺。一个是囚禁在琉璃厂，我还去调查过，当时那个地方还在，房子是不是原来的就不知道了；还有一个是在报国寺，这个地方我也去调查过。岳飞时代有三个君，徽宗、钦宗两个君都被金人俘虏了，北方的大片的土地沦陷了，岳飞对这两个君要不要忠？当然还是要忠，从封建的忠君思想来讲，不可能说你当了俘虏我就不忠于你了，相反他一定要把这两个皇帝救回来，所以他坚决要抗敌，要跟金人作战。还有当时在杭州的高宗，他也要忠。但高宗是要大臣们支持自己与金人和谈，而不是抵抗金人，救回二帝，收复失地。

从岳飞的历史来分析，岳飞真是一个了不起的将帅之才。我有一个朋友专门研究岳飞，写了岳飞的一本小说。第一卷已经出来了，出来十几年了，现在在写最后一卷，也就是第三卷，快写完了。他年龄也跟我差不多，九十多了，不知道能不能写完。据他告诉我，岳飞整个一生中，大大小小打了多少仗，从来没有一次打败过，一直都是打胜仗。所以金人听到岳飞来了都害怕，称岳飞是岳爷爷，都不敢轻易碰他的。

我说，岳飞这个历史人物处在这样一个特殊的历史时期，北面有徽钦二帝，南面有宋高宗，他都得忠。但是徽钦二帝跟宋高宗并不是一致的，宋高宗不希望徽钦二帝回来，因为他们一回来，他就做不成皇帝了。所以他嘴上说抗金，实际上他不想抗到底。有时候需要了，他就要岳飞打几仗，抵挡一下，实际上是为了保卫他自己的地位。如果岳飞乘胜前进了，要收复失地，把徽钦二帝迎回来，他就不赞成了。他把左右军先召回来，让岳飞完全孤立，最后再以十二道金牌把岳飞从前线召回来，就是因为岳飞的胜利发展得太快，他怕岳飞乘胜追击，真的把北方的沦陷的地盘全部收复了，把徽钦二帝也救回来了，这样他自己就当不成皇帝了。

这个情况正说明岳飞的时代，他忠君爱国是有具体内容的，不是一个空洞的词。岳飞忠君，他是要忠于徽钦二帝，他一心一意要收复失地，迎二圣还故都。所以岳飞的爱国和岳飞的忠君，就有了矛盾，跟现实的君有了矛盾，跟被俘虏的君是一致的。所以对历史人物不做具体问题具体分析，用笼统的封建的大臣忠君思想就是爱国主义这一句教条式的语言来概括历史，是不能概括准确的。所以我就写了一篇长文章批驳戴不凡。

当时我把岳飞的每一个本子都拿来仔细的研究，都写成评论文章。冯梦龙的《精忠旗》我也写了长篇的评论文章，题目叫《读传奇〈精忠旗〉》，这为我后来的笺证奠定了基础。《精忠旗》是明代的李梅实和冯梦龙写的一个剧本，原来是李梅实的本子，冯梦龙加以修改，然后刻出来了，成为我们所有的岳飞戏中最好的一个古典剧本。1964年初夏，我到陕西去"四清"①的时候，这组文章我都写完了。我跟光明日报很熟，我就把稿子都交给光明日报了，我说，我要离开北京一年，你们去安排发表吧，所以他们就一篇一篇都给我发了，幸亏这个稿子交给了光明日报，后来"文化大革命"期间，这个稿子都没损失。我在家里写好的没有发出去的稿子都被抄家抄走了，都损失了。

因为这个争论，我把冯梦龙的《精忠旗》这个剧本做了笺证。我把这个剧本的每一个故事情节每一段话，都从《宋史》和《岳飞正传》以及宋代的其他笔记里去查，查了以后就做笺证。就是因为历史剧究竟怎么写，哪些情节是真实的，哪些情节是没有的，虚构的，总体来看真实的多还是虚构的多？因为照戴不凡的说法，要一模一样，一点也不能有虚构。所以刚好冯梦龙的《精忠旗》开场四句话就是："据《宋史》分回出折，按旧谱合调谐宫，不等闲追欢买笑，须猛省子孝臣忠。""据《宋史》分回出折"，依照宋代的历史，分出回目，分第几回第几回，一折一折戏，"出折"，一折

---

① "四清"即社会主义教育运动。是1963年到1966年5月先后在大部分农村和少数城市工矿企业和学校等单位开展的一次运动。

两折戏的折,后来叫一出戏两出戏了。那从这句话来讲,他完全根据历史写的,"据《宋史》分回出折",那不是就说我完全照《宋史》写的吗,那应该是完全有史料依据的,分一回一回,一折一折,都是按照历史来的嘛。下面一句"不等闲追欢买笑",那就是说他不随随便便臆想,为了追欢买笑,完全忠实于历史,那应该是符合戴不凡说的完全跟历史人物一模一样了。

但是恰好冯梦龙自己也说了,"微有妆点",稍稍有一点虚构。尽管我全部是照历史写的,但是有的地方也"微有妆点",不得不稍稍做些虚构,否则这个剧本不成剧本啊!他就举例,像银屏跳井几个情节都是他虚构的,原来没有的,这就说明戏剧创作也好,文艺创作也好,不能死板地跟原始材料、原始人物一模一样来写,一模一样也写不成典型人物。

《〈精忠旗〉笺证》的结果,就是证明了就算是认为自己是完全按宋史"分回出折"的冯梦龙,也不得不承认自己"微有妆点"。

这本书在我的著作中是时间跨度最长的一本,从1964年上半年开始的,接着1964年6月我就到陕西去"四清"了,刚开了一个头,就搁下来了,没有继续写下去,回来马上就"文化大革命"了,原来的稿子就全都没有了。

到了20世纪80年代,我又想起来这件事。因为原始资料都还在,我觉得我不趁这个时候写,以后可能别的事情更多,就写不了了,我就下决心继续写。

我还请了一个学生来帮忙,我在老家教中学时的学生,叫陈其欣,他那时候是无锡教育学院的教师。我把宋史和其他有关资料都找出来,请他给我核对、校录。那个时候很困难,都是刻本,还没有后来中华书局和其他出版社排印整齐的本子。但是经过几年的收集,我把书都找齐了。刻本都没有标点,我们自己标点。做了一段时间,翻腾了好几次,到了稿子最后一稿的时候,陈其欣说带回去重新仔细核对一遍,再抄录出来。

结果没想到,他一回到老家无锡,突如其来地死了,连他的夫人也一起死了,被坏人害死了。我一直不知道,隔了好几个月以后,别人告诉我陈其欣已经不在了。我当时很难过。我想起来我的稿子还在他那里,我就托原来的无锡市委宣传部部长,我的老同学沈绍祖先生,我说你赶快去给我找找陈其欣家里,听说他不在了,赶快到他家里找找这部稿子。结果他帮我一找,他家里的人说不知道,没看见这个稿子,已经不知道弄到哪儿去了。稿子没有了,等于我们这几年的成果,又一下子没有了。

我本来想自己重新再做,忽然想起陈其欣回去以前,有过一个抄录的稿子给我。因为要分开了,我自己也要做啊,我要做的时候,可以有个底本,所以他留了个本子。最原始的我的稿子在他手里,包括历次改的东西都在上头。但已经找不到了。

后来终于找到了他留下的那个本子,是照我的原始稿子抄的,我的原稿虽已找不到了,但有了这个本子,等于是失而复得。

之后中华书局又出了好多种宋代的历史书,我都有,我又重新拿来,再从头至尾校核了一遍,增补了不少内容。这次增补虽然困难,但是因为有中华书局后来印出来的书了,都标点好了。当然一部分还是没有印出来,比如在国子监图书馆的那几种书,一直没有印出来,现在也没印出来。还有一个有利条件,我有个助手叫高海英,她能够拿原书来校核,她的文字水平也很好,所以又重新在这个抄录的稿子的基础上重新整理了一遍,增加了不少内容。我的文集出版前,基本上弄完了,把稿子交给他们了,今年(2012年)1月8日正式出来了。

传奇《精忠旗》的笺证,这一连串的事情都是从当时对新编历史剧的争论发生、演化过来的。没有当时的争论,我也不会想到去读《精忠旗》,没有戴不凡的那两句话,我也不会想到笺证。这是我写《〈精忠旗〉笺证》的来龙去脉。

三

1963年全国传统戏曲的会演

1963年上半年，中央举办全国传统戏曲的会演。我和李希凡被调去担任会演的评论员。

传统戏曲中最难解决的是两个问题，一个是戏曲里出现鬼神的问题，另一个问题是传统戏曲普遍存在着封建道德的问题。对传统戏曲中的封建道德要做一番论析，以指导今后的演员和观众来正确认识这个问题。默涵同志将鬼戏问题交给了李希凡，让他写一篇论文；将封建道德的问题交给了我，也是写一篇论文。他说这两篇论文要作为中央的文件发给参与会演的演员，并且都要在报上发表。

默涵同志把我安排在南河沿北口翠明庄的中央组织部招待所。我花了一个月的时间写成了，题目就叫《彻底批判封建道德》，共三万多字，从最早的甲骨文里的"孝"字写起，一直写到中世纪及近现代。

分析"忠孝节义"这些道德概念的内涵，又分析这些道德概念在不同阶层的人的头脑里是不完全一样的。我举例子，"忠孝节义"的"忠"，宋代的封建皇帝都希望自己的大臣忠于自己，但是同时期存在的梁山泊的好汉，他们的"忠"并不是忠于封建王朝，而是忠于梁山泊结义的弟兄，忠的目的是要打倒封建皇帝，所以跟封建皇帝提倡的忠是完全对立的两种内容。虽然"忠"字是一样的，内涵却是对立的，因此我说要区分封建时期不同阶层人头脑里的"忠孝节义"的不同内涵。

比如二十四孝里的"郭巨埋儿"，因为家里贫困，要孝养老母亲，生了儿子就没有办法养了，就活活把他埋了，为什么呢？为了孝养自己的父母，这哪是孝啊？这完全是封建道德的体现，要让你为了忠于封建王朝，自己的一切都要牺牲，所以这一类的"孝"属于封建统治阶级对人民的一种愚昧教育。这样的孝，完全是反动的内容，哪有把自己亲生儿子弄死了，来孝养自己父母的。就是自己的父母知道了，他心里能受得了吗？这就是宣扬封建的孝道已经完全过头了，叫人无法理解。可是你看老百姓呢，他当然要孝敬父母，但是他不可能把自己的儿子埋了来孝敬父母，老百姓孝养父母就是给父母养老，好好地伺候父母，不可能有这种不近情理的做法。

还有"王祥卧冰"，那也不近情理啊。父母要吃鱼，大冬天河里结着很厚的冰，王祥无法下河抓鱼，就脱光了衣服，自己躺在冰上，用自己的体温融化冰块，然后再去捞鱼。这都完全是封建说教，到了一种极端的地步了。这也是夸大其词，不可能的事情。你要捞鱼，为什么不把冰打破，再寒冷的天也不至于破不了冰啊。

所以我这篇文章是这样整个一路分析下来的。这篇文章我交给林默涵，林默涵同志一看就说，文章很好，但是太长，而且戏曲演员哪有这个文化水平，读你的"从甲骨文的'孝'字讲起"？他说这篇文章不能用，不能在这个会议上用，给我三天时间，让我另外再写一篇。

他说了以后，我一想，觉得时间太紧张了。他说不管怎么样，你是快手，随便你怎么写，不能超过八千字。结果不到三天，我就写了八千字，交给默涵同志。他一看高兴极了，说，你看我说了三天，你三天都没到。我说，题目你加吧，他一个字也没有改，就加了一个题目——《不能把糟粕当作精华》。很快就在《光明日报》整版发表了。

四

1964年全国现代戏会演

1964年,当时提倡京剧要演现代生活,所以各个地区都排了现代戏。

北京排了两个戏,一个是后来叫《沙家浜》的戏,当时叫《芦荡火种》,赵燕侠演的主角。赵燕侠是我很要好的朋友,我参加了《芦荡火种》的多次彩排。还有一个是《红灯记》,最早是李少春扮的李玉和。李少春跟我住得很近,交情也很好,他喜欢画画,我也喜欢画画,我礼拜天有空去看望他,大家一起聊聊戏曲,也看看他画画。

《沙家浜》开始的时候叫《芦荡火种》,赵燕侠排练期间,我经常去看。看完以后,我们到她家里,给她分析,商量怎么修改。那个时候她住在琉璃厂附近,所以我和她来往非常密切。

正式演出以后,我又写了一篇评论《芦荡火种》的文章在《文汇报》上发表,这篇文章反应也很好。后来毛主席看了这部戏非常赞赏,也赞成我这篇文章,但是毛主席提出来一个很好的意见,说《芦荡火种》不像一个剧名,他说应该改成《沙家浜》,后来就定下来改成《沙家浜》了。赵燕侠演阿庆嫂,江青特别欣赏她的演出,还送给她一件毛衣。赵燕侠是个性很强的,对江青是看不起的,不买账的,她拿了江青的毛衣往旁边一扔,所以到"文革"中她吃了很多苦头。

后来，阿甲导演《红灯记》，李少春演李玉和，袁世海演鸠山。他们都是我的好朋友，阿甲也是我的好朋友，他们都请我去看彩排，所以每次彩排我都去看。当时李少春和袁世海在创造两个重要角色上，花了不少功夫，他们唱得也好，做功也好，这个戏排得很成功。

阿甲就跟我说，你到京剧院来吧，你帮帮我，我一个人顾不过来，你的文章写得那么深，见解那么好，分析剧情那么细，如果你来当导演，肯定能把戏引向更深的境界。阿甲是宜兴人，跟我基本上算是老乡，我就跟阿甲说实话，我喜欢古典文学，在人民大学讲古典文学最适合我，要叫我唱戏，我的嗓音天赋就不行，不可能学唱戏。经常看戏，提点建议，我能做到。

北京举行现代戏会演的时候，有一场理论上的论争，这个论争规模不算大，没有形成大规模的辩论，但是实际上是一件非常重大的事情，是什么事情呢？

上海市委书记柯庆施提出来一个问题，就是：戏曲的现代戏只应该写十三年，演十三年[①]。什么叫写十三年演十三年呢？就是从1949年开始，到1963年刚好十三年，只有这十三年的戏才算现代戏，才可以把它编成现代戏，其他的都不应该上舞台。柯庆施是上海市委书记，当时大家都知道他跟江青关系特别好，而且也感觉他们比较"左"。柯庆施提出戏曲现代戏只能演十三年以后，就引起戏曲界的强烈反应，都是反对的，但是没有人出来写文章，因为他是市委书记，而且权力又那么大。

当时我觉得这个问题非常严重，实质上这个提法是完全错误的，非常有害的。为什么呢？这句话不仅把历史全部否定了，也把共产党1949年以前做的许多工作全部都否定了，比如我们的井冈山斗争，比如我们的两万五千里长征，比如我们的延安作为革命根据地，再有我们的国共合作共同领导抗日战争取得胜利，还有渡江战役，解放战争……这一系列的事情都是我们历史上非常重要的事情，包括很多同志的地下斗争，一概否认，

[①] 1963年1月，中共中央华东局书记柯庆施提出"写十三年"的口号。

更不要说我们五千年光辉的历史了,所以我觉得这个理论是完全错误的,而且是有害的。

如果照他说的实现了,我们全国多少老艺人,他们专门是演传统戏见长的,著名的周信芳、梅兰芳、盖叫天、马连良、谭富英,哪一个是演现代戏的?他们都是传统戏的名角。舞台上只有十三年的内容了,只能演现代戏了,传统戏曲就会被毁灭了。不光是我说的这几位名演员,全国各地的地方戏的名演员也是一大批,数不胜数,川剧,山西的梆子戏、晋剧,浙江的绍剧,还有陕西的梆子。我觉得这是否定一切的"极左"的口号,所以我就写了一篇长文章,有三万多字,题目就叫《戏曲表现现代生活的几个问题》。

我不正面批驳他的十三年。我就关于中国戏曲存在的几个问题做分析,我提出来,当前的戏曲舞台上,应该存在三种形式的戏曲:一种是现在党提倡的现代戏,就是表现现代生活的,以现代服饰、口语,唱腔当然也利用传统的唱腔,但是把它变成现代内容了,这样的现代戏;第二种,是新编的历史剧,因为我们当时《杨门女将》《穆桂英挂帅》之类的历史剧也编出来不少,也很受欢迎的,所以第二种是新编的历史剧;第三种是传统剧,就是我们世世代代流传下来的。这三种戏曲形式应该同时在舞台上出现,才是我们的舞台繁荣的一种标志。如果只是演十三年,那舞台上就没有多少东西了,冷冷清清,也不符合我们当前的实际情况。

这篇文章我记得好像是发表在《新建设》上面的,发表以后戏曲界内部都非常赞成,说你真敢说话,跟上海市委你也对着干。我说我不是跟上海市委对着干,我是针对事实。我说,如果我们中央决定采取这个政策,就是以后只能演十三年了,那以后整个戏曲舞台成什么样子了?还有一大批戏曲艺人怎么办?更重要的是我们的戏曲文化就要遭到一次很大的毁灭!

在这之前(1962年6月),还有一次论争,就是浙江的绍剧有一次来演出。绍剧是很古老的一个剧种,相当于川剧啊,蒲剧啊,就是老的地方戏。那个时代,20世纪50年代末、60年代初,许多老一辈的艺人都还在,他们演出一个剧目叫《斩经堂》。故事情节就是讲吴汉杀妻,是王莽时代的故事,是一个大将吴汉为了忠于王朝，把自己的妻子杀了。他的妻子是一个善良的，整天念经的女人，杀她的时候她正在经堂里念经拜佛，所以这个戏叫《斩经堂》，又叫《吴汉杀妻》。绍剧的演员当然演得很精彩，周信芳也有这个剧目，但是周信芳的剧目跟这个稍微有一点不同，基本内容一样，唱词稍微有点不同，可能是绍剧更古老。

演出以后，《戏剧报》和戏剧家协会组织座谈会。座谈会上，一位同志在这个会上提出来，这出戏完全符合马克思主义的观点。我当时一听，非常吃惊，因为这个戏里明明唱的是"君要臣死，臣不死，即为不忠；父要子亡，子不亡，即为不孝"，这都是当时的唱词，这是典型的封建道德，封建统治者的一种道德，怎么能说完全符合马克思主义呢？

因为那时候大家随便讨论。他讲完以后，我就马上发言，我说我不赞成这个观点，这个戏是典型的宣传封建道德的剧目，演员当然演得很精彩。我说这是两回事，至于它演的什么内容，和演员本身不能混为一谈，肯定演员的演出成就，跟探讨这个剧目的思想内容，这是两回事。我说这个戏的内容，完全是宣扬封建道德的愚忠愚孝的一种内容，不能说完全符合马克思主义，一点都不符合。

讨论完以后，隔了两天，《戏剧报》的记者来找我，问我愿不愿意把会上的发言写成文章，我说我都发言了，写成文章有什么不可以啊？我根本没有想到有什么别的因素在里头。实际上《戏剧报》的主编叫伊兵，他当时想组织一个理论性的批判，是要把我这个理论作为一种"左"的错误言论，作为批判对象，所以就让记者来找我，问我愿意不愿意写成文章。我跟这个记者也熟，根本没有想到人家暗地里有什么打算。我是很坦率的，我说我既然发言了，我当然可以写成文章，所以很快一个晚上我就写了一篇文章，大概有七八千字吧。隔一天就交给《戏剧报》了。结果我这篇文章很快就发表了，发表的时候还同时发了一篇反对我的文章。

我一看，就是等于有一点故意安排的了。我也没有在意，反正别人不同意我的意见，我就再写一篇吧。我把"君要臣死，臣不死，即为不忠"这些唱词全引进去了，整个一篇文章一万多字，很快写完了就交给他们了。

结果《戏剧报》压着我的文章不发，却连续发表批判我的文章。当时，戏曲界的人，文化界的人，大家都看到这个情况了，支持我的人也很多，觉得我的发言和文章都讲得非常有道理，《戏剧报》干什么这样做？就表示对我很同情。

因为那个时候的报界，几个大报纸都喜欢我的文章，上海的《文汇报》、北京的《光明日报》《北京日报》等等，只要有我的文章去，他们都会登。《文汇报》的记者叫吴闻，是我们无锡国专的前辈同学，后来她跟词学大家夏承焘结婚了，现在她也去世了。吴闻同志就说，你交给《戏剧报》的文章老不发，他要不发，你干脆把文章交给我，我在《文汇报》发，干脆公开讨论，不要光在《戏剧报》上讨论。同时《光明日报》的记者也来找我了，说既然他们压着你的文章不发，我们《光明日报》给你发，发了大家来讨论嘛，究竟谁是谁非，由大家来说嘛。

我当时也觉得很生气，我就表示同意。我说不是交给《文汇报》就是交给《光明日报》，但是我要跟《戏剧报》打个招呼，毕竟这么多年在一起写文章，他们可以背着我搞小动作，我要光明磊落。我就告诉《戏剧报》，我的文章你不要发表了，你压了好几期都不发，只发批判我的文章，我在其他报纸上发表，另外开辟一个论辩的阵地，让大家来辩论。这一下伊兵有点慌了。

正在这时候，中宣部的副部长林默涵同志，在一次讲话中就说到，冯其庸的文章明明写得很正确，你们《戏剧报》怎么一个劲地发表批判他的文章？林默涵同志还不知道他们压着我的文章不发呢。那个时候我跟林默涵同志还不是很熟，没有特别的私人来往。别的参加会议的人就告诉我了，同时《戏剧报》也听到了，一听中宣部的领导说了话，而且是很明确地说我讲得很对。伊兵就着忙了，就到我家里来，向我道歉，说他不在家，所以这一段时候我的文章一直没有发，马上就发，不要再在其他报纸上发了。

既然他们这样说了，我也就没有再在其他报纸上发。但是伊兵尽管说马上就发，又压了两期，而且还继续发了几篇批判我的文章，最后发我的文章的时候，又组织了一篇不问是非的，两面都差不多的和稀泥的文章同时发表。这实际上是戏曲理论上的一次很重大的辩论。

现代戏会演是1964年6月到7月，汇演了一个多月，全国各地的都来，云南的关鹔鹴他们都来演出了。中宣部周扬、林默涵就通知我和李希凡作为代表中宣部的评论员，每人至少写一篇到两篇文章。安排我们每个戏都要看，看了以后并不要求我们每个戏都写文章，但是可以提意见。

我每个戏都看，在这个过程中间，经常要跟江青见面。我知道江青的情况，我就有意地避开。有一次刚好她坐在前面一排座位，我坐在后面，她旁边还有几个跟她一起的人。我一看前面坐着江青，我就不说一句话，根本不开口，演什么我都不吭声，好坏我都不吭声。她也只顾着跟自己两边的人说话，所以一场戏演完，我在后面，她也不知道。我为什么不说话呢，我怕一说话，她一听合了她的意思，就把我调到她那里去了，那个时候是无可抗拒的，所以戏曲汇演中间虽然我多次跟江青一起看戏，从来没有讲过一句话。

五

《春草集》[1]

　　为什么这本文集的名字叫《春草集》呢？因为这部文集的稿子"文革"前就写完了，我记得好像是交给上海文艺出版社。但是稿子交去以后"文化大革命"就开始了，书也出不了了，不仅是出不了了，我这些文章都被造反派们批判成反党反社会主义的"大毒草"。

　　等到"四人帮"垮台以后，我这书要出版，我就写了篇序，我说"大毒草"呢，绝对不是，我没有反党反社会主义思想，我这些文章发表的时间也长了，从来没有人说它有什么反党反社会主义的问题。我说，我自己称自己的文章香花吧我也不敢，就算是草吧，所以用了《春草集》的名字，一直用到现在，大家也习惯了。这本书台湾也印，台湾非常欣赏，因为他们也喜欢传统的戏剧。有一次他们专门来找我，要出台湾版的《春草集》，请我再写一篇序，所以我写了篇长文章《四十年梨园忆旧》，从我到北京，熟悉戏曲到台湾出书刚好40年，许多戏曲界的老朋友，我都写进去了。

　　我从小喜欢戏曲，也是家乡培养出来的。因为我们前洲镇东边有个

---

[1] 此书所收文章，全是"文革"前写作和发表的，因此"文革"中这些文章都被造反派定为"大毒草"，笔者因此受了不少次批斗。直到"四人帮"垮台后，此书才得以出版。《前言》和《后记》，则是出版前写的。

庙，叫猛将庙。我小时候猛将庙香火很盛，房子也很大，很像样的，里面还有塑的神像。年年到了秋收完了以后，都要例行在庙前面搭台演戏。大家一般都要去猛将庙前面看戏。有时候碰到丰收的年成——那是1949年以前——就搭两个台，同时演出两台戏。当时丰收的标准，就是一般的一亩产100斤稻谷，就算是比较好的了，如果是超过100斤，到了一亩产200斤了，就称"双担"，大丰收，老百姓都欢天喜地的。

1954年我到了北京，刚好三十岁，我一有机会就去看戏。1959年是国庆十周年，全国各地的名演员都汇集到北京演戏。《戏剧报》编辑部约我写汉剧陈伯华演的《二度梅》，我就写了一篇《三看〈二度梅〉》，受到极大的好评。从此《戏剧报》就抓住我不放了，一有名角演出总给我留好了票，通知我去看戏，有时候把票送到家里来。这样我在1959年以后，就不断地写了一批戏剧评论文章。

当时现代戏会演，北京要拿出京剧演现代戏的成果来。赵燕侠演出《芦荡火种》，每次正式排练的时候我都去，等到排练成熟以后，我就写了一篇评论文章，在《文汇报》发表。当时的胡传魁是周和桐演的，刁德一是马长礼演的，马长礼本来唱老生唱得非常好，后来演刁德一时间长了，再回过来唱老生，我听听有点油了，就是演惯了油腔滑调的那个调子了。

阿甲导演的《红灯记》，当时主角李玉和是李少春演的，后来由钱浩亮演了。钱浩亮当时戏校刚毕业，嗓音也好，扮相也好，功夫也好。戏校毕业时演的是春秋战国一段故事，他扎了靠，背上插了旗，穿了厚底靴，要从三张半高的桌子上翻下来，非常成功。这是武生中很见本领的一种硬功夫。当时他戏校毕业的时候请我去看了。我们也很高兴，觉得又出来一个人才。

钱浩亮是李少春的学生，我到李少春家去的时候，与他经常见面，后来就没有联系了。

盖叫天，我写过一篇《争看江南活武松》，文章不长，都说到关键地方了。盖叫天看了我的文章，我们一起开会，他很高兴。有一次盖叫天在全国文联（现在的商务印书馆）的礼堂做讲演，讲到戏剧美的时候，他就举例子，他说有些演员不懂得戏剧美，他就举《拾玉镯》的孙玉姣赶鸡那一个情节。等母亲出去了以后，傅朋给孙玉姣玉镯，她不拿，后来傅朋把玉镯扔在地上了，她看到傅朋走了，就捡起来了，后来傅朋又来了，她弄得很害羞，这一段故事。中间孙玉姣出来赶鸡，演员"嚯什嚯什"赶那群鸡。她绕着舞台转，转过来呢，背朝着观众，脸朝里，把鸡赶过去了。这样她是背朝着观众，无形中间把屁股露给观众了。不断弯腰，等于是对着观众撅屁股。他说这多不美啊，应该怎么处理这样一个场面呢？他就自己做一个动作，一样赶鸡，他就很灵活的，赶到需要背朝观众，他一个转身马上就避过去了。

盖叫天文字水平不高，但是我听他们给我讲，他鉴定文物水平很高。他喜欢收文物，就跟侯宝林一样。当然侯宝林文化水平很高，侯宝林后来是归我们艺术研究院了，所以我跟他在一起过。我到他家里去看过，确实谈吐什么都有文化水平，也是非常有鉴别能力的，遇到文物的真假、好坏，他都能鉴别。盖叫天也是这样的人。可是"文革"中间的遭遇非常惨了，把他的腿都打断了，无法走了，把他放在筐子里抬着游街，这样一个老人，就这么折磨死了。

周信芳在"文革"中间也是被整得很惨的。他在《坐楼杀惜》里演宋江，阎惜姣拿到了梁山好汉刘唐送来的信，还有银子，就逼宋江写休书，"任凭改嫁张文远"，宋江说，张文远原是我的学生，你嫁不嫁，不要让我在这上面写，我已经不管你了，还不行吗？为了拿到刘唐送来的信，宋江还是把"休妻阎惜姣，任凭改嫁张文远"都写在上头，然后打好了手印。阎惜姣拿到这封休书以后，就耍赖了。宋江就说，那你必须把我那封信给我，阎惜姣就说，你要这封信啊，你到郓城县大堂去要吧。宋江觉得这严重了，因为怕她告他造反。宋江也是忍无可忍，就跟她争吵起来了。吵来吵去，阎惜姣很硬，说你敢把我怎么样？你想打我？你想骂我？最后说你敢杀了我吗？这样一激呢，宋江就拿起他靴筒里的小刀，把阎惜姣杀了。

本来戏剧的情节，杀完阎惜姣，马上从她身上把那封信找出来了，按常规的情节找到那封信，就在蜡烛上烧掉，烧掉以后，就开房门，叫阎婆，就是戏里的台词，"妈儿娘快来！""我将她杀死了！"最后阎婆跟宋江一起出去，到了大街上，阎婆大叫："宋江杀人了！宋江杀人了！"这样宋江被抓起来了。

这个情节的漏洞是什么呢？就是宋江杀了阎惜姣，把那封信找出来以后，应该是在蜡烛上面烧掉，从情节来讲这封信的作用到此为止，它是个导火线。刘唐下书等于是下了一个火种，坐楼、杀惜都是为了这封信。为什么要杀阎惜姣？就是必须把这封信拿回来，拿回来，烧掉以后，就是告到官府里面，我们夫妻吵架，最后我喝醉酒不小心把她杀了，没有政治问题，这纯粹是家庭纠纷。宋江在衙门里的，大家上下都熟，不会有什么，所以这封信必须当时就烧掉。

可是那次演出，恰好不小心蜡烛灭了，周信芳把这封信往衣襟里一插，然后就开门叫，妈儿娘，我把你女儿杀了，以下是下面的情节。我整个看完以后就写了一篇长文章，分析《乌龙院》的全过程，从《刘唐下书》，到《坐楼杀惜》，到最后宋江被捕整个过程，指出《刘唐下书》是一个关键情节，杀阎惜姣是为了这封信，杀完阎惜姣应该把信烧掉。从宋江来讲，一个公门的老手，他清清楚楚，为了这封信杀了人，怎么能再把这封信留下来呢？留下来，搞到官府去，一搜出来，你私通梁山，当然就成问题了。所以情节的安排必须在蜡烛上把这封信烧掉，但是周信芳当时并没有意识到这个情节的关键性。我写了篇长文章，称赞他演出，包括王正屏和赵晓岚的演出也是严丝合缝，就是一个关键的细节失误，一般观众也不觉得有什么。我说这一个细节上的失误，使得整个戏松懈了，无法演下去了，因为宋江是一个公门老手，对法律这么熟悉的人，怎么会带着这个致命的证据，去开门喊阎惜姣的母亲，不可能的。按宋江的职业的本身和本人的干练的情况，这封信当然就烧掉了，前几次都是烧掉了。

我这篇文章发表以后，刚好是袁世海和关鹔鹴的丈夫徐敏初两个人，拜周信芳为师。袁世海和关鹔鹴的丈夫都是名演员，都是大名鼎鼎的，拜周信芳为师也不过是表示一个礼节一个尊敬，就是愿意作为他的门徒，所以拜师举行一个座谈会。

四　历史剧争论和戏曲会演

周信芳也来，他已经读到我的文章了。我跟他原来不认识，这次大家一介绍，周信芳特别高兴，他说，你的文章我看了，我以前都是蜡烛上烧掉的，也没有想为什么，以前老师教的都是到这个时候把这封信烧掉的，偏偏那次蜡烛灭了。他说，如果我也意识到这一点，很容易，拿个火来把蜡烛点燃，这种细节都没有关系的，可以处理得很自然，重新点上烧掉，一点没有问题，但是我就是没有认识到，这封信到此必须要烧掉了，不烧掉下面的戏就演不下去了。

马连良跟我也很熟，因为他是北京文联的，我们一起在北京文联开会，经常碰到马连良。因为我一直看戏嘛，所以跟马连良也很熟。接触比较少的是谭富英，看他演出也不多，他的几出拿手戏我都看了，但是没有直接交谈过。他的儿子叫谭元寿，我看戏的那时候还刚上台，现在也已经是老人了。

叶盛兰的兄弟叶盛章是演武丑的，他这个功夫深到什么程度呢？也有一个盛传的故事。他在上海，那个时候都是人力车，他在上海坐了人力车，一会儿从车上跳下来跟着车夫在后面走，车夫都不知道车上没有人了，一会儿又跳上去坐好了，车夫也不觉得车的重量有变化。别人看见了，就知道他是叶盛章，知道他的轻功很深，当时上海都盛传这件事情。当然我是没有见过，但是我看过他不少戏，我从上海时期就看他的戏，到了北京就更多了。

当时许多名角，都是非常了不起的。筱翠花，我没有写文章。筱翠花真实名字叫于连泉，演彩旦的，就是花旦里带有丑角的成分。《活捉》是于连泉最拿手的，就是阎惜娇死了以后，变成鬼魂，活捉张三郎。因为那时候禁演鬼戏，所以他基本上就不太演出了，本来年龄也不小了。后来开放了，中国戏剧家协会专门把他请出来，跟丑角第一的刘斌昆合作演《活捉张三郎》。

中间有一场叫"磨台角"，就是绕着桌子转，于连泉最大的特点是轻功好，蹻功，穿高底的靴，台步走得快，有风了，衣服轻轻地飘起来，他越走越快，刘斌昆演的张三郎也越走越快，张三郎躲，他就追，一圈一圈走，走得是轻飘飘的，真像鬼魂一样，让人觉得这个人不是在地上走路，是飘在云雾里一样。

然后轮到刘斌昆演绝技了，几次的变脸，本来是一个白面书生，转了几圈一亮相，脸已经变了颜色了，再转几圈以后，脸墨黑了，舌头都挂下来了。两个人在一起演，真是非常精彩。我也只看过这一次，因为鬼戏要开放，就专门让他们两位出来演过一次。

北方昆曲剧院有几位名家，侯少魁的父亲叫侯永魁，演《林冲夜奔》《武松打虎》《单刀会》都是绝活，那演得真是好。还有《千里送京娘》就是侯永魁演的赵匡胤。我的《春草集》里有一篇讲《千里送京娘》的文章，他们也特别称赞这篇文章。

北昆还有一位叫白云生，去世得早了。白云生文化水平很高，自己能写，他写的一本小册子，写得非常到位。因为别人不是这一行的，除了老行家看戏的，能够体会到他的许多表演上的奥妙，只有演员自己讲述才能讲得那么深。白云生能表达，文字也很通。他看了我的文章觉得非常满意，我们经常在一起。有一次他说，我多年没有演《错梦》了，找个机会我给你演一场。有一次在人民剧场正式演这出戏了，他事先就通知我，他们约我演出，我特别点要演这一出戏，希望你能够来看。这个角色就是演一种迷离彷徨、模模糊糊的梦境，哎呀演得逼真，就是似梦非梦，似真非真，真真假假，演得淋漓尽致。但是白云生可惜了，去世太早了。

白云生的老搭档是韩世昌，韩世昌演旦角的。1954年我到北京的时候，韩世昌年龄已经不小了，个子又高大，演花旦就很困难，但是他还想再演旦角，嗓音还可以，表演当然是一流的，但是又高又大的一个老年人演一个小姑娘就很难了。我看过他跟白云生演过好几次，有一次跟白云生一起演《游园惊梦》，当然从演出的水平来讲，都了不起的。

最早的老演员还有好多呢，侯喜瑞我看过他一次，侯喜瑞演曹操，人家称他"活曹操"。不仅看过他的戏，我还到侯喜瑞的家里去，我跟张庚同志一起去的，张庚当然是戏曲界的老前辈，是我们研究院的老人。我陪着他一起去看侯喜瑞。当时也很高兴，因为大家谈到专业上，都互相有共鸣，所以谈得非常高兴。

还有侯玉山，侯玉山最有名的是《钟馗嫁妹》。每年到阴历过年以前，就要组织演《钟馗嫁妹》。侯玉山的《钟馗嫁妹》是纯粹的北方的传统的《嫁妹》，跟厉慧良的《钟馗嫁妹》不一样，厉慧良《钟馗嫁妹》也演得好，场面漂亮极了。

厉慧良，他有一个班子叫厉家班，抗战时候在重庆演出。后来他到了天津，天津离北京很近，经常到北京来演出。他跟贺敬之、冯牧都很要好，我恰好跟冯牧特别熟，跟贺敬之也比较熟。我本来也一直看戏，厉慧良的戏我基本上都看过。"文革"前，他是文武老生，嗓音好，他能唱《清官册》这些纯粹的老生戏，同时呢，也能演纯粹的武生戏。

他最拿手的一出是《长坂坡》，一出是《钟馗嫁妹》，一出是《拿高登》。《拿高登》是架子花脸，《钟馗嫁妹》也是架子花脸，他武功好。他每一次到北京演出，一般会在人民剧场，总会事先就给我留好票了，电话告诉我，你的票我给你留着，你到剧场一问就可以拿到了。我是没有一次不去看的。

后来"文化大革命"，他被抓起来了，也是定了莫名其妙的罪名，一关就是十几年，整个"文化大革命"一直关在监狱里。他在监狱里还坚持练功，但是不能唱。所以后来嗓音就不行了，武功没有脱。"文革"结束以后，大家都盼望着他早点出来，大家都想方设法要把他从监狱里弄出来。莫须有的罪名，"四人帮"垮台了，这个冤案总该平反。最终给他昭雪出狱了，有一次冯牧告诉我说，慧良要来演出了，贺敬之也跟我讲慧良要来北京演出《长坂坡》。

《长坂坡》是一出大戏啊，厉慧良演赵云。他关在监狱里十多年，没有终止练功，一出狱以后马上演《长坂坡》，除了嗓音因为十多年不唱，沙了，其他的功夫一点没有丢。

演到中间一段，刘备、甘夫人、糜夫人都冲散了，赵云七进七出去救糜夫人，在一个土墙旁边看到糜夫人抱了阿斗。赵云就把糜夫人搀起来。糜夫人说，赵将军来了，阿斗有救了，我现在把阿斗交付给你，主公就这一点骨血，你一定要把他保护好。赵云说我一定保护好他，但是你也必须得跟着我走，因为听她的口气是她自己不走了。糜夫人已经受伤了，她说，我不能再拖累将军了，敌人千军万马，你还要带一个孩子，我走路也不能走了，你要带着我，怎么能战胜敌人啊，你只要把阿斗带走，我就非常感谢你了，我不能再拖累你了。赵云一再要她一起走，糜夫人就说，你看前面谁来了，赵云回身一转，糜夫人就投井了。

这一段最难表演，糜夫人投井，赵云回过来看到糜夫人投井了，连忙跨过来想抓住她。糜夫人帔衣被抓住了，人却跳到井里去了。这个动作叫"抓帔"，要是演不好的，一抓连里面的衣服也抓住了，她跳不下去，这就要引起场上喝倒彩了。但是厉慧良的演出，动作轻疾、节奏鲜明，每次都是博得场下满场彩声。

我也看过多次别人的演出，有的人就是弄不好，先把衣服脱好了，等赵云来抓住衣服，她就跳下去。人家一看就是假的，不像紧急危机中，一个是要投井，一个是要把她救出来。赵云演得非常利索，他抱了阿斗，糜夫人说你看前面，他转过身了，再一警觉，转回来，看见这面投井了。因为他离得远，就是虎跳，翻身过来抓她的。这个节奏要配合得严丝合缝，才能够显得真实，否则就不成样子了。

还有赵云保护刘备逃出来了，晚上在战场上休息，台中间是刘备和甘夫人，还有其他几个人，左边台口是赵云，一张圈椅，一杆枪插在椅子侧面，他自己打盹休息。忽然，一阵战鼓声响，你都想不到，这杆枪突如其来跳出来了，赵云在椅子上面一听见声音就转过身来，伸手接枪，然后回来就准备战斗。这个动作是太难了，如果光是一听战鼓手里拿了枪出来，就完全平常了，就不知道他怎么处理的，枪会自动跳出来了，赵云在打盹的时候一下转身接枪。这个动作干脆、利索、紧张，就像打仗的这种气氛。

厉慧良还有很多绝活，比如《拿高登》，出场的时候，锣鼓一响，出场口帘门一拉开，他是背朝着观众，一把这么大的扇子，贴在背上，一个脚提起来，一个脚站在台上，不断地转动腿，身子摆动，往前移，背后的扇子不断地扇，一直是半个圆场走到台口，才转过身来，面向观众，扇子"哗啦"一拉开来，一个亮相，这个动作总是博得全场彩声。每次都是这样，我看的次数多。后来,他不做这个动作了。我有次碰到他,我说,你原来的出场的动作,非常震惊人,为什么现在不这样做了?他说你怎么不明白,我跟你同年,我们这么大年龄了,一条腿从台门口走到台前,要多少力气啊。原来是年龄大了,演不动了,所以换一种表演方式,也很漂亮。

关良是一位老画家,画戏曲人物的老画家,我们两个一起去看厉慧良演出《长坂坡》。完了以后我们上台,跟厉慧良见面,关良送他一幅他演《拿高登》里的高登,厉慧良高兴得不得了。后来有一年春节,年初二,厉慧良带着他夫人来拜访我,他跟欧阳中石也是好朋友,他去看了欧阳中石以后到红庙看望我,我们还在一起拍了照。他还跟我讲,他说你要注意身体。他是身体很好,马上到上海去,准备春节演出,当时拍一部电视片,《程长庚》,他演米喜子,没有想到到上海以后,没有几天,报纸上登出来他去世了。原先他不知道自己有心脏病,心绞痛发作得厉害,他以为是老伤,就找治伤的药,因为他是武生,经常有伤,所以耽误了时间,后来感觉得不对了,马上送医院,半路上就去世了,没有能够挽救。我得到消息非常难过,写了一首挽诗:"霹雳惊雷报,伤心泪雨纷。从今长坂上,不见汉将军。"

昆曲的名家,俞振飞是当时小生中最权威的。当时昆曲的名旦叫张娴,张娴的丈夫就是周传瑛。周传瑛跟俞振飞是好朋友,俞振飞专演小生,很少演其他的戏。所以周传瑛后来就只演老生,不演小生了。因为周传瑛一演小生,那俞振飞就比不过他,为了大家互相照顾,他就放弃演小生。这是周贻白先生告诉我的,他说,可惜你没有看过周传瑛的小生,他说没有一个人能到达他这个境界。俞振飞也演得很好,俞振飞我看了他的很多小生戏,《贩马记》里面的小生赵宠惟妙惟肖的。

《贩马记》里有一段《写状》,赵宠帮桂枝写诉状,要去救她的父亲出来。赵宠跟桂枝是新婚,夫妻恩爱,他是故意装着,我要生气了,手在纱帽上"吧啦啦"一弹,声音非常清脆,从俞振飞的表演来讲是淋漓尽致,把一个书生气的那种动作表现得非常好。当时小生戏中,俞振飞是最好的一个角色,梅兰芳演桂枝,他演赵宠,那是最理想了。后来他不弹了,因为一般人不会这个动作,做不好,没有他弹得那么清脆,那么响,而且声音均匀。一般人就拍拍纱帽,那就不对了。

拍纱帽跟弹纱帽是两种内涵。拍纱帽,有点真动气了,弹纱帽是带着一种逗他夫人的意思,所以内涵不一样。尽管一个小动作,表现角色的内心,是不一样的。后来有些演员不懂这个道理,演到那里不会弹纱帽,就拍纱帽,其实这一拍就变成真生气了。

有一次在俞振飞家里,我问他,我说那样好的动作,你怎么后来不弹了呢?他说,哎呀,你不知道啊,现在的纱帽不对头了,现在是乌绒做的纱帽,我们以前那个是硬胎的纱帽,硬胎纱帽弹上去清脆,声音"吧啦啦",乌绒做的纱帽弹起来"噗噗噗",而且还弹出灰尘来。乌绒吸尘,一弹尘土也跟着出来了,声音是"噗噗噗"的,不清脆,所以我就放弃这个动作了。他说,现在因为做道具的水平不像原先的了。

还有个水袖的动作,他也不做了。他说,你不知道,现在做水袖的料子,不是原来的料子了,原来的料子弹性好,现在做的料子不对头了,软,没有弹性。我们演出的时候需要水袖有一定的弹性,才能够控制它,甩出去的时候笔直,要收回来呢一下就收回来了。现在软乎乎的东西,甩都甩不直,收回来又收不拢。所以有许多一般观众想象不到的,为什么没有这个了?其实是因为现在戏衣的衣料不如从前了,这些问题,我在书里没有顾得上写。

张娴临终的时候,躺在床上,她叫她的学生来给她唱昆曲,她听着学生唱戏,她自己动作,手有动作,慢慢的动作没有了,就故去了,这样的去世的。后来她的学生写了一本回忆她的书,请我给他的书题名。

京剧中的武旦关鹔鹴真是难得的,武功那么深,人那么豪爽,她丈夫是一位有名的老生演员,唱得真好,也是很早去世了。我到云南去,到昆明去的时候,关鹔鹴还专门给我演一场,她问我喜欢看什么戏,我说你方便,你愿意演什么都好。

关鹔鹴平时喜欢喝酒,口袋里都放着个酒瓶子。有一次我在甘肃兰州宾馆里吃饭时碰到她了,她也在兰州,口袋里又带了一瓶酒,一看我在,就把我抓过来一起同桌喝酒聊天。

后来呢，在云南昆明，有一次会演，这次会演处理得很不合适，请去参加演出的几个歌星，每人都二十万，结果关鹔鹴演一场戏没多少钱。她不是计较钱，你这种情况新闻界一公布，把她弄得太尴尬了，就这么个名演员都比不上一个普通的歌星唱个歌？据别人说她回去以后非常气愤，就喝酒，结果引起了心脏病发作，一下子去世了，非常可惜。本来她身体也好，年龄也不算很大。

《春草集》里有不少文章，当时启功先生看了都很称赞。启功先生也喜欢看京戏，他说你对京戏这么熟悉，分析得这么深刻，很难得。

六

中宣部写作组

1963年，中宣部成立写作组，当时林默涵同志让中宣部打电话给我们人民大学语文系，通知说调冯其庸到中宣部写作组报到。我们系里的领导，特别是那个总支书记，气量小、爱整人，自己做不了什么事，要写东西吧又写不成文章，要上课吧学生也不欢迎，就是整天拿党的政策来开会算他的业务。中宣部打电话给他以后，他就不告诉我，不让我去报到。

中宣部连续两次打了电话给系里，系里都不告诉我。后来林默涵同志着急了，怎么冯其庸不理我这个通知？他就打电话找我，那时候我家里没有电话，楼下有个电话房，有个管电话的人，他接到电话说要找冯其庸，他就在楼下对着我的窗口喊，冯其庸电话，我就下来了。我也不知道哪里来的电话，一接是林默涵同志打的，说，通知你来报到你怎么不来啊？我说，什么事啊？我不知道，没有人通知我。他说，怎么没有通知你啊？后来他说，你不要管，你准备好来报到，我马上再通知你们系里。

他又打电话给我们系主任何洛，何洛回答他说，这个冯其庸名利思想严重，不适合到你那里去。这是后来林默涵告诉我的。林默涵就说，那个容易，我们专门治这个病，你叫他来，保证回来就没有名利思想了，你现在就叫他来。毕竟他是中央宣传部，何洛也是延安过来的老同志，林默涵一打电话以后，何洛就不好再阻止我了。我去找何洛，说，刚才默涵同志来电话叫我去报到，那我怎么办？何洛说，默涵同志也给我来电话了，你去吧。我马上就到颐和园云松巢去报到，林默涵就说，你们系里也太不像话了，不让你来，还给你造一个名目，说你名利思想严重，我就告诉他我专治名利思想，所以叫他无论如何马上叫你来。他是当笑话告诉我的。

中宣部写作组是1963年上半年成立的，成员有林默涵、张光年、袁水拍、李希凡、李曙光、陈默、谢永旺和我。写作组是由林默涵和张光年领导的，有时周扬也来看看。

当时中央正在发表批判赫鲁晓夫修正主义的文章，后来简称"九评"（因为发到第九评，赫鲁晓夫就垮台了）。我们的任务是批判赫鲁晓夫的修正主义路线。我们都住在颐和园佛香阁旁边的"云松巢"，那是作家协会的休养所。大家都是星期一上班，星期六下午回家。

因为要批判赫鲁晓夫的修正主义文艺路线，所以我们经常要进城到中宣部看苏联的电影片子，还要读他们的剧本和小说。领导的安排是先看作品，再商量写作提纲，计划是每人分担一个专题，将来合成一起，由默涵和光年来统一成一篇巨文。

在"云松巢"的时候，有一天李希凡对我说，你的那篇批判封建道德的文章，写得很好，为什么不拿出去发表？不要搁着。正好这个时候，《新建设》杂志的编辑来找我，向我要文章。我就将这篇稿子给他了。想不到不到十天，杂志就送来了，一字未改。我当然很高兴。

更令人高兴的是，没有过几天，是个星期一的早晨，我先到颐和园，接着是谢永旺来了。他就对我说：老冯，告诉你一个好消息，你的文章毛主席看了，非常欣赏。详细情况，等会儿默涵来会告诉你的。果然，不到半小时，默涵来了。他就对我说：你跟我来，我就到他的房间里，他拿出一份《新建设》来，翻到我的那篇文章，上面批满了字。他说，你的这篇文章，毛主席看了，十分称赞，就叫康老（康生）去。那时中央正在写批判赫鲁晓夫的文章，写到第六评，想写关于"和平共处"的政策问题，正苦不知从何下手。毛主席看了我的文章问康生说：冯其庸的这篇文章你看了没有，赶快去看。他这篇文章里，说"忠""孝""节""义"这些封建道德的名词，都有复杂的内涵。譬如南宋的高宗，就希望大臣们都忠于他，可是当时的水泊梁山的结义英雄，聚义厅叫"忠义堂"，他们也提倡"忠"，但他们的"忠"是要弟兄们"忠"于水泊梁山的结义兄弟，去反对宋高宗的封建王朝。所以一个"忠"字，具有两种不同的，完全对立的内涵。现在我们要写关于"和平共处"的政策问题，也可用冯其庸这个分析方法，说明修正主义的"和平共处"的政策与马克思主义的"和平共处"的政策，词句是一样的，内容却是相反的。

康生听了主席的分析，回去就认真读了这篇文章，还加了不少称赞的话。他把杂志交给了周扬，周扬又转交给林默涵，默涵就把上述情况告诉我，并说你可以把杂志拿回去，把他（康生）的批语录下来，将原件交还给他（康生）。这个原件是周扬给他（林默涵）的，他（林默涵）还要还给周扬，最后还康生。

有一个星期天，我到国子监中国书店专家服务部看书。忽然阿英陪康生到国子监的专家服务部来了，阿英（钱杏村，五四时期的老作家）一进来看到我，就跟康生说，你要找的人就在这儿，康生说，谁啊？阿英说，你不是要找冯其庸吗？他就是冯其庸。康生一看，哦，那太好了，他叫我赶快到他这边来一起喝茶。他一口诸城话，山东诸城，我完全听不懂，阿英能听懂，大半都是阿英给我翻译的，康生就说，主席看了你的文章称赞得很，让我找你，我四处找你，打听了好多地方了，没有找到你，今天终于把你找到了。他想把我调到他的办公室去，帮他一起写文章。

他还说有一个电影《桃花扇》，那时候刚拍完，他说，你看了没有？我说我没有看。他说这是个妓女戏，你来写批判文章吧。我说，我都没有看过。他说，那没有关系，我叫他们给你专门放，放了你再写。我说我课程太重，我一个人担任三门课，实在分不出时间来。他就说，那慢慢再说吧，等你有空了再写吧。然后他说，这样，你过了暑假就到我那里去。他就写了他的电话交给我，说，到时候你给我打电话，我叫我的秘书把你接过来，叫大学另外安排课程。

另外他说，你的画很好，我知道，你帮我画幅画吧。我说，我不会画画，我知道康老您的书法非常好，求您写幅字吧。他说，那容易，我们交换，你给我画，我给你字。我当时也没有给他画，也不敢向他要字。我当时还不知道他后来是这么个人物，我本来就不太愿意跟高层的领导接触太多，所以我也没跟他再通电话。

我们在写作组，从1963年上半年，经过一个冬天，到1964年上半年，文章基本完成了。

这一段时间，我们真是尽情地享受到了颐和园之美。每到晚上闭园后，大家一起下山到长廊闲步，这时全园没一个游人，一片寂静。我们从长廊看昆明湖，看十七孔桥，看右边玉泉山的塔影，真是一幅画上的美景。但这种静境，一般游园的人哪能领会得到。

还有一次大雪，山上树上全是白雪。我们住在半山上，只见月亮明亮，大家就说到山冈上去看雪景，大家都赞成就一起往后山山岗上走，只见四周皎白，月光明如白昼，加上四周的雪景，真是令人观赏不已。当我们穿过树林时，惊动了树上的宿鸟，"扑棱棱"飞起，弄得我们大家满身是雪，大家不觉哈哈大笑，真觉当天的夜游，不输于东坡的《记承天寺夜游》。

还有一件事，是入冬以后，昆明湖上的冰愈结愈厚，我老是天不亮就听到湖面上"咚，咚，咚"的声音，大家不知道是什么声音。有一天我起了个大早，走到昆明湖边，只见湖上有人。因为冰已很厚，连拉柴的车都可以从冰上过了。我就向有人的地方走去，只见他们手里拿着棍子，只要看到冰下有鱼，就猛打一棍子，冰面就出现一个窟窿，冰下的鱼就被打晕了，翻了白，打鱼的人迅速把鱼拿上来，鱼还是活蹦乱跳的。我看他们一棍子一条鱼，准确得很。这就是我们每天清晨听到"咚""咚""咚"声音的来源。

等到进入严冬时期，冰上都可开汽车了，他们捞鱼又是另一个方法。在冰上挖一个长方形的桌面大的窟窿，然后在窟窿两边隔几尺凿一个小孔，将渔网从大窟窿里放下去，两边的绳子一个孔一个孔地往前拉，到前面又是一个长方形的大窟窿。渔网就从大窟窿里拉出来，往往是满满的一网鱼。这两种捕鱼方式，我是在颐和园的昆明湖上看到的。

到1964年的春天，我们的文章基本上已写成了，默涵和光年也已完成统一合成的任务。这时，中央的文章正发到第九评，赫鲁晓夫垮台了。苏联的政局全部改观了，所以中央就发到九评为止，不发下去了。因而我们的那篇文章一直没有发表，我们的写作组，到1964年的春末，也就结束了。

七

我与郭沫若先生

我跟郭沫若先生的交往,可能是1961年开始的,起因是什么呢?郭老写了一篇有关《再生缘》的文章,我们的弹词有个故事叫《再生缘》,这个《再生缘》是非常有名的,郭老的评价非常高,说它是中国最长的长诗。

郭老认为《再生缘》的作者是陈端生,也就是陈云贞。云是天上云彩的云,贞洁的贞,端是端端正正的端,生是先生的生。他发表的一篇文章里就提到,他认为《再生缘》的作者就是陈端生,但是无法找到这个人的资料。他说他相信学术界总有人掌握陈端生的资料的,我一看郭老这篇文章,就想到我手里就有陈端生的文章,而且有好多种。

我在抗战失学以后,在家里自学,不知从哪里得到一本手抄本,这本手抄本的毛笔字写得漂亮极了。当时引起我注意的是这个书法,因为我从小就练字,我看到这个书法太漂亮了。仔细读后,原来是一封信,题目叫《寄外书》,陈云贞的《寄外书》。古代妻子称丈夫是外,有时叫外子,丈夫称妻子是内子,《寄外书》呢就是寄给丈夫的信。当时我一边练书法一边读这封信,这篇文章太漂亮了,我读到能背得出来,后面还附了几首七言律诗,我也都能背得出来。

我就告诉我当时的同事罗鬠渔。他是人民大学一位老同志,四川人,抗战时候他跟郭老在一起，我就找了这位老同志，我说，郭老说找不到陈云贞的资料，我这里就有这个资料。

他一听高兴得很，他很快就告诉了郭老。郭老马上就派他的秘书来找我，恰好我那天不在家，郭老秘书就给我留了个条，说，郭老急着要跟你见面，希望你看到条以后到郭老家来。我一看就知道是为了陈云贞的事，我就带着陈云贞的《寄外书》，还有我掌握的其他的一些有关陈云贞的史料，到了郭老的家里。

到了郭老家，刚好遇上他跟德国的友人在会客室里谈话。我一看他有事，我就在传达室给他的秘书讲，我说郭老有事，他要的资料我给他带来了，我放在这儿了，我就先回去了，你跟郭老说一声。结果他的秘书跟郭老一说呢，郭老说，不不不，一定留下来，我要跟他见面，说这个德国朋友马上就走了，我的谈话马上结束。果然，没有几分钟，郭老亲自送那个德国朋友走了，到了门口，一看我在传达室，马上高兴地说，来来，咱们一起进去。进去以后，也不到会客室了，到书房去，他书房也不太大，一排几个书架，放满了书，我们坐下来，我坐在他的对面。

郭老说，以前也看过你不少文章，你的文章写得很好，罗鬐渔带来的一部分资料，我都看了，太好了，这个解决了我的很多问题。

我说我还有一些想法，我觉得现在的资料还不足以证实陈端生就是《再生缘》的作者。我当时提了好几个问题，我现在一下想不起来了。虽然我跟郭老是第一次见面，但是讨论学问嘛，就一定要实事求是。郭老听了我提出来的好几个问题，他说你提的问题有道理，但是我都会解决。陈云贞就是陈端生，就是《再生缘》的作者，不会有问题。

当时陈云贞的丈夫是因为"科场案"被发配到东北宁古塔，其实他没有作弊，是被诬陷进去的。所以陈云贞的《寄外书》就是寄给她丈夫的信。这封信也写得非常漂亮，我当时从头至尾都能背下来，跟郭老见面的时候我还可以背得出来，后面的诗我也能背好多首。郭老说这个《寄外书》和后面的诗，都是后人模仿的，真正的《寄外书》有，是另外一本书上的一封短信。要说原来我读得很熟的那个《寄外书》，包括后面的几首诗，都是

四　历史剧争论和戏曲会演

伪造的，我觉得还没有非常充分的证据。因为妻子寄给丈夫的信不可能这么多年就这么一封，有一封长的有一封短的，这个不是不可能的事。当然后来也没有再跟郭老讨论。

郭老是一个做学问的人，很真诚，也很坦率，也很天真，经常写完一篇文章就告诉我说，我又写完一篇文章了，明天《光明日报》发表，你帮我看看有什么意见。有一次，他从德国回来，在飞机上写了一篇文章，下飞机一到家就给我来了封信，我在飞机上写成了一篇文章，过几天《光明日报》就发表了，你看看有什么意见告诉我。

郭老写给我的信不少，一共有十几封吧，有一次还写了一封很长的信。但是"文化大革命"时候抄我家的时候全抄走了，尤其那封长信，那个字写得真漂亮，好像是三页还是四页。我看到造反派学生把它翻阅了以后，大家传，大家模仿学习。郭老给我的信全抄走了，就剩下一个信皮和一封简单的一页的信纸没有拿走。

等到后来，记得是20世纪80年代，天津一位朋友叫魏子晨，他发现天津有个人手里有几封郭沫若写给我的信，就告诉我，他说，我先给你复印回来，他就给了我复印件。过了一段时间，他说我帮你做做工作，这个应该归还给你。最后他就告诉我说，这个人同意了，一共四封信，在他手里的，可以归还给你，但是不愿意说名字。后来我就明白了，应该就是当年抄我家的人，他不愿意再说自己的名字了。他愿意还我，我当然很感谢，还给我保留了郭老这几封信，也保留了一份文献。

后来在太原发现一家文物商店里有一封郭老写给我的信，人家拍了个照片问我是不是，我一看没有问题。那时候要我拿一万块钱去买。我说我哪拿得出来一万块钱，我说有你这张照片就可以了，因为这个文字内容全有了，后来我也没有去买。

最让我感动的是，"文革"开始，我已经挨批斗了。人大的一些造反派到郭老那里去，要郭老写字。那个时候都是无法无天的。郭老一看这些人来了，当然也不好不写，因为郭老也很危险，那个时候要不是周总理想尽办法保护，他也会被弄去批斗的。郭老的儿子就牺牲了，他的女儿在人民

141

大学读书，叫郭平英。所以郭老就给他们写了字。因为那些是人民大学的人，他就说，你们认识冯其庸吗？那个人就说，认识，认识，是我们中文系的，我也是中文系的。郭老就说，那你帮我问候他。他们已经告诉郭老我在挨批斗了，郭老还叫他问候我。后来那个中文系的人回来告诉我，我很感动。实际上郭老是给我一个安慰，示意我一定要渡过这个难关，因为不能多讲。所以我心里一直记着这个事情。但是后来到郭老去世我们也没有再见面。

1975年我们成立了《红楼梦》校订组，我们校订组里有两个青年人，以我的名义，加上他们两个人的名义，给郭老写了封信，就问郭老，郑州博物馆的曹雪芹画像，他认为是真的还是假的？

那时候我已经去郑州看过了，我回来讲，郑州博物馆的曹雪芹画像不可靠，有很多修改的地方。我认为这原来是一张旧的人物画，是折叠的，对开的，展开了两个四方的，一边是画像一边是题的诗。我说这个画像头部、颈部都有改的痕迹。改的头部是把原来的画像的面孔改得稍微宽了一点，本来瘦一点的，衣服的领子跟脖子也不合拍，不像原来一手画下来的，也有修改的痕迹。所以我认为这张画，不是真正曹雪芹的画像，是后来人利用别人的肖像画，改动了一下。这个像本身没有写名字，题的诗也没有写画像人的名字，在画像的左边有一块空白，现在看到的是明确的题字了，就写"曹雪芹"。这些我觉得都有疑问，我回来一说这个事，这两个人就连同我的名义写给郭老一封信，请教这个问题。

郭老回的信非常爽快，他说，冯其庸同志，对于这个画像，我也是个怀疑派，这个画像本身不是曹雪芹的，是另外一个人的画像改的。

他还提到题诗人尹望山。他说尹望山有诗集，诗集名字叫《壶山诗草》。壶像茶壶的壶，茶壶的壶下面亚字没有一横，壶字是亚字有一横的，就差这么一笔，没有这一笔就是茶壶的壶，加了一笔就是壸，读 kūn。尹望山的诗集，里面还会有他的诗，这样就知道究竟画的是谁了。这个信大概是这个意思，总之郭老认为这个画像不是真的曹雪芹的，他说我跟你们是一样的想法。

之后我又到郑州去，反复仔细地看。除了在郑州博物馆看，我在宾馆里住了以后，还想再看，他们又拿到我住的郑州的宾馆里，我又仔细看，反复看，都是非常明显的改动痕迹。郑州博物馆的馆长来看我，他是鉴定家，同意我的意见，他说，我们也怀疑是造假，但是没有你看得那么仔细，你指出来的几点，都是很有说服力的。

因为历史记载，曹雪芹"头广，色黑"，就是脸孔胖胖的，皮肤很黑。这张画看得出来，原来是瘦长脸，外面扩大了一圈，变成圆脸了，脸上也带一种灰乎乎的颜色。有人认为这是后来返铅的颜色，可是画人的皮肤用的是非常清淡的赭石，不可能有返铅。

到后来，郑州博物馆认认真真地做了调查，连卖给郑州博物馆这幅画像的人都找到了。卖的人自己承认了，是他造的假，他和其他两个人一起想出来的主意，就把这张老画改成曹雪芹了，本来想改成袁枚的，但是觉得袁枚的名气太大，大家都知道，曹雪芹没有资料，查也查不出根据来，就改成曹雪芹了，旁边的题记，是另外一个人编的几句话，也是这个人写的。后来把这个人写的其他的字都拿来对，笔迹完全一模一样。一共卖了几块钱，他们怎么分的，都说出来了。我在《曹雪芹家世考》最后一章把这些原始材料都记录下来了。

但是有人一口咬定，这画像绝对是真的，题记也是好得不得了的文章，只有曹雪芹能写得出来，不可能是假的，还说上海文物局局长方行也跟他一起看了，也认为绝对是真的。

后来我到上海去，方行请我吃饭，我问他这个事，他说哪有这个事，那是胡编的，我都不知道有这个画像的事。现在方行也不在了，我不愿意再争论，我就只是在我相关的文章里提出来，我说这张画不可靠。

后来这幅画像拿到北京做了一次鉴定，郑州博物馆的馆长和有关人员都来了，红学界的很多人也来了，还有原来瀚海拍卖行的总经理秦公也来参加了这个鉴定。鉴定的结果，没有一个人认为是真的。而且秦公有个贡献，他说这幅画像旁边题的字，这是一个习惯用钢笔，用现代的写法写字的人写的毛笔字，完全是用钢笔写字的架势，不像是纯粹用毛笔写的味道。

秦公的这个看法还是很准的，因为这个人是现代人，他用毛笔也写，用钢笔也写，学的都是现代人的写法。不像我们小时候，从小就是学古人的写法，不沾染现代人的习气，那题字上现代人的习气很多。这张画像经过鉴定，大家一致认为是造假，连徐邦达也认为这个是造假的。徐邦达在鉴定界最权威。

五
三年大饥荒

一

回乡见闻

　　三年困难时期，全国大饥荒，情况非常严重。正在这时我家里来信说我母亲病危，刚好是春节前后，放寒假，我一听这个情况，就急急忙忙赶回去了。

　　北京当时也很困难。北京吃饭买粮食都要用粮票，限定了给你多少。吃的东西都很艰苦啊，实在没有荤菜吃，隔一段时候，就到张自忠路往前那个十字路口有个菜馆，可能是内蒙古来办的，那里可以吃到黄羊肉，就是草原上野生的黄羊，打了野生的黄羊拿到这里来卖。所以隔一段时间，我跟我爱人夏老师一起到那里吃一次饭，可以吃一次黄羊肉。

　　我也听家里人讲过，说农村没有粮食吃，好多农民肚子里都有蛔虫，为什么呢？就是因为没有粮食吃，什么都吃，不卫生的东西也都吃进去了，很多人都被蛔虫穿破了肠胃死了。我知道了这个情况，就带了一些驱蛔灵，我也在北京买了一点面粉和大米，带着回家。我知道家乡很困难。

　　我从北京回老家的时候，乘火车到了无锡，要乘轮船去老家。一般轮船都是傍晚开，所以等到上了轮船，天已经黑了，大家都看不大清楚了，我也多年不回去，他们也不认识我了。我听着轮船里有人在讲，说现在太难了，日子太苦了，这样下去还能活多长时间啊？有的人说，现在的政府比东洋鬼子还要狠,所谓东洋鬼子就是日本鬼子。还有人说,怎么有这样征粮的?征得老百姓都没有粮食吃了。老百姓是自然地讲话,他不是有意要攻击什么,这些话我都听在耳朵里。后来因为轮船比较慢,时间要两三个小时,有人认出我来了。我小名叫三男,说,你是三男吧,我说是,他们就说,你回来了,咱们家乡可不得了,太苦了,都活不成了。

我到家一看,我母亲病得非常严重,医生也说不出来究竟是什么病,人瘦得已经不行了。我回去的第二天,突如其来,我母亲嘴里蹿出来一条大蛔虫,我就明白了她也是受蛔虫的影响。我就马上把驱蛔灵给她吃,吃了驱蛔灵以后,很快,就大便出来了很多蛔虫,连续大便了好多次。那个驱蛔灵效力很高,经过两三天以后,把蛔虫全部打死了,母亲的症状马上好转了。我母亲就喝这个米汤,喝了一段时间才能吃稍微干一点的稀粥,然后吃点米饭。我带了点面粉和大米回去的,当时老家都没有吃的。

我回家探亲之前,人民大学党委会开过一次全校的党员大会,传达了中央的一个指示,就是说,党员回家一定要把看到的真实情况向组织汇报。我就把它作为一个组织的规定、要求来做。

我看到我母亲慢慢好转起来,我也走访了左右的邻居,也到整个村子看看。我家右边的一个邻居叫冯兆泉,是我叔父的一辈,他满面胡子,躺在一张破旧的躺椅上面,身上盖一个麻袋片。我去看他,我叫他一声叔叔,他说,哎呀,你还来看我,我是没有几天了,已经不行了,他说我是再也经不起饿了,什么吃的也没有。说完这几句话,他也说不动了,后来真是等我回北京没几天,他就去世了,就是活活饿死的。

我家左边的一个邻居叫寿康,是我的堂兄,他母亲在我回去之前就去世了,是老百姓说的那种无疾而终,没什么病就死了,实际上就是饿死了,没有东西吃,长期坚持下去就是自然而然的死亡,她白天还起来呢,到晚上睡觉以后,再也没起来,就像一盏灯一样熄灭了。

但是有一个现象,农村干部,肚子都吃得大大的,走路那么摇晃摇晃的。我一看就心里很不舒服,一个共产党的地方干部,怎么跟老百姓完全不一样呢?

后来我就问大家，是什么原因造成这种局面的？他们讲得非常明白，他们说党中央毛主席是好的，没有任何问题，问题就出在底下的干部，为什么呢？地方干部为了表示自己的成绩，就虚报产量，一亩地本来产300斤，他就报1000斤，报1000斤呢，政府征收粮食的政策是按照你的产量收百分之多少，你虚报了那么多啊，老百姓产出来的全交了都还不够。他们说，我们好不容易打出来点粮食，全交公粮还不够，我们怎么能活啊？时间连续三年啊，村子里已经饿死了好几个人了。

我问他们，为什么不贯彻"六十条"？当时有一个农村政策叫《农业六十条》[①]。他说"六十条"有什么用啊，都掌握在干部手里，他念给你听一听，听完了你哪记得住那么多，他就算贯彻过了。邓季方，就是小时候经常给我送南瓜的那个邓季方，他也说，六十条，七十条也没有用，地方干部根本不按照中央的要求办事，你看那些干部，谁家也没有饿肚子，更不可能饿死，饿死的都是普通百姓，干部都是好好的，他们的家里都还有存粮的。所以他对共产党非常失望。

我的堂兄寿康告诉我，他为了换粮食，都是徒步走的，跑到很远的邻县去。但是这个很难，要拿一些比较有价值的东西，好容易换到几升米，最多是一斗米，那就不得了了，夜里还不敢走，怕路上被别人抢劫，只能自己找个火车站，火车站的候车室比较安全一点，就在那里过一夜，等天大亮了，再背着换到的一点粮食，慢慢走回家来。这个粮食拿回来以后要掺和着别的东西吃，否则吃光了就没有了。

我在家待了有半个多月吧，眼看着我母亲慢慢好起来了，到后来我母亲能起来走路了，也能吃饭了。我母亲就对我说，你公家的事情多，你不能老在家里，你还是回去吧，这次你回来了，将来我就是最后老了，你不回来我也没有遗憾。

但是母亲嘱咐我几件事。第一件事，因为我大哥到香港做生意去了。我每个月把工资的一大半寄给我母亲维持生活。我二哥那时候在江阴教

[①] 1961年3月22日，中央工作会议通过的《农村人民公社工作条例（草案）》，文件共10章60条，故简称《农业六十条》。

书，他的家在那边，老家就只有我母亲、我大嫂和几个侄子，那都要有人抚养啊。

我大哥为什么要到香港去呢？抗日战争时期，林少川从香港流浪过来，沿途乞讨，流落到我们老家前洲镇，到了我们家门口，我母亲看他年龄不小了，衣衫褴褛，面目憔悴。我母亲和大哥商量一下，说他也是老人了，怎么能再流浪呢？我们不管怎么困难，勉强一天能吃一点东西，就留着他吧，就把林少川留下来了。

林少川特别感激，他说，他本来是很有钱的，因为香港被日本鬼子占领了，他就跑到大陆来了，带的钱全部用光了，什么也没有了，要是我们不收留他，他也不知道能再存活多少时间。等到抗战胜利以后，林少川就回香港了，他是做船舶生意的，有轮船公司，他的财产基本上都收回来了。林少川就告诉我大哥，干脆你到我的船舶公司工作吧，不要再回去了，内地"镇反""肃反"，你参加过国民党，说也说不清楚。所以我大哥就留在了香港，在林少川的轮船公司工作。林少川还经常给我写信，告诉我，我大哥在那里挺好，没有什么问题，你放心好了，你有时间，愿意来也可以来。我那个时候已经在无锡市第一女中工作了，只是通通信知道知道情况。

当时政治第一啊，北京"左"得要命，知道我每月寄钱回家给我母亲，所以支部开会，说我包庇反革命家属，总要批判我。尤其"文化大革命"期间是完全不顾一切了，每次批判都要提到这个事，家里也知道。但是我母亲说，我什么时候反革命了？我只是一个农民，从你大嫂嫁过来，有这些孩子以后，一直是种地的，没有做别的事，不管他们怎么说，我只能跟你大嫂和你侄子一起吃饭，我不能一个人吃饱了，让他们饿死。不管你在那里受多少批判，我不能让他们饿死。我当然答应了。

第二件事呢，她说，我为了抚养你们，向邻居阿月借了钱。阿月原来是上海工厂的工人，她每个月拿了工资，都寄到家里积攒下来。我们当时已经走投无路了，亲戚朋友都借过钱了，无法再开口了，所以向阿月借了钱，养活我们。那时候都是高利贷，翻几个身的利息。她就说，现在解放了，不准有高利贷了，但是当初我养活你们的时候，如果没有这个高利贷，你们根本就成长不了，所以你不能因为解放了，就不顾原来的情况了，你还要根据原来的情况，给我把债务都还清。我也答应了，我说我一定照你的嘱咐办，该还的，我完完整整地都照你当年借款的约定还清楚。

她给我说，你只要给我把这几件事做好了，我死了，你不回来，我也没有遗憾了，知道你工作很忙。我觉得母亲的嘱咐都是合情合理的，我说，不管他们怎么样批判，他们不了解情况，我还照样寄钱回来。"文革"期间我遭到批判，监禁着，我爱人就帮我寄钱到家里，不能让他们知道，偷偷地出去寄了。有时候我也没钱了，有几次我记得，实在很困难了，我爱人就把家里的皮帽子、皮大衣和其他的值点钱的东西打了包裹寄回去，叫他们卖了，过日子。

还有一次，我二哥的女儿来信，说她要上学，交不起学费，希望我无论如何要帮忙，寄钱给她们。我二哥为什么那个情况呢？因为在国民党时期，要么参加国民党，要么参加三青团，普通的纯粹种地的老百姓当然可以不参与这些，但是你要稍微在外面做点工作都得这样，所以我二哥参加过三青团。由于这个原因，解放以后，本来他是小学教师，也不让他当小学教师了，就没有收入了，但是孩子到学龄了要上学啊，所以写信给我。我也没有办法了，值钱的东西都没有了，所以我把最喜欢的一些书，如吕思勉编的《两晋南北朝史》两册，还有其他一些当时比较少的书，能卖得出钱的我都卖掉了，寄钱给我侄女们交学费。

我回家看到农村这种凄凉的情况，因为组织上不是有嘱咐吗，要向党反映，这个反映也不可能口头去讲啊，我就写了一篇报告，叫《回乡见闻》，我从在船里听到的，自己母亲的情况，邻居的情况，《农业六十条》贯彻的情况，统统都讲了，一件一件都讲了。我当时向党组织汇报，也没有留底稿。我送到人民大学党委会，当时人民大学党委会看到这样生动的调查报告，还表扬我，说冯其庸敢于向党反映真实的情况，人民大学党委会还把我的报告送到北京市委，北京市委还专门表扬了我，说冯其庸这个报告写得很好，很真实。

但是到了"文化大革命"了，就把我这个报告当成反党、反社会主义的罪状,在语文系的广场上要批判我,要我认罪,要定我是反党、反社会主义的"三反分子"。当时我就跟军宣队①讲,我向组织交了这篇文章以后,再也没有过问这个事,要我认罪,总应该让我再看看这篇文章吧!我说我当时也没有发表,我是交给组织的,我怎么反党啊,我要反党反而把自己的反党材料交给党组织吗?

军宣队还比较理智,说那没有问题,我们给你找出这篇文章来,你看一看再说吧。军宣队就给我找了这篇文章,我一读这篇文章,心里就完全有底了,我连忙抄了一份,原件还得还他们呢。我这篇文章里讲,我的家乡是鱼米之乡,关键问题是中央定的"六十条"的政策没有执行,干部们没有按照中央政策办事,虚报产量,造成这种悲惨的现象,所以老百姓对党中央和毛主席是信任的,只要政策调整,很快就会解决这个问题的。

在广场上批判的时候,我提出来,你们要我低头认罪,我说我现在看了我自己写的《回乡见闻》,第一,我是交给党组织的,不是去外面传播散发,没有听说自己给党组织交反党材料的。第二,你们认为我说的情况都是诬蔑党的,那你们跟我一起到我老家去做调查,开农民大会,你把我的调查报告念给老百姓听,念给我村子上的老百姓听,让他们听听我讲的是谎言还是事实,如果你们不能到我老家去调查,面对老百姓,我今天也不能认罪,我说我没有什么罪。这么一来呢,没一个人愿意跟着我到老家去调查,最后,这次批判就不了了之,但是我还是被作为打倒的对象,监禁着。

当时他们硬要把我的成分改了,我说你们有这个权力吗?土改时候给我定的成分,现在中央有文件可以让你们改我的成分吗?我当时分到一亩五分地和一间房子,这个是什么成分?大家知道土改的时候,中农以上的人分不到土地,只有中农以下,就是下中农、贫雇农才有可能分到土地,我属于下中农,否则不可能分到土地。

后来,由于这几年出我的文集,我意外地从好多旧的文章里,找到了我当年抄出来的这篇《回乡见闻》,因为这篇文章引起了我家庭的悲剧,我

---

① 军宣队是解放军毛泽东思想宣传队的简称。北京市革委会规定,宣传队的最高领导为指挥和政委,指挥由工宣队出,政委由军宣队出,宣传队由政委负总责。

就把它收到我的文集里了，同时我又写了一篇文章，叫《重读〈回乡见闻〉》，回忆"文革"期间那种无人道的情形，这是关于《回乡见闻》的事情。

到1965年的冬天，年底，我就接到我母亲叫我大嫂写的一封信，告诉我，那些高利贷全部还清了。我母亲还说：从此以后就是我不在了，我也心里愉快了，再不欠人家了，而且要感谢当时最困难的时候，人家借钱给我们，让我们能够度过困难。我觉得我母亲讲的这些话是合情合理的，那个时候连高利贷都借不着，人家肯借给你钱已经不得了了。所以我也觉得，我终于给家里把这个负担全部还掉了，我心里也很高兴。

现在，我的家乡应该就是《回乡见闻》里预见到的，我说我的家乡是鱼米之乡，只要政策落实，干部能够贯彻党的政策，我的家乡肯定会富裕起来的，现在成为全国有名的富裕地区了，村子的房子都翻造了好几次，我回家真正都不认识了。我们村子，冯巷40多户人家都拆掉旧房子重新盖了新房子，过了几年更富裕了，觉得刚盖好的房子不够满意了，还没有旧呢，又拆掉重盖。我的侄子来看我北京的这个房子，说他们的房子比我这个房子好得多。

二

"四清"

1964年10月份，开始了一个新的运动，就是"四清"运动。当时中央提出来，就是中国的农村都已经不在共产党手里了，要赶快进行清理，让政策贯彻下去。实际上当时的估计也是不符合事实的。

农村在三年大饥荒的时候，确实是干部问题很大，"四清"时候，已经到了1964年了，经过三年饥荒的调整以后，农村正在好转过来。但是，中央又估计得不符合实际情况，派大量的干部下去，贯彻中央的政策。当时雷厉风行啊，我们人民大学的语文系被派到陕西长安县。

当时"四清"的通报是非常严厉的。我们10月份下去的时候，有的地方已经很寒冷了，因为一条河没有桥，只能光着腿从河水里蹚过去，有一个老干部年龄大了，同去的人都照顾他，就说，你不要光着腿从水里蹚过去了。你禁不起，我们背着你过去吧。这个消息一传出去，上面就下令开除这个人的党籍，说共产党员连水都不敢下？其实这有点不近人情了，不是他自己让别人抬着他，是大家觉得他年龄大了，冰凉的水光着腿过去，对他身体不合适，大家就背着他过去了，不让他的腿在水里走，这是大家的意思。上面不问这个情理，就这么下一道命令，这个处分下来，所有的"四清"工作队都看到了，大家都紧张得不得了。

"四清"前的全家福　左起：夏菉涓、冯幽若、冯其庸、冯燕若　1964年

我被派到长安县的王曲公社。学校总部也在王曲。我工作和住的地方叫南堡寨，要跟农民同吃同住同劳动，这个我不怕，我本身是劳动人民出身，本来就吃得苦，跟农民一起吃住没有问题。

南堡寨是黄土高原，从平地上去，等于爬山要爬得很高，几层楼那么高。都是打的井，很深的井，用那个绞绳提水上来，这也不难，只要有水。最主要的问题是他们没有厕所，那大便到哪里去呢？到猪圈里。猪圈里养着猪，还有猪食槽，猪圈里整个都是污泥和猪粪，怎么踩得下去啊？但是刚到农村，再加上过河那件事情，大家都很紧张，不敢马虎。所以我也没有办法，后来我想了个办法，找了几块砖，铺在那个猪圈里，就垫得高高的，脚不踩在猪粪里，蹲在垒起来的砖上面解大便。一解大便猪就来吃，弄得我紧张得不得了。

老百姓还是通情达理的，他说，我们都不到那里解大便的，他就领我到一个长着杂草乱树的地方，他说随便大便就行了，这里都是荒野，谁来管啊？！老百姓带着我们去的，这样放松了一点，否则每天都不好过啊。

在陕西终南山下马河滩"四清" 1964年

　　我在那里待了有一个多月,组织上又把我派到马河滩。马河滩在终南山的底下,离王曲有一段路,隔开一条大河叫滈河,老百姓又称这条河叫湘子河。为什么叫湘子河呢?传说韩湘子就是在终南山下的湘子河得道成仙的,所以又称这条河叫湘子河。河面很宽,但是水很少,所以平时过河,不用从桥上走,在河底下走就行了,一跨就过去了。这个地方为什么叫马河滩呢?就是因为秦始皇的老祖宗还没有发迹的时候,就在这个地方牧马,所以很宽阔的湘子河边上有大片的适合长草的地,现在长着些荒草。

　　我是"四清"工作队的地区工作队的副队长,当地的干部是队长。当时是服从组织分配,反正组织上叫你到哪里去,你就到哪里去,我就到马河滩。当天去的时候已经黄昏了,到终南山已经黑乎乎的了。

　　他们安排我到贫农张宝财家,同吃同住同劳动,他家里腾出一个炕。冬天10月份已经冷了,要烧炕了,我们南方从来没有住过这个,在北京也不住炕。但是这边是住炕,他每天都事先给我烧好炕,他们有经验。

　　按照当时的政策,到了那个地方,第一步就是把所有的原来的干部全部打倒，就是"靠边站"。我去了以后，地方干部跟我还比较协调，一个叫高生昌，是副职，就是副队长，还有一个正队长，但是我一下想不起来他的名字了，他的样子我还记得清清楚楚，这两位都跟我关系特别好，我们三个人一起比较协调。

这是一个穷困得不得了的山村，大家一样的贫困，怎么贪污？我们一了解情况，就跟当地干部商量，不能死搬上面的政策，宣布他们全被打倒，这个太冤枉人了。我们应该按照实际情况办事，向他们说明，"四清"工作队是来帮助你们贯彻中央的政策，哪些地方有困难，需要解决的，我们给你们反映。按照中央政策，大队的事情由新派去的领导，就是"四清"工作组的组长和副组长来代管，地方干部熟悉当地的情况，在旁边指点。当地干部非常高兴，因为原来都是一下宣布被打倒了，我们没有这样做，当时就得到村子里许多老百姓包括那些干部极好的反映。他们说，我们碰到好人了，别的村子一下就被打倒了，不管有罪没罪就宣布被打倒。

当地生产产量很低，因为是盐碱地，地下没有几层土，全是石块，根本种不了什么东西。当地的老百姓每年靠返销粮，就是政府发回来的粮食才能过，一到春节以后，基本上就没有多少东西可吃了，秋天有点收获，收的最多能够过到春节，春节以后就是荒年了，就全是靠吃返销粮了。

我们在那里，跟农民是真正的同吃同住同劳动。平时跟农民一起在地里干活，该开会的时候大家一起开会。我们规定要跟贫下中农同吃同住同劳动，所以我们都在农民家里吃饭，后来农民根本做不出来饭了。我们把这个情况向上反映了以后，就让"四清"干部自己做饭，由政府发给面粉、大米。农民吃返销粮，也是由"四清"工作队向上反映了以后，实事求是地，把粮食发下来。

实际上我们在那里工作了将近一年，1964年10月下去的。到了旧历年的春节，过年，我们就在宝鸡集中，大家交流经验，听中央政策。那时候是胡耀邦同志来，胡耀邦同志就给"四清"工作队做报告，主要就是嘱咐大家要抓大的事情，看有没有贯彻党的政策，当地干部是不是按照党的政策办事，要抓大事，不要抓鸡毛蒜皮的小事。鸡毛蒜皮的小事是什么呢？

有的"四清"工作队一去，就整哪个干部跟哪个女的好啊，搞男女关系啊。耀邦同志讲话非常有意思，什么男女关系，男女本来就有关系，用不着你们整，你们整的是他们有没有按照政策办事，说得大家哄堂大笑。

春节过完了，我又回到马河滩，继续进行工作，实际上这个工作没有多少内容，因为马河滩很贫困，没什么事。当地老百姓还有一个普遍的病，就是大脖子病，就是缺碘，他们饮用的水缺碘。

终南山有很多狼，每天天黑以后，狼就下来了，我们在那里也非常紧张，天晚了就不敢出门。狼下来的时候有个特征，狼狡猾，它装狗叫，大家一听这种狗叫的声音，就知道是狼来了。我那个房东张宝财，小时候被狼咬过，狼有个规律，第一口咬人的时候不管咬着什么地方，叼着就走，等到走得远了，再放下来咬第二口，第二口一定咬人的喉管，一口就把喉管咬断，咬死了。当时狼第一口咬在张宝财背上，咬了就走，幸亏当地老百姓有经验，拼命地追。追到狼身边了，狼只好放下人逃走了。张宝财就是这样被救下来的，他背上还有很深的狼的牙齿印。狼把孩子咬走以后，不能疏忽，不能怕，拿好棍子拼命追，追得它喘不过气来，就会放下来，跑了，那孩子就可以救活，如果你不紧追，狼走得远了，咬第二口，这孩子就一定会被咬死了。

当地老百姓嘱咐我们说，狼就怕棍子，还怕灯火，白天如果你拿根棍子它就不敢来。我们在那里，白天要与农民一起劳动，晚上有时候要开会。晚上开会时，每人手里拿一根棍子，每人手里提一盏灯，只要有灯有棍子，即使狼来，也不敢碰你。

当地老百姓还有一个嘱咐，在夜里出去的时候，如果背后有人拍你的背，你千万不能回头。因为狼夜里咬人，它是悄悄来的，两只脚先从背后往你肩膀上一搭，不知道的，还以为有熟人呢，就回头看了，它一口正好咬你的脖子，就完了。所以老乡就关照我们，晚上出去第一要拿根棍子，第二要拿盏灯，第三感觉背后有人搭你背的时候，你要马上一棍子打过去，不能回头。他们当地有个习惯，就是从来不从背后去拍人家的背。这个要是搞不清楚，就会按习惯一棍子打过去，如果是人，不是就打坏了嘛，所以当地都有这个特点，我们在那里也适应了。

三

考察古迹

"四清"的时候,对我来说有特别重大的意义,为什么呢?从1954年我到北京以后,就再没有机会到外面去调查。我自己一直有这个想法,我认为一切讨论古代的文化历史的问题,最好是做实地调查。因为有许多遗迹都还存在。可是我没有机会出去实地调查。这次派我到陕西去,我觉得太理想了,因为陕西是中国文化最主要的地区,尤其是唐代文化,周秦汉唐有很多遗迹都在陕西,到了陕西那个地区,自然而然会接触到很多古代的东西,所以我觉得这是个意外的收获。

尽管生活很艰苦,还是有星期天的,另外也有节假日,我就利用节假日去调查。长安附近的周秦汉唐的文化遗址,基本上我都调查遍了,像汉代的未央宫遗址,未央宫是斩韩信的地方;还有项羽烧掉的阿房宫的遗址,遗址前面还有大片的广场,当时我去的时候种满了玉米,但是玉米已经老了,那时候10月份了嘛,有的玉米已经收了,大片的广场都露出来了;还有唐代的这个兴庆宫遗址,现在成了兴庆宫公园了;还有大明宫遗址,那是杜甫、李白上朝的地方,大明宫面积非常大,当时一片荒凉,土丘有一层楼高。

唐诗里所写到的地方,比如说杜甫住的地方、唐玄奘埋骨的兴教寺、神禾塬上的香积寺……我所知道的这些名胜古迹，凡是我能走得到的地方，我都去做历史调查。

有一次寒假，我就带着大家去送灯台，终南山旁边有一座小山叫送灯台，也有上千米高吧，已经下过雪了，很厚的积雪，景色确实非常漂亮。他们告诉我，送灯台有老虎的足迹，我们看到很大的很奇怪的野兽的足迹，但是弄不清楚到底是什么动物的足迹。我还写了一首诗："群山簇簇兀斜阳。太乙峰高不可望。独立苍茫何所见，五陵红紫大河黄。""群山簇簇兀斜阳"，一个一个山头，一群山头，一簇一簇，兀立在斜阳中间，"太乙峰高不可望"，终南山的主峰叫太乙峰，最高的主峰，高得望都望不见了，第三句"独立苍茫何所见"，在一片暮色中，独自在送灯台的顶上看到什么呢？"五陵红紫大河黄"，陕西最有名的一条河是渭河，渭河简称大河，渭河北面的丘陵叫五陵原，是唐代埋葬许多帝王将相的地方，唐高宗的陵墓就在那里，卫青、霍去病，汉代的坟墓也在那里，远远就可以看到很高的一个一个的坟堆。黄土高原有一个特色，到了傍晚，斜阳的时候，太阳的光照射上去，真正是发红、发紫的颜色。泾水、渭水，泾渭分明嘛，泾水清，渭水浊，河水是黄色的，所以"五陵红紫大河黄"。

到了春节期间，我带了好几个人一起上终南山。终南山比较高，名胜古迹有很多，寺庙也有很多，当时都已经败落了。因为路很险，大家走了一半就不愿意上去了，我坚持要到山顶，所以我往山上一直走，最终走到终南山的顶上，哎呀，一到终南山顶上觉得特别好，这样的意境，往南面看是秦岭，因为晴天，太阳一照整个秦岭都是蓝颜色的，蓝得就像蓝宝石一样，往这边看，这边的山峰都是积雪，雪白的山峰。真是不到终南山顶上，哪能看到这种奇异的景色啊！所以我高兴得不得了。

当时纪律很严明，如果你当天出去不回来，要处分的。我去看神禾塬上的香积寺，怕回不来啊，就拼命地跑，总算是跑到香积寺。王维的诗里不是有"不知香积寺，数里入云峰"吗？实际上他所说的云峰是黄土高原，因为真正的秦岭，真正的终南山都离它还很远。神禾塬这个黄土高原也很高，就像爬山一样，所以"不知香积寺，数里入云峰"，你不自己去香积寺看，就容易误解香积寺是在深山里，实际上是在高原上头。

我去的那个时候还有寺庙，已经败落了，剩下的房子已经不多了，老房子只剩几间，但是庙产还很大，周围的废墟，都是香积寺的。香积寺外面有一棵大树，什么树我也记不起来了，像是千年的古树。我去的时候，刚好一个老和尚盘腿在树下打坐，那个情景就像一幅画似的。我看着他在打坐，就等他，等了一会儿，他睁开眼睛了，我就请教他，问他多大年纪了，我估计他有七十多岁，没有想到，他说有98岁，这个老和尚，让我真正感觉到，方外人完全是另外一种面貌。

后来隔了几年了，我又去了一次，我有机会再到陕西去的时候，我特意再去看一次，香积寺没有了，连那棵树也没有了。

那时候我们的总部是在王曲，王曲靠近南堡寨，有时候总部要开会，我都是从马河滩步行十几里路到南堡寨。有一次我到王曲开会的时候，在南堡寨参加"四清"的一位我们人民大学的年轻同事叫周红兴来找我。他说，我在这里捡到一些很奇怪的陶片，不知是什么时代的东西。他就拿了两片给我看，我一看，这是原始时代的陶器的碎片，是原始的彩陶，距离现在至少有五千年。他给我看的几片，我说是属于仰韶文化的。我就问他在哪里发现的，他说就在南堡寨，到处都是，你只要去找，野地里都是。

我们"四清"的时候一天吃两顿，早上九点一顿早餐，下午四点吃晚餐，所以四点吃完晚饭以后等于没有事了。我就跟周红兴在南堡寨、北堡寨、藏驾庄几个地点周围调查，有空就去。捡到很多的彩陶片，都是暴露在地面上的，还有几只已经变成化石的大鹿角，那个鹿角大得就像现在咱们看到的梅花鹿的那样大。

在黄土高原的一个坡上，有块就像塌方以后暴露出来的墙壁，远远看去一大堆像灰土一样的东西，实际上是原始人的灰坑，烧完东西吃完东西都往那个坑里扔。那个灰坑是一层一层累积上来的，因为塌了一大片，看得清清楚楚。从底下到上头，越到底下年代越早，越到上头年代越近。大灰坑里，稍微扒拉一下就露出东西来了，首先很明显的是鹿角，我们就把这个鹿角抓住了，把它拉出来，很完整的大鹿角，分的大枝杈，都变成化石了，一共两三只，我们当然很高兴，就拿回去了。

那一段时间我在南堡寨，睡一张普通搭出来的床，床底下有空，我把鹿角塞在床底下了。结果隔了一段时候，这几只大鹿角被人偷走了，后来再也没有找到。但是我在这个原始遗址的另外一个地方，还找到一只小鹿角，那鹿角的根啊，长在脑袋上的圆圈还在，已经完全发朱砂色了，成了化石了。我在那里又捡到很多完整的陶器，三个腿的这种器物叫鬲，还有其他残破的陶片。

大概是1965年下半年，北大知名的原始文化研究专家苏秉琦专门到我家里来，看了这批东西。他觉得这个完全是原始文化的东西，后来分析，一种是仰韶文化，主要是南堡寨地区；一种是龙山文化，那是北堡寨地区；一种比较晚一点的，可能是到了周代了，这个地点是藏驾庄。我们还把一些原始文物送给郭沫若同志看了，郭老看了我送去的东西，也是跟那个北大的老教授一样的意思：这个完全没有问题，是很重要的一个发现。

当时在陕西的时候，我们就把这个发现告诉了陕西省考古所，考古所派了人来，跟着我们把这三个地区都走了一遍，也都一致认可了，最后把那个地区划作一个原始文化区，保留下来了。

1965年的下半年我跟周红兴写了一篇调查报告，文字是我写的，图是《考古》杂志的专业人员画的。当时稿子交给他们了，但是1966年"文化大革命"开始了，所以这稿子就一直没有发表。"文化大革命"结束以后，我们都把这件事情忘记了，《考古》杂志来了通知，说你们原来写的报告还是要发表，因为这是很有价值的发现，而且由非考古人员写出这样一个完全符合考古专业要求的调查报告，他说我们还是第一次收到这样的报告，以前从来没有这样的事情，所以这篇文章一定要发表。

前几年我再到西安去的时候，我又去马河滩看了一下，我那时候的房东张宝财已经去世了，他儿子刚好不在，原来我住的房子也已经没有了，因为本来就是很简陋的土坯砌的茅草房，也没有了。马河滩基本上还有，但是也变了样子了，有的地方被开垦了，跟当地的老百姓见面呢，有几位年龄稍微长一点的还认得我，说冯先生又来了，高兴得很。

最感动人的是"文化大革命"期间，批斗我，把我关起来的时候，马河滩当地的老百姓还到北京来看望我，说冯先生是好人。我都不知道，是后来别人告诉我的，说马河滩的老乡来看望你了，红卫兵没有让他们看你，他们很有意见，说，冯先生是好人，在我们那儿待了一年呢。

我是到1965年5月才回来的，回来的时候，我们总部王曲开了大会，还表彰了马河滩工作队：工作成绩很好，老百姓非常拥护，整个过程都跟老百姓打成一片。但是我想不到的是1965年5月回到北京，学校里也要总结，我在王曲已经总结了一次了，已经受到总部的表扬了。回到人民大学，就是我们系的总支书记管事了，又要开总结会。没有想到在这个总结会上，就给我没头没脑的大批判，我就不知道什么原因，我就弄不明白为什么会这样不讲道理。

我已经感受到当时"左"的一种气势了，第二年"文化大革命"就来了，那个时候整个思想界"左"得厉害，总想把别人一棍子打死。当时我写了一首《感事诗》："一枝一叶自千秋，风雨纵横入小楼。会与高人期物外，五千年事上心头。""一枝一叶自千秋"，我的意思就是我并不想做大官，发大财，做什么大人物，我就一枝一叶过一辈子就行了，没有想到这样一点微小的要求也不行，"风雨纵横入小楼"，风雨没头没脑地纵横地打过来，打到我的小楼里，"会与高人期物外"可是我自己呢，尽管他们那么没头没脑地打棍子，我自己也要跟境界更高的人看齐，我不追求个人物质生活，为什么呢？"五千年事上心头"，五千年的国家发展的光荣历史，时时刻刻记在心上，要做对国家对人民有贡献的人，不是要当什么官发什么财做什么大人物。

六
独立乱流中

一

"文革"开始

1966年上半年，姚文元《评新编历史剧〈海瑞罢官〉》的文章发表以后，北京市委组织了一次讨论会，大家来讨论这篇文章[①]。彭真主持，我、戴逸，还有文艺界的不少人都去了，戚本禹也去了。其实当时戚本禹已经是江青身边的人了，实际上那个时候，"文化大革命"从内部来讲已经发动了。当时连彭真他们都不知道，还觉得是学术讨论，就请大家来讨论《评新编历史剧〈海瑞罢官〉》这篇文章。

整个会上没有一个人赞成的，这篇文章要说水平没有水平，要说道理不讲道理。吴晗写的《海瑞罢官》跟政治有什么关系？完全是讲海瑞本身的事情，姚文元硬是把它上纲成了"反党、反社会主义"。当时戴逸和其他许多史学界的朋友都发了言，我也发了言，彭真也讲了话，戚本禹一句话也没说。后来"文化大革命"全面发动了，知道"文化大革命"的中央机构里，戚本禹是一个成员，才想过来，那次讨论会实际上他是来听我们发言的。

讨论《评新编历史剧〈海瑞罢官〉》后，中央文革小组下过一道调令，

[①] 1961年1月，《北京文艺》第一期发表吴晗新编历史剧剧本《海瑞罢官》。同月，京剧《海瑞罢官》首次在北京公演。1965年11月10日，《文汇报》发表姚文元的文章《评新编历史剧〈海瑞罢官〉》。

要调我到中央文革小组去工作，通知了人民大学党委。当时人民大学的校长是吴玉章，常务副校长是郭影秋。人民大学党委会开会，说中央要调冯其庸到中央文革小组，大家一致通过。孙泱副校长到张自忠路来找我，通知我，党委决定让我到中央文革小组去工作。孙泱原来是朱总司令的秘书，我对他印象特别好，他非常务实厚道，一点架子也没有，见面以后就像老朋友一样。孙泱的妹妹孙维世是金山的夫人，孙维世的父亲去世以后，周总理把她抚养长大。我跟孙维世、金山也见过几次面，原先也熟。孙泱告诉我，中央来了调令，党委决定派你去中央文革小组，你赶快去吧，咱们学校有人能参加中央文革小组，那多了不起啊，咱们至少不会掉队了，能紧跟中央的步子了。

我就跟他说实话。我说，我不知道什么叫"文化大革命"，怎么去工作啊？另外，我还担任了几门课，一下子都撂下来了怎么办？学生怎么办？孙泱说，不管怎么样，这是大事，你准备准备，这是为学校着想，你去了我们也放心。我说，你总得给我一个准备时间。因为课程是事实，每个礼拜几堂课，一下子没有人教了，学生不闹起来吗？所以他也同意，说你安排安排吧。孙泱说完以后，就回去了。在整个"文化大革命"期间，孙泱也遭到了严重的迫害，最后他受不了了，上吊自杀了。

实际上我是不想去。我心里想，我尽量不去，就一直拖着不去，一拖拖了将近两个月。

那时候"文化大革命"还没有全面发动。突如其来，北京市委的彭真被打倒了，要重新组织新市委。新市委书记是李雪峰，文教书记是郭影秋。在这样的运动中担任文教书记，实际上比市委书记还要紧张。

郭影秋校长来找我，他问我，你去不去中央文革小组？我就跟他说实话，我说，我一点也不知道什么叫"文化大革命"，怎么去？他就说，那你愿不愿意跟我一起到北京市委去？我马上就说，我愿意。因为郭影秋是史学家，他研究李定国，写了《李定国系年》，他是一个做学问的人，跟我私人关系也很好。他说，那你就跟着我去吧，你负责写社论。我说，就这样决定吧。

我是什么想法呢？我总得要去一个地方，我不去中央文革小组，就得到北京市委；我如果到了北京市委，就可以摆脱中央文革小组。我想我与其到中央文革小组，还不如到北京市委，小一点，问题总归少一点，所以我马上答应郭影秋校长到北京市委。

去了北京市委以后，新的北京市委要发表一篇社论向中央表态，就把这个任务交给我和另外两个同志，说你们三个人写同一篇社论，题目是《热烈欢呼中央的英明决定》，各写各的，内容就是站在北京新市委的立场，该讲些什么事你们自己思考，写了以后市委再决定用哪一篇。我根据我的体会，写完以后就交给了北京市委，市委讨论以后，赞成用我的这篇社论，就报到中央去。中央审读了这篇社论，非常称赞，说这篇社论写得有深度，思想好、文笔好，就批准了，一个字也没改。

北京市委夜里12点给我来电话，说你赶快到《北京日报》来，中央通过了你这篇社论，你自己再来校一遍，看有什么地方要修改的，车马上就到。我说，中央通过的文章，就不能再改了，我说我可以去校。说完话，车已经到校门口了，我就连忙上车，到了北京日报社，校完了这篇稿子，才回来睡觉。第二天报纸就出来了。据北京市委说，大家都非常称赞这篇社论。郭校长还跟我讲，这篇社论受到中央的表扬。

没有想到，过了不到一个礼拜吧，康生、江青看到了这篇社论，说这篇社论的调子是"右"的调子。再加上北京市委在处理陶铸问题和其他事情上都跟不上"四人帮"的要求，没有完全跟着中央文革小组走，李雪峰为主的新的北京市委，又被打倒了。

我写完这篇社论以后，形势已很紧张。我就跟郭影秋校长说，我长期在报社也不合适，我是不是先回学校？他说，好，你先回去吧，看看情况再说。

结果我一到人民大学，头天晚上到，第二天就满院都是批判我的大字报，"刘少奇的黑线人物""中宣部阎王殿的黑干将""吴晗、邓拓、廖沫沙三家村人物""反动学术权威"等等，都来了。我确实没想到，一夜之间，原先我提拔、帮助过的年轻人，也都翻脸不认人了，马上就是一副完全敌对的姿态，还领着红卫兵来抄家。那个时候还有一点点法律概念，从我家里

六　独立乱流中

抄走哪些东西，还给我留了三张抄家的清单，他们签了名，我也签了名。拿走什么东西，上面都记得清清楚楚：没有发表的文稿有几十篇。如果这些不损失呢，我还有一本书可以出。我记得有一本研究《三国演义》的书，没写完，开了头，写了一部分，当时也抄走了。后来我被关在西郊，家里又被抄了两次，我就不知道了。那时候只有我两个女儿在家，都很小。后来我听女儿说，他们是打碎房门上的玻璃窗，从上面爬进去，再把门弄开，拿走不少书。究竟是什么书，她们也说不清楚了。

有一次，正在开大会批判我的时候，我家里来电报说，我母亲去世了，当时我要求回家奔丧，尽一个儿子应尽的责任。那时候红卫兵"左"得无法想象，坚决不让我回去。当时看管我的最凶狠的那男生姓李，他是语言系的学生，怎么也不讲道理，跟他怎么说也没用。还有两个红卫兵，都姓王，都是拍着胸脯说，你知道老子是干什么的？都是这种口气。

那个时候非常可怕，连起码的人性都没有了。尤其是我们人民大学语文系的支部书记、总支书记都附和着这些红卫兵，为了保全自己，都听红卫兵的，只要不批自己。

所以这一场"文化大革命"，从侧面也让我看到很多问题。当时我想得很多，因为我是经历过抗日战争的，1947年我就接触党的

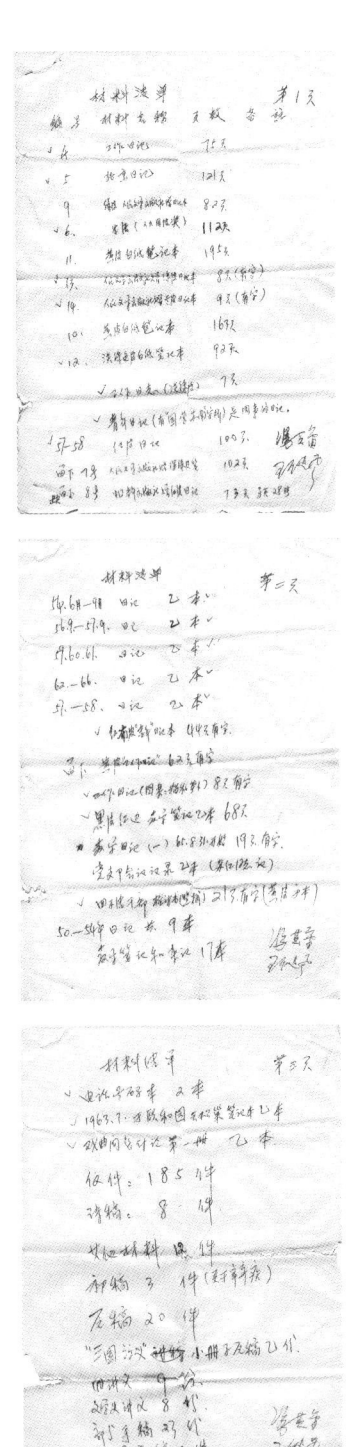

第一次抄家时的清单 1966年6月

地下组织，做过一段时间的地下活动，知道当时共产党人是只为国家民族的前途，完全不计较个人利害得失的。

"文革"前，平平稳稳的什么事情也没有的时候，当时中宣部特别重视我，每次有特别重要的理论文章都把我调去写，所以总支书记也好，学校领导也好，都非常尊重我、重视我，等到"文革"一来，同样还是那个总支书记，就完全是另外一副面孔了。我非常感叹，我觉得不要说共产党员了，一个普通老百姓都不应该这样。

更让我吃惊的是，我很诚恳、真心对待的年轻教员，翻脸无情，一夜之间就变了。其中有一位老翻译家的儿子，没有学历。他是通过学校领导让他来当我的助教，他父亲还亲自来拜托我照顾他的儿子。我也把他当作自己人一样，除了跟着我，听我讲课以外，甚至我家里有时候来客人了，或者买了好菜了，就让他来一起吃饭。

没有想到"文革"第二天，他就带着造反派来抄我的家，连废纸篓都翻过来，说有反动言论。

这个人的结局很悲惨，先是他老婆与另一个造反派好上了，正在这个时候，他得了尿毒症，住在医院里，他老婆的事他也知道了。我因为他父亲亲自来拜托我，所以我觉得不管怎样，我应该去看望他。到了医院，他一看是我去了。就激动得号啕大哭，说，我对不起你，但是现在已来不及了，只好来生报答你了，我安慰他几句就走了。没有几天，他就去世了。

还有一个人是女教师，是从部队转来的，没有学历，喜欢古典文学。不知通过什么关系，分配到了语文系，要我带她。那时候我是教研室主任，她来了以后，我一直尽心尽力地帮助她、教她。我主编《历代文选》的时候，有七八个人参加注释，她因为上不了课，我就分给她很多篇目，叫她做注释。她注释得最多，但是她的注释很大一部分是我重新给她改定的，原稿上一大半是红笔写的字，那都是我在旁边改的，等于一大半是我帮她做的。

中国青年出版社的一位老编辑，叫周振甫。我编《历代文选》的时候，我跟周振甫先生还不认识。当时我改完的稿子周振甫先生又改了一遍，帮我纠正了不少地方。周振甫先生也是我的老师王蘧常先生的学生，后来王蓬常先生专门写了一封信，告诉周振甫，说冯其庸也是我的学生，你一定要多照顾冯其庸。周振甫先生才告诉我，他说我们都是王老先生的学生。他比我年长，比我早几年入学。

等到书出来了，我因为怕麻烦，同时也怕出麻烦，就跟青年出版社说，我不会算账，搞不清楚数字，你们把每个人——只要底下注明这篇文章某某人注，你就按照字数算——应该给多少稿费，给他本人，由他本人签收，不要经过我的手。出版社也同意了，具体负责这个工作的两个编辑，一个叫杨邦芹，一个叫李裕康。所以七八个人，每个人名下注释多少字，多少稿费都写得很清楚。我稿费最少，因为我就注释了两三篇文章吧，我改他们的稿子，就没有时间注释，所以稿费特别低。但是我有另外一项稿费，就是一篇三万多字的序言，讲中国散文发展的历史，作为论文给的稿费，也有好几百块钱。

这个女同志当时拿的稿费最高，记得是八千多元，她除了还掉她母亲生病负的债以外，还剩下一半。有一次她特地拿了钱来找我，说我的稿子大部分都是你改的，剩下这点钱应该归你。我说你不能这样，我是教研室主任，改稿子是我的工作职责，不能拿你的钱，这个钱我就让她自己拿回去了。她当时感激得不得了，说了很多感激的话。

没想到"文革"一开始，她就贴大字报，说我贪污她的稿费。这下我实在气得很，这个事情清清楚楚地摆在那里，她怎么能够造谣呢？！我就跟军宣队提出一个要求，我说我要求回去一下。因为那时候我已经被关在西郊了，他们说，为什么？我说，她说我贪污她的稿费，完全是造谣。出版社发稿费是直接发给她个人的，她个人有签收的单子，出版社把这份单子交给我了，我要把这份单子拿来给你们看。军宣队一听，就说，那你回去拿吧。我就回到张自忠路的家里，把我书房的抽屉拉开，这份单子就明明白白摆在那里，我拿了单子回到西郊，把这份单子交给军宣队。军宣队就把这份单子公布了，下面清清楚楚是她自己签收的钱。这一下，弄得许多学生对她的这种做法非常反感，许多跟她一起的，批判我的时候也不说话了。

想不到这个女造反派教师为了彻底打倒我，就与一批造反派跑到我老家去，给我老家的人讲，冯其庸已经被打倒了，罪名是"反党、反社会主义"，已判处死刑，很快就要枪毙了。现在他们到我老家，是要再去查我还有什么反革命的活动。而且说我大哥是特务，到北京来专门跟我接头，我也是国民党的特务。还说我大哥与大嫂有秘密联系，我大嫂也参加了我大哥的特务活动，等等。当时我母亲已经去世了，我老家支持整个家庭的，仅有我大嫂。我大嫂是一个农村妇女，哪经得起这样的恐吓，更不会想到这些红卫兵完全是说谎话。一听说我已经到了这个地步了，已经无法活下去了。加上说她与我大哥有特务联系，这种无中生有的事，她更不知道如何说清楚，所以等这帮家伙走了以后，我大嫂就上吊自杀了。造成家里一个特别重大的悲剧。

我大嫂的孩子，大女儿已经成长了，最小的还只有四岁，后来这个家庭是靠大女儿维持的。他们也不相信我要被枪毙的事，但知道我一直在被批斗。所以她母亲的死，过了很长时间才告诉我。

在整个"文革"中，这个女造反派是批斗我最狠、最毒辣的，她一直想把我"整到再也不能工作"。这是她们商量如何整治我的话，她们在商量的时候，忘记了我就被关在隔壁房间，我听得清清楚楚。直到"文革"快结束，人人都已平反了，她们还坚持不予平反，所以我是人民大学最后一个彻底平反的人。

当时也有相反的情况，我们系里有一个学生叫刘龙义。刘龙义是贫农出身，他在自己的房间里贴了一个守则：不参加抄家、不参加大批判、不贴大字报等五条守则，"文化大革命"这些活动他一概不参与。造反派开始的时候，逼他、劝他，都没用，最后就开批判会，对他进行批判，他也不怕，他是贫农，他就是不参加这些活动，结果批判会也对他没用，就只好由他去了。

"文革"期间还有一个特殊情况，林彪做副统帅，下的一号命令[①]，就是

[①] 一号命令也称"第一号令"、"林副主席指示第一个号令"等，是1969年10月18日，林彪通过军委办事组发给全军的一个战备命令，内容之一就是下放知识分子和疏散文教单位。

"备战"的命令。北京要准备战争了,人民大学要疏散到北京郊区去,我们语文系就被疏散到郊区的苏家坨,苏家坨在北京的西北面。我当时完全是被监管的,而且是被批斗的,隔一段时间就要被批斗一次,到了苏家坨以后,他们还是经常举行批判会批判我。

有一次批判会,那些造反派,一个一个都批判完了,收场了,正要宣布批判会结束了。一个女学生,叫牛玉秋,突然举起手来说,我要发言。那些造反派都以为也是他们一类的,他们安排的发言完了,还有别人要发言,他们高兴得很。没有想到,牛玉秋站起来就一条一条,把他们加给我的罪名,对我的批判都驳回去,这一条没有道理,没有根据;那一条不合道理,说得不对。她一条一条地记录下来,逐条反驳,反驳完了,造反派他们都手足无措了。那个时候都是"极左"的,都是一边倒的,造反派没有想到会这样。牛玉秋也是因为家庭出身好,造反派拿她没有办法,扣不上什么帽子。这次批判会,牛玉秋的反驳给我特别深的印象。

"文革"时候,除了那些造反派以外,也有后来向我道歉的一位助教,他是大学毕业后分配来的,我对他一直很照顾,他对我也很好。想不到"文革"一来,他立即翻脸批斗我,但到了"文革"中期,有一天他突然来找我,大哭说他错了,他分不清是非,特地来向我谢罪。

"文革"刚开始的时候,我们都觉得突如其来,但是我思想上是有所考虑的。有一次在张自忠路的校门口,我碰到胡华,他是中国革命史的教授,实际上是讲党史。他是延安过来的红小鬼,年龄不大,当时已经是教授了,那时候我们还没有被关起来,我们两个人都是互相了解情况的,他就说,老冯,这太冤枉了,我从延安过来的,怎么成了反革命了?你也是贫困出身,你怎么也成了反革命了?他说,哪有这个道理啊?刚好那天门口只有我们两个,我就跟他说,你不要急,我说你看吧,这场"文化大革命"气势这么足,是为我们吗?不是为我们,我们有什么资格引起这么大的运动?我们是被一场大风卷上了。我说,事后我们的事情肯定会说清楚的,由他们说吧,我们不要掺和,要冷静。我们两个算什么?一个学校的普通教师,怎么会有什么问题呢?我说,这场运动现在还看不清楚,等等再说吧。他一听，觉得我讲得有道理。

一直到毛泽东的《我的一张大字报》①贴出来，矛头很清楚了，是针对刘少奇的。我和胡华两个人碰头了，我说，你看到了吗？他说，我看到了，看到了，我明白了，明白了。我们也不敢多说话，就分开了。现在胡华已经去世了，他年龄比我小，但是身体不好。

---

① 《炮打司令部——我的一张大字报》是1966年8月中共八届十一中全会期间毛泽东写出的大字报，并由会议印发。1967年8月5日，《人民日报》正式公开发表。

二

"文革"中

当时,"刘少奇的黑线人物""中宣部阎王殿的黑干将""反动学术权威",这些罪名都给我加上来了。我自己心里很明白,这些是硬加给我的,没有用。

什么"反动学术权威"?我当时可能连副教授都不是,因为"文革"开始就宣布原来评的职称都作废,我那时候是不是副教授我记不准确了,后来也一直没有给我评,到1983年才正式评的。1966年我怎么称得上"学术权威"呢?反动不反动是另外一回事,我还是个年轻的教师,哪能称得上是"学术权威"?当时为了给你增加罪名,就给你拔高,拼命地拔高。

这一次来势很猛的。很短的一段时间,死了不少人。当时我的熟人去世的、遭难的不少。《人民日报》文艺部的主任陈笑雨上吊自杀了。老舍跳太平湖,投水自杀了。翦伯赞跟他夫人一起,服用过量速可眠自杀了。再有北师大的刘盼遂,自己把脑袋按在水缸里,死了。开始我还以为他是被别人弄死的,后来别人告诉我,他是自己恨极了,就自己把自己弄死了。我无锡国专的一个同班同学,用剪刀剪断了喉管自杀了。我爱人夏老师在北外附校,红卫兵一夜就打死了两个老师。学生把老师打死了。这一次风暴是太大了。

当时"文革"期间,祝肇年是很有名的一位戏曲史专家,他挨批挨得太惨了，他夫人就发疯了。祝肇年一有机会，就夜里很晚到我家来，找我商量，怎么办？他是紧张得不得了，因为他们学校里好像已经整死人了。他自己也被整得特别惨。说他是特务啊什么的，他吓坏了，我一再安慰他。

我自己头脑很清楚，我就跟夏老师交代，我说，我绝对不会自杀，我要看这一场风波，究竟怎么起来，怎么下去，我一定要看到底，我绝不会自杀。我要是现在死了，就弄不清楚我究竟是好人还是坏人了。我家庭出身那么贫困，除了解放前参加过共产党的地下组织，我没有参加过任何政治活动，没有做任何一点对不起人的事，所以我不会自杀，除非我被打死，那是没有办法，要不被打死我不会自杀，我要看到底。

1966年6月，语文系第一次批斗我的时候，在广场上面搭了一个台。后来凡是批全校性的人物，包括郭影秋校长挨批的时候，都在那个台上。他们批斗郭校长的时候，叫我陪斗，因为我是跟他一起到北京市委去的。我挨批斗的时间比他们多得多，但是我没有挨打，也没有受污辱性的折磨。我对门一位老师，就被学生用绳子拴在脖子上，像牵狗一样牵着走。

第一次批斗我的时候，我在台上被他们押着，弯着腰，他们刚开始批斗，突然来了一场大暴雨，批斗会开不成了，只好散场了。我心想，这是天哭，老天爷不让他们肆虐，因为同一天，全国不知有多少人在遭劫。当时我写了一首诗："漫天风雨读《楚辞》，正是众芳摇落时。晚节莫嫌黄菊瘦，天南尚有故人思。"当时我写这首诗，我是有非常坚定的信心的，我相信将来都会弄明白的，我相信党，相信国家，不会这么混乱到底的。

批斗我的时候，我一直念"飘风不终朝，骤雨不终日"，这是屈原的话。我坚信这种狂风暴雨不可能成年累月地吹下去，总有结束的时候。我在自己卧室兼书房的正面墙上，写了文天祥的《正气歌》："天地有正气，杂然赋流形。下则为河岳，上则为日星。于人曰浩然，沛乎塞苍冥。"我为什么写《正气歌》呢，我觉得天地还是正气为主，这些造反派，打着"文化大革命"的旗号，破坏整个社会的安定，打碎人家的家庭，这都不是正气。正气总是充塞于天地之间，总有一天正气会把这些邪气压倒的，所以我在墙壁上挂了这幅大字。红卫兵都是没有什么水平的，看了也不知道什么意思，他们也没有理会。

当时还宣布我写的所有文章都是"大毒草",我脑子里又写了一首诗:"千古文章定有知,乌台①今日已无诗。何妨海角天涯去,看尽惊涛起落时。"我就是说,我一定要看这个"文化大革命",看到底,所以我当时的信心很足,相信是非一定会弄明白的。

但是那个时候这些诗都不敢写出来,要是写出来可不得了了,那就没有命了。我都是记在脑子里的,有些记住了,大部分都忘记了。因为关押的时间长,又没有纸笔,也就自然记不住了。

有一天夜里,突如其来,学生来绑架我了,夏老师急得不得了,说要不要带点粮票,带点钱。我说不用,带了也没用,也不可能允许我出去买什么东西。就这样从张自忠路出大门就上了大卡车,拐了几个弯。一个学生到我耳朵边告诉我,你不要紧张,我们是来保护你的,明天"三红"那一派要来抓你,要批判你,我们今天把你弄走了,对外说批斗你,实际上我们是来保护你的。所以卡车拐了很多弯,最后估计还是到了西郊人民大学,他们找了一个比较偏僻的地方,让我住在那个房间里,每顿饭学生都给我送进来,不让我出去。我听到大喇叭里,这个吼啊,批斗冯其庸啊,实际上是虚张声势,他们表面上说"新人大"这一派在批斗我了,实际上是把我藏起来了。

但是人大的武斗也是在这个时候。当时假装批判我,叫我不要出来的这几个人,武斗的时候,有两个被捅死了。这几个学生都是家庭很贫困的,好不容易来到大学,最后在武斗中死了。我想想真是无可奈何,因为当时已经失控了。年轻学生根本没有冷静地思考问题,两派,有时候是三派互相冲突,自己伤害自己。整个一场"文革",这一类的事情不断,后来是越

---

① "乌台诗案"发生在北宋元丰二年(1079年),御史何正臣上表弹劾苏轼,奏苏轼移知湖州到任后谢恩的上表中,用语暗藏讥刺朝政,御史李定也曾指出苏轼四大可废之罪。这案件先由监察御史告发,后在御史台狱受审。所谓"乌台",即御史台,因官署内遍植柏树,又称"柏台"。柏树上常有乌鸦栖息筑巢,乃称乌台。所以此案称为"乌台诗案"。

来越乱。

现在回头来看，我毕竟还是幸运的。第一个被打倒，所以别人都不来找我了。我也不会轻易去参加哪一派，我自己头脑也清楚，绝不去找什么人。十年那么长时间的浩劫，一开头我就被打倒了，就再也没有参加任何活动，反而是避开了许许多多的事情。

"文革"中，还有几件我永远也不会忘记的事。第一件，就是那位造反派女教师诬我贪污她的稿费的事，被我用她签收的收条粉碎了她的污蔑。这在前面已经说过了，不再详述。

第二件，也是一位造反派的男教师，手里拿了一张字条，上面写着我的家庭成分是富农，我的个人成分是商人。这位造反派教师要我在这张字条上签名，承认是事实。我当时看了非常愤怒，我责问他：你们有权改变国家"土改"时做的结论吗？"土改"时我的家庭成分是下中农，分到一亩五分地，现在土地证还在，你们能将它作废吗？还有，我是什么时候做商人的？我1946年春上无锡国专，1947年参加党的地下活动。1948年12月毕业，1949年就应聘到树德小学教书，校长孙默军和教务主任华昌洙都是地下党员，让我参加他们的党的活动。同年3月，因为附近胶南中学的地下党员老师暴露了身份，连夜出走了，要人替代，树德小学的孙默军与胶南中学的地下党联系后，就派我去接替这位老师的课。到4月22日傍晚解放军过江，4月23日早晨，我就步行到无锡找到组织关系。负责人叫陶白，他要我立即参加解放军，准备参加解放大西南，我当天就报名参军了。以上一连串的事实摆在那里，请问我是什么时候当商人的？当的是什么商人？这位造反派教师被我责问得哑口无言，只好退了回去。

第三件事也是一位造反派教师，拿着从我家里抄走的十多本日记本，他们在我的日记本上写满了反动语言，都是写在两行之间的空白地方的，要我签字，承认这些反动语言都是我写的。我当时气愤极了，我责问他：有哪一个人的日记是别人写的吗？明明这些写在两行之间的反动语言，与写在行内墨色、字迹完全不一样，这是为什么？我警告他说，我的日记本上我自己写的字，我每一个字都负责，你们加上去的反动语言你们自己负政治责任！这一来，他们自己也觉得说不过去了，因为没有将字句写在两行之间的，何况与原来写在行内的字体、墨色完全不一样，所以他当时也只好缩了回去。

第四件事是前面提到的，1962年春节我回家探亲，回京时写了一篇报告，叫《回乡见闻》，交给了人民大学党委会，因为这是党委事先嘱咐要向组织汇报回乡见闻的。没有想到当时我受到人民大学党委和北京市委的表扬，到了"文革"，他们却以此来定我反党反社会主义的罪，要开大会批判我，让我认罪。我就找军宣队，我说当时党委要我写的报告，我已交给党委，现在要我认罪，至少得让我看到这个原报告，因为我没有留底。军宣队觉得我说得有道理，就将这篇《回乡见闻》交给我了。因为当时已近傍晚，军宣队说，你带回去看过后，明天来汇报。当天我就带着这篇文章回到张自忠路家里，我一看这篇文章写得完全是事实，所以当时受到党的表扬。我连忙重抄了一遍，第二天到西郊系里，将原件交还给军宣队。我提出我写的全是事实，如果要批判我，给我定罪，我愿意与造反派们一起到我老家去。将文章念给老百姓听，如果是我造谣，就让老百姓和造反派一起来批判我。结果，没有一个造反派肯跟我一起回去的。军宣队也看出我写的全是事实，所以这场批判也只好不了了之。

以上四件事，是我永远不会忘记的。

一场"文化大革命"，我是全都经历过来了。我在人民大学虽然被批斗得最早，但是我还不是挨得最凶最狠的，整个人民大学死了好多人。全国来说就无法统计，无法说了，"文化大革命"的损失无法计算。我们的国家真是经历了一次极大的灾难，如果不是"四人帮"垮台，国家不知道会怎么样，总算老天爷留下了邓小平。毛主席去世不到一个月，"四人帮"就垮台了，毛主席是9月9日去世的，10月6日江青就被抓起来了，我是10月8日知道的。"四人帮"倒了，这个消息不用公布，只几天工夫，闪电一样的，大家就都知道了，老百姓都高兴得不得了，奔走相告。

"文化大革命"到了1969年的时候，也不像开始的时候那样狂风恶浪了。到后期，我虽然还是挨批斗，但是也不像开始时候了，有时候完全是搁在家里了。

我就跟我的两个年轻的亲戚，一个是钢铁学院的大学生，一个是地质学院的大学生。他们陪着我到八达岭，一直乘车到了南口，从南口开始调查，云台啊、乌龟石啊、穆桂英点将台啊都走到了，一路到八达岭顶上，所有的地方，别人不去游览的地方我都走了。同时，这个时候我拍了不少照片。

因为我很小的时候，20世纪40年代，我的姐夫从上海回来，带了一个莱卡相机。他是申新九厂的一个高级职员，他教我拍照，然后说你自己试试看。我就按照光圈、快门、速度这三个最基本的要素，配合起来拍了一批胶片。当时在我老家也没有地方冲，胶卷还是我姐夫带到上海去冲的。冲了以后，他高兴得不得了，他说，你怎么一学就会？你拍得非常好，他还给我放大了几张，都是风景。后来他走了，相机也带走了，我也没有机会再拍照。"文革"期间没有什么事，我就买了一个旧相机，除了继续拍照以外，我也学冲胶卷、放大，自己做了个放大机。

后来到干校去，更有机会出去，我就更喜欢摄影了。20世纪80年代我到西部调查，就拍了不少照片。我也买了不少好的相机，现在最早的几种被我老家的学术馆[①]要去，陈列起来了，现在家里还有好几个。我是已经拍不动了。"文化大革命"对我来讲，除了挨批斗以外，就是自己学摄影，还抄了一部《红楼梦》。

[①] 冯其庸学术馆是无锡市惠山区人民政府文化建设工程，坐落于惠山区前洲街道。该项目于2009年开始论证设计，2012年12月9日开馆。

三

郾陵君鉴和罪己诏

这期间还有一件事，是关于几件文物的事。我的侄子冯有责有一次写信告诉我，发现一个铜的东西，老百姓叫它铜锅，现在拿来喂猪，上面有字，你要不要看看？他用铅笔拓了几个字给我，我一看，从字的结构来看，仔细琢磨应该是战国以前，秦始皇统一文字以前楚国的字体。这个器物应该很大，不然，老百姓也不会将它叫铜锅。

当时正是"文化大革命"很混乱的时候，老百姓把铜锅拿到无锡市博物馆去，博物馆也在闹两派斗争，根本没人管，没有人要。拿到收废铜烂铁的地方也不收，因为青铜器是铜锡合金的，不能化，化了以后也炼不成铜，所以根本不要。所以老百姓就觉得没用处了，就放在猪圈里拿它当喂猪的食槽，小的豆和匜就扔在边上了。

我给我侄子冯有责说，这个肯定有价值，你赶快跟他们商量，把东西交给我，我来处理好这件事。我先买了一大批书送给他们，我说，这件东西如果值钱，钱我自己绝不会拿，一定交给你们；如果是国家要收藏，那也是作为你们捐赠给国家的。我的侄子把我的意思给乡里人讲了，乡里人说，不要管那么多了，你叔叔已经买这么多书来了，由他处理吧，我们不管了。

可是怎么运过来呢？我无锡的一个朋友想了个主意。无锡有一个有名的制造衣服的厂子，这个厂子装衣服用的箱子都是很厚的硬纸板，就像木板一样，但是很轻。他们就用这种纸箱，装了这几件东西。因为这几件东西虽然有大有小，但是都很薄很轻的，都不重，一封起来，外表一看就是一箱子衣服。那个时候也没检测什么，送到货运站就运到北京了。我请了个朋友到货运站把它拉回来。

我一看到这五件东西，当然非常高兴，也非常喜欢。大的这件铜器直径估计有六七十厘米，像煮东西吃的锅一样的，老百姓叫它铜锅，其实它的名字是鉴，里面放上水可以照面孔，也能盛东西。铜鉴上面全是古代的文字，我大部分都能认识，特别是"以祀皇祖，以享父兄"这几个字，看得一清二楚。跟这个鉴一起的还有两个豆，就是脚很高的圆盘子，底下有个座子，就像现在点蜡烛的烛台一样，上面也有文字，跟鉴上的文字差不多。还有一个匜，还有一些别的器物。

故宫博物院的唐兰先生说最好留在北京，这几件东西很重要。唐兰先生也没看见这些东西，他看到的只是我拿去的拓片，结果还没等东西送到北京，唐先生去香港讲学太累了，回到北京，突如其来地病重去世了。

那时候"文化大革命"还没有结束，我就把这几件东西放在我张自忠路的小房间里一张单人床的床底下。

裘锡圭、李零这几位古文字专家都到我家里来看过。我担心万一红卫兵看到这个，不讲道理来给砸掉了怎么办？所以我就跟南京博物院的院长姚迁商量，他也是我的好朋友。为什么跟他商量呢？因为这是江苏出来的文物，具有地域性的历史意义。

姚迁是真正的专家，是地地道道这一行的专家。他来看了这几件东西，高兴得不得了。他说，你能把这几件东西交给我，是我们的光荣。他说，我至少也要给你三万块钱。我说，你三分钱都不能给我，你给我三分钱就害我了，我就说不清楚了。我拿了钱就变成卖给你的了。只能无条件地拿去，我只要你一个东西——收条。你给我一个收条，写上收到我交给你的，我们家乡出土的几件青铜器，已经收藏了，这个我要。我说，我有了这个收条就可以跟我的老乡有个交代。后来姚迁说，那至少你运到北京、藏来藏去这些费用我们得算给你，不算买，算我们运来的。

我说，总而言之不能有一分钱，有了钱了，就有经济问题了，没有钱，就没有任何问题，这是地下发掘的，交给国家，正正当当，没有任何问题，来去费用我自己还承担得起，不向国家要。后来他同意了我的意见，派了三个干部到北京来把这几件青铜器运回南京，陈列在南京博物院里。拿去了以后给了我一个收条，一个拓片，装裱好一个轴子给我了。这些东西我交给了我的无锡的学术馆了。

这件铜鉴后来定名为"郏陵君鉴"。后来很多考古杂志上都发表了研究这个铜鉴的文章。这件铜鉴出土的地方，是属于楚国的地方，这地方当时可能还是春申君的管辖范围。这个铜鉴的价值，据说最小的度量衡的单位在这上面有，我没有看到，交给他们以后，他们洗刷了以后看得清楚，又发现两个耳朵背后都有藏主的名字，还发现了最小的量尺单位，所以这是一次非常有价值的发现。

在"文革"期间，我的家乡有一次挖河的时候发现一个明代的棺材，棺材一点没有损坏，把棺材揭开尸体也没有腐烂，可是这个人的脑袋是用泥塑的，拼上去的，证明这个人是被砍了脑袋的，脑袋没有拿回来。尸体的胸口有一个黄布口袋，黄布口袋里面有一份文件。这个口袋老百姓挖到了就扔在旁边。我的侄子，也是参与挖河的，看见了好奇，他就捡了出来，共两张，用信寄给了我。他说：你看看这个有没有用，挖河挖出来的。我一看，是完完整整的一份皇帝的罪己诏。

我们在小说里经常看到皇帝的罪己诏，但是没有看到过实物，这次看到了真正的皇帝的罪己诏了。内容清清楚楚：意思就是北京太和殿失火，是因为皇帝失德，所以造成这样的灾祸，因此下一个罪己诏，大赦天下，最后有一条：造反不赦。这很有意思。我拿到这个罪己诏，觉得很珍贵，但是我当时不知道全国还没有出现过罪己诏。

我送到故宫去，结果故宫正在打派仗，乱得一塌糊涂，根本没有人管这个。故宫有一位朋友好意，跟我说，你这件东西已经糟了，我帮你托一下吧。我就说，那你就托吧，没有想到一托以后掉了一些字，幸好句子还上下能通，掉的字不多。当时故宫没有人要，我就拿回来了。

为此我写过一篇文章，现在我的文集里也收进去了。我查到太和殿失火，有比较详细的记载。为什么失火呢？是正月十五宫里举行灯节，灯火辉煌，太和殿的灯制作得特别漂亮，但是旁边放了大堆的蜡，蜡是易燃品，火星掉到蜡上，"哗"就烧起来了，这个皇帝在豹房，看到太和殿的大火，还说"是好一棚大烟火"，高兴得很。实际上完全是他们玩忽职守，造成的这样一个大灾，然后第二年增加赋税，重建太和殿，最后这场大灾难，都加在老百姓的头上了。

直到前几年，第一历史档案馆接受无锡国专的校长唐文治的日记[①]，他在清代是外交大臣，他有驻外使节的日记，这是我们外交的一份史料，所以这一份驻外使节的日记就捐赠给第一历史档案馆了。唐文治先生的孙女就来请我，问我能不能去参加捐赠仪式。因为我听过唐先生讲课，我说我一定去。唐老先生的日记被国家收藏，当然是件大事，我就去了。去了以后举行了仪式，开了座谈会。完了以后，我说，我那里有一份皇帝的罪己诏，你们要不要？如果要，也一起捐赠给你们。他们一听说罪己诏，高兴得不得了，就跟我商量要给我多少费用。我说一分钱也不能要，这是出土的东西，你们只要接受就行了。他们马上派了人到我家里，拿走了这份罪己诏。后来在他们的刊物上发表文章，经调查全国仅有这一份皇帝的罪己诏，这是非常重要的历史文物。

[①] 光绪二十八年（1903）四月，唐文治以参赞身份随清廷专使载振前往英国参加国王加冕典礼。于归途又随同到法国、比利时、美国、日本等国考察国情，回国后为载振撰写了《英轺日记》十二卷。

四

抄《红楼梦》

1968年,"文革"高潮时,我为什么要抄《红楼梦》呢?因为造反派抄家的时候把我的影印庚辰本《石头记》抄走了,而且当黄色书展览了。我就着急了,万一此风刮向全国,那《红楼梦》就要遭灭顶之灾了,所以想偷偷抄一部保留下来,万一《红楼梦》被销毁了,我还能保留一部。

我特别伤心的是,中国文学史的课,我讲《红楼梦》的时候,在张自忠路1号,在礼堂里讲的。全校所有愿意听的学生都到礼堂来听我讲《红楼梦》,一部《红楼梦》连讲了好几天。那个时候把《红楼梦》评价为国家最宝贵的一部书,最了不起的一部书,结果"文化大革命"一来,把它当黄色书看待了,真可怕,我觉得毁灭一种文化也很容易。

所以我就跟要好的朋友说,你帮我在学校图书馆里借一部庚辰本《石头记》来。什么叫庚辰本呢,乾隆二十五年是庚辰年(1760年),那一年的抄本就叫庚辰本,后来这个本子影印出来了,原抄本现在在北京大学图书馆。

那个时候我还没有深入研究《红楼梦》,但是我已经认识到《红楼梦》的早期抄本很珍贵。所谓早期,就是曹雪芹去世以前的抄本。曹雪芹去世以前只有三种本子,一种是乾隆十九年的甲戌本,因为那年是甲戌年(1754

年），所以叫甲戌本，但是甲戌本只有十六回。还有一种是乾隆二十四年的己卯本，那年是己卯年（1759），所以叫己卯本。还有一种是庚辰本，乾隆二十五年，庚辰年的本子。本来最完整的《红楼梦》是八十回，己卯本只剩一半了，四十一回又两个半回。庚辰本有七十八回，八十回只少两回，而且这两回呢，已经很早就有人补进去了。所以我就私底下托人从图书馆借出来一部庚辰本的影印本。

我借来以后，天天夜里等大家睡了，总得十点以后，我才开始抄。每天限定要抄多少，一般抄到十二点，有时候抄到凌晨一点。我用的纸，用的墨，用的笔都很讲究。当时"文革"刚开始的时候还没有管得那么严，因为我一直要写字嘛，我就收了不少好墨和好笔。纸呢，当时荣宝斋还有一些老纸，专门抄书用的，我也买了一些。从1967年12月3日起，一直抄到1968年6月12日，我把整部《红楼梦》八十回全部抄完了。开始是小楷，但是长期不写这样工整的字，开始写得有点生疏，到中间越写越灵活了。以前我一直临帖的，慢慢恢复到原来写字的习惯了，我自己也很喜欢。大概二十回以后到五六十回，这一段是写得最下功夫的。到后来听说要去干校了，我怕来不及，就用行书写的，又是另一种风格。

到1969年，正式通知要去干校以前，我刚好把这部书抄完。照庚辰本的原书的行款，包括原书上面错的字我也不改，还是照它的原样抄下来。遇到那天学校有重大的事件，比如武斗，我就在装订线的外边，用蝇头小楷写上"昨夜大风撼户"。后来再看我抄的《红楼梦》，有好几处这样的字迹。抄完那天我写了一首诗："《红楼》抄罢雨丝丝，正是春归花落时。千古文章多血泪，伤心最此断肠辞。"现在一直保存着。

抄完了这部《红楼梦》，我对《红楼梦》有了进一步的认识。结合曹雪芹的时代和家庭遭遇来看，他的家庭是遭到了毁灭性的打击，最后才会写出这样一部了不起的小说。

实际上《红楼梦》既是小说，也不完全是小说，它跟一般的纯粹以故事为内容的小说不一样，它有很多情节隐蔽在这书里，结合他的家庭遭遇可以看出来。曹雪芹为了使整个故事完整，同时也为了让世人把它当作一种茶余饭后读的小说来看，不要看透他自己的心意，所以他要掩盖自己。以前人说它是自传，胡适说《红楼梦》是自传，自传也不对，这不是完全按照自己的传记来写的。书里有许多虚构的东西，比如太虚幻境，家庭哪来的太虚幻境？没有这个可能，那是神话，他虚构的东西。

《红楼梦》最主要的内容，是宝黛爱情，曹雪芹通过宝黛爱情，描写了一种新的思想，自由恋爱的思想。这是资本主义萌芽时期的一种自由思想，所以它与以往所有的小说都不同，它透露了必然到来的新时代的信息。

我抄完这部《红楼梦》，我感到，曹雪芹的家庭和他亲戚家庭的遭遇是书中隐蔽的内容。整部《红楼梦》八十回，有很多写欢乐的场面，但是一种悲凉的调子一直没有变。即使在欢乐的时期，在最繁华、最荣华的时候，也总是让人感觉到一种悲凉的调子。比如说元妃省亲，夜里看满园的灯火，马上叹息说"太奢侈靡费"了，她不是称赞，而是感伤，是话里有话。等到见了贾母，见了贾政，当时是先行国礼，贾母、贾政给她参拜，然后再行家礼，元妃要行子女的礼，行礼完了以后，元妃"泪如雨下"，说"当日既送我到那不得见人的去处，好容易今日回家娘儿们一会，不说说笑笑，反倒哭起来。一会子我去了，又不知多早晚才来！"[①]这些都不是一种欢乐场面，在荣华富贵到了极端的情景之下，忽然冒出来这些"泪如雨下"，"太奢侈靡费"了，都是在极度热闹的环境中发出的一种伤心的凄凉的冷调子，在极度的暖调热调中，看出来一股冷意，一种冷调子。我抄完这部《红楼梦》，对《红楼梦》增加了不少新的认识。

[①] 曹雪芹著，无名氏续:《红楼梦》，中国艺术研究院红楼梦研究所校注，人民文学出版社1997年版，第156页。

七

解散人民大学

一

江西干校

1970年3月,我们就到江西干校去了。我到江西去以前,把别人不要的书都买回来,装在大箱子里。我钉了九个大木箱,一张床那样大的木箱子,为什么要这么大呢?一个是存放的书多,再有一个呢,人家轻易搬不动。我把我所有的书都放在箱子里,然后用特别长的钉子,死死地钉死了,轻易拉不开。因为我要离开北京了,家里没有人了,我把箱子都钉死了,别人要拿拿不着了。

1969年年底,"文化大革命"慢慢地趋于低潮了,许多老教授对"文化大革命"是怨恨至极,很多人把书都卖掉了。我住的张自忠路,有三栋红楼,这是教授们住的地方,红一楼跟红二楼之间有一个很宽的广场。这个广场上堆了不少人的书,他们都不要书了,说以后再也不要书了,因为"文化大革命"大家都挨整了嘛。我说"文化大革命"不是书的问题,是人的问题,不能不要书。所以我就下决心,我把所有研究有关的文史哲的书,包括政治的书,能买的我统统买回来。

我说不可能连文化都不要了,这个国家不能没有文化,如果真是像林彪说的要打仗了,炸弹来了,那是大家的事,我这书也算不了什么了;如果不打仗,如果有一天我能回来,打开这些箱子,我还要读书,还要研究,还要用这些书。

我爱人夏老师在北外附属外国语学校教课，她没有下放。她是白天去上班，晚上还能回来。两个孩子还很小，由她来照顾。但是白天孩子就没有人管了，所以孩子们读书受到了影响。

我们从北京出发，北京还是寒冷的冬天，过了长江，就已经是春天了，尤其是一进入江西省，桃花梨花都已经开了，满眼都是黄色的菜花，一片春色，心情也比以前好得多，觉得毕竟还是开阔了嘛。

我们干校的基地在余江，就是闹血吸虫病那个地方。本来的安排是过了鹰潭，到刘家站下车，然后就到李下基村，但是我们到了刘家站当天就得到通知，不到干校，直接到南昌。南昌在疏浚八一湖，八一湖的湖底淤塞了很多泥土，要疏浚，要我们这些人到南昌去挖八一湖湖底的泥。所以我们没有在刘家站下车，学校的一批人先把我们的行李送到干校去了，我们直接到南昌八一湖去干活。下火车的时候，我们碰到了大雨，真正是暴雨。我们事先都有准备，知道南方雨多，都带了雨衣了。

因为我一直在农村劳动惯了，不怕劳动，所以我就负责拉塘泥车。把湖底挖出来的淤泥都装在车里，拉到堆放淤泥的地方。当时我也干得动，我才四十多一点嘛。车当然很重，但是因为有四个轮子，一滚动以后重量就减轻了。启动的时候很重，要几个人帮着推动以后才能拉得动。

那时候礼拜天也还是休息的。我利用休息时间去南昌的八一起义纪念馆和周围的一些名胜。滕王阁早已经废掉了，老百姓说，赣江的江边就是滕王阁的遗址。我找到那个地方，有一个滕王阁小学，为什么叫滕王阁小学？就是因为起在滕王阁的遗址上了，所以叫滕王阁小学。

我们在南昌干了大概十来天的活，完了以后，我们就到余江，到了李下基村。村子里都是矮房子，就像是解放军的军营一样。还是继续"文化大革命"，还要批斗，隔一段时间就要开批斗会，我，还有一些同志都是被批斗的对象。

我们在干校不准读书，除了《毛泽东选集》，有关这类的书才可以读。有一次，一位同事把带去的书拿出来晾，放在外面晒了，因为江西潮湿，雨水多，书都湿了。其中有一部《红楼梦》，被其他同志看到了，就马上举报，就批判，当时是"左"到这种程度了。

在干校的时候，死了三个人。有一位同志趁中午大家午休的时候，到我们干校的木工房，木工房有电锯，他就去把电锯开了，把脑袋往电锯上面一撞，一下把头切开了。当我们知道这件事以后，心里都难受得不得了，明明知道他是一个无辜的好同志，却这样用惨烈的手段把自己弄死了。

还有两位同志呢，因为江西天气太热，就到池塘里去洗澡，结果一不小心滑到池塘中心去了，他们不会游泳，夏天中午没有人管，就淹死在里面了。也有人说，他们两个不是淹死的，是自杀的。

当时我们一起挨批斗的有两位是从香港回来的，因为1949年以后大家都很高兴，中国终于站起来了，都仰慕共产党，很多人都回来了。从香港回来的两位，跟我也很熟，关系都挺好。当时也是，只要是境外回来的，就把你定为特务，整个"文化大革命"过程中一直挨批斗。后来"文化大革命"一结束，这两位就回香港去了，他们本来在香港有自己的事业，因为仰慕共产党，把香港的事业交托给别人了。他们本来也是做学问的，自己到中国人民大学来教书，没有想到碰到这样一场大灾。总算是最后给他们平反了，他们觉得太受冤了，十年时间耽误了，就回香港去了。我后来去美国经过香港的时候，他们都来接待我，回忆当年在干校的共同生活，大家都感叹不已。

我们干校买了一些山地种茶树，每年春秋两季要采茶。采茶本身是轻活儿，两只手摘茶叶。但是我干的不是那个，主要因为我能干农活，给我分配的任务就是挑茶叶。茶叶有个特殊的情况，就是一篓一篓的茶叶采好以后，要把它挑回去，路上不能停在有泥土的地上。因为茶叶最善于吸收别的味道，如果把两篓茶叶往地上一放，这底下一层就带有泥土味了，就不能用来做茶了。

我有时候也去采茶。采茶的时候，背上有个背篓，采完以后都往背篓里扔。两只手采，关键是不能用指甲掐，一掐这个茶叶就没用了，指甲的味道就被吸收进去了，只能用手指头肉的一面，很快地拔。采下来往篓子里放，放满以后，倒到大簍子里，大簍子是架起来的。倒满了以后，就由我挑回家，每一担大概有一百斤。我一直要挑到干校的茶厂，茶厂有一个专门晾茶的房子，那个地皮是专门做的，不染任何味道的，茶叶放进去不会受影响。

大学教授谁干过活？一般都不会干活。我是从小就干活，我会挑担子，而且我能换肩。茶叶是在高处的，要走好几里山路呢。大家都知道我会挑担子，会换肩，我就负责挑担。我那时候身体好，可以挑一百多斤。我先在右边肩上挑，右肩累了，压得疼了，我能够不着地、肩膀一耸换到左边肩膀上再走，走一段时间，左肩总归要差一点，走的时间不能那么长，右肩稍微得到缓松以后，再一耸过来就换到右肩上，这样几里山路下来，左肩右肩，右肩左肩这么不断换，挑到茶厂，倒在茶厂晾茶的地上，然后再回去挑茶。

三年时间，我们一直在自己种茶，年年春秋两季，采好茶我们自己炒。茶叶从山上采下来以后要铺在地上晾，让它的水气跑掉一部分，等到晾一段时间才拿到锅上炒。茶农炒茶的时候，最后是不用工具的，用手。手洗干净以后，在烧得很热的铁锅里，放了茶叶。炒茶的茶农的手啊，特别有经验，很热的锅，他用手这么弄，就把茶叶弄好了，我们自己也照这个办法炒茶。

我懂得了茶的好坏，虽然比起那些专门品茶的专家来，那是差得太远了。他们是太不容易了，一个是舌头的敏感是天生的，这个我们到不了；另外他要鉴别的多，几十种茶叶放在那里，不给他看茶叶，他一尝味道就知道是哪里的茶，是什么品种。但是从我自己的生活上来讲，一般的茶叶的好坏，到嘴里马上就能感受出来了。

我们在李下基的住房旁边，有一口古井，还有一棵老的茶树，自生的，品种非常好，就在我们住房的墙边，所以这就等于归我们了。我们一排房子十几个同志住在那里，每到春天，清明前，我们采下茶叶，自己炒出来，十来个人吧，每个人可以喝几杯。过了一段时间，又长新芽了，再采一点，再炒了喝。用我们旁边那口古井的水，那个水特别好，醇厚。

真正品茶的学问，也是无穷无尽的，嘴上要感觉灵敏，茶叶要好，光茶叶好还不行，还要水质好，味道才能出来。还有一个呢，烹的时间也有关系。碧螺春的味道是嫩和浓，也不完全是浓，因为茶叶放得多就浓，最重要的是非常嫩，鲜嫩。龙井呢，现在铺天盖地，到处都是龙井，杭州出的茶叶都压成龙井的造型，扁平的，就算龙井了，喝到嘴上完全不一样。真正的龙井呢，喝到嘴里味道正宗，我都无法形容，再一个就是有回味，喝完以后啊，开始涩，微苦，但是这个苦不是让人不舒服的苦，觉得有味道，在舌尖上，然后又会发甜，嘴上微微发甜，这才是真正的好龙井。品茶也要有经验，没有经验，味觉不好，就弄不清楚。

唐代、宋代的喝茶跟我们现在不一样，我们现在喝茶是明清以后的喝法了。宋代的茶，《水浒传》里讲到王婆卖茶，西门庆来点茶，有许多名称，这是加调料了，这是一种喝法。宋代人的茶碗，是漆黑的釉。为什么用黑的釉呢？因为宋代人煮的茶，要加调料，加乳白色的调料，放在漆黑的碗里，就像现在喝牛奶一样，洁白的，很漂亮，所以它要用黑的茶碗，这是一种喝法。另外一种喝法，像黄山谷诗、苏东坡诗里讲到的，已经带有我们后来的冲茶的方法了。冲茶的时候，水冲下去看到出来一个个的气泡，他们用这种气泡来验证茶叶的好坏，可见它已经是冲茶的一种方式了。

干校还有一个活儿是打石头。什么叫打石头呢？江西余江那一带的山是红颜色的沉积岩，质地比较松，它不像花岗岩那样坚硬，但是实际上也是石头，还是很硬的。当地有一种副业，就是开山采石头，把它打成一块一块的四方的石头，作为建筑材料卖。我们第二个任务就是学打石头，当地的师傅带一个打石头的徒弟要三年，其实这个活儿并不困难，主要是要有力气。打石头的这个锤，不是我们平常看到的铁锤，这个锤是圆的。打石头当然有技巧，我们就学，很快，三个月不到，大家都学会了。

打石头也很有意思。一块四方的比咱们吃饭的桌子还要大一点的石头，四周开大概是10厘米宽的沟，石头多厚就开多深。一块石头要在中心挖一个圆孔，圆孔的深度跟边上的沟一样深，然后在圆孔里四面要打四根铁钎子。人可以站在这块石头上，没有关系。这四根铁钎安装好了，就用另外一个长把的锤子打，均匀地打，这根上打一下，这根上打一下，这根上打一下，这根上再打一下，打得不能太猛，四根钎子用力要均衡，打完以后人站在石头上，石头就会蹦起来，整个一块四方的石头，底下齐齐地就跳出来了。然后在它上面打线打眼，打竖的、横的线，分成32块石头。打好线以后，再用这个钎子在线上打眼，竖线上打几个眼，横线上打几个眼。打完以后，钎子插好了，只要你用锤子轻轻地敲几下，一块一块石头就下来了，一块块就分开了，然后把石头搬出去，搬到另外一个工地做加工。

加工有几种，先把刚切下来的石头弄平弄齐，稍微修一修，那个容易。然后在边上打一个边，中间让它稍微鼓出来一点，背后也让它稍微鼓出来一点，这种叫蘑菇型。还有一种呢，开完这个边以后，打一条一条的斜线，也是装饰吧，那是斜线型。还有一种是打点子，一点一点一点，是雨点型。加工完了就是商品了，就可以卖到外地去。我后来到上海去，看到外滩许多用石头砌的墙，是蘑菇型的石头，当然那个石头不是我们江西的红石，但是我一看，就知道是怎么加工出来的。

经过这段时间，打石头这种活儿我也学会了，加工的活儿也学会了，至于把石头抬上去那是小事情，只要有力气。

但是不幸的是，我在打石头的过程中，不小心一锤就打在右手的大拇指上，手指底下是铁钎，当时这个手指甲就被打开了，打裂了，疼得人都晕过去了，那出了大事了。当时我们干校医务所的医生，一看我出了这个事情，立刻给我打青霉素。我在干校虽然一直被批斗，但是大家对我特别同情、理解。当时条件很困难，青霉素很少的，但是干校的医生担心我，要是化脓了就麻烦了，就要锯掉这个手指，所以他每天给我打两次青霉素。由于干校的医生的爱护，终于没有发炎，没有化脓，慢慢地，这个打碎了裂开了的手指甲慢慢又长起来了，老指甲已经坏了，但是新的指甲慢慢地长出来往前推，往上长，经过好几个月，就恢复好了。

还有一个活儿是种水稻。江西是南方，除了山岗以外，就是水稻地。我们干校还有一批水稻地。我是南方人，从小在家干活的，水稻地里的活，我全能，所以我就带着他们种水稻。从育秧、拔秧、插秧，整个稻田里的工程，我都带着他们一起干。开始他们不懂，都是教授，大部分人不熟悉水稻地的工程，种水稻看起来好像是很粗的农活，但是实际上有很多经验和技巧的。

撒的种谷就得挑选，种谷怎么挑选出来呢？就是稻子完全成熟了，在收割以前，到地里去挑，看那稻子长得好的，哪一穗长得特别饱满、特别多、特别丰满，就摘下来，如果地多就摘得多。摘下来以后，等到第二年，拿下来一粒一粒脱粒以后做稻种。

育秧，要先做秧田。秧田是泥水地，上面要有薄薄的一层水，底下都是很稀烂的泥浆，然后把谷种均匀地撒在地里。过了一段时间，秧苗慢慢地长出来。秧苗长到大约20厘米这么高吧，就开始拔秧。

拔秧也是，看起来是很轻的活，两只手拔，其实是很累的。有个小凳，就像咱们北方的马扎一样，就是一个小板凳，叫秧凳。坐在秧凳上，两只手拔秧苗。不会拔的人，拔下来乱糟糟的；会拔的，两只手不断拔，拔到手里都满了，满了以后两股交叉地放，拿稻草拴成一把。有个拴秧的结，叫秧结，转两圈一拉，就拴紧了，就是一把秧。

一块田，直行的，一行一行地，隔一段放一把。下地插秧的人要一边插一边往后退。插秧的时候是蹲着的，一只手拿起秧把来，把拴好的两股秧这么一抽，抽出一股来，用左手肘压在左膝盖上，左手手里拿着抽出来的单股秧，右手从左手拿三支秧苗，插到泥浆地里。会拔秧的人，一把秧到了插秧的人手里，一摊开来，就像一个扇面，像一层卷好的东西一样，插秧的人拿了三支或四支，就一下一下往地里插。

右脚外面插两棵，两只脚中间插两棵，左脚外面两棵，插完以后再拿。不断地插，人不断地往后退。插完以后，你站起来看，老百姓叫"六条绳"，就是六棵秧竖看要笔直的，像六条绳子，这是有经验和技巧的。其实奥妙在什么地方呢？第一你要体力好，不要老站起来休息，因为弯着腰很累，你一站起来，一休息啊，再第二次插，那个地方就有个痕迹；还有个秘诀呢，右腿从泥地里拔出来往后退的时候，不能完全拔出来，只能齐着这个水稻地，平平地往后移，笔直地往后移，左腿没关系。右腿是一个准线,右腿只能轻轻地笔直地往后移,脚不能弯。左脚可以拔出来,往后退,然后赶快再插。他们一看我做农活很在行,所以农忙季节,我就带着大家一起干这些活。

除了这些活儿外,江西余江那一带产木材,有一些很好的做家具的材料,老百姓称黄栎子、红栎子,实际上是黄颜色的硬木,红颜色的硬木,都像楠木一样。大家农闲了,就开始做木工,我也跟大家一起做木工。我特别喜欢这两种材料,黄栎子和红栎子有各种各样深深浅浅的纹理,打光了以后漂亮极了。我做了不少做木工用的刨子,越做越精,长刨、短刨,我做了好多,还有挖沟的、挖槽的线刨我都做了。同事看我做得好,都拿了木头叫我做,我也没有什么事,就给他们做。

有一个线刨,我还用刀在上面刻了一幅山水。因为余江那里远处有三座山峰,都壁立在那里,漂亮得很,我就把它刻在那个线刨上了,还用刀在木头上刻了字,"愿借余江三片石,来做他年梦里人"。我做的这些刨子带回来以后,我那时候住在张自忠路,我隔壁就是张正宇老先生的住宅,他是有名的工艺美术专家,真正了不起的书画大家。他有一次看到我这个刨子,就说你这个刨子太漂亮了,借给我挂几天。他就拿到自己的画室里,挂在墙上,他老夸,说你的工艺水平很高。这个刨子是黄颜色的,两个推手有点弧形,中间是刨子的身子,中间高起来,往下面微微的有点斜坡,造型是很好看。这个刨子现在还在,我老家的学术馆拿去陈列了。

1971年9月13日,就是林彪"九一三事件",林彪在温都尔汗坠机身亡,开始干校里是小道消息秘密流传的,后来正式公布了。当时这个事情一出来,一般的反应都是很高兴,觉得林彪自己走到了末路了,没有多加分析。但是我当时有许多想法,但这许多想法都不敢说,因为一说又是不得了的事。

我从林彪事件上,感觉到中国的政局发生了一个天翻地覆的大变化。为什么呢?林彪是被毛泽东确定为他的接班人的,而且是大家都称林副统帅,不能叫林彪的。林副统帅,副统帅,正统帅是谁啊?那当然是毛泽东。而且林彪的地位是被当时修订的中国共产党党章都写进去了的,这是从来没有过的事情。一个党的党章是一个原则性的问题,不可能涉及个人谁来接班这一类的事情，可是那一次的党章重修以后，明确地写了的，林彪是接班人，都写到党章里去了。

而且特别重要的是，"四人帮"上台以后，江青就口口声声"奉了林副统帅的命令"到哪里去，到哪里去。所以"四人帮"和林彪是合在一起的。大家现在都知道"四人帮"，是江青、张春桥、王洪文、姚文元四个人，实际上光凭这四个人怎么行呢？首先是林彪，因为江青到处都是打着林彪的旗号出去的。所以，如果林彪始终是这个地位，"四人帮"是不容易垮台的。"四人帮"四个人哪一个人掌握军权了？没有一个人掌握军权的，没有军权怎么建立自己的统治力量？毛泽东不是一直说"枪杆子里出政权"，没有枪杆子，怎么出政权？当时掌握军权的就是林彪。所以江青他们四个人能够横行无忌。

中央的内部情况我们都不知道，突如其来冒出来林彪乘飞机出逃，到了蒙古国的温都尔汗掉下来了，飞机烧毁了，人死了。林彪事件完全是意外事件，其具体情况，我们也无从得知。但是这说明"四人帮"上层发生矛盾了。

我当时分析，中国政局要发生重大的变化了。为什么呢？"四人帮"没有军事靠山了。当时中央的许多老一辈的都被打倒了，有的虽然没有死，但是已经没有军权了。军权本来掌握在毛泽东手里，然后称林彪为林副统帅，林彪掌握了军权，所以林彪下过第一号备战命令。现在忽然间林彪垮台了，就意味着"四人帮"没有军队了。当时叶帅、邓小平还在，但是都被打倒了，但是叶帅也好，邓小平也好，他们的威信还在啊。我分析，林彪一垮台，"四人帮"快不行了，不会有太长的时间了。

我在干校还是受了数不清次数的批判，但实际上已经是摆摆样子了。我在干校真正的收获，一是我借假日调查游历了不少地方；二是我学会了采茶、挑茶、打石头、做木工，虽然后来我不干了，但是我都懂得这个道理了。三年干校，别人都觉得是浪费了，都是做苦力，我自己觉得，我是进入了另外一个新的天地。我觉得如果不是干校的这个环境、条件，我不可能走那么多地方，增加那么多新的知识。以后我能正常做学术工作的时候，我一直坚持调查。因为坚持调查，就会有很多新的发现。我觉得干校对我来说，收获真是太大了。所以我觉得我这个干校跟别人不同，除了照样挨批斗、照样劳动以外，我是大开眼界，学习了许多历史地理知识。

二

行走在天地间

　　干校的另一个意外收获，就是实地调查。我是不管到哪里，都能跟做学问联系起来的。我在江西干校的时候，一到休息日就出去。因为那个时候不是礼拜六、礼拜天两天休息，只有礼拜天一天休息，礼拜六下午就是收工收得早一点，所以我一到礼拜六下午，吃完晚饭，就步行到刘家站，乘火车就到外地去调查了；有时候是礼拜天早晨四五点，天不亮就起来，到刘家站乘火车，到附近能够一天往返的地方去。当天一定要回来，因为如果礼拜一上班你没有到，那又要挨批斗了。

　　在干校期间我们养了一条狗。这条狗真聪明！每次节假日，因为我争取时间啊，有时候早晨四五点就起来了，步行到刘家站，要走一个多小时，往往是我到了刘家站要进车站了，回头一看呢，身后跟着一条小狗，就是我们养的那条狗。它看见我走了，就摇摇尾巴，回去了。我回来的时候，它也来迎接我，我觉得这是一条聪明的、懂事的、领会人意的狗。

　　我就尽可能地在一天的行程所及的范围以内调查，余江范围能调查到的不是很多，最靠近的是鹰潭。鹰潭是一个风景非常秀美的地方。鹰潭容易，当天来去都来得及，所以我多次到鹰潭。

　　鹰潭的江边有个特点，悬崖上面有很多悬棺葬，山的悬崖上打了很多窟窿，窟窿里都是棺材。在三峡秭归也有不少地方有悬棺，那是古代早期先民的一种习俗。但是我们就是弄不清楚，这么高的悬崖，底下又是江水，古人怎么能够打洞？打这么大一个窟窿，像一间房一样，用来存放棺材。再有一个，怎么把棺材吊起来塞进去？前些年我看见中央台播出一个节目，模拟了一些工具，解释怎么样能够在地上把棺材升起来，然后又怎么能够放进去，要探究那些古代先民是怎么发明这个技巧的。

最好的是有连续几天的假日，更长的是探亲假，我利用这些假日，都去做文化历史的调查。我当时出去，有一个自己的办法，我带一个比较大的口袋，买一点苹果，苹果又解渴又能够当饭，走累了、渴了、饿了，就吃一个苹果，苹果也有水分，也能饱肚子。

我出去旅行有一个习惯，我不找别人一起走，为什么呢？往往是走了一半，一个人想到这儿去，另一个人想到那儿去，又散了，反而麻烦。我一个人走，想到哪儿就到哪儿，不受任何影响。到了路上，有时候能碰到同路的，我是到香炉峰去，你也是去香炉峰，那是同路，这个就同一个目标，挺好。

我出去都是偷偷出去的，不告诉别人到哪儿去。为什么？那时候游山玩水也是一条罪。现在我们去调查、访问、考察，没有什么事，那时候游山玩水也是一条罪名，当时批斗我的时候这也是其中一条。因为我就是喜欢出去调查，所以我每次出去都是自己一个人，背一点干粮，背一点苹果，就这样走，准时回来，到礼拜天晚上，回到宿舍，第二天继续上班干活。

有一次周末，我先赶到江西铅山，想去寻找辛弃疾的墓，结果还差30里，没有找到，我就赶着回来了。因为当时纪律很严的，尽管礼拜天休息日，但是如果你礼拜一不到，那就会有严重的处分的。我赶到铅山，才知道那个地址变了，名字没有变，实际的铅山不在那里，还有几十里路，所以我无法去了，我就连忙上了来时候的长途汽车返回了。但是有一个最大收获，我发现铅山这个地方的山都是倾斜的，就像万马奔腾一样往前奔跑的。因为辛弃疾的词里有一句"青山欲共高人语"，青山要跟高人对话，"联翩万马来无数"，"联翩万马"，几万匹马奔腾过来，数也数不清，我一看一

199

排排倾斜的山石，我说，原来辛弃疾的词是从这里得到的灵感。我真正看到"青山欲共高人语，联翩万马来无数"的形象了，否则你光读这首词，以为是辛弃疾想象出来的，其实他是看到了这些山的气势以后，才得出来这样的词句。所以我一直觉得读书一定要跟实际调查结合起来，一定要看到历史的环境，真实的环境。

我到南昌去了几次，到庐山去了两次。上庐山一般是乘汽车盘旋上去的，我不坐汽车，因为坐了汽车盘旋上去，"哗啦哗啦"一下都过了，都不知道什么是什么地方了。

我就向老乡打听，找到了步行上去的小路。因为如果我跟着汽车路这么盘旋走上去的话，那不知要多走多少路程。我找到一条小路，这路很险也很陡，但是可以直接上去，大概两三个小时，就可以到花径了，然后就到山顶了。庐山最大的特点是景点非常散，从这个景点到那个景点要走很多路。我两次去庐山嘛，一次是从小道走上去的，另一次我从庐山的南面一步一步往庐山走，所以五老峰啊、含鄱口啊、香炉峰啊都走到了。

有一次我走到香炉峰底下，天黑了，周围也没有旅店，我就到了香炉峰党校。去了以后，我就说，我是人民大学"五七干校"的，到庐山来参观，找不到旅店，周围有什么地方可以住？那位党校校长很热心，问我叫什么名字，我说我叫冯其庸，他一听就说，哎呀，我读过你不少文章，难得见面，你就住在我这儿吧，明天我陪你到香炉峰去。我说我还有一个想法，希望你帮忙，你们图书馆有没有《庐山志》？我想整个庐山的情况能够通过《庐山志》看看。他说我们党校有，他到图书馆里帮我借了一部《庐山志》，还招待我吃了晚饭。吃完晚饭，我就自己在房间里看《庐山志》。在庐山的香炉峰底下的党校住了一夜，基本上看完了《庐山志》，把重要的部分看完了，心里有数了。

第二天这位党校的校长带着我上了香炉峰，除了在底下看从天而降的瀑布以外，还可以跑到瀑布顶。但是那次没有到瀑布顶，走了三分之二，校长有别的事了，另外我爬上去再下来，又要耽误一天时间。因为我要计算回去的时间，所以就没有走到瀑布顶。

其实再过去就是南栗里，据说陶渊明的故里就在南栗里，为什么叫南栗里呢？因为还有个北栗里。

我第一次去庐山的时候，到了南栗里，南栗里最令人琢磨的是有一块大石头。这块大石头可能比半间房子还大，四四方方，突出在山边，孤零零的一块石头。石头周围题满了字，都是题刻。我细细看了，所有的题刻都看过了，最早的是元代的，元以前就没有了。老百姓说，陶渊明经常坐在这个石头上，看着天上的云彩写诗。我当时觉得怀疑，陶渊明是东晋的人，怎么到元代才有人题刻？陶渊明过世后不久，他的声名就慢慢被传开来了，这是一个高士，不可能到元代才有人题刻。这是我的一个存疑。

后来"文革"结束以后，从1979年起我开始带硕士研究生。我带研究生的时候，也带他们去实地调查了。有一个学生叫叶君远，叶君远跟着我研究吴梅村，毕业后留校，后来是人民大学中文系的主任，已经退了，现在到大连去担任另外一个学校的中文系的主任；还有一个学生叫邓安生，天津南开大学的中文系教授，他专门跟着我研究陶渊明，他们都有开创性的见解。

关于南栗里和北栗里，邓安生有一篇很有影响的文章，他最后确定，陶渊明真正的故里是北栗里，不是我去过的有一块大石头的南栗里。他是怎么确定的呢？因为陶渊明《归去来兮辞》里有一句话，"彭泽去家百里"，他做官的彭泽我也去看过，彭泽距离他的家是100里。当时的"百里"指的华里不是公里，那时候不讲公里，魏晋南北朝的"里"跟后来的"里"也不是一样的长短。邓安生根据魏晋南北朝的"里"的计算方法，计算从彭泽到北栗里多少路程、彭泽到南栗里多少路程。一算下来，从彭泽到北栗里，按晋宋时代"里"的计算方法，刚好是100里左右。到南栗里呢，就不是100里的问题了，再加上其他的许多材料的对证，他就写了篇文章，论证陶渊明的故里应该是北栗里，证据列了很多。

后来在庐山开会，专门请他去参加了这个会议，因为大家觉得他讲得有道理。因为"南栗里说"有个最大的致命弱点，除了"去家"不是百里以外，在这块石头上元以前没有任何记载，陶渊明他不是元代人，他是南朝的晋宋时代人。

后来我每届带研究生，都带着他们出去调查一个月。国家规定的调查的经费，我不让它落空，我都要用在学生身上，所以我的几届研究生都跟着我出去过，他们后来也觉得受益很多，都觉得实地调查对他们做学问太重要了。

第二次去庐山，我一直到了庐山的最高的顶上，含鄱口什么都看了，特别是庐山的东林寺，"虎溪三笑"的典故就发生在这里。陶渊明、慧远、陆修静三个好朋友经常在东林寺见面。慧远有个约定，送客时不过寺前的一座叫虎溪桥的小桥，虎溪桥底下是一条山涧水，叫虎溪。有一次三个人说说走走，不知不觉就过了虎溪桥了，大家相视而笑，今天说得都忘情了，都过了桥了，就告别各自回去了。这成为一个典故，叫"虎溪三笑"。

我到了东林寺，东林寺还在，但是房子破落，没有几间了。方丈呢也都是一般的人了，谈不上多高深的文化了。虎溪桥、虎溪都还在，虎溪桥名气那么大，桥并不大，也就两三米宽。虎溪桥是不是原来那座桥？我觉得不太可能是原来那座了，但是那条溪水是自然形成的，就是庐山上下来的瀑布，冲击成的一条水的出口，估计这条虎溪位置不会有变化。

我还到了庐山的另外几个寺庙。有一个寺庙，我一下忘了名字了，我去的时候，寺庙前面那个大的池塘里堆满了佛经在焚烧，为什么放在池塘里烧呢？池塘底下有石头，经书堆放在上面烧，我去的时候正好烧完了。哎呀！我觉得这得烧毁了多少古代的珍贵典籍啊。佛经也是我们古代典籍的一种，里面记录着人类的智慧，记录着人类的理想，可是我去的时候，看到它们都被烧掉了。当地的村民告诉我，原来这个寺庙是以藏佛经著名的，有很多经书，古代很早的经书都有，结果全部被焚烧掉了。

在池塘边上，我还看到几块石头，那些石头也特别了不起，包括到池塘去的台阶的石头上面都刻满了字。什么字呢？是王羲之写的字刻在这些石头上了，那么王羲之写的字怎么会到这里呢？他们就讲了个故事：抗日战争时期，日本鬼子要把这几块石头运到日本去。从哪里运来的？我想不起来了。到了这个地方，被当地的老百姓知道了，老百姓就把它拦住了，没有让他们运走，就放在这个寺庙旁边，后来就拿来砌池塘了，有的是砌在池塘边上，我还看到上面有字。有三块就砌成台阶，池塘的台阶。我看了真觉得非常可惜，但是那个时候没有力量，跟他们说也没用。老百姓都知道这是文物，国家的文物，总算是没有被日本鬼子拿走，但是自己也没有好好地保存起来。

我现在也想不起来这个寺庙的名字了，当时不敢记日记，因为我"文革"以前记的日记都成为他们批斗的资料了。那时候我不敢记日记，尽管看了这么多东西，不敢写下来。

我到了彭泽，到了壶口，也到了星子县。壶口，为什么叫壶口呢？我到了那地方，也看明白了。长江伸出来的另外一个大的湖泊，但是口子特别小，就像一个茶壶的口子，然后一个大肚子。星子县在鄱阳湖的边上，那里还有周瑜练水军的地方。

在星子县，我看到落星墩，为什么我要提到这件事呢？因为黄山谷有诗写落星墩的[①]。我一看黄山谷当年写诗的那个地方还在，那是一个小岛，落星墩是湖里的一个小岛，四周都是水，要乘着船才能上去，落星墩上还有寺庙，我都看到了，非常高兴的是什么呢？我能够从实地调查，跟我读的书结合起来，看到当时的历史地理和写诗的环境。

还有一次，我利用回家探亲的时间，跟一个同事一起到广西的桂林阳朔去玩。除夕的晚上，我们步行到刘家站上了火车，那天开往桂林去的整列火车，就我们两个人，爱怎么睡就怎么睡，爱在车厢里走走也好，反正整个一趟车就我们两个人。除夕了，没有人，都回家了。

到了桂林以后我们就直奔阳朔，想从阳朔乘船返回桂林，乘船看漓江两岸的风光，所以我们坐火车一直到阳朔。

到了阳朔，老百姓讲阳朔往下还有一段景，那才是最漂亮的地方。我们找到了一只空船，刚好船夫要返回桂林，我们就带了点吃的，上了船。

[①] 黄庭坚《题落星寺四首》其三："落星开士深结屋，龙阁老翁来赋诗。小雨藏山客坐久，长江接天帆去迟。宴寝清香与世隔，画图妙绝无人知。蜂房各自开户牖，处处煮茶藤一枝。"

他这只船就只载着我们两个人，船夫也很不错，很有文化。我们就从阳朔往下走了一小段，看看阳朔以下的更漂亮的风光再回程。

整个从阳朔到桂林大概是一天多的时间，中间到了九马画山。这是一个重要的风景点。船夫专门为我们把船停下来，让我们上岸到九马画山看看。从江上来看，两边都是高山，壁立的山峰，因为这一片山峰上有斑驳的纹理，像画了九匹马，所以叫九马画山。我们从台阶走上去，这是一条古老的街道，很偏僻的，看了当地的民情风俗，然后再下台阶上船，再继续沿着漓江往桂林走。整个的阳朔桂林之间的漓江山水，我们那天看得非常舒服，因为只有我们两个人，没有任何人干扰，船夫也是回去，他也是不急不忙地往桂林走。

到了桂林，我就去看我无锡国专的一位老师，他叫冯振心，他以前是无锡国专的教务长。事先我也不知道他住的地方，但是他是广西大学的教授嘛，我到了桂林就打听广西大学，然后再打听冯振心先生的宿舍，一问大家都知道，马上就告诉我。我就到冯先生的家里，他一看我去了，哎呀，真是意外的惊喜，高兴得不得了，因为这时候还在"文革"期间啊，大家能够相见，很难得的。他可能也挨了批斗，但是他没有讲这些事，只是特别高兴，冯师母一看我去了，赶快就安排我们吃饭，热情得不得了。

1947年我搞地下活动的时候，当时无锡国专的一个反动教授叫王子畏，王子畏教授要开除我。冯振心先生主持的会，他明明是袒护我的，但是他主持会，不能表态，等到俞钟彦先生跟王子畏一吵架，冯励青先生出来调和了，冯振心先生马上就顺水推舟说，好了好了，不吵了，不开除。那个王子畏坚持要开除我，俞钟彦先生坚持说不能开除，冯振心先生就说，不开除，不开除，这样等于是调停了。

我去桂林看他，他特别高兴，后来"文化大革命"结束以后，20世纪80年代，冯先生到北京来，还专门来看望过我。

有一次，我利用假期上泰山，一直步行到泰山顶上。之后又到了镇江，到了扬州，甘露寺啊这些重要的名胜古迹我都去了。

我那次没有时间到扬州市里去详细看，为什么呢？因为我要到滨海去，我的老同学和我爱人的妹妹都被下放到滨海了。

我一到扬州就碰到下大雨，整天的大雨，没有办法，我就在扬州的码头旁边找到一家旧书店。以前古书都不值钱啊，书上的标价都是几毛钱，一间屋子一间屋子地堆着。我看了一天书，有很多书很想买，但是那个时候一个是没有带多少钱，再有一个呢，还在"文革"期间呢，万一买回来又被毁了呢，所以我不敢买。但是我碰到一个好的帖，是唐代和尚怀素的《圣母帖》，还是明代的原拓，太难得了，我觉得一定不能放弃，应该买。我以为这个帖也不会贵，结果一问老板，特别贵，要好几块钱，我一听比其他的书高出来这么多，当时就没有买。

但是我回到旅馆里住下来以后，想着第二天我就要到苏北的滨海去了，我还是把自己带的钱凑了，去把那个《圣母帖》买下来了，这是非常珍贵的一个古代的拓本。我把它带到北京，收藏到现在。这个帖确实是明拓本，确实很难得，唯一遗憾的是缺少一页，其他都完完整整。我后来看到文物出版社正式出版的明拓本怀素《圣母帖》，一查对，一模一样，唯一的差别就是我少了最后一页。

我们讲拓本，一个是宋拓，宋代的拓本，像王羲之的有名的字，最好的就是《圣教序》。《圣教序》最好的拓本就是宋代的拓本，叫墨皇本，现在西泠印社把它重新印了。这个本子是谁收藏的呢？是爱新觉罗·玉牒崇恩。他是一位行家，他收藏的。他之前是一位姓孙的人收藏的，姓孙的人是我们无锡人，也是一位大收藏家，后来姓孙的卖给了玉牒崇恩，玉牒崇恩藏了60年。八国联军的时候玉牒崇恩的子孙抵抗八国联军牺牲了，家里的收藏都散了，这个国宝又流落到民间，后来机缘凑巧又被我老家那位姓孙的后代发现了，就又买回去了，中间隔了60年，在玉牒崇恩手里收藏了60年，最后又回到无锡孙氏手里，现在可能是藏在天津市博物馆，最近由西泠印社出版了，还有文物出版社也印了，西泠印社印得最完整。

我在无锡国专读书的时候买到了五六本帖，都是王羲之的字。有一年启功先生到我家里来看了，说拓得很好，都是明拓本，非常难得的。其中有一本，启功先生看了很长时间，一直猜不透究竟是什么拓本，因为这个帖和那些不是一批的。后来我到启功先生那里去，他告诉我，他说，我现在想明白了，你那一本啊，太宝贝了，就是我们大家研究碑帖常说到的，从来没见过的，就是你那一本，你一定要保护好它。现在这些帖都在我手里，但是我也顾不上深入研究。因为后来要做文史的研究，没有办法钻到这个里面去了。东西当然都没有损坏，"文革"期间我都藏好了，没有遭到破坏，东西都还在。

法帖里拓本也有许许多多讲究，拓手的水平、用墨的轻重、时间的早晚、短缺了多少，这都是研究法帖的拓本的专门学问。我因为喜欢写字，也喜欢看古人的碑帖，所以对这些稍微注意一点，懂得一点，这也是无穷无尽的学问。我觉得启功先生在这方面精深得很。

江苏镇江焦山的《瘗鹤铭》碑，在中国碑帖历史上是非常知名的一件文物。我们讲究碑帖，有一句话：大字无过《瘗鹤铭》，写大字没有超过《瘗鹤铭》的，《瘗鹤铭》是中国书法界的一件宝贝。

《瘗鹤铭》本来是长江岸边的摩崖，就是刻在悬崖上的，后来那块石头崩落了，掉到长江里去了。现在传的《瘗鹤铭》的碑帖有两种，一种叫"水前本"，就是落水以前的本子，那是太珍贵了；一种是水后本。所谓"水后本"，就是石头掉到长江里，后来又被捞出来了，但是因为石头碎了，捞出来不全，所以捞出来以后再拓的本子就叫"水后本"。刚刚捞出来的时候拓的本子，除了一块一块变成碎的了以外，字口本身还没有损坏，跟"水前本"差不多，还能够接得上。

但是因为《瘗鹤铭》的名气太大了，焦山的和尚靠它来卖钱吃饭，所以不断用墨去拓，用宣纸在上面拓，拓的时候要敲啊，不断地敲，字口越敲越大，字本身越弄越浅了。后来，焦山的和尚又把它重新挖深了，这一挖就完全失真了，挖了以后再拓的本子就没有太大价值了。

我一直喜欢《瘗鹤铭》，但是以前没有见过原石。水里捞出来的石头，嵌在焦山的寺庙的墙壁上。我从干校回来经过那里，就专程去看了《瘗鹤铭》的碎石，被镶在墙壁上的、水里捞出来的一块块碎的石头。我总算看到原石了，但是这些石头已经不是落水前的样子了，也不是刚刚捞出来的情况了，已经被凿坏了。作为一件文物，原件还是原件，但是已损坏了。

我自己藏有一部《瘗鹤铭》帖，这个本子经上海图书馆的一位研究碑帖的老前辈潘景郑老先生看了以后，说我这个本子虽然不能完全确定是"水前本"，但是至少是捞出来以后比较好的一个本子，还没有被挖坏，而且他马上就想起来了，以前这个本子也请他鉴定过，一看就明白了。之后这个本子，我请隔壁的张正宇老先生给我加了一段题跋，后来潘老更给我加了长跋。

前几年有新闻报道，从长江里，就是焦山那座岛的底下的长江里又捞出来好几块《瘗鹤铭》的残石，这个我没有看见，因为这几年，我身体不太好也出不去，就没有再去看。我在那次看到了《瘗鹤铭》的原石，自己又藏有《瘗鹤铭》比较珍贵的一个拓本，所以我特别高兴。

彭玉麟的梅花石，也是在这里看到的，彭玉麟是一位将军，但是他能画梅花，定慧寺有一件彭玉麟画的梅花，刻在那块石头上了。

1972年的11月我们就回到北京了。本来"四人帮"要把人民大学解散，想把我们撂在江西了，但是江西省委书记程世清，他一算，人民大学老干部太多，工资都很高，那时候不提倡办大学了，我们这批人都是老人了，他白白养了以后，干活也干不动，做什么用啊？他就不接受，所以，我们又重新回到北京。

三

解散人民大学[①]

为什么当时"四人帮"要解散人民大学呢？主要是江青想解散人民大学。人民大学的许多老干部都是延安过来的，对江青一清二楚。连我们的张自忠路1号大门口管传达室的两位老干部都是延安过来的，他们因为没文化，只好管管传达室。我们经常有空就到传达室，坐下来跟他们聊聊天，讲讲延安的事。他们就经常说，江青不是个好人，我们都清楚她是干什么的。那时候江青还没垮台，所以他们就不敢多说，但人民大学的老人都了解她的情况。

还有戏曲界的知名导演、《红灯记》的导演阿甲，也是延安过来的，跟江青一起演《打渔杀家》，江青演萧桂英，他演萧恩。他跟我也是非常要好的朋友，后来"文化大革命"到中间了，他就跟我商量，他说你无锡还有熟人，你帮我想法子在无锡买一栋房子，我要离开北京。他跟我说心里话，他说，我在北京活不成，江青总有一天要把我整死的，因为我了解她太多了，我躲开了，她看不到了，不会碍她的事了，我才能够安全。当然无锡我朋友很多，我就给无锡朋友打了个招呼，就给他买了一栋房子。但是阿

[①] 1970年10月，北京市革命委员会通知中国人民大学停办，1978年3月，中央责成成仿吾、郭影秋负责筹备中国人民大学的复校工作。

甲毕竟是一位艺术家，离开了自己本行，周围也没有共同语言的人。有一次我回去看望他，他说回来以后好又不好，为什么呢？回来我是避开江青了，但是我所有的好朋友，所有的同行，一个也不在身边，没有一个人有共同语言了，所以我在这里纯粹是养老了。过了没有多少年，就生病去世了。我觉得阿甲本领高，对戏剧是完全精通，非常可惜。

还有一位陶钝，他是曲艺协会的主席，一位老前辈了。后来"文革"结束以后，我到中国艺术研究院了。有一次组织一些老干部到山西陈永贵搞的那个大寨去参观，陶钝和好几位老前辈都去了。中国艺术研究院就让我去，去照顾照顾这些老先生，因为我跟他们都很熟，感情上都很好，所以就一起去大寨了。陶钝就跟我讲了很多江青的事，江青的老家的事，因为他们是同乡。陶钝告诉我，江青的母亲死了，都是陶钝帮她料理的，那个时候还是国民党统治时期，江青不可能回家，是陶钝给她料理的、安排的丧事，一切都照顾得妥妥当当。等到"文革"一来，江青首先就暗示要把陶钝打倒，所以陶钝吃了很多苦头，挨斗挨批了很多次。

我们从江西的干校回到北京以后，面临着很多复杂的情况。我们去干校的时候是连队编制，按照军事的连队编制的，原来学校的编制都打乱了，回到北京又恢复学校的编制，也就是说，什么系归什么系，本来语文系跟别的系都混编了，编成连队了，回来以后，为了管理方便，又恢复到原来，语文系是语文系，哲学系是哲学系，经济系是经济系，都分开了。

被批斗的许多人都还没有做结论，回来就要给大家做结论。其他人很快就做完了，我的结论一直拖到1973年5月19日才做出。证明我"文革"中没有任何问题。我的结论为什么拖得这么晚？就是因为他们抄走我的日记，还有其他许多东西，无法归还，并且总想给我增加点新罪名，但是实在找不出别的什么问题来，最后只好给我做我没有问题的结论了。

当时的人民大学，处在一个学校停办、没有做任何处理的情况。学部[①]历史所的所长黎澍是有名的史学家，也是老干部，在学术界影响非常大。

[①] 哲学社会科学部的简称，中国社会科学院的前身。——编者

还有一位叫李新，是历史所的副所长，他原来是人民大学的教务长，后来调到学部去的，所以他对我特别了解。再有一个呢，黎澍的夫人是人民大学的一位高级翻译，她外语很好，个子很高，瘦瘦的，跟我也非常谈得来。虽然我不搞外文，也不懂外文，但是我们多次在一起开会，都非常协调。她是天天上班的，知道我的经历，从"文革"开始，一直到干校回来，我一直受折磨、受批斗。

黎澍也知道我的文笔很好，很同情我，他们也不愿意我这样的一个人，就这么被折磨掉了，所以他们就下决心要把我调到学部历史所，去参加范文澜的《中国通史》的编写。因为范老编的《中国通史》没有编完，由学部继续组成班子编下去，让我担任《中国通史》的文学部分，每一个朝代每一个时期的文学发展的情况，我来负责写。我当然求之不得了，因为我在人民大学一直是挨批斗，而且当时虽然从干校回来了，也无所事事，学校也不办了，也不招生了，究竟去向怎么样也不知道，所以我也非常愿意到学部历史所去。

那时候李新经常把我找到他住的地方去，就在现在长安街一直往东，国际贸易中心附近。李希凡原来的住房就在那里，这是学部的宿舍。我那时候经常去，现在李新去世了，黎澍也去世了。

有一次黎澍告诉我，他说我每天的任务，就是吃完早饭搬个凳子坐在电话机旁边，给中央组织部的部长打电话，要求把你调来，他说你放心吧，中组部的部长已经说了，一定帮我把你调到学部来。

后来确实，到1974年的元旦以后，就正式通知我到学部的历史研究所去工作了，任务就是继续写范文澜原来编的《中国通史》。

就在这个过程中间，"四人帮"把人大解散了。人大解散以后，就把一个一个系的人都要分派掉，语文系就全部分到北京师范学院，那个时候叫北京师范学院，现在叫首都师范大学。我们语文系把名单报过去，因为中央组织部已经把我调到学部去了，所以自然而然，语文系报给他们的名单里就没有我的名字了。结果，北京师范学院的领导一看语文系的名单里没有我，就不接受，说都有协议的，就是全部原班人马，一个不少，你们偏偏把冯其庸抽掉了，我们不能接受。人民大学又去跟李新商量，说影响到整个学校的分配了。李新说，那没有问题，先叫冯其庸过去嘛。李新同志就找我，他跟我说，你是中央组织部要调的，到哪去，中央组织部都有权把你调过来，你就跟着过去，过去以后我通知北京师范学院，中央组织部调令在我这里，你是我们学部的人，还要回学部，这样他们就没有话说了。我考虑这个也有道理，不然弄得语文系无法处理了。

1974年这个时期，李新同志还做了一件事，呼吁中央恢复人民大学。因为人民大学到了20世纪70年代的时候，力量已经壮大了，各方面的人才也聚集了不少，解散了太可惜了。党中央创办的中国人民大学嘛，开学的时候刘少奇去讲话，中央自己创办的一所学校，怎么能就这么解散呢？李新同志觉得人民大学应该恢复，也没管当时"四人帮"的情况，就跟我商量了，让我起草，请求中央恢复人民大学。

原来的人民大学名誉校长是吴玉章，但是实际的校长，具体办事的校长前后换了很多，到"文革"期间是郭影秋。当时郭影秋校长病得很重，主要是腿有严重的病，一个是误诊，本来没有那么严重，误诊后弄得更严重了，一直在医院里。郭影秋校长也提出来要恢复人民大学，所以我和李新同志跟郭影秋校长见了面，商量恢复人大的事。郭影秋校长又找了几个人，我现在一下想不起来他们的名字了，我们几个人一起起草给中央的报告，请求恢复人民大学。我当时的起草是有底稿的，本来都在张自忠路那个宿舍里的，后来因为搬家嘛，东西太多了，学校也恢复了，就没有把它留下来。

那个时候"四人帮"还没有垮台。人大被解散是江青的主意，江青还在台上，复校不可能得到通过的。我当时帮李新同志一起筹划恢复人民大学，跟郭影秋校长多次见面。后来郭影秋校长病得更严重了，一直在上海治疗。我有一次去上海，到医院看望过他。那个时候，人大恢复的信息，杳无音信，后来大家也觉得指望不是很大了。1978年人大复校，那时"四人帮"垮台了，"四人帮"不垮台，人大不可能恢复。

我本来是一会儿这儿一会儿那儿。干校回来，等待处理，学校解散以后又被分配到北京师范学院,又把我调到北京市委写有关《红楼梦》的文章。学部调我去,正式调令也下来了,我正式办了调离手续。到了学部,就开始编写范文澜的《中国通史》的下半部分,我负责文学部分。到了1978年,中国人民大学正式恢复了。中央的批件,是要原属于中国人民大学的教职工,都回归到原来的单位。因此,从我的这个组织关系来讲,等于从学部再回归到人民大学。

但是我当时还在《红楼梦》校订组,就是说我的组织关系,隶属关系回到人民大学,工作还在《红楼梦》校订组,校订工作还继续进行。

四

北京市委写作组

人民大学解散以后，我被分配到北京师范学院，那个时候已经到1973年6月份了。我跟着大家到了北京师范学院中文系，去的时间不长，不到一个月，我就被调到北京市委写作组去了[①]。

当时"四人帮"大肆提倡法家，为什么要提倡法家呢？据他们说，就是为了政治统一，中间是什么原因我就不太明白了，但是"四人帮"提什么东西，我都本能地反感，我也没有理睬这个事。但是北京师范学院要负责编一本《李卓吾文选》，李卓吾就是李贽，他是明朝中后期的一个思想家，他的号叫卓吾。北师院的中文系主任通知我，要我写一篇序，一定要明确地写"李贽是法家"。

当时我对李贽也不是完全不了解，因为研究《红楼梦》也看过他不少文章，但是整部李贽的文集我没有仔仔细细读过。既然要做这个事了，我就不能马虎了，我就把李贽的书全部买齐，从头至尾反复读了好几遍，下了很大功夫。

读完以后，我认为李贽绝对不是一个法家，而且他是反儒家的，批判

[①] 1973年6月12日宣布人民大学语文系分到北京师范学院，次日，到北京师范学院报到。8月20日被北京市委宣传部调至评论《红楼梦》写作组，住在香山宏广寺。

孔子的，要把他说成是法家没有任何学术依据。我也不愿意去附和"四人帮"，因为当年调我到中央文革小组去，我都不愿意去，后来我没有一件事跟着他们跑的。那怎么办呢？我又不能拒绝。我把李贽的文章仔细读完以后，写了一篇长文章，我就自己出了个主意，题目叫《战斗的思想家李卓吾》，一个字都没有提法家。

当时我自己的思考呢，我不写不行，我跟着他们的意思写呢，我也不愿意，我自己将来怎么解释？也不符合李卓吾的实际情况，变成了一篇政治的文章，不是一篇真正的学术文章，我根本不愿意这样做。但是我又不能不写，不写他们就放不过我。所以我写这篇文章，非常谨慎。我每提出一个问题，都用李卓吾的原话来证实，所以那篇文章很长，从头至尾都是根据李卓吾的原话得出的结论。我的目的就是写到他们没办法说我写得不对，也没有办法采用，因为我不提他是法家。他必须要是法家嘛。所以，文章送上去，过了没有多久，就退回来了，说这篇文章不能用，因为你没讲是法家。我心想，不用啊，才是我的目的，我不希望你们用我的文章。所以这篇文章，我就收回来了，也没有叫我再写，他们自己写去了。后来《李卓吾文选》怎么弄的，我也没有再去过问。

实际上《红楼梦》里贾宝玉有很多话，都是李卓吾的原话，"文死谏，武死战"，"国贼禄鬼"这些实际上都是李卓吾的思想。我手批的《瓜饭楼重校评批〈红楼梦〉》里，都批出来了，有些是李卓吾的原话，这是后来的事情了。

等到"四人帮"垮台以后，陕西人民出版社要求出我的书。我就给他们两本书，一本讲《红楼梦》的，一本讲历史和文学的叫《逝川集》，《战斗的思想家李卓吾》这篇文章收在《逝川集》里，陕西人民出版社的编辑看到这篇文章后说，太好了，这个时间是在"文化大革命"期间，正是法家闹得很凶的时候，你这篇文章才是有战斗性的文章。现在在我的文集里，也在《逝川集》，一个字都没有动，就是我原来的那篇文稿。当初我用的书，我都放到参考文献里了。有些是"文革"时候出的书，有的书纸张用得很差，但是校对还是很好的。

七 解散人民大学

北京市委成立评《红楼梦》的写作组，就把我从北京师范学院中文系调到北京市委写作组，当时成立了好几个写作组，有的是哲学方面的写作组，有的是文学方面的，我们是《红楼梦》的写作组，把我调到那里去了。去了以后，原来说是写一篇文章。一篇文章写完了，《北京日报》整版发表了，不是我一个人写的，是我们集体写的，集体写了以后，最后由我统一一遍。这篇文章发表后，北京市委很满意，那个时候实际上是根据流传的主席怎么讲《红楼梦》的，按照那个意思写的，并不是我们自己研究的成果。

接着北京市委又提出来要写一本研究《红楼梦》的书，所以又把我留下来。当时学部就直接向北京师范学院要我，同时也向当时北京市委宣传部管写作组的曹子西要我。曹子西原来也是人民大学的人，后来调到北京市委宣传部去了。李新原来是人民大学的教务长，非常熟悉曹子西，而且是曹子西的上级，所以他就直接打电话给曹子西，说你必须把冯其庸给我放回来，不能老在你那里。曹子西就告诉我，李新同志来电话一定要你去，中央调令也给我看了，你写完这本书，就到学部去吧。

1974年，我在北京市委组织的写作组，住在香山的宏广寺写文章，写有关《红楼梦》的文章。①

他们传出来，正白旗那里发现了曹雪芹的遗址了，是曹雪芹居住过的地方。大家就下去看，从宏广寺下来是很近的，一下子就到村子里。我第一次去看的时候，当然觉得很好奇，要真是有曹雪芹原来的住房发现，那可不得了。结果下去看了以后，却觉得难以置信。

刚好我的老朋友陈从周到北京来，他是古建筑专家，我就请他一起去看看，究竟这个房子是不是乾隆时期的房子。首先曹雪芹的住房不管什么样，总要是乾隆时期的建筑才对。陈从周是搞古建筑的专家，是看得明白的。陈从周一看，说房子到不了乾隆时期。但是他提出一点，说这个房子

---

① 1973年10月，毛泽东在一次会议上明确指出《红楼梦》是写阶级斗争的，谈情说爱是为了打掩护。这次讲话直接启动了1974年的"评红"运动。这一年，冯其庸和市委写作组的其他一些同志以"洪广思"为名发表了第一篇评论《红楼梦》的文章，后来又写了一本书：《〈红楼梦〉是一部写阶级斗争的书》。

拆建过。

我们去的时候，陈从周发现了，墙是粉墙，雪白的，但是外面一层白的掉下来，掉下来以后露出里头老墙上题的很多字。他说，证明这个房子原先是一个老房子，不能用了，所以重新改建。这堵墙砌得好好的，就没有拆掉重建，就利用它了。上头都是字，就重新粉刷了，因为刷的新的白粉跟老墙并没有融为一体，就掉了一层，像脱件衣服一样的，一下子全露出来了。就是里面有题字的墙，可能是老墙，房子的这面老墙没有拆，旁边加上柱子以后利用起来了。说不定里头的墙要比这个房子时间还早，但是能不能早到曹雪芹的时代呢？就无法断定了，因为只有这些，孤零零的，没有旁证，不能判断它的绝对年代，没有办法最后论证。

但最后还是被我们弄清楚了，墙上的不少题字，都找到根据了，最大的根据是题的好多字句都是《西湖游览志》里的，我觉得曹雪芹不可能无聊到把《西湖游览志》里的一些诗句写在自己的墙壁上。

但是也有值得我们进一步思考的，其中有一副对子，是香山脚下正白旗民间一直口头传说的，曹雪芹的老朋友鄂比送给曹雪芹的一副对子"远富近贫，以礼相交天下少。疏亲慢友，因财而散世间多"，香山好多老年人都知道有这副对子，口头相传，从来没有见过文字记录，结果这副对子写在这面墙上。这说明鄂比这件事，可能是事实，香山的人都知道，只能是这样看。那么有个人就把这副对联写成菱形，完全是另外一个形式保留下来了，看样子不可能是曹雪芹同时代留下来的东西。所以这个问题，最后也就是这么一个认识。

我后来判断，我觉得这面墙，比这房子可能时间要稍微早一点，但是它不可能是曹雪芹的住房。因为连续好几间呢，曹雪芹最后穷困潦倒到无法生存了，有那么多房子，他卖掉几间不就生存下来了？到后来儿子生病没有钱治，最后儿子去世了，他不可能到了这种地步还不卖房子吧？所以最大的可能，这房子是曹雪芹之后，因为香山的人都传说有这副对子，就把它写在这个墙上了。后来改建人为了省工，这堵墙很结实，没有坏，他就保留了，可能是这样。说曹雪芹住过这栋房子，可能性太小了。

后来他们想把这栋房子作为曹雪芹故居,请我题字,我一直没有答应。我说这栋房子要作为曹雪芹的故居,总要有根据,现在这房子的时间都到不了乾隆,怎么可能是故居?我一直表示我不敢同意,我说你们自己要怎么说,那我管不了,但是我不能认可这个。后来据说他们没有把它作为曹雪芹故居,主要是作为清代留下来的一排老房子,里头题的东西跟曹雪芹有关,这样可能比较客观一点,我后来没有再去看过。

本来那个地方气氛很好,有几棵老树,现在可能还保留着,我觉得不会被砍掉的。因为国家规定这些古树不能再砍伐了。周围环境本来还要好,旁边有一道荒芜的河道,背后就是香山,衬托得很好。

根据记载来讲,曹雪芹实际上也没有住在那里,而是住在现在怡亲王祠堂旁边的一个小村,叫白家疃。我也去调查过,白家疃已经什么都没有了,但是怡亲王祠还在,跟传说中有关的一座桥也还在,一座普普通通石板桥。据说曹雪芹当时就住在白家疃那座桥旁边的一个院子里。

我在北京市委写作组写的这本书当时没有名称,我们分了好几章,我写了三个部分,一部分是序,等于是曹雪芹的家世的概述;一部分是《两百年来围绕着〈红楼梦〉的斗争》。《红楼梦》流传了两百年,这是鲁迅说的,各人眼里看的《红楼梦》都不一样,这个人这么说,那个人那么说,实际上是通过一部《红楼梦》本身,反映了两百年来的思想斗争,我就写了一篇《两百年来围绕着〈红楼梦〉的斗争》。还有一篇是《曹雪芹的世界观和他的创作》。写完以后也到冬天了。稿子交完以后还没有等这本书出来,我们就回到城里来了。后来,1974年元旦以后没多久,我就正式被调到学部了,去整理范文澜的《中国通史》。

到北京师范学院去之前,我已经到学部上班好长一段时间了。后来李新同志说,让我先到北京师范学院去,到了北京师范学院,又到了北京市委写作组,后来李新同志又把我从北京市委写作组调回去了。当然北京市委还留了一个话,如果是写作组有特殊需要的时候,还要我回去。李新同志也同意了,到你们需要的时候再说,现在冯其庸已经属于我们的编制了,中央组织部调令在我们这儿,你先让他回来。所以我就回到学部,跟蔡美彪见面了。他是研究元史的专家，大家是做学问的，非常投合，见面非常高兴。我到学部历史研究所，主要参加《中国通史》的编写，我负责从元代开始的文学的部分。回到学术上来了，我非常高兴。

五

"天安门事件"，毛主席去世，"四人帮"垮台

还有一件大事，1976年1月周总理去世了。周总理去世以后，就发生了"天安门事件"。

那时候我记得很清楚，我住在张自忠路宿舍里，天刚亮，忽然间广播里放哀乐了。当时我心里震惊得很，我说不知是哪一位？但是我估计可能是总理，因为那个时候总理的病已经很重了。我急急忙忙起来以后，赶到现在的恭王府，当时我们校订组在恭王府。好多人已经去了，都知道是总理去世了，大家心里非常沉重，因为"四人帮"那个时候已经让大家忧心忡忡了，感觉到"四人帮"绝无好事做出来，总理再一去世，那更不得了了，许多老师都被打倒了，那怎么办？大家都伤心得很，我们自动就聚在一起。这个时候马上从上面传来通知"不准开追悼会"，通知所有单位都不准开追悼会，当时大家气愤得不得了。

一个国家总理去世了，都不准开追悼会，从来没有听说过。所以我们校订组的同志，大家觉得不能照"四人帮"的这个规定来办，我们照样开追悼会。我就跟大家商量，我说我们开我们的，不理他那一套。自己国家领导，跟我们关系这么密切的周总理去世了，怎么能不追悼呢？这个天经地义！所以我们准备在校订组的小楼里举行追悼会。

但是这个信息被袁水拍知道了。中国艺术研究院的院长和党委书记是袁水拍，袁水拍跟我私人关系非常好，这个人也是个非常淳朴老成的人。他就觉得组织上有通知不准开追悼会，那怎么能开追悼会啊。他是一个完全听领导话的人，所以来通知我，你们不要开追悼会。当时我听了就非常激动，因为我跟他关系比较不一样。我说，水拍同志，你得用头脑想一想，一个国家的领导人去世了，你不悲伤吗？能不哀悼吗？我说有这个先例吗？以前有这种情况吗？不准老百姓追悼自己国家的领导人，有这种事情吗？他一听也觉得我讲得有道理。我说，我不管他有什么事，我自己承担，我要跟大家一起开追悼会。后来，他说，那你不要声张，你们自己举行吧，我也不拦阻你们，我也不往上报告。因为往上报告等于是揭发我们。那个时候还有一个工宣队的人在研究院，我一下子想不起来这个名字了，后来也被他知道了。当时我们自己就在我们的小楼里举行了悼念周总理的追悼会。

后来，天安门前不是有群众自动地去送花圈吗。总理去世，全国老百姓都非常伤心。当时悼念周总理，人山人海，送的白色花圈，堆满了人民英雄纪念碑，延伸出来，整个天安门广场都放满了。总理去世的时候，"四人帮"还没有垮台，都恨"四人帮"，整个思想界、政治界都比较混乱。总理去世的时候，毛主席没有去悼念，大家都觉得怎么会这样？都不能接受，不能理解，总之情绪非常激愤。

我当时在恭王府上班，离天安门不是非常近吗。每天下班，我就到天安门去看。但是那个时候"四人帮"特别注意谁到那里去了。所以我跟我的司机章慎生商量好了，我下班才去，人家只知道我下班回去了，其实我们开出恭王府的大门以后，绕一个圈子就到天安门去了。我的司机就把车开到天安门附近。因为那个司机的爱人家在故宫后门的旁边，他熟悉那个地方，他给我找到一个非常隐蔽的地方停车，人家不容易看到，司机停好车，就陪着我到天安门前面去看当时的情况。

我们两个人步行到天安门去。人山人海，根本谁也看不到谁，有的很高的电线杆上都爬了很多人。哎呀，每天都不一样，花圈越来越多，群众也是自发地去悼念，场面是非常非常感人。

有一次步行到天安门的时候，在刮大风，我就到天安门门洞里。天安门城门外面有不少人，有的人抬头看着上面。门洞上面有个主席像，我们都不明白怎么回事，我们在城门洞里不知道情况，以为大风刮得像摇摇晃晃，把它刮坏了。可能他们想去抢救，当时以为这样。我们也没出去，一直在门洞里，待了一会儿看风越来越大了，外面群众越来越多，我们停留了个把小时就回去了。

实际上，群众当时主要是出于对总理的悼念和对国家的忧心，特别是"四人帮"压制大家，不准开追悼会，引起了强烈的公愤，所以花圈越送越多，后来整个广场都堆不下了，还有大字报，整个广场人都快不能走了。

同时，还不准传播总理去世的信息。我们校订组恰好有一个人回到东北去，他老家东北的。当然总理去世，哀乐都出来了，报纸上都登了，哪能不让群众口头说？我们校订组这个同事回去讲总理去世的情况，当地的人就把他这个情况反映到北京来，反映到我们单位了。等这个同志回来以后，袁水拍就找我，说你们那个小组某某人，散布谣言。当时我就跟袁水拍也争起来了，我说，这个怎么是谣言？总理去世怎么是谣言？谁敢造这个谣言？没有去世能说他去世吗？明明报纸上也公布了，总理去世了，怎么是谣言？群众说总理去世，不能把它当谣言来看，我说这是真实的。袁水拍是好人，本来当时规定要把造谣传谣的人抓起来的。我说没有这个道理的，总理去世是事实，总理是我们国家的总理，是我们老百姓共同的总理，他去世了，我们说他去世了，怎么是谣言呢？后来袁水拍也觉得我讲得有道理，也就没有再说下去。我说你不能样样都听着上面的，我说你要感觉到，现在上面许多情况都不对头啊。他心里也默默地认可这个，他是一个非常奉公守法的老实人。

当时我拍了不少照片，我自己会冲，都冲出来了，后来不敢保留。因为当时政治气氛很紧张，万一有人发现，你到天安门前去拍群众运动的场面，"四人帮"就不会放过你。所以后来，为了安全起见，家里就把这批照片毁了。

那时主要是关心国家的形势，因为真是岌岌可危啊。当时不少老干部被打倒了,"四人帮"不得人心,大家都感觉到如果"四人帮"真正要上台,国家就危险了,所以忧心如焚。

接着1976年9月9日毛主席去世了,当时这个情况的变化很大了。1976年总理去世,中间朱老总去世,现在主席去世,这一年三件事,老百姓这一段时间真是忧心如焚,"四人帮"垮台以前,大家都觉得国家将要崩溃了,担心得不得了。

10月6日"四人帮"被抓起来了,从9月9日到10月6日,一个月都不到,"四人帮"就被抓起来了,当时传说很多,反正一夜之间,"四人帮"全被抓起来了。我是10月8日知道的。

我和黄永玉是要好的朋友,经常在张正宇先生的家里聚会。有一次黄永玉就说,有一天"四人帮"垮台了,我开始画画了,我第一张画就要送给你。就是等于带有诅咒的意思,希望哪天他们垮台了。我说,那我当然非常感谢了。那个时候还觉得,"四人帮"什么时候垮台都不敢想啊。

没有想到,只是几个月以后,"四人帮"真的垮台了。黄永玉信守诺言,马上画了一幅画,是许麐庐的儿子告诉我的还是谁告诉我的,说这张画你自己来拿吧,已经给你画好了。因为是说好的,"四人帮"哪一天垮台第一张画就送给你。我就赶去拿了,画了一张四尺整幅的《黄山图》,上面很长很长的题跋。

八

《红楼梦》校订组

一

校订《红楼梦》[①]

1974年的下半年，我记得是10月份，著名诗人袁水拍，他当时是国务院文化组的副组长。当时"四人帮"改的名称叫文化组，国务院文化组实际上就是文化部，副组长实际上相当于现在的副部长。毛主席特别相信他，忽然叫他到国务院去工作，当文化组的副组长。

袁水拍是一个老老实实的读书人，一个诗人，也不是那种做官的人才，更不是政治活动的人物。他跟毛主席和江青的关系比较亲密。1949年以后武训问题的调查，就是派他去的。先是别人去调查了，回来受到了江青和毛主席的批评，觉得调查不符合他们的想法。后来改派袁水拍去。袁水拍去了以后，调查算是认可了。但是后来"四人帮"垮台，听说武训的问题又重新做评论了。因为袁水拍和毛主席、江青比较熟，突如其来叫他去当文化组的副组长，他觉得很意外。

那个时候我们常来往，有一天他就来找我，因为他住得离我家很近。他来找我，可能我刚好不在，我第二天就到他家里去了。我到他家里去，他夫人也在，留着吃饭。他说，我只会写诗，哪能做文化组的副组长。让

[①] 1975年，国务院文化组采纳袁水拍的建议，组成《红楼梦》校订组，袁水拍任组长，冯其庸、李希凡任副组长。1982年，《红楼梦》新校注本由人民文学出版社出版。

我去做文化组的副组长，我也不能不去，但是总不能挂个空名头，什么事也不做啊。你帮我想想，有什么有意义的事情可以做。

我就跟他说，现在是"文化大革命"，把传统的东西都打倒了，别的事情很难提，能做什么事啊？但是有一件事，肯定能做得通。毛主席不断地称赞《红楼梦》这部书，但是《红楼梦》一直没有好的校订本，你可以提出校订《红楼梦》。

人民文学出版社当时印的《红楼梦》，实际上是程乙本，就是清代乾隆五十七年（1792年）的一个印本，是用木活字排印的本子。第一次排印的叫程甲本，第二次排印的叫程乙本，之前都是手抄的本子，为什么分甲乙呢？就是分先后，这是胡适提出来的。乾隆五十六年印的本子，叫程甲本，乾隆五十七年印的本子就叫程乙本。程乙本与程甲本相比有些改动，因为什么呢？程甲本的前80回跟后40回，前后情节人物有许多接不上的。当时匆匆忙忙地就印出来了，风行天下，卖得很好。但是马上就发现有些情节前后对不上，所以到第二年，急急忙忙又把接不上的地方做了修改[①]。改动多少呢？《红楼梦》校订组的吕启祥做了统计，大约有两万多字的改变。

胡适觉得程乙本比程甲本要合理一点，所以就主张用程乙本。1949年以前印的就是程乙本多，程甲本很难见到。1949年以后，人民文学出版社印的还是程乙本，但是出版社没有说实话，而是当作一个重新校过的本子印出来的。等到1954年批判俞平伯、胡适的时候，有人就提出来了，这根本不是重新校的，还是原来的程乙本，可能有很小的校改。最后人民文学出版社也承认了，确实不是重新全校的本子。

我跟袁水拍讲，毛主席对《红楼梦》这么重视，这么称赞，而《红楼梦》又没有一本真正经过认真校订的可靠的读本。你提出来，组织一个班子重

[①] 乾隆五十六年（1791年），程伟元和高鹗将《红楼梦》前八十回与后四十回合成一个完整的故事，以木活字排印出来，书名为《红楼梦》，通称"程甲本"。其中的后四十回，一般认为是高鹗所补（也有一说无名氏所续，高鹗整理）。第二年，程、高二人又做了一些"补遗订讹""略为修辑"的工作，重新排印，通称"程乙本"。"程乙本"的印行，结束了《红楼梦》的传抄时代，使《红楼梦》得到广泛传播。

新校订《红楼梦》，肯定会批准，而这部书如果校订完成，那就是文化上的一个大工程。他一听非常高兴，他说，你的主意太好了，我要向国务院提出校订《红楼梦》，肯定会得到主席的首肯，那其他人更不会反对了，你赶快给我起草一个报告。

那个时候李希凡也写关于《红楼梦》的文章，毛主席当时称赞他的文章，我就说，把李希凡也找来。但是李希凡去西安了，还没有回来，所以袁水拍就让我先起草。我跟其他朋友一起商量以后，就起草了一个草稿，建议中央重新校订《红楼梦》。

后来过了几天，李希凡回来了。袁水拍很高兴，就让我请李希凡到他家里去，在他家里吃饭，同时商量这件事。李希凡也很赞成，他说这个主意要报告上去，肯定不会被驳回来。首先要直接让毛主席知道，因为袁水拍经常能直接跟主席见面，毛主席知道以后不会不赞成。李希凡也看了我起草的报告，觉得比较合适，就由袁水拍送上去了。

大概过了十来天，袁水拍就高高兴兴地来找我了，说中央已经批准了校订《红楼梦》，要他作为校订组组长，负责调集一些专家来做校订。袁水拍出面跟学部打了招呼，说国务院成立《红楼梦》校订组，把我调去做副组长，担任校订业务方面的负责人，校订完成以后，再回学部。学部也同意了。

我就开始帮袁水拍一起筹划《红楼梦》校订组的人选，从全国各地陆续调了七八个人，1975年正式调齐，就开始工作。从这个时候开始，我就把重点放在校订《红楼梦》上了。

校订组当时由国务院拨了很多钱，原来让我们住在地安门拐子胡同的一个宾馆。宾馆当然条件好，舒服得很，每人有一个宽敞的房间，吃饭呢，宾馆里的伙食当然很好了。我说校订《红楼梦》的工作不是一天两天能搞完

新校注的《红楼梦》出版 1982年

的。如果几个月能搞完,那马马虎虎全国各地的人住在这儿也还可以,可是这个校订工作要完成,几年都很难说,这样住下去,国家要花多少钱?

当时中国艺术研究院在恭王府,前面两栋楼都空着,东面一栋楼,西面一栋楼。东边一栋是空楼,但是好像是音乐研究所有点什么用处,西边是整整一栋楼几层房子全空在那儿。我就跟袁水拍提出来,我说我建议不住宾馆,因为这个不是住宾馆能解决的问题,长年累月住下去,花费可不得了,国家要耗多少钱?我建议住到艺术研究院的西边的空楼里面去,整个校订组也搬到那里去,吃饭就在艺术研究院自己的食堂。

袁水拍接受了我的意见,当时上级也觉得我讲得很有道理。这样一来,国家就节省很多开支,就没有房租的问题了。我们弄出来的稿子要印,纸张、印刷这些花不了几个钱的。

袁水拍当时是中国艺术研究院的院长,我说了以后,他就同意了,那栋楼就全归我们用了。我们十几个人用一栋楼,那是宽敞有余。

但是,进一步要校订《红楼梦》,就发现困难很多。首先是我们手里的曹雪芹生前的抄本就有三种,校订古书,首先要认定一个本子做底本,问题就是底本用哪一种?

甲戌本是乾隆十九年(1754年)的。现在传的甲戌本不是真正甲戌年的本子,已经是别人根据甲戌本转抄的。这是我后来研究出来的结果。但它也是一个珍贵的本子。己卯本是乾隆二十四年的,庚辰本是乾隆二十五年的(详见冯其庸《论庚辰本》),这两个本子应该说都是根据曹雪芹原稿抄的,年份都没有问题。因为曹雪芹到乾隆二十七年的除夕就去世了,所以庚辰本以后再没有曹雪芹生前的稿本了。后来的蒙古王府本、戚蓼生本、南京图书馆藏本,还有社科院的那个本子,都是后来的本子了。原苏联藏的那个本子,据我的研究,至少已经到嘉庆了。

究竟用哪个本子做底本?这个问题在我们校订组里争论不休,所以无法开始工作。因为不确定底本就无法开始校订。有的同志提出来用戚蓼生本,因为完整;有的同志提出来用社科院藏的一个抄本。我当时不同意,我就提出来用庚辰本。但是大家一讨论到这个问题就争论得很激烈,有的同志说，你主张用庚辰本，你拿出文章来。

因为吴世昌先生写过一篇长文章，认为庚辰本是四个本子拼凑起来的，而且吴先生认为庚辰本的"庚辰秋月定本"和己卯本的"己卯冬月定本"这些话都是没有根据的，是商人随意加上去的，就是当时抄书卖钱的书商抄的时候随便加的，是为了好卖，所以不足为据。当时大家都很尊敬吴世昌先生，他是研究《红楼梦》的专家，所以他们相信吴世昌先生的论断。但是我仔细读过庚辰本，觉得不是那么回事。

大概1974年的时候，中国历史博物馆有个同志叫王宏钧，拿了三回又两个半回的《红楼梦》抄本到吴恩裕先生那里去，请教他，这一点薄薄的抄本有没有意义？吴恩裕先生看了这个本子以后也拿不定主意，他初步有一个判断，这像是己卯本流散出来的部分，但是找不到依据。

他就跟他的夫人骆静兰一起到张自忠路我住的地方，五层楼上，跑到楼上来找我，告诉我这件事。他说，你是书法家，你辨别笔迹比我强，能不能辨别一下这个本子？我说，要判断这究竟是不是原来的己卯本散失出来的部分，只有到北京图书馆去查。如果这几回北京图书馆藏的己卯本里有，那就不是它散失出来的；如果它残缺了，那就有可能了。也可以对笔迹，是不是那几个人抄的，笔迹总归是可以对得上的。他一听我讲得有道理，他说，那咱们一起到北京图书馆去核对。

他还发现这三回又两个半回的《红楼梦》的残抄本里，有一个"晓"字，少一个弯勾，他说，这个"晓"为什么会少这么一笔？我们两个人共同想到，这是避讳，就是晚辈避长者的讳。当时就想，那会是避谁的讳呢？他想到纪晓岚，会不会是纪晓岚家里的本子？所以避"晓"字的讳，这个猜想是有一定的道理的，因为有一个"晓"字。我就说，要查它究竟是不是己卯本散失出来的部分，这也是查的一个证据，看北京图书馆藏的本子里有没有避讳的字。吴先生说，那就很难说，因为避讳只跟抄主有关，跟其他人没有关系，其他人就不避讳了。他认为避讳捉摸不定，只有对字迹才行。我说，两个都要查对。

第二天，我们就一起到了北京图书馆。吴先生说，你找避讳的字吧，我来对笔迹。我说，也好。没有想到，他对了半天，老是犹豫不决，看看笔迹又像是一个人，又不像是一个人。

后来我们再仔细把这两个本子合在一起，发现己卯本的四十一回又两个半回，是六七个人合抄的，有六七种笔迹都对得上。这几回是这个人抄的，这几回是那个人抄的，都对得上。

我在北京图书馆藏的己卯本里，发现了"晓"字的另外一处避讳。同样的，"曉"字也少了一个弯勾，这一下证明是对上了，己卯本也避讳，凡是碰到"晓"字都少那个弯勾。说明抄主规定他们这个字要避讳，要缺末笔。

特别是我在查"晓"字避讳的时候，又发现了另外一个字也避讳，就是"祥"字。元妃省亲那一回里，当时元妃命题，叫贾宝玉他们写诗，中间有一句叫"华日祥云笼罩奇"，这个"祥"字，右半边的"羊"字只有两点三横，没有中间一竖，"祥"。这个"祥"字也避讳，除了"晓"字避讳以外，又多出一个"祥"字避讳。

我再找，在打贾宝玉的一回里，"打得不祥"了，那个"祥"字，右半边两点三横没有一竖，是"羊"字少一竖，"祥"。与刚才那个"祥"字的避讳完全一样。这证明己卯本里凡是遇到"祥"字也都避讳。那就不会是纪晓岚家的本子了。

后来我们查到康熙的第十三个儿子叫允祥，通称十三阿哥，他的儿子叫弘晓。如果能确定是怡亲王府家的抄本，就更了不起了。

那么能不能找出别的证据来证明己卯本是怡亲王府家的呢？我在北京图书馆随便翻，意外地发现一个卡片——《怡府书目》，那是怡亲王府的原件。我高兴极了，就请北京图书馆的同志把这个书目帮我取出来。

拿出来一看，这是怡亲王府的藏书书目。第一页上盖了好几个图章，都是怡亲王自己的图章，"怡亲王宝""讷斋珍赏""怡王讷斋览书画印记"，"讷斋"是怡亲王的别号，证明这个《怡府书目》是怡亲王府家的原件。我们翻了半天，翻到了"晓"字一样也是避讳，但是整个书目里，当天没有找到"祥"字。

第二天，我因为要上班，没有去。吴恩裕先生又去了，专门拿这个《怡府书目》仔细翻。幸亏看了第二遍，有一本书的名字叫《宝元天人祥异书》，这个"祥"字也避讳，也是少一笔，这下我们十分高兴。在怡亲王府自己的藏书书目里找到了跟己卯本同样的两个字的避讳，这是铁证如山，两相对照，再也没有别的话好说了。

当时就决定写一篇文章，第一，王宏钧拿给吴恩裕先生看的三回又两个半回，就是己卯本散失出来的部分；第二，己卯本是怡亲王家里的抄本，因为有两个避讳的字放在那儿，铁证如山。这篇文章是我回来写的。吴恩裕先生说他也写，结果他没写。我把我写好的稿子交给了吴先生。等了快一个礼拜，吴先生老是犹豫不决，一直拖着。

吴恩裕先生的夫人骆静兰同志着急了，就跟吴恩裕先生说，你自己也不写，你也不改他的文章，我看这篇文章讲得非常周到了，你们赶快发表吧，你不发表，别人写个简短的，先发表了就是别人发现的了。这下把吴先生说动了，就决定发表了，照原文一字未动。

我尊重老先生，他比我年龄大，给他看稿子的时候，我就把他的名字写在前面，也没有说是谁主笔，就是我们两人合写的。《光明日报》拿到这篇稿子，非常重视，觉得这是个大发现，马上就在最显著的位置发表了这篇文章。这篇文章一公布，就轰动了。我记得这是1975年。[①]

校订组里关于底本的问题还是一直争论不休，但是到1975年的时候，我们有了一个初步的校订本。凡是校订上去的文字，用黑体字排；凡是根据原稿的文字，就不用黑体字。这样别人看我们的校订本，一看就清楚哪一段是根据别的本子校补进来的。这个初步的校订本拿到全国各地征求意见。

1976年"四人帮"垮台以后，我们《红楼梦》校订组从外地调来的七八个研究《红楼梦》的同志都被调回去了，因为接着要有许多的活动。李希凡也被《人民日报》调回去了，就剩我和吕启祥、林冠夫、陶建基，我们四个人了。我是被文化部向学部借调到这个组里来的，学部没有将我要

[①] 1975年3月，《己卯本〈石头记〉散失部分的发现及其意义》一文在《光明日报》发表。

回去，我就还在这个组里。

中间还有一个插曲。当时"四人帮"垮台了，文化部进驻了解放军，接管文化部的一个军代表叫华山，有一次到研究院来。那个时候我们还在恭王府，刚好他进门的时候，我走出去，走到大门口的照壁这个地方碰上了。他说，我正要找你，你们这个组，现在很多人都回去了，剩下你们几位也不好弄了，是不是就解散吧。当时我一听很突然，我也不能说不同意解散。我说，那当然可以，你是文化部的领导嘛，但是我们是中央文件把我们借调过来的，如果你解散我们，你也给我一个相应的文件，说明这个机构撤销了，相应借调的人就回去了，否则我如何回去呢？他一听，马上说，那我不知道，那就先不要走了，你们工作我是赞成的，不走了，不走了。就这样校订组就没有解散。

我一看这个情况很危急。当时艺术研究院的常务副院长是冯牧，他是作协的主席。他有时候来上班，来看看。刚好碰到冯牧来，我就跟他说这个情况。我说，军队代表叫我们解散，这不是个小事情，大家已经工作了这么一段时间了，一解散以后就再也不能聚拢来了。冯牧马上表态，这个组不能解散，我不赞成解散，要继续搞下去。另外，他说，你赶快给贺敬之打电话。因为贺敬之当时是艺术研究院的院长。

贺敬之是中央宣传部的副部长，又兼文化部的副部长，是著名的诗人。冯牧跟贺敬之是好朋友，我跟贺敬之也熟，我就马上打电话找贺敬之，电话一下就打通了，我就把这个情况告诉了贺敬之。贺敬之马上就说，不能解散，非但不能解散，还要加快步伐把这件事情完成。这件事情跟"四人帮"没有任何关系，任何人给你们加这个帽子，你都不要理，文化部管这件事的，文化部清楚你们跟"四人帮"没有任何关系。你们这个机构不是"四人帮"建立的，袁水拍写了报告是国务院通过的，是国务院最后做的决定，不是某一个人成立的。贺敬之讲得斩钉截铁。

这样我们就安下心来了，可是毕竟都在运动中，一个是揭批"四人帮"，我们都参加了这些会议，之外呢总要有人做工作，可是人都没有回来，怎么弄呢？那些被原单位要回去的，我们没有办法勉强人家回来。我是原单位没有来要，而且当时我担任校订组的领导，我不可能随便离开校订组。

本来我在这个时候已经开始写《曹雪芹家世新考》了，因为我考虑到这部新校订的《红楼梦》，前面要有个序言，要交代作者整个的历史。我照人家人云亦云，说他祖籍是丰润呢，还是找到可靠的史料依据来写呢？因为说曹雪芹祖籍是丰润没有任何史料，一点根据都没有。所以我下决心，要把曹雪芹这个人弄清楚，才能够把校订工作做完美，所以我就准备着为将来校订完成后写个序言。我要做一个认真的准备。但是，这时校订本的底本问题还没有解决。我就利用这段时间，写了一本《论庚辰本》，大家看了这本书，就一致同意用庚辰本做底本了。

从1977年下半年，我们继续进行校和注的工作。虽然人少一点，但是到1980年的上半年，稿子我们都三番五次地看过，也反复讨论过，也到各地去听专家们讨论，工作基本上已经趋于完成了。

我们校注的《红楼梦》的本子，由人民文学出版社出版。到了1982年的2月吧，我们就举行了《红楼梦》的公开发行仪式。这套书受到国家的重视。国务院古籍整理出版规划小组组长李一氓看到《红楼梦》的校注本非常高兴，亲自写了一篇文章，认为经过我们校注的《红楼梦》的本子，可以作为定本。以前从来没有一个完整的统一的有详细注释的本子，他认为这个本子正文校得好，注释繁简得宜，所以可以作为《红楼梦》的定本。

二

《论庚辰本》

为什么要写这本书呢？因为当时究竟用什么本子做底本，大家争论得很厉害。我主张用庚辰本，他们不同意用庚辰本。

我提出用庚辰本做底本。那时候我还没有专门写这些抄本研究方面的文章，只是读了以后有体会。我就下决心要把庚辰本弄明白，因为有的同志跟我争论的时候说，你拿出文章来。在争论的时候，我只是说了理由，没有写成文章，我想把我为什么主张用庚辰本的原因写成文章，这样我的道理可以说得明白一些，用文章来表达可以说得更清楚。

我是1977年5月20日开始写的，到7月23日写完。《论庚辰本》是一个简化的名字，因为原先的名字太长。原先是《论脂砚斋重评石头记庚辰本与己卯本之关系》，后来考虑到长题目作为一本书的书名，有点太啰唆了，所以就简化成《论庚辰本》。因为里头重点也是论庚辰本，说明庚辰本跟己卯本的关系。

我有时候写到早晨5点，最后一天写后记，就是"四人帮"垮台以后中共十届三中全会开幕的时候，我早晨写完了这本书。原来想写万把字，没有想到一写，就写了将近10万字，为什么呢？因为新发现的材料越来越多。

研究庚辰本，我用最笨的方式。我用各个本子跟庚辰本来对，一句一句对。没有想到我把己卯本跟庚辰本对的时候，所有四十一回又两个半回全部对完，发现庚辰本的墨抄部分与己卯本的文字基本一样，只有少数字句的差异，连行款都一样。己卯本这一行多少字，庚辰本这一行就是多少字；己卯本这一行有一个错别字，庚辰本这一行也有一个错别字，都是一样的错。这样就可以说明现在的庚辰本的墨抄部分，与己卯本是基本相同的。己卯本已散失掉了一半了，只剩下四十一回又两个半回，等于庚辰本保留了完整的己卯本。

还有己卯本正文下双行小字批共717条，庚辰本上每一条的位置和己卯本完全一样，只差一条，己卯本多一条，庚辰本少一条。庚辰本第十九回，"黛玉道，再不敢了，一面理鬓"，"鬓"字下有一个墨批的"画"字，庚辰本漏抄了。实际上只差一个字。

庚辰本上有许多脂批，当时庚辰本照己卯本抄的时候，己卯本只有墨抄正文和正文下双行小字墨抄脂批。现在庚辰本上的很多脂批，是后来陆续增补的。这些脂批大都有署名、有纪年。己卯本上现在有些脂批是陶洙据庚辰本上的脂批过录过去的。

我觉得曹雪芹生前留下来的本子，只有庚辰本是最完备的。而且它还包含了己卯本的残缺部分，所以一部庚辰本，等于是己卯本、庚辰本两部。庚辰本只有七十八回，中间有两回虽然缺了，也有补抄本。我在《论庚辰本》里有专门的一章，讲六十四、六十七回的问题。我认为这两回的原底本，就是曹雪芹的原稿。因为别人补编，编不到那样天衣无缝。尤其六十七回，就是尤二姐被王熙凤骗进大观园，直到她吞金自杀，整个过程好几回，中间缺了这么一回，插进去，上面要完全接上，底下要顺理成章，很难做到的。可是现在读这六十七回，上下衔接，天衣无缝。

反过来，后四十回跟前八十回接，很多地方仔细读读就觉得完全接不上。前面没讲的事情，它忽然冒出来了；前面有的人，忽然后四十回不提了，没有了；前面这个人是这个思想，后面思想都变了。像林黛玉，一直支持贾宝玉不参加科举考试，到了后四十回，反而劝他参加科举考试了，思想都变了。所以两相对照，可见前面补的两回没有这些毛病，而且故事情节衔接没有接不上的地方。

最有意思的是，有一回底下有一句"此下紧接慧紫鹃试忙玉"。这个抄手抄完了，要交给下一个抄手，他人不在，这个抄手就在稿子底下写"此下紧接慧紫鹃试忙玉"，这是告诉下一个抄手，你底下接着抄"慧紫鹃试忙玉"这一回。后来庚辰本的抄手，照着己卯本抄。他也不用头脑，抄到那里，看见写了"此下紧接慧紫鹃试忙玉"，明明这个跟故事情节没有任何关系，他也不管，你有什么我就照抄什么，也抄"以下紧接慧紫鹃试忙玉"，这是特殊的证据。现在，对照着这两个本子，都有这样一句多余的话，这更证明庚辰本是照己卯本抄的。

特别是宝玉祭晴雯的那一回有个"祥"字避讳，庚辰本上也有这样一个避讳的"祥"字。这不是我发现的，这是胡文彬同志发现的。有一次胡文彬同志来找我。他说，冯老师你看看这个是什么字？这个"礻羊"字少了一笔。我一看高兴得不得了，我说这不就是"祥"字的避讳吗？庚辰本上也照己卯本避讳了。

"文化大革命"中，我不是什么事情也做不成了，一直挨批斗嘛，我就半夜里起来偷偷地抄《红楼梦》。现在发现这"祥"字避讳，我就奇怪，我说我当时抄的时候，是不是也照这老样子抄的。结果我一翻我的抄本，也是"祥"字少一竖。因为当时也是不认识这个字，它是"礻羊"，右半边两点三横少一竖，我也是两点三横少一竖。可见当时抄书的人也是照老样子照抄下来的，等于己卯本虽然丢失了将近一半，但是从庚辰本可以重新看到它已经丢失的原文。

他们让我拿出文章来，我想拿篇文章给他们看一看，没有想到有这么多新的发现，我当然兴奋得不得了。这是"四人帮"垮台以后，我最高兴、也是最大的一个收获。

因为原来发现己卯本是怡亲王府的抄本已经高兴得不得了了，现在又发现庚辰本是照怡亲王府抄本抄的，墨抄部分基本一样，还保留避讳的字，再也没有可怀疑的了。因为墨抄部分基本一样，不是凭我口头说，大家都可以对的。这两个本子都已经影印出来了，只要认真地对，就会发现这个秘密了。但是以前的人没有做这个笨功夫，所以存在这么长时间的这两个抄本之间的秘密，一直没有被别人发现。

在乾隆二十四年（1759年）的时候，社会上还没有《红楼梦》流传，那么怡亲王家要抄《红楼梦》，到哪里去找？只有从曹家才能找到，这样就进一步让我们感觉到己卯本太珍贵了，这是直接照曹雪芹的原稿抄下来的。这当然是推理，但是这个推理是合情合理的，因为外面没有流传，而且怡亲王是管曹家的，雍正亲自批的，"王子甚疼怜你"，"诸事听王子教导而行"，"不要乱跑门路，瞎费心思力量买祸受"[①]。那这样的亲密关系，既然怡亲王家里要抄《红楼梦》，外面又没有什么别的地方可以找到《红楼梦》，只有一个路子，就是向曹頫或者曹雪芹找到原稿来抄，没有别的可能。我证实了己卯本是怡亲王府的抄本，毫无争议，同时证实庚辰本是照己卯本抄的。

更重要的是，己卯本是六七个人合抄的，庚辰本也是六七个人合抄的。这六七个人合抄，有一个最根本的要求，就是大家照着原稿的行款来抄，你分三回，他分两回。抄的人都照原稿抄，原稿一页书有几行，你也只能几行；一行多少个字，你也只能多少个字；这样抄完以后合在一起，高矮、宽窄、行数完全一样，才能合成一本书。如果你是八行，我是十行，他是十二行，你是这么高，他少两个字，他再少两个字，那就无法放在一起。大家照着原稿的行款来抄，这样一来，产生了一个意外的效果，就是己卯本的格式，是跟它抄的底本完全一样的。那么它的底本哪里来呢？乾隆二十四年曹雪芹的原稿还没流传出去，只有曹雪芹自己手里有这稿子，恰好怡亲王是雍正命令他看管曹家的。所以实际上己卯本和庚辰本保留了曹

---

① 雍正二年（1724年），雍正在曹頫请安折上的长批："你是奉旨交与怡亲王传奏你的事的，诸事听王子教导而行。你若自己不为非，诸事王子照看得你来，你若作不法，凭谁不能与你作福。不要乱跑门路，瞎费心思力量买祸受。除怡亲王之外，竟可不用再求一人托累自己。为甚么不拣省事有益的做，做费事有害的事？因你们向来混账风俗惯了，恐人指称朕意撞你，若不懂不解，错会朕意，故特谕你。若有人恐赫诈你，不妨你就求问怡亲王，况王子甚疼怜你，所以朕将你交与王子。主意要拿定，少乱一点。坏朕声名，朕就要重重处分，王子也救你不下了。特谕。"

雪芹的底稿的格式。

现在发现《红楼梦》的十几种乾隆抄本，只有己卯本和庚辰本这两本的墨抄部分完全一样。所以这个就提供了很多有启发性的证据，证明庚辰本是照己卯本抄的，保留了己卯本的原貌，同时也保留了曹雪芹原稿的格式，是一个非常珍贵的本子[①]。

我这个稿子快写完的时候，上海文艺出版社约我要出这本书。但是刚好写完的时候，我一个老朋友陈凡到北京来看望我，他是香港《大公报》的名记者。看到我桌子上放着《论庚辰本》的稿子，他粗粗一翻，说太了不起了，你这份稿子，我要拿去先在《大公报》发。我说，不行，我已经答应给上海文艺出版社了。他说，没有问题，上海文艺出版社我有老朋友，我跟他打个招呼，你不要担心。这样他就复印了一份带走了，在香港每天登一段，连载两个来月，登到1980年美国开国际《红楼梦》研讨会的时候。

我当时写完了《论庚辰本》，第一个效果是我们校订组的人本来是有争论的，究竟用不用庚辰本？看完我的《论庚辰本》，大家一致同意用庚辰本了，觉得我讲得有道理，解决了我们校订工作道路上一个最大的难题。

同时由于这本书出来了，1980年美国威斯康星大学举办国际《红楼梦》研讨会，这是全世界第一次召开国际性的《红楼梦》研讨会。他们看到了我的《论庚辰本》，觉得这是在抄本研究上特别重大的发现，在《红楼梦》抄本研究上是一个大的进展。

先是周策纵先生发来邀请信，请我到美国去开会。接着赵冈先生到北京来，到张自忠路我住的地方来拜访我，再次约我。他说，邀请信已经发出来了，我再来邀请你一次，请你主要讲对《红楼梦》抄本的研究。我答应去，还带了一篇《论〈脂砚斋重评石头记〉甲戌本"凡例"》，我提出来甲戌本的凡例是后人配上去的，它本身不符合凡例的要求，文字也有许多矛盾。

[①] 庚辰本与己卯本还存在极少量的异文，尚待进一步研究，请参阅冯其庸：《漱石集》里《石头记脂本研究》《后记》和《再记——对庚辰本与己卯本关系的再认识》。见冯其庸《瓜饭楼丛稿》卷八，青岛出版社2011年版。

我到美国去开了一个礼拜的会，回来以后，到1981年的下半年，我又去美国讲学。1981年去美国的时候，我们校订的稿子都已经交出去了，等着人民文学出版社出版了。

这本《论庚辰本》还有一个重要意义，我在序言和文章的结尾都讲到一个理论问题，我特别讲到："实践是检验真理的标准"这个问题。在我这本书写出来以后10个月，中央就举行了一次真理标准的高层次的讨论会，这个讨论是由党校的一个学员叫胡福明，他是江苏省委宣传部的，到北京中央党校来学习，他写了一篇论文，就讲实践是检验真理的标准的文章，其中也提到了"实践是检验真理的标准"，后来这篇文章正式发表了，加了两个字"实践是检验真理的唯一标准"，加了"唯一"两个字，说是中央哪个领导帮他加的。[1]

后来别人发现，在这个讨论之前10个月左右，我的书就已经出来了，而且上面写得清清楚楚，"我坚信科学上的是非真伪，不能凭个人的主观自信而只能由客观实践来检验，只有实践才是检验真理的标准"[2]。这里讲得很明白了。特别是我在这本书的结尾又重申了一段话，"我对吴世昌同志的论点的讨论，纯属学术性的讨论，究竟是谁的意见比较符合这些版本的客观实际情况，这要由客观实践的检验来加以鉴定，实践是检验真理的唯一标准。除此以外，不能有第二个标准"[3]。我这里还有"唯一"，而且加了一句"除此以外，不能有第二个标准。"。所以后来有人专门写了一篇文章，他讲，早在中央讨论这个重大的理论问题之前，冯其庸老早就写出来"实践是检验真理的唯一标准"了，而且早就发表了。

为什么我要重复讲这一段话呢？因为在我的思想里，我是自然而然地写出来的。那个时候，我没有想到中央会讨论这个问题，我只是写我自己

---

[1] 1978年5月10日，中央党校内部刊物《理论动态》发表了经胡耀邦审阅定稿的《实践是检验真理的唯一标准》一文。5月11日，这篇文章以特约评论员名义在《光明日报》发表。由此引发了一场关于真理标准问题的大讨论。

[2] 冯其庸：《论庚辰本·序》，上海文艺出版社1978年版，第3页。

[3] 同上书，第90—91页。

实际的、实践的经验。我觉得，许多事情，没有经过实践的检验来证实，很难说谁对谁错的。

不拿实践来检验，无法得出真正的客观的标准。很多学术上的问题是如此，社会的实践上也是如此。你这件事究竟办得好不好，要看它的后果，不是说我出发点是好的，我是好心办事，效果好不好不管，那怎么行呢？

这是我整个研究学问，一直坚持的一条原则。我也是自然而然地就是这么想的。我读毛主席的《实践论》是1947年在无锡国专读书的时候，那个时候，我就已经读了《实践论》，1949年又重读了。1949年，我记得是重新发表了主席的《矛盾论》和《实践论》。主席这两篇文章，对我启发特别大，而且也鼓舞了我。因为我原先脑子里一直存在这个问题：公说公有理，婆说婆有理，究竟怎么来判断？你只能用客观社会实践来判断，你不能听谁说有理就算谁有理。所以读了主席的《矛盾论》和《实践论》以后，对我分析问题、看问题有极大的启发。

我说己卯本是怡亲王府允祥和弘晓家里的抄本，我提出来许多证据，足不足以证实？读者自己可以去看，看了以后可以自己得出结论。我写的东西，每一篇文章，我都是抱着这样的态度写的，这也是我一贯的学术思想，我办任何事情也都是这个思想。

三

《曹雪芹家世新考》

《论庚辰本》也好,《曹雪芹家世新考》也好,我所以要写这个,都是为了校订《红楼梦》,要弄清里面的许多问题,这样才写的。

我是先起草《曹雪芹家世新考》,为什么呢?我考虑到我们的新校注本出来的时候,一定要有一篇前言,一定要交代《红楼梦》的作者曹雪芹本身的历史情况、版本的情况,还有它的思想内涵,总要有这么一篇论文。

李玄伯在《故宫周刊》上发表过一篇跟我的书名一样的文章,就叫《曹雪芹家世新考》(1931年)。他提出来曹雪芹的祖籍是河北丰润。但是他没有多少证据,只是提出来一个新的论点,认为曹雪芹祖籍是河北丰润县。周汝昌写《红楼梦新证》,专门有一节讲到李玄伯,说李玄伯提出来这个问题,证据不足,他来补充证据。

周汝昌认为,曹雪芹的祖父曹寅有两个朋友是丰润人,他们交往非常深。其中一个叫曹鋡,字松茨,号冲谷,还有一位叫曹鈖,字宾及,他们是弟兄两个,跟曹寅交往非常深,称兄道弟。曹寅经常称"冲谷四兄",诗词里也是这么写的。曹冲谷的父亲叫曹鼎望,曹鼎望跟曹寅也熟。既然曹寅称曹冲谷是"冲谷四兄",那曹寅应该也是丰润人。

其实这个是不能作为证据的,为什么呢?我们大家客气,称兄道弟有的是，这是社会习俗，对别人尊称一般称兄，同姓还称"宗兄"。我跟我姓冯的朋友在一起，有时候他们请我写字，我就写"某某宗兄"，他也姓冯，同宗嘛。曹雪芹祖父曹寅姓曹，曹鼎望的两个儿子也姓曹，都姓曹，曹寅称"四兄"，这完全不能作为证据。所以我看到这个，就觉得这个作为证据没有力量，不足以说明问题。所以我就要另外找证据，找材料，否则的话，我照样说，不就跟着错了吗！

记得是在1975年前后，我就准备写这篇序，那时候并没有想写这样一本厚厚的书。

我想起1963年，我在颐和园写作的时候，故宫文华殿举办过一个规模很大的"曹雪芹逝世二百周年纪念展"。其中一件展览的东西叫《辽东五庆堂曹氏宗谱》，当时是放在玻璃柜子里的，那本书展开来了，我们隔着玻璃仔细看了一下，我就在脑子里留下了很深的印象。曹雪芹的曹家，跟五庆堂的曹家是一个本家吧？那时候我还没有研究《红楼梦》，还在做别的事。

那一次，真东西不少，还有脂砚斋的砚台。"脂砚"是一方旧的砚台。那方砚台上有铭文，可能是明代有名的文妓薛素素的砚台。那方砚台后来被张伯驹买到了，展览的时候，张伯驹就把那方砚台拿出来展览了。但是一场"文化大革命"，那方砚台也不见了。

等到要写这篇序的时候，我忽然想起来这个宗谱了。要弄清楚曹雪芹的曹家究竟是什么地方人，祖籍是哪里？最好把展出过的《辽东五庆堂曹氏宗谱》找来。但是经过一场"文化大革命"，也没有了，找不到了。据当时的一位经手人说，这一批东西都丢失了，没办法找了。

我觉得这样一个重要的史料没有了，那我怎么弄啊？怎么写下去啊？正在为难的时候，我爱人夏老师的同事来了。他告诉我提供《辽东五庆堂曹氏宗谱》的曹仪策先生家里还有一本，那是个底本。他说，你要的话，我可以带你去找曹仪策先生，向他借。我一听高兴极了。

我去找曹仪策先生，是1975年的10月间。曹仪策先生是做面塑的，所谓面塑，就是做一出一出的戏文，人只有指头那么大，他可以把一出戏的人物都做得很精细，脸相、服装，都跟舞台上演出的一模一样，这是一门绝技。他的女儿也会做面塑,继承了他的事业。1980年,我到美国去的时候,他们还专门给我塑了几件,放在核桃壳里的,我带去展览了。展览以后,轰动了,美国的朋友都说,这个艺术做得这么精啊。曹仪策先生也很高兴,因为我把他的艺术带到国外去展览,让外国人都知道了。

那位朋友带着我去看了曹仪策先生,我一讲这件事,曹仪策先生非常高兴,他说,你要能研究它,当然更好了,可是这个家谱不在我手里,在我母亲手里,我明天到母亲家去,把家谱拿来,然后我送到你家去。

我得到他的许可,当然非常高兴。第二天,他真的就用个黄布包袱,包着那部《辽东五庆堂曹氏宗谱》来看望我了。我非常高兴。我看到过的展览的那本,封面比较干净,是誊清本;曹仪策先生家的本子是原底本,只有个别文字差异,有的差异还是后来人加的,原本文字完全一样。

我大概看了有个把月。这个谱上的第四房,就是曹雪芹的始祖曹智的一房,一直到第九世就是曹锡远,他是曹雪芹的第五代始祖。以下就是曹振彦、曹玺、曹寅、曹颙、曹頫、曹天佑,但没有曹雪芹。

为了证实此谱的可靠性,我从《清实录》里找。因为宗谱上有一个一个人的名字,我就从《清实录》里找出谱上有名字的二十几个人,而且基本的事迹跟宗谱上完全一样。这就是一个很大的证据,国家修的历史都有这些人的名字。当然这个谱上的名字,已经比曹雪芹晚了,但是谱上是一代一代记录下来的。谱上这二十几个人并不是一个时代的,前前后后都有。我觉得我得到了非常硬的证据。但是咱们传统做学问,第一是"无证不信",没有证据不能相信。还有一条是"孤证不立",只有一条证据也不能相信,一件事情要两条以上的证据才能论实,孤零零的只有一条,还有不放心的地方。

我就觉得有信心,我要再找更多的证据。我有一个朋友在学部的图书馆工作,那个时候学部的图书馆就在宽街附近,我住的张自忠路离宽街很近。当时我要查《清实录》。我每天要上班,不能上图书馆看书,幸好是学部图书馆的那个朋友帮忙。他说,我给你把书借出来,你晚上回来,可以读这个书。幸亏他帮忙,把书借到我家里,我在张自忠路那个房间里,每天晚上吃完晚饭，我就看《清实录》。我是挨着年份，从《清实录》开头看，不管它有没有，我都看。我当时是怎么想的？我读过了，书里如果没有，我就放心了。如果有，那当然更好了。抱着这个心理，每天晚上我就一本一本的《清实录》看下去。

没有想到意外地看到天聪八年（1634年）有一条实录，原文我记得很清楚，"墨尔根戴青贝勒多尔衮属下，旗鼓牛录章京曹振彦，因有功，加半个前程"（《清太宗实录》卷十八甲戌）。我当时看到这一条，高兴得不得了，因为这是官书记载的曹家历史最早的一条。到现在为止还是这样。

因为什么呢？曹振彦是曹雪芹第四代的老祖宗。曹振彦的父亲叫曹锡远，在《八旗满洲氏族通谱》里有曹锡远，但是在《清实录》里没有曹锡远的记载，曹锡远到现在还没有发现更多新的史料，所以曹振彦的这一条史料就很重要。

正在这个时候，辽宁博物馆的朋友曹迅来信告诉我，辽阳有一块《大金喇嘛法师宝记碑》，碑阴，就是碑的背后，有一连串的题名，题名上面还有官职的称呼，里头有"曹振彦"的名字，"曹振彦"名字上的官称是"教官"。

这块碑在辽阳，而且这块碑上领衔的人，就是这些题名的人中最高的位置是"佟养性"，佟养性还有个官衔是额驸，额驸佟养性。

这一下给了我一个很大的鼓舞，我觉得在辽阳发现了这块碑，那辽阳地区肯定跟曹振彦有关。我就专门为这件事情赶到辽阳文管所，文管所当时管这块碑的叫邹宝库。我找到了邹宝库，我问他《大金喇嘛法师宝记碑》。他说有，在他那里，碑不大，就领我到库房去看这块碑。看了这块碑，正面是《大金喇嘛法师宝记碑》的正文，背面是《大金喇嘛法师宝记碑》的一连串的题名，果然在碑的题名里，"教官"下面有"曹振彦"。

我去辽阳看这块碑，主要是验证曹迅给我写的信，告诉我有这块碑的这个事情。因为光凭人家一封信，不看到实物，我不放心。等到我仔细看了碑阳和碑阴的文字，高兴得不得了。他们送了一份拓片给我，包括碑阳和碑阴的完完整整的一份拓片。

我就随便说了一句，我说，你们再查一下，是不是还有第二块有他题名的碑呢？我说，既然有这样一块碑，说不定还会有第二块碑啊。当时也是随便说说，也没有想到一定会有。

结果不到一个月，邹宝库忽然来信告诉我，又查到一块碑，叫《重建玉皇庙碑记》，这块碑已经碎了，但是"曹振彦"的名字还保留着，没有丢失，叫我赶快去看。

我一听当然非常高兴了，我就又赶到辽阳。这块碑（《重建玉皇庙碑记》）已经碎成好几块了，我一看"曹振彦"的名字是一点没有错，但是"曹振彦"名字上头的官衔变了。那块《大金喇嘛法师宝记碑》（天聪四年岁次庚午孟夏吉旦）是"天聪四年五月"，孟夏就是五月。这块玉皇庙碑也是天聪四年，好像记得是九月，但是官衔变了，上面叫"致政曹振彦"。

经过我考察，"致政"就是"致仕"的意思，就是退休。曹振彦那个时候年纪很轻，不可能退休，而且就差几个月，五月份还是"教官曹振彦"，九月份就是"致政曹振彦"了。

我分析曹振彦当时不可能是退休，可能暂时他不在佟养性部队了，是等待调动吧。没有什么新的职位，不好再说"教官"了，所以用了一个"致政"的名称。后来查出来，天聪六年佟养性死了。到了天聪八年，曹振彦的名字就明确记载说到了多尔衮那边了，就是调到多尔衮的部队里去了。曹振彦从佟养性部队出来，变成"致政曹振彦"，那个时候佟养性还没有死，天聪四年九月嘛，佟养性是天聪六年死的，这里面可能有调动的因素。现在没有找到更细的、更具体的证据，也无法猜测。但是可以看到，在佟养性去世前，曹振彦已经离开了汉军部队，等待新的安排了。

佟养性是额驸，就是驸马，他带领的一批军队都是明朝的军队投降过去的，编成一个部队叫"汉军"，就是汉人投降过去的。曹振彦在佟养性麾下的时候，也编入了汉军的队伍里。汉军主要是什么样的兵种呢？是一个炮兵部队。

因为当时后金（清）部队已经用大炮了，那个时候称大炮叫红衣大炮。当时明朝是有炮兵部队的，后金也造了炮，也有炮兵部队。佟养性管的部队既是炮兵部队，又是汉军。曹振彦属于汉军的炮兵部队里的人，那么"教官"什么意思呢？是文职还是武职呢？

经过我研究，我认为应该是武职。因为在那样的战争年代，部队里不会有人来教战士们读书识字。所以"教官曹振彦"肯定是教战争有关的事，他是在炮兵部队，说不定还是教有关炮兵方面的事情。

《清实录》里，天聪八年有一条说："旗鼓牛录章京曹振彦，因有功，加半个前程。"有什么功呢？我一查，天聪八年，刚好是大凌河之战，后金跟明朝一次重大的决战，后金取得胜利了。胜利主要靠的是什么呢？炮兵部队火力非常强，把当时明朝几个重要的阵地攻破了。比如说于子章台，于子章台都被攻破了，毁掉了。曹振彦起了很大作用，所以"因有功，加半个前程"，也就是升级了。从这一点来讲，他不可能是教书的、文职的人到前沿阵地立功了，肯定是跟战斗有关。因此我认为曹振彦的"教官"是武职。

在辽阳，曹振彦的名字两次出现在碑刻里，都有他的顶头上司，也有他的官职，还有他离开官职的情况。我觉得这个史料越来越多，很高兴。

就是那一次，我在辽阳看了玉皇庙碑以后，有人告诉我，在辽阳的一所小学门外，有一块大碑，叫《东京新建弥陀禅寺碑》，很高，看不清楚上面的字，你要不要去看看有没有跟曹家有关的？我一听很高兴，我说，不管它有没有关系，我都得去查一下。

我就到了那个小学门口，那块碑很高，完完整整的碑，眼睛无法看清那些字，黑乎乎的。我向那个小学借了两张课桌，垒起来，我就爬到课桌上去看一排排的名字，查出三个姓曹的人的名字。我马上把姓曹的名字记录下来，因为我不可能把五庆堂上所有的曹家的人名都记住，但是我印象中好像记得这三个人跟五庆堂曹家有关。我当时也没有带这个谱，我就拍了照片，我把这块碑拍下来了。

也是这一次，查完这些东西以后，他们就带我到辽阳的南面有个名胜叫千山去游览。千山真是北方的江南，树木很多，郁郁葱葱，长得非常秀气。游完千山回来以后，我忽然悟到，曹雪芹的祖父曹寅《楝亭诗钞》《楝亭词钞》底下都有"千山曹寅"，千山就在辽阳。周汝昌那本书里，说得含糊其辞，说千山很大啊，跨越面积很多啊，好像弄不清楚什么，其实千山的主要位置都在辽阳。曹雪芹祖父自称"千山曹寅",等于说是辽阳曹寅。

曹雪芹的四代老祖宗曹振彦,两块碑上都有曹振彦的名字,曹寅又自称"千山曹寅",曹家祖籍应该是辽阳了,这就是很明确的,否则不可能这样写的。

回到北京,我赶快查《五庆堂谱》。当时《五庆堂谱》已经还了曹仪策了,但是他准许我抄一本,我就抄下来了。我一查,这三个人都是《五庆堂谱》的三房的人。曹雪芹那一房是四房。再加上《五庆堂曹氏宗谱》的名称是《五庆堂重修辽东曹氏宗谱》,辽阳当然就在辽东,更加证明了曹雪芹的祖籍是辽阳。这几条材料,非常有力地证明了,曹雪芹祖籍是辽阳。它最早的名称是《辽东曹氏宗谱》,现存此谱的第一篇序言就是《辽东曹氏宗谱叙言》(顺治十八年)。

后来我又进一步想,这些都是考证出来的,有没有直接写"曹振彦,辽阳人"这样的记载呢?我就想到曹振彦做过很多的官,在山西吉州做过官,后来又调到浙江做过官,我就找那个山西地方志和浙江地方志。结果从山西的志里找到,曹振彦的名字底下,"奉天辽阳人"[①],以上这些官书的记载,那就十分明确了,官方的记载里都登记着他是什么地方人。再找浙江有关的志书,他后来是"盐法道",上面也写着"奉天辽阳人"[②],再明确不过了,官书上记载"奉天辽阳人",那没有任何可怀疑的了。曹振彦离曹雪芹的时代还很远呢,那是第四代的老祖宗,上百年了,不存在为了曹雪芹,来造什么假。你只能相信曹雪芹这一家子是辽阳的。

[①] 嘉庆《山西通志》卷八十二《职官》:"吉州知州,曹振彦,奉天辽阳人,贡士,顺治七年任。"吴葵之:《吉州全志》卷三《职官》:"曹振彦,奉天辽东人,七年任。"康熙二十一年(1682年)刻《山西通志》卷十七《职官志》:"平阳府吉州知州,曹振彦,奉天辽阳人,贡士,顺治七年任。"乾隆《大同府志》卷二十一《职官》:"大同府知府,曹振彦,辽东人,贡士,顺治九年任。"

[②] 康熙二十三年刻本《浙江通志》卷二十二《职官志》:"两浙都转运盐使司盐运使,曹振彦,辽东辽阳人,由贡士顺治十三年任。"乾隆《敕修浙江通志》卷一百二十二《职官》十二:"都转运盐使司盐法道,曹振彦,奉天辽阳人,顺治十二年任。"《重修两浙盐法志》卷二十二《职官》:"曹振彦,奉天辽阳生员,顺治十三年任。"

再进一步查曹振彦呢，他原来是明朝驻防在辽阳的军官，后金攻破辽阳、沈阳以后，他们就归附了后金了。这样对于他的来龙去脉，就非常清楚了。也就是说他们世世代代驻防在辽阳，从五世祖开始，记载都是在辽阳。我们记载家庭籍贯，一般是五世，所以我们成语里有"五世其昌"，就是祝贺人家，你从第五代老祖宗到现在，都是兴隆的、昌盛的，这也是一个习惯。曹振彦已经是第四代了，曹锡远就是第五代了，从第五代算起，都是辽阳人。第五代以上，还找不出来其他的可信证据。

我考证出来，实际上曹雪芹的最原始的老祖宗是曹俊，《五庆堂曹氏宗谱》里，曹俊上面的几代人，人是真实的人，但是实际上都跟曹家没有关系。把有名的人物拉做自己的老前辈、老祖宗，觉得荣耀。我考证以后，真正的老祖宗是曹俊。但是五庆堂谱也留了一句实话，在曹俊的名字的底下，有一句："入辽之始祖"，就是说曹俊是曹家进入辽阳地区的第一代老祖宗。既然他是始祖，那前面就没有再比他早的入辽的人了。尽管在曹俊前面有几个人，其实是拉了前面好几代有名的姓曹的人物，但是他还是留了一句真实的话：从曹俊开始，是入辽的最早的老祖宗。

曹俊有五个儿子，升、仁、礼、智、信，曹雪芹家是属于第四房。刚才说的小学门前的那块《东京新建弥陀禅寺碑》是三房的人立的，上面的三个曹家的人的名字都是三房的人。

经过仔细的查核，官书《清实录》上有记载，碑刻（辽阳三碑）上有记载，山西和浙江的职官志上有具体的曹振彦的职官的记载，那么曹雪芹的老祖宗至少从第五代起都有可靠的记载，都是在辽阳，再加上《五庆堂曹氏宗谱》上面写的曹俊是"入辽之始祖"。曹俊是明朝派去辽阳守卫的，所以他成了"入辽之始祖"。经过我的一番搜求、考证，曹雪芹的祖籍就完全落实了。

五庆堂谱上的二十多个人，我都查出史料了，我也觉得没有必要一个一个全都查了。因为我们一般的"孤证不信"，有两个证据就可以了，我现在有五六个证据了，所以没有再更多地查。

我就开始写《曹雪芹家世新考》。在这个过程中，"四人帮"垮台了，垮台以后，我们校订组就发生了究竟用哪个底本这个问题。因为我急于解决底本问题，所以我又插进去着手研究庚辰本。所以《曹雪芹家世新考》是先写，写了一个开头，调查了一部分资料以后，我又开始研究庚辰本。写《论庚辰本》这本书，大概是两个月左右就写完了。当时为什么打断了《曹雪芹家世新考》的写作，因为我计划写《论庚辰本》是写篇文章，没有想到史料越来越多，写到后来有六七万字，加上别的资料一放进去，将近10万字，所以后来就印成了一本书。

写完了《论庚辰本》这本书，我接着又写《曹雪芹家世新考》。1976年5月开始，到1978年8月写完的，这是第一版。

有一次，我发现了两篇《曹玺传》，一篇是康熙二十三年未刊稿本《江宁府志》里的。康熙二十三年曹家处于鼎盛时期。后来又找到了另外一篇《曹玺传》，这篇《曹玺传》是在康熙六十年刊的《上元县志》里的。后一篇《曹玺传》刚好是接上一篇的。这两篇《曹玺传》，康熙二十三年这篇《曹玺传》写到康熙二十三年为止，康熙六十年的这篇《曹玺传》是继续康熙二十三年以后的事情，一直写到康熙六十年。

这两篇《曹玺传》都是在曹家败落以前，抄家以前的文献记载。因为康熙在康熙六十一年就去世了，雍正上台后，雍正五年曹家就被抄家了，只有三五年了。两篇《曹玺传》联系在一起，等于是曹家的基本史料，完完整整。

最重要的是，曹寅的弟弟叫曹宣，后来"宣"改成"荃"。周汝昌有个猜测，但是他也没有证据，他说，弟兄两个应该是排名的，应该都是宝盖头。曹寅的"寅"不是宝盖头吗？那么曹寅的弟弟的名字应该也是宝盖头，他说应该是宣传的"宣"，为了避康熙"玄"字的讳，所以改成曹荃。他的分析是正确的。后来我发现《曹玺传》有一句，说曹玺有两个儿子，"仲子宣"，那证明了周汝昌的分析是对的，长子叫曹寅，第二个儿子叫曹宣。我就把这个记载告诉了周汝昌，还把《曹玺传》的原文都抄给他看了，他高兴得很。

但是两篇《曹玺传》里还有一个句子，重要的句子，"著籍襄平"，就是他的祖籍在襄平。襄平是什么地方呢？是辽阳的古称，辽阳古称襄平。"著籍襄平"就是说他落籍在辽阳，这指他的老祖宗就是辽阳人，又一个证据证明了曹家是辽阳人。这两篇传记我都抄给周汝昌看了。

在写《曹雪芹家世新考》的过程中，连续发现了一系列珍贵的史料。还有一个珍贵的史料，沈阳有姓甘的人家，跟曹家是婚姻关系。曹家的女儿嫁给甘家的人了，这个甘家的人叫甘体垣。

我就想法子找甘家的族谱，结果在北京图书馆找到了康熙的甘氏家谱，甘体垣底下就明确的记载，娶的是辽东曹某某的女儿[①]，这是从婚姻关系上证明了，五庆堂的曹家是辽东人，甘体垣娶的就是辽东曹家的人。《五庆堂谱》写着某某人的女儿嫁沈阳甘体垣为妻，这个都互相紧密地结合在一起，我在一篇文章里把这个发现公布了。

我写《曹雪芹家世新考》之后，发现的史料越来越多，增订了几次，到现在是第四版了。到这次我出《瓜饭楼丛稿》的时候是第四版，我改得比较满意，因为第四版完全改成竖排了，竖排以后，它就都顺当了。从图版第一页看是辽阳的到现在还保留的一个塔，比后金还早，曹振彦肯定经常要经过这里。后金那个时候准备迁都到辽阳了，在辽阳建造东京城，这座城没建完就打进山海关了，就入主北京了，这座城就没有再建下去。但已建的部分还在。

我这一段时间研究《红楼梦》，很重视史料的发掘、收集，写成了这本《曹雪芹家世新考》，把新发现的许多珍贵的史料都归纳到这本书里，而且做了分析，曹家就有了比较可信的历史文献作为依据。我们了解曹雪芹家族百年之间的变化，就有文献依据了。总结一句话，曹雪芹的老祖宗这一家，是跟着后金的发展而发展的，从辽阳一直发展到北京。

---

① 康熙抄本《甘氏家谱》：甘体垣"元配曹氏，沈阳卫指挥全忠曹公之女，生一子如柏。"嘉庆九年刻《沈阳甘氏家谱》："配曹氏，沈阳指挥使曹公全忠女，生万历庚戌年八月初五日，敕赠孺人，生子一如柏，国璋系体仁公次子过继。"道光二十六年刻《沈阳甘氏家谱》也有相同记载。

四

《石头记》脂本研究

曹雪芹留下来的《红楼梦》一共八十回，曹雪芹生前的抄本就是甲戌本、己卯本、庚辰本三个本子[①]。

甲戌本只有十六回，差得太多了。己卯本是怡亲王府的抄本，是极为珍贵的，但是也只有四十一回又两个半回，少了一半。庚辰本从回数来讲它是七十八回，只少两回，现在影印庚辰本里缺的两回是从己卯本里移过来的，可见这两回早已丢失了。己卯本的两回也是补抄的。后来根据我的研究，我认为己卯本这两回的补文，还是据雪芹原稿补的。后来我写了文章，专门论述己卯本补的这两回是曹雪芹的原稿的道理，大家基本上都接受了。

南京的欧阳健发表文章，他认为所有的脂砚斋的抄本全是假的，全是后来人做的，只有程甲本才是曹雪芹的最早的文字。我看了欧阳健的文章以后，觉得这是没有任何根据的，根本不能成立。当时南京的朋友非常强烈地反对欧阳健的这个观点，他们要我写文章，我也准备要写文章，但是

[①] 甲戌本，1927年发现，残存十六回。1949年胡适带到台湾，后存美国康奈尔大学图书馆，今为上海博物馆收藏。己卯本，原为董康所藏，后归陶洙，存三十八回。1975年，中国历史博物馆发现三回又两个半回的残本，合计共存四十一回又两个半回。今藏国家图书馆。庚辰本，1932年为徐星署购得，现藏北京大学图书馆。

我那个时候没有马上写。

我为什么当时不写呢？因为程甲本里有好几处是《脂砚斋重评石头记》抄本里的原始文字，是脂批的文字，当时被抄手当作正文抄到正文里去了。因为正文底下的批语是双行小字，有的不小心被当成一句话抄到正文里了。我统计类似的情况有五处，可以单独从程甲本里摘录出来，跟现在《脂砚斋重评石头记》的原文作对证。在《脂砚斋重评石头记》里是批在边上的，但是到程甲本就变成正文了。

欧阳健在整理程甲本，准备出版。我如果发表文章，他就会根据我的文章里指出的去做修改，我这个指出等于变成了帮他作伪了，所以我一直不吭声。后来他整理的程甲本出版了。我一看，他果然把程甲本照原样标点印出来了。那时候恰好马来西亚邀请我去参加他们举办的国际《红楼梦》研讨会。去开会以前，我把对程甲本的评价写了一篇论文，指出程甲本有五处把脂批误入正文，这就证明程甲本比脂砚斋的评批本的年代要晚得多，更证明欧阳健的说法是毫无根据的。乾隆十九年、二十四年、二十五年，都有手抄本，程甲本是乾隆五十六年用木活字排印出来的，曹雪芹是乾隆二十七年去世的。曹雪芹去世后不久，《红楼梦》就慢慢传开来了。

程甲本后四十回大家也有争论。一种意见认为后面的四十回，就是曹雪芹原来的四十回，不是别人续写的。我认为这是完全不可能的，为什么呢？后面四十回的内容完全违反了曹雪芹原来著作的思想。前八十回是反程朱理学的，反科举，不主张去应试，这是封建时代不容许的，是大逆不道的事。曹雪芹的《红楼梦》里，前八十回，贾宝玉坚决不去应试，不读书，闹学堂。到了后四十回，连林黛玉都劝贾宝玉去应试，林黛玉的思想前后完全逆转了。其他人物也有类似的。还有前面有这个人，后面忽然没有交代了，这个人突然就没有了，再也不出现了。总之前后失调的情节很多。加上文字苍白无力，只有少数几回，比如"林黛玉焚稿断痴情"，写得还动人一点。

也有人认为后面的四十回不是曹雪芹遗留下来的。据前八十回的故事情节的设计和脂砚斋的批示来看，专门研究后四十回的专家们也写了书，认为曹雪芹原来不是这么个写法的。最重大的一个理由是，林黛玉跟贾宝玉这么相知相爱，林黛玉应该知道贾宝玉是什么样的人，不可能相信贾宝玉把她抛弃了，自己跟另外的人结婚的，所以"焚稿断痴情"里面恨宝玉、骂宝玉这些情节，都不应该在林黛玉身上发生。她知道贾母不会同意娶她，她也知道王夫人不会同意娶她，她也知道贾宝玉自己做不了主。生活在一起这么长时间，怎么可能一点不了解呢？第三十二回"诉肺腑心迷活宝玉"那一回里，贾宝玉林黛玉互诉心底里的话，最后林黛玉说："有什么可说的，你的话我早知道了。"①这都已经交代清楚了，互相信任到了这种地步，哪能一发生这个事情，马上翻过脸来，骂贾宝玉，怨恨贾宝玉，认为他变心了，娶了别人了，这是最大的不符合前面八十回的描写。我认为这个朋友这篇文章，讲的是非常有道理的。尽管单独看"焚稿断痴情"这个情节也凄凉，文字也可以，但是跟前面林黛玉、贾宝玉两个人的心心相印到这么深的程度，忽然间变脸了不符合前面的描写，我觉得这个讲得非常有道理。

概括来讲，《脂砚斋重评石头记》的抄本有很多种，一共十二种，前几年又发现一种抄本，归卞亦文收藏，那就是十三种了②。但是只有甲戌本、

---

① 见《红楼梦》第三十二回"诉肺腑心迷活宝玉 含耻辱情烈死金钏"：宝玉瞅了半天，方说道"你放心"三个字。林黛玉听了，怔了半天，方说道："我有什么不放心的？我不明白这话。你倒说说怎么放心不放心？"宝玉叹了一口气，问道："你果不明白这话？难道我素日在你身上的心都用错了？连你的意思若体贴不着，就难怪你天天为我生气了。"林黛玉道："果然我不明白放心不放心的话。"宝玉点头叹道："好妹妹，你别哄我。果然不明白这话，不但我素日之意白用了，且连你素日待我之意也辜负了。你皆因总是不放心的原故，才弄了一身病。但凡宽慰些，这病也不得一日重似一日。"林黛玉听了这话，如轰雷掣电，细细思之，竟比自己肺腑中掏出来的还觉恳切，竟有万句言语，满心要说，只是半个字也不能吐，却怔怔的望着他。此时宝玉心中也有万句言语，不知从那一句上说起，却也怔怔的望着黛玉。两个人怔了半天，林黛玉只咳了一声，两眼不觉滚下泪来，回身便要走。宝玉忙上前拉住，说道："好妹妹，且略站住，我说一句话再走。"林黛玉一面拭泪，一面将手推开，说道："有什么可说的。你的话我早知道了！"口里说着，却头也不回竟去了。曹雪芹著，无名氏续：《红楼梦》，中国艺术研究院红楼梦研究所校注，人民文学出版社1997年版，第282页。

② 《脂砚斋重评石头记》概括所有带脂批的《石头记》传抄本的总和，这些传抄本

己卯本、庚辰本这三个本子是《红楼梦》最原始的，最接近曹雪芹本人写的文字的本子。

甲戌本、己卯本、庚辰本这三个本子还有区别，己卯本和庚辰本基本上应该说是一个本子。庚辰本是照己卯本抄的，所差异的是，己卯本上有717条双行小字墨书脂批，庚辰本上除了有己卯本上的墨书脂批（缺一条一个字的批）以外，还有比己卯本更多的脂批、畸笏等人的批，那是后来陆续增加的。

虽然甲戌本的时间比己卯、庚辰要早，甲戌是乾隆十九年，己卯是乾隆二十四年，庚辰是乾隆二十五年，乾隆十九年当然比后来两种本子要早好几年。这就说明到乾隆十九年的时候，曹雪芹基本上写完了八十回了。但是现在我们看到的甲戌本，并不是真正乾隆十九年当时抄录下来的，它跟己卯本、庚辰本还不一样。

那么为什么说甲戌本年份虽然早，但是现在流传下来的这个本子，抄定的年份实际要晚，而且可以肯定是当时抄书卖的人抄的。为什么呢？它跟庚辰本一对照，庚辰本上脂砚斋的一句批语，很长的完完整整的一段批语，甲戌本把它拆成两段，有的还拆成三段，分别批在不同的正文底下。

上都保留了大量的朱红色批语。一、戚蓼生序本《石头记》，八十回，1912年上海有正书局石印，今藏上海图书馆。二、《脂砚斋重评石头记》（甲戌本），残存十六回，1927年胡适收藏，原为大兴刘铨福藏。胡适把它存在美国康奈尔大学图书馆，现归上海博物馆。三、《脂砚斋重评石头记》（己卯本），残存三十八回，后又得三回又两个半回，现共有四十一回又两个半回。原为董康所藏，后归陶洙，现藏国家图书馆。四、《脂砚斋重评石头记》（庚辰本），七十八回，1932年由徐星曙购得，现藏北京大学图书馆。五、南京图书馆藏本《石头记》，南京图书馆藏本，八十回，此书与有正石印戚序本基本相同。六、梦觉主人序本《红楼梦》，八十回，1953年发现于山西，现藏国家图书馆。七、乾隆抄本百廿回《红楼梦稿》，一百二十回，1959年春发现，现藏中国科学院文学研究所图书馆。八、蒙古王府藏本《石头记》，原八十回，抄配成一百二十回，1960年发现，现藏国家图书馆。九、舒元炜序本《红楼梦》，残存四十回，吴晓铃藏，朱南铣有影钞本，现藏国家图书馆。十、郑振铎藏抄本《红楼梦》，残存二十三、二十四两回，现藏国家图书馆。十一、扬州靖氏藏抄本《石头记》，八十回，靖应鹍旧藏，已佚。十二、列宁格勒东方学研究所藏抄本《石头记》，八十回，缺五、六两回，实存七十八回，苏联科学院东方学研究所列宁格勒分所旧藏。1984年通过中、苏协议，由中华书局影印出版。十三、卞亦文藏本，2006年6月在上海发现。

批语是针对正文来说的，但是甲戌本的批语，与正文对不上了。这说明书贾为了显得批语多、好看，才这样做的。如果是脂砚斋的批，脂砚斋怎么可能这样呢？

甲戌本版口里还有脂砚斋的字，我认为这也都是商人自己造的。现在甲戌本版口里写着脂砚斋，让人家一看很珍贵，是脂砚斋原来的本子，其实不可能。曹雪芹当时穷困到这种地步，怎么可能有专用稿纸呢？

甲戌本前面还有很多条凡例。我在另外一篇文章里也写了，就是到美国去开会的时候带去的一篇论文，我认为甲戌本的凡例也是后来的人配上去的，原书并没有凡例。现在看《红楼梦》那么多抄本，有凡例的只有甲戌本，而且凡例里第四条，就是把庚辰本的回前评转过去的。这一段的文字，跟庚辰本上的文字一对就对出来了。所以凡例不像凡例，不合凡例的规矩。

所以应该这样讲，甲戌本的原文是早期的原文，应该是乾隆甲戌年时候写下来的。但是我们现在看到的甲戌本，流传下来的甲戌本，并不是甲戌年写下来的原本，是后来的人照着甲戌本抄的。为了好看，又在批语上做了手脚。但是并不是每条批语都是这样，甲戌本上还有别本没有的批语和独多的400多字的正文，所以甲戌本仍有珍贵的价值。

胡适认为曹雪芹当时写《红楼梦》并不是顺着次序写下来的，是跳着写的，写完了前面几回忽然又写到后头的部分了，接着又写别的部分了。他这个思想就是从甲戌本断断续续剩下十六回的现实情况来猜测的。

我认为他这个猜测是没有根据的，因为写小说要有一个完整的故事结构，虽然曹雪芹的《红楼梦》基本上是说他经历的许多家庭的变故和社会的现实，但是他在写作中不可能没有一个完整的构思，包括这些人物的出场，后来的故事，总要有一个安排。不可能今天写第十回，明天忽然写第三十回了，思路不可能这么跳跃的。所以我觉得胡适的猜测，没有什么道理。这不合写作的逻辑。

再有一个，己卯本散失掉了一半了，其中有三回又两个半回，被历史博物馆收藏了，当初无头无尾啊，大家都弄不清楚是什么本子，他们拿来给吴恩裕同志看，最后就发现了这三回又两个半回是己卯本散失的部分。

这个例子就说明，己卯本既然可以散失掉一半，中间还有几回又被找回来了，可见是零零碎碎地散失了的。那么现在甲戌本断断续续地拼起来还存十六回，从己卯本的例子可以说明，当时甲戌本也应该是八十回，不是说曹雪芹跳着写，先写开头几回，接着又写后来的事情了，不可能这样的。最大的可能是，甲戌本完整的八十回散落了。像卞亦文藏的也是属于脂本体系的一个本子，也是零零落落，只有几十回了，不是很完整了。这说明在那个时候书保存得不好，散失掉一部分，是完全可能的。

己卯本是怡亲王允祥、弘晓家的抄本。怡亲王允祥、弘晓家跟曹雪芹家有特殊的关系。曹家是被雍正皇帝交给怡亲王看管的。乾隆二十四年，《红楼梦》还没有在社会上流传，所以怡亲王家要抄《红楼梦》，那没有别的地方可以去借。曹家就归他管，而且曹家跟他私交很好，那么极有可能就是怡亲王直接从曹家借到了原本。

"文化大革命"期间，我自己抄了一部庚辰本《红楼梦》。晴雯死的那一回里，贾宝玉写的祭文里有个"祥"字①，己卯本上的那部分文字没有了。庚辰本上的"祥"字还是"祥"，"礻"字旁一个"羊"字没有一竖，我抄的时候这个"祥"字也没有一竖。因为当时抄的时候弄不清楚这个字是什么字，我也没有确定它就是"祥"字，读起来当然觉得应该是"祥"，但是我没有改变它的原样，也少一竖，到现在这个本子还在。

可见，当年的己卯本应该是怡亲王家自己的抄本，所以要避讳两个王爷的名字。到别人抄的时候，就不用避这个讳了。不像康熙的名字，玄烨的"玄"字避讳，要少写"玄"字的最后一点，写成"玄"，这叫国讳，在清代的抄本上基本上都没有这一点，一直到民国初期都没有，因为"玄"字不写这一点习惯了。

至于个人的家庭，儿子避父亲的讳，那是封建时代的礼法。像怡亲王家里抄这部书，避两代王爷的讳，这是属于家庭的避讳，不是全国性的避讳。

---

① 第七十八回《老学士闲征姽婳词 痴公子杜撰芙蓉诔》："志哀兮是祷，成礼兮期祥"，"祥"字写作"祥"。

甲戌本还有一个重大的好处，它比我们现在流传的本子，多出来400多个字，就是空空道人他们发现石头上抄录了一部《红楼梦》，这个底下的情节，你仔细看现在的庚辰本，少了这400多个字，前后情节不太能够贯通。这一段读甲戌本呢，前后情节讲得清清楚楚，是怎么发展下来的。少了这400来个字，大而化之看不出来，仔细一看里头就有问题。

甲戌本的可贵之处，一个是正文上多出400多个字，还有甲戌本上有不少脂砚斋的批语。包括"壬午除夕，芹为泪尽而逝"，"壬午"是乾隆二十七年，"除夕"是大年夜，明确的记载，曹雪芹死于乾隆二十七年除夕。周汝昌就认为"壬午"写错了，曹雪芹是"癸未"除夕死的。但周汝昌的说法是不可靠的。

己卯本和庚辰本是有珍贵的价值的，并不是说每个字都没有问题，因为毕竟也是转抄的，转抄有时候会出现问题，但不是篡改。因为抄的人，文化水平都不一致。庚辰本也好，己卯本也好，可以看到，六七个人抄，字的水平差得太大。己卯本上有一部分是很漂亮的小楷，有的文字就抄得很差，庚辰本后面的部分，抄书人的那个文字太原始了，写的字粗糙得不像话，错别字也很多。但是他没有篡改，他文化水平不够，照抄都马马虎虎勉强抄下来，还怎么可能去篡改别的文字？抄的错别字可以从别的本子一对就对出来了。

《红楼梦》的早期抄本里，也还有很多问题值得进一步研究。但是甲戌本、己卯本、庚辰本，确实是比较珍贵的，这三个抄本的底本是曹雪芹去世前的本子。但是从文字来讲，不是说这三种抄本最完善，甲戌本、己卯本、庚辰本也有不够完善的地方。比如描写林黛玉的眉毛，现在国内的很多抄本都不准确。直到1984年12月，我去苏联，鉴定苏联的藏本，发现只有那个本子上，对林黛玉的眉毛的描写啊，"两弯似蹙非蹙罥烟眉，一双似泣非泣含露目"两个对句非常确切，国内的所有本子跟它比较起来，还是苏联的这个本子对林黛玉的眉毛的描写最完美。

五

李煦和曹家的败落

我后来在《曹雪芹家世新考》里增加了一章李煦的研究。我认为《红楼梦》的历史背景，很多是曹、李两家兴衰的史料，不研究透这两家的情况，是很难弄明白《红楼梦》的。

曹寅的继妻姓李，记载上是李煦的妹妹，李煦给康熙写的奏折也写"臣妹李氏"。李煦给康熙写奏章，说"臣妹李氏"怎么怎么。但是据后来考察，这个李氏不是李煦的亲妹妹，究竟什么关系也搞不清楚。李煦给康熙写"臣妹李氏"，他不敢欺瞒康熙，后来有人推测，可能只是指同一个旗。同旗，也就等于同族，所以就写"臣妹李氏"了，不是亲妹妹。估计就是因为曹寅跟李煦关系特别亲密，李氏跟李煦家是同一个旗，所以就写"臣妹李氏"了。

李煦的原籍我也找到了，在山东昌邑，当地还有李煦的碑，现在这块碑应该还在。除了李煦的碑以外，昌邑还生产丝织品。据说，因为李煦是苏州织造，管纺织的，所以他把织造的技术带回自己老家了，家乡也生产桑蚕丝、缫丝、织丝。

前几年昌邑那里有个搞文物的人，给我写信，说他手里有一批李煦的信，想卖给我，要价100万元。我说，我一个读书人，写写文章，我哪里拿得出100万元。后来又告诉我，100万元买的还是复印件，不是原件。他后来自动减少到30万元。我说，30万元我也买不起。30万元买几件复印件，复印件是不能作为可信的东西的，必须要找到原件。但是这批信，后来被胡德平同志买了做研究，在曹雪芹研究刊物上，不断发表。我没有来得及看，因为眼睛也不行了，我的一个朋友张书才主持这个事，据他讲这些信的内容还是可信的，但是现在只有复印件，究竟原件到哪里去了，还不太清楚。

事实上，《红楼梦》的研究，曹寅一家和李煦一家的关系太大了。李煦一家雍正元年就被抄家了，当时罪名是亏空国帑，就是用亏国库的钱。所谓国库不是北京的国库，是他苏州织造要上缴给国家的钱，自己用掉了三十八万两。

抄家的时候，李煦家二百余口都在苏州插了牌子发卖。在卖人的市场，背上插一个牌子，多少银子，要买就买，像买货物这样。这个事情一出来，扬州许多盐商就上奏折给雍正，说李煦的亏空都是给了我们了，他代表皇上贷款给盐商，共计贷款是多少呢？三十七万八千八百四十两，那时候给他算三十八万两不是差那么一点点吗？而且盐商说，我们马上就把这个亏空补上，请求皇上赦免李煦的罪，但是雍正也没有理这个。最后雍正抄李煦的家，所有李煦的家财合起来有十二万六千多两，等于是除了他被冤枉的亏空国帑的数字——亏空三十八万两，盐商赔补三十七万八千八百四十两——实际上只亏空一千一百六十两，用他个人财产补充以外还多余出来很多，但是这样也没有减免他的罪。

李煦是康熙朝的大官，康熙对他很尊重。李煦的家在通县，就是我现在住的这里，但是我没有查清楚究竟在什么地址。有记载说，康熙南巡回来，从张家湾上岸，路过李煦家都要到李煦家看望看望他，可见李煦的地位。另外记载上，都称李煦是李佛爷，他是一个很有善心的人。雍正上台以后，第一个就抄他的家。

李煦本来判的是"斩监候"，就是要砍脑袋，这个"监候"就是等什么时候处决的意思，一般是秋天，因为封建时代杀人都要"秋后处决"。后来雍正又改变主意，就赦免他了，不杀了，就发配到打牲乌拉了。

打牲乌拉是什么地方呢？我们以前一直没有确切地搞清楚，实际上就在现在吉林市的郊区。我有个朋友任晓辉，他家就在吉林市，趁他回去的时候，我说你去调查一下打牲乌拉。据任晓辉实地调查，打牲是打牲口，乌拉是那个地名乌拉部，打什么牲口呢？打松花江这一段产的鲟鱼、鳇鱼，鲟鱼、鳇鱼只在松花江这一段生长。在打牲乌拉工作的人一共有500多个人，有的到江里打鱼，有的上山打猎，有的采其他植物农作物之类的东西。

为什么讲到这点呢？《红楼梦》里乌进孝进奉的时候，贾赦收乌进孝的一批东西，有人就猜测曹雪芹把这个进奉的单子详细写，除了粮食以外，还有猪羊多少，鹿、獐子、狍子，给孩子玩儿的兔子、锦鸡等等，特别写了鲟鳇鱼，而且写乌进孝从东北一路冒雪过来，实际上就是暗暗把李煦的事情写进去了。因为李煦是充军到打牲乌拉，七十三岁，带着病到那里，第二年，就冻饿而死。李煦这么大年纪，这么天寒地冻的地方，朝廷的一位高官，怎么能干这些活呢？而且家庭遭遇了这样一个天崩地塌的灾难，所以第二年就死在那里了。至此，李煦一家也就完全毁灭了。

《红楼梦》里除夕祭祖宗，乌进孝进租那一回里，贾珍说，你这个老不死的，到现在才把这个东西送来。乌进孝说，哎呀，老爷你不知道，今年天寒地冻，大雪封山，路上很难走，所以才迟了几天。你们大小姐被晋封为皇妃了，听说皇宫里许多金银财宝全部到你们家来了。贾珍就说，你这个老不死的乡下人一点也不懂，如果再要省亲一次我们就完蛋了。

读了这些材料才明白，话里有话。因为脂砚斋老早批了，"借省亲事写南巡，出脱心中多少忆惜（昔）感今"，"出脱"就是发泄，发泄了多少感慨，郁积在心里的感慨，不好直接写南巡，是用元妃省亲的场面写康熙南巡。所以元春在看到满园的灯火辉煌的场面的时候就说"太奢华靡费了"，这个也是话里有话，因为康熙几次南巡，曹、李两家都接待康熙。另外，进租单里还有鲟鳇鱼，这种鱼只有吉林打牲乌拉这一段江里有，这也似乎隐含了一点李煦的信息。

有一本《圣驾五巡江南录》里面写的，到了扬州，曹家接待康熙，一次就御宴一百桌，这一百桌御宴要多少钱？不是一次，而且是多次，多次招待一百桌，而且隔一天就向皇帝进献珍宝，什么珍宝呢？古董、字画这一类的，都有记录。曹家档案里面，曹寅的父亲曹玺，过年了向皇上进贡宝物，画几幅，字几幅，都是名家的。

曹寅出手也阔绰，接待康熙，哪敢有一点马虎。连康熙南巡时候所乘的船都是曹寅打造的，内河的小船，长江里的大船，全是曹寅打造的。曹寅给康熙写的奏折说，皇上要用的大小船只，臣已经全部打造好，只要你下旨，什么时候走，就马上可以走①。在曹家的档案里，这个奏折还保留着。你都想象不到的花费，都在曹寅身上，还有曹寅多次代表康熙发放贷款给盐商，发下去以后，就像李煦一样，都没有归还，那么这个账等于记在曹寅头上。那个时候代皇帝行事，曹寅自己也不可能像账房先生那样，每次多少都记得清清楚楚，而且他自己跟康熙皇帝那么亲密的关系，每次一个是要接待皇帝，一个是要显示皇恩，用的钱无法计算。所以赵嬷嬷跟凤姐随便聊天的时候，凤姐说，不知道他家哪来那么多钱？赵嬷嬷说："告诉奶奶一句话，也不过是拿着皇帝家的银子往皇帝身上使罢了！谁家有那些钱买这个虚热闹去？"这个实在是话里有话，这些钱都是用在康熙身上的，最后算账算到他们曹、李两家了。

所以《红楼梦》里写的，再省亲一次，我们就完蛋了，这句话意味着什么呢？康熙的六次南巡，曹家接待四次，亏空都用在康熙身上了。康熙知道他们用亏了钱，康熙批示，叫他们赶快还清，千万小心，小心，小心，小心②。但是从来没有责备过他，更没有处分过他，知道是为自己花的钱，只是给他一个肥缺，江宁织造，还有两淮巡盐御史。希望他能把亏空还清，但是这个亏空实在太大了，曹寅到死也没能够还清。

康熙五十一年，曹寅去世，曹家就败落了，实际上那时候亏空已经很

---

① 康熙四十三年十二月十二日《江宁织造曹寅奏请应于何处伺候折》说："臣同李煦已造江船及内河船只，预备年内竣工。臣等应于何处伺候，伏俟圣旨，臣等慎密遵行。"朱批："已有旨了。尔等照旧例伺候。"

② 康熙在《江宁织造曹寅奏进晴雨录折》上特批："两淮情弊多端，亏空甚多，必要设法补完，任内无事方好，不可疏忽，千万小心，小心，小心，小心！"

大了。康熙为了照顾曹家，一直让李煦照顾曹家。先是曹寅的儿子曹颙继任江宁织造，曹颙三年以后去世了，去世以后曹家没有男孩子了，曹宣的第四个儿子曹頫过继给曹寅，继任江宁织造。康熙这样做，是为了维护曹家的家业不至于败落。但是到康熙六十一年，康熙自己去世了，雍正一上台，先是李煦败落，到了雍正五年，曹家也败落了。

曹家被抄家之前，江宁织造跟杭州织造、苏州织造三个织造，运送皇宫用的龙袍的袍料到京城，雍正钦点叫曹頫领队管这件事。结果到了山东长清，住在那个地方的驿馆里，驿馆的主管人员，除了热情招待以外，每人还照例送了一点仪程，给曹頫三百六十多两（三百六十七两二钱）。杭州织造（五百十八两三钱二分）和苏州织造（五百零四两二钱）拿得比曹頫多。

这是当时官场的惯例。想不到，很快就有人告发曹頫。因为雍正有一道命令，沿路不准拿仪程。曹頫他们依惯例拿了，结果就有人揭发了。雍正看到报告说曹頫在路上受人贿赂，拿了人家几百两银子，马上就把他办罪了[①]。

这件事情发作了几天以后，雍正就下令抄家。先派人去监督，防备他转移财产。一下曹家就完全垮台了（雍正五年十二月二十四日，又"上谕着江南总督范时绎查封曹頫家产"）。曹、李两家，到此就都毁灭了。

曹家被抄家的时候老怡亲王允祥还在，老怡亲王是雍正八年死的，曹雪芹家是雍正五年除夕抄的家，除夕那天先登录下来了，过了年以后，派了另外一个人按登录的情况把家产全部抄了，全部充公了。当时曹家被抄家的时候，抄家的人还没去，雍正皇帝先派人赶到南京去监督，就是怕曹家转移财产。抄家的结果，就只有当票几十张，借券多少张，另外空房多少间，旧衣服多少件，其他一无所有。还查出来他借给别人几万两银子也没有还，所以实际上曹頫已经一贫如洗了。据说雍正看到这个报告也为之恻然，觉得有点可怜了。

当时曹雪芹，按我的计算是13岁，跟着他的祖母，也就是李煦的这个

[①] 雍正五年十二月初四的《上谕织造差员勒索驿站著交部严审》。

妹妹李氏一起回到北京，住在蒜市口。据隋赫德的报告，原来曹家在北京蒜市口有旧房十七间半，让他们回来就住那儿。李氏、家仆三对，没提曹雪芹，也说不定是因为曹雪芹是小孩，就没有提。按照周汝昌的说法，曹雪芹那时候才4岁。蒜市口现在也变化了，我曾经去查过，有一处旧房，接近十七间半，是不是当年的十七间半就很难说了，反正地点是在那个地方。曹雪芹以后，据传说，跟敦诚、敦敏交往，后来住到西山那边去了。

按照我的算法，曹雪芹在13岁以前，还经历过家庭比较好的时候，但是也已经是后期了。至于曹雪芹是曹颙的儿子，还是曹𫖯的儿子，现在也没有确切的证据，因为没有进一步的史料。

我一直觉得，要把清代的康熙、乾隆时期的社会历史、社会风俗、社会的思想状态、文化状态、社会的风气弄明白，还要把曹、李两家的兴衰历史，两家的家庭情况弄明白，才能更好地理解《红楼梦》。但是更重要的是《红楼梦》的思想已经具有资本主义萌芽的新思想了。

这个就是我的一些体会，大家读《红楼梦》的时候再慢慢地品味。我这本《曹雪芹家世新考》经过四次的修订，中间增补了不少，现在我也不可能有能力再进行研究了。今后可能还会有重要的史料出来，那就希望后人能做出更新的成就了。

六

曹雪芹墓葬的发现

1968年,北京通州的张家湾平坟地的时候,在曹家大坟挖出来一块石头,石头上面刻着"曹公讳霑墓"这几个字,左下角刻了"壬午"两个字。说明他确实是"壬午"年死的。证明了《脂砚斋重评石头记》"甲戌本"上的"壬午除夕,芹为泪尽而逝",是可信的。可见"壬午",有了实物记录了。

平坟的时候,挖出来这块石头,石头底下约1.5米有个骷髅,但是没有棺材。这个石头不是立在坟地上的,它是跟尸体埋在一起的。墓志铭是埋在墓里的,墓碑是立在墓外头的,它这属于墓志铭一类的性质,所以它埋在曹雪芹尸体的上面。那块石头粗糙得不像话,就像普通的山里刚刚开出来的一块条石,用铁钎打出来的斜条纹还在。我在江西干校三年,一直是开山打石头,我一看这就是刚取出来的一块条石毛石,没有来得及加工、打磨。本来一般的咱们看到的墓志都磨得光光的,这个没有磨。

由于有了这块石头,主张"癸未"说的人,没有别的办法说这个问题了。他们就说它不是"壬午"两个字,是"王干"。可是石头在啊,"壬午"两字还能够辨认得出来。有人问,"王干"是什么意思?他们无法解释了,只好在一篇不显眼的短文里,承认是"壬午"了。但是,他们还是坚持他们的"癸未"说，说这块石头是假的，伪造的。

"文化大革命"期间，王昆仑是北京市的副市长，他也是《红楼梦》研究专家。他调查曹雪芹的坟墓，到处找也没有找到。"文革"期间，红卫兵就把他打倒了，罪状之一就是他研究《红楼梦》，找曹雪芹的坟墓。你想"文化大革命"期间一个副市长这样权威的人物，还被红卫兵因为研究《红楼梦》这样一个罪名打倒。1968年发现的这个坟墓，正在这样的时候，哪有一个老百姓，造一块《红楼梦》的作者曹雪芹的墓石来欺骗别人？而且挖到了这块墓石了也没拿出来，他就砌在自己的墙里了。所以我觉得这块石头确实是曹雪芹的墓石，曹雪芹的墓就在张家湾的曹家大坟边上，一点没有问题。我去调查，找了很多同时挖墓的人，他们都是老百姓，有的根本不认识文字，他们都说，这块石头就是他们当时挖出来的。

挖到这块墓石的人叫李景柱，现在也不在了。李景柱读过《红楼梦》，他一看"曹公讳霑"，曹霑不就是曹雪芹吗？觉得好奇，所以收工以后，就叫他弟弟来，两个人一起把这块石头抬回去了。当时在"文革"高潮的时候，也不敢拿出来，刚好他翻修他母亲住的一个草房，就把这块石头当建筑材料砌到墙里了。等到1992年他母亲去世，这个房子也已经漏得不成了，所以这个墙拆掉了，这块石头又弄出来了，别人建议他捐给张家湾政府，他就捐给张家湾政府了。

张家湾政府当时就托历史博物馆的一个朋友来找我，说你去看看这石头究竟是不是有价值？是曹家大坟的，是不是曹雪芹的坟墓？他们只知道在一个曹家的坟里挖出来的。所以我就去了，那是1992年的时候，一看石头旧到这种情况，一点没有问题，也不可能造假。那块石头一看就是埋在土里多少年的毛石头，上面写得清清楚楚，"曹公讳霑墓"，"壬午"。"壬午"两个字靠边了，靠石头的左边。

我看的时候还好，他们后来搬的时候不小心，左边损坏了一点点。整个墓石是完好的，现在在通县的博物馆里放着。这块石头起先是在张家湾镇政府里，后来放到通县博物馆去了。

后来傅大卣、史树青，他们搞考古工作的看了，就表示完全同意我的意见，没有做假的可能。另外社科院的陈毓罴、刘世德、邓绍基还有很多红学家都来看了，王利器也来看了，都一致认为这是完全可靠的，没有任何作伪的痕迹。当时张家湾人民政府也就是请我看看，请大家来看看，确认一下，也没有因此大张旗鼓搞什么活动。

有人跟我论辩，他提出来一个理论，墓志铭必须多高、多大，怎么规定的。其实这种话是不可靠的，因为这种制度，都是对官方的规定，各个时代都不一样。某一个品级的官员，规定墓志铭要多大，不能越过这个范围。但是任何时代，不去规定老百姓的。普通老百姓死了有谁来管啊？

历史上有名的写《三都赋》的左思，大名鼎鼎的人物，他的妹妹叫左棻，也是一个有名的人物。历代传下来左棻的墓志铭是真实的，于右任还收藏过这个墓志铭。因为它很小，据说于右任把它放在书桌上了。这个墓志铭，我没有见到实物，我只是见到过照片。你都想不到的。

后来我在潘家园经常注意这些东西，我买到一块明代的青花瓷的墓志铭，只有一本小32开的书那么大。上面的文字写的都是这个人一生的经历，字也很小，当时因为这个属于青花瓷，要价比较贵，我去了几次呢，一直犹豫，最后我还是下决心买了，因为这是难得的一件实证。

之后，我又买到一个陶的盘子，上面有一个盖，底下一个底座，一合是个盘，可以盛东西的，可是上面写着某某人墓志，翻开来，盖子里一行一行写着这个人一生的事迹，这你都想象不到，墓志铭可以用这种方式来写，这是老百姓的自由。这我也买了，也没有花多少钱，所以我这类的资料，积得越来越多。

还有济南我的一个学生，告诉我山东还流行用瓦当做墓志铭，就是屋檐上滴水的瓦当。他答应给我找一块来，后来一直没有找来，但是我有这几种墓志铭，一种是我买到的青花瓷的墓志铭，一种是陶器盘子的墓志铭，这种墓志铭我买到多件。证明潦倒穷困的曹雪芹——当时已经沦为普通老百姓中最穷困的一位了，有谁来管你的生死啊——死了以后，朋友为了怀念他，怕将来没有人认，找了一块很破烂的毛糙的石头，临时刻了"曹公讳霑墓"几个字，旁边还标了"壬午"两个字，所以不可能做假。说不合尺寸、不合这个规矩等等，这都是离谱的，不符合历史事实，不可信的。

这块曹雪芹墓石的发现，以及下面裸葬的尸骨的存在，证明曹雪芹的墓，确是在张家湾。这是毫无疑问的。这是一件震惊世界的发现，我建议应该尽快把这个墓修复。

还有，在1978年的下半年，吴恩裕先生发现北京一个姓张的居民家里，有一对木制书箱。箱子上的题字，与曹雪芹有关。他请我请中宣部副部长林默涵同志和木器家具鉴定专家王世襄先生。我和他们一起去鉴定。后来我们一起去了，见到了这一对木制书箱。书箱左边箱门上有画兰，并题"乾隆二十五年岁在庚辰上巳"，右下断题"拙笔写兰"。箱子右边箱门上也是一丛兰花，花下有一块石头，上端写："题芹溪处士句""并蒂花呈瑞，同心友谊真。一拳顽石下，时得露华新。"在左边箱门上端有"清香沁诗脾，花国第一芳"的楷书题刻。在左边书箱箧门的背后，用端庄凝重的楷书写着：

为芳卿编织纹样所拟歌诀稿本

为芳卿所绘彩图稿本

芳卿自绘编锦纹样草图稿本之一

芳卿自绘编锦纹样草图稿本之二

芳卿自绘编锦纹样草图稿本

这五行题字，都略带章草的笔意。在这五行字的左边，用淡墨写着一首七言悼亡诗，字迹挺秀，全诗如下：

不怨糟糠怨杜康。乱诼玄羊重克伤。

（丧明子夏又逝伤。地坼天崩人未亡。）

睹物思情理陈箧，停君侍殓鸾嫁裳。

（才非班女书难续，义重冒）

织锦意深睥苏女，续书才浅愧班嬢。

谁识戏语终成谶，窀穸何处葬刘郎。

此诗第二行和第四行是勾掉的句子。

我们看完这对书箱以后，王世襄先生鉴定后说，整个箱子是乾隆时期的东西，包括兰花的刻法和字的刻法，都是乾隆时期的刻法。还有书箱门后的墨笔题字，这五行题字是否是曹雪芹的墨迹，因为没有曹雪芹的真迹可以对证，所以无法确定。另外那首悼亡诗，当然是芳卿写的。总体来说，两个书箱不是造假，这是肯定的。

我个人的意见，这对书箱，是曹雪芹友人贺他续婚时送的，箱门背后五行题记当是曹雪芹的墨迹。那首悼亡诗是他夫人"芳卿"写的。

悼亡诗的头两句："不怨糟糠怨杜康。乱诼玄羊重克伤。"第一句证明他们是在极度贫困中结合的，故称"不怨糟糠"；"怨杜康"说明曹雪芹是饮酒过多而死的，因为他儿子先死，所以雪芹饮酒解痛，以致病死；第二句"乱诼玄羊"，"乱诼"是说占卜，"玄羊"是癸未年，因为未年属羊，按诗意说遇到羊年就"重克伤"，先是他儿子死，接着是他自己死。

以前我一直以为曹雪芹死于癸未。我第一次解这句诗也是这样解的。但后来仔细斟酌，这个解释不妥。因为曹雪芹是十二月除夕死的，按传统的算法，此时已过立春，过立春后已是下一年的季节。既然羊年对他不利，为什么整个羊年没有问题，为什么羊年已过，猴年已到，曹雪芹才死呢？这就不可解通。

我后来理解，曹雪芹确实是壬午除夕去世的，因为这时已过立春，羊年已来，所以他一碰到羊年就"克伤"了。这样，与脂砚斋的批语"壬午除夕，芹为泪尽而逝"完全一致，也与墓石上的"壬午"一致。所以，我后来又补写一文，说明这个问题。

我认为这对书箱，确是曹雪芹的遗物，至为珍贵，希望能由国家保护起来，否则就会损失了。

九
红楼梦研究所

一

红楼梦研究所的成立和《红楼梦学刊》的创办

1979年的时候,《红楼梦》研究很热,1979年1月在《红楼梦》校订组的基础上,经文化部批准,成立了红楼梦研究所,属中国艺术研究院管理,主要成员有胡文彬、吕启祥、林冠夫、刘梦溪、陶建基、顾平旦、祝肇丰、徐贻庭等,由我担任所长。任务是继续校订《红楼梦》。5月20日创办了《红楼梦学刊》。

在红楼梦研究所和红学界许多老、中、青的红学家合力下,1979年先成立了编委会。许多老一辈的专家,包括俞平伯、顾颉刚、王昆仑、茅盾、吴世昌、吴恩裕、吴组缃、周汝昌、叶圣陶,还有启功先生和作家协会的几位领导,中宣部副部长林默涵也参加了,反正那次是盛况空前。老一辈的都高兴极了,因为又看到文化复兴的希望了。"四人帮"时期,极少有什么刊物,所以《红楼梦学刊》的创办,是"四人帮"垮台以后,文艺界的第一次隆重的活动。

编委会成立以后要策划,要筹集文章。正式出刊我记得是9月份了,是《红楼梦学刊》的创刊号。那时候一年四期,一个季度一期,《红楼梦学刊》开头一、二两期都是1979年的下半年出来的。印数都很高。

1979年5月份成立《红楼梦学刊》的编委会,当时我被大家推为这个学刊的主编。还有一个主编是王朝闻。

我当时担子很重，我当主编，王朝闻同志也是主编，但他是挂名的，从来不过问学刊的事，实际上主编的工作是我一个人在那里做。当然学刊还有编委会、编辑部，还有具体负责的人。组稿啊、编辑啊这些，都是大家一起来做的。

《红楼梦学刊》成立以后，对国内的红学研究是极大的推动。因为"四人帮"统治时期，整个文化很衰落，很凋零。像古典书籍除了一部《红楼梦》毛主席喜欢读以外，其他的不知道读什么书好。搞得人人都不敢读书。"四人帮"一垮台，《红楼梦学刊》创办了，这是文化界的大事。

我几乎每天都要看很多外来的稿子。那个时候刚创办，《红楼梦学刊》的影响是非常大的，老一辈的，中年一辈的，都不断地来稿子。《红楼梦学刊》一年四期，每一期几十万字，但是实际上我们要看很多稿子，才能定。我们要认真看这些稿子，认真挑选，所以任务很重。

《红楼梦学刊》出来，发行量很大。我记得很清楚，第一期一下子印了八万册，这是以前从来没有想到的。第一期、第二期、第三期都是八万册。后来怎么降下来了呢？原来是河北百花文艺出版社出的，不是通过新华书店的。后来因为外面征订不方便，就转成新华书店发行了，这样一个转折以后，原来的印数就下降不少，下降到大概五六万册，就是降到五六万册数字也不小啊。从这个印数可以看到当时红学的盛况。

二

中国红楼梦学会的成立

1980年暑假的时候，我到哈尔滨去开中国《红楼梦》研讨会。在《红楼梦》研讨会上，大家酝酿成立中国红楼梦学会。学术研讨会结束以后，马上就再开了中国红楼梦学会的成立大会。会上推举吴组缃先生担任会长，推举我当副会长兼秘书长。当时也是在《红楼梦》被文化界高度重视的情况下，成立这样一个学术团体，也是"四人帮"垮台以后最早成立的一个学术团体。

中国红楼梦学会成立以后，我们的宗旨是把全国研究《红楼梦》的学者，团结在一起，大家认真地把《红楼梦》研究当作一件重要的长期的学术工作来做，当作一门艰辛的学问来做。中国红楼梦学会的成立，还有之前红楼梦研究所和《红楼梦学刊》的创建，对《红楼梦》的研究，起了非常大的推动作用和引导作用。因为我们主张，要认真严肃地来研究《红楼梦》，不是随便自己想到哪里就说到哪里。有人说是戏说，现在有的是乱说了。当然这只是少数人。还有一批人在认真地做研究，《红楼梦》研究的主流还是好的。

归根结底，研究《红楼梦》是一门非常严肃的学问，也是很艰辛的学问。我个人觉得，它的艰难性，不下于研究先秦古籍。因为先秦古籍，无论《论语》也好,《孟子》也好,其他的《大学》《中庸》,都没有隐晦曲折的事情,只是古代的语言难懂,要从历史的角度来解读这些语词的当时的含义,就可以得到确解。《红楼梦》里,隐藏了很多不能表面上讲,比如说元妃省亲,要不是脂砚斋批,读者怎么样也想不到,这是写南巡盛事。他不好直接写康熙南巡,就用元妃省亲来写这种繁华、热闹、破费,所以画龙点睛说,"再两年,再一回省亲,只怕就净穷了"这句话实际上是画龙点睛,脂砚斋的批"借省亲事写南巡",也是画龙点睛,这些话连在一起,无疑就是表达再一次南巡我们就完蛋了,这是从曹雪芹笔底下曲曲折折透露出来的。先秦的古籍没有这些曲曲折折的情况,他讲的都是自己的思想,只是时代隔得很远了,语言的方式,语词的内涵有历史性的变异。所以我们解读先秦古籍,要按先秦时期的历史环境来阅读,要把同时期的各种书对照着读,但是不用发掘它背后还隐藏什么东西,不存在这种情况。

《水浒传》《三国演义》都明白得很,七分虚构三分真实。大家知道《三国演义》里面有很多虚构的情节,但是没有隐蔽的意思。唯独《红楼梦》跟别的小说不一样,字面上读起来很热闹,也可以明白大致。要仔细研究呢,它字句里、故事情节里还隐藏着更深的一层内涵,这是跟别的小说完全不一样的地方。所以读《红楼梦》需要结合作者的历史背景、家庭背景来读。这是实际存在的事实,不是凭空造出来的。

《红楼梦》开头有"作者自云曾经历过一番梦幻"一大段叙述,这一大段的叙述,我们现在看,等于是《红楼梦》作者的序言,它不属于故事情节。在里面还有一句"忽念及当日所有之女子,一一细考校去,觉其行止见识,皆出于我之上"[①]。这句话是念念不忘当年自己家庭盛世的状况。

还有一句"背父兄教育之恩,负师友规谈之德",这句说明当时抄家的时候,他不是小孩了,已经上学了,有老师、同学了。所以按照我的计算,康熙五十四年他出生,到雍正五年底抄家,刚好是13岁。传说李煦最喜欢曹雪芹,曹家败落之前,李煦经常抱着曹雪芹在自己膝盖上坐着。所以李

[①] 曹雪芹著,无名氏续:《红楼梦》,中国艺术研究院红楼梦研究所校注,第1页。

煦被充军，曹雪芹应该是七八岁了。这句话还说明他后来的思想违背了老师的教育。

所以《红楼梦》这部书，内容太深，它里面有些话你看不出来有什么内涵，实际上它隐含着自己心里的悲痛，所以俞平伯先生和其他一些人说，《红楼梦》写到最辉煌热闹的时候，都带着一种悲凉的味道。像元妃省亲，那么辉煌的日子，元妃见到父母泪如雨下，"当日既送我到那不得见人的去处，好容易今日回家，娘儿们一会，不说说笑笑，反倒哭起来；一会子我去了，又不知多早晚才来"，这多悲凉，一场欢天喜地的大事，他却写出那么悲伤的话来。所以人家说曹雪芹实际上是满肚子冤屈，满肚子痛苦，但是不敢直写，所以回忆自己家庭和亲戚的家庭辉煌的时期，都带着追忆的味道，带着感伤的情绪，难过的、哀伤的滋味。

书中写八月中秋赏月，忽然听见墙角几声叹息。本来高高兴兴全家团圆赏月，忽然墙根发出几声叹息的声音，这个都在喜欢的调子里散播出一种哀伤的味道，听着这个，"哗"一阵风过，祠堂的门"呱呱呱"响，阴森森的，都是在热闹的气氛里夹有一种悲凉、阴森的滋味。原因就是曹雪芹一直是怀着满肚子的冤枉、满肚子的痛苦、满肚子有冤无处诉的情绪来写《红楼梦》的，所以《红楼梦》尽管写到最欢乐，最热闹的时候，也带有一种哀伤的情绪。

1979年1月红楼梦研究所的创办，同年《红楼梦学刊》的创办，1980年中国红学会的成立，这三件事对《红楼梦》研究的推动非常大。特别是这个时候"四人帮"垮台还没有多久，对当时"四人帮"垮台以后沉寂的文化界是一个重大的推动，文化、学术的气氛开始活跃起来了。

三

国际《红楼梦》研讨会

1980年6月，美国威斯康星大学召开国际《红楼梦》研讨会，先是发来邀请书，接着又派了赵冈先生专门来邀请我，希望我一定去。

被邀请的还有俞平伯，还有陈毓罴。我去告诉俞平伯先生，俞平伯先生非常幽默，他就把自己的脚伸出来给我看。他是一生的习惯，不穿袜子的，光着脚。他说，你看我这样子能到美国去吗？我一辈子都这个样子，我不能因为要到美国去，改变我的习惯，所以我去不了。他写了一封祝贺信。

后来周汝昌知道这件事了，他写信给美国会议筹备处，要求去。所以最后是我和周汝昌、陈毓罴三个人去的。中央同意我们去美国参加这个会，当时文化部、中宣部管这个对外的文化事情，就嘱咐我们，就是三个人作为一个小组，我是负责人。因为那个时候，国际关系还在紧张中，台湾那个时候还趾高气扬，我们也想通过文化工作，参与国际的活动，扩大我们自己的影响，使更多人了解我们。

从学术上来讲，周汝昌当时的《红楼梦新证》大家很重视，尤其外国人，当然觉得《红楼梦新证》是一部大书。陈毓罴先生也有很多论述《红楼梦》的著作。我的《论庚辰本》以及其他一些重要的论文都发表过，尤其《论庚辰本》，他们感觉到在抄本研究领域里打开了一个新的局面。

我们三个人就乘飞机到了美国威斯康星，参加那次会议的人很多。英国的霍克斯，就是翻译《红楼梦》英文本的译者，我跟他见面的时候，感觉到他已经是苍老得很，现在都已经不在了，年龄不一定比我大。加拿大的叶嘉莹。叶嘉莹跟我同年，比我小几个月。日本有伊藤漱平。松枝茂夫那次去了没有，我记不起来了，松枝茂夫是伊藤漱平的老师，到中国来过好多次，都跟我见面了。法国的陈庆浩，还有台湾的潘重规。美国本身好多人参加，余英时年纪比我小一些，身体还很健康，在美国研究中国学问是最权威性的人物。唐德刚，就是写《李宗仁回忆录》的作者。白先勇也去了，白先勇是白崇禧的儿子。还有好多呢，我一下子记不了那么多了。

我在那个会议上的论文是《论〈脂砚斋重评石头记〉"甲戌本"凡例》。我提出来甲戌本凡例跟正文有差距，后人作伪配上去的痕迹太多。甲戌本把脂砚斋的批语拆成几段分布在别的不相干的地方，这些看起来，完全可能是抄书卖书人做的手脚。我的论文里，统计了明代、清代所有的小说、戏曲，有没有凡例，有多少凡例，有多少没有凡例，举了许多例子。小说中间有凡例的极少，而甲戌本，这个凡例本身都不像凡例，许多条凡例也经不起推敲。

我在那个国际会议上讲完了这篇论文以后——当时国际会议上有一个规矩，现在也是这样——有一个评论组，马上就发表评论了。评论我的那一次，评论组的组长是李田意，若干年前还不断地跟我通信。这位李先生马上就说，冯其庸先生这个论文是权威性的，我们评论组不可能提出什么不同的意见来。他说了等于是定论。全场的人都鼓掌，都表示我讲得有道理。

正在这个时候，突如其来周汝昌站出来了，他说我不同意冯其庸的这篇论文。大家都大吃一惊，你们三个一起来的，怎么自己给自己拆台？我也想不到，他会忽然冒出来反对。我论文里讲到甲戌本不避"玄"字讳，"玄烨"的"玄"有一点。甲戌本很多的地方的"玄"字都有一点。这跟乾隆时期的抄本，大不一样。因为"玄"字是国讳，都应该避讳的，怎么乾隆十九年，不避康熙的讳？不可能的。

我提出来，凡例的第五条，全部文字是庚辰本的回前评，摘录了这么一段拿去当凡例的第五条了，这个完全跟凡例没有任何关系。

还有一条甲戌本版口里有"脂砚斋"三字，雪芹当年穷困潦倒，哪可能有专印的稿纸？这些地方说明，都是书商作伪的漏洞。

他一共说了三点反对意见。周汝昌反对那个"玄"字不避讳，他说，甲戌本现在只有十六回，还有六十四回没有了，也许这六十四回里的"玄"字避讳了呢？所以你这个"玄"字不避讳不能作为定论。

我本来觉得我们三个人一起去的，不应该自己驳难自己，被人家笑话。这不是家里学术讨论，这个要给国际上好的影响，所以我就一直没有回答。国际记者不少，闹出笑话来，大陆来的人自己争起来了，所以我一直沉默。

没有想到潘重规先生发言的时候，一开头就说，我不像冯其庸先生，对周汝昌先生的提问不做回答，我对所有提问我论文的人，我一概都要回答。他故意用这个话来刺激我。我觉得我不能不回答了，不回答会造成更不好的影响。但是我也考虑到我一定要维护我们国家的声誉，维护我们中国红学家在国际上的影响，我不能真的跟周汝昌争起来了。趁着这个机会，我说，刚才潘先生说我不回答，我说其实我不是不回答，我对任何问题都要反复认真地思考，对周先生提出来的问题我不能草率地答复，现在既然潘先生这么讲了，我当然得回答。

我就故意说，我说大家都不知道，我们几个研究《红楼梦》的老朋友，在家里互相抬杠、互相提问题，这是习惯了。我说刚才周汝昌提的三点，我并不是现在才知道。我的文章出来以后，先给他看了，他马上就给我提了这些问题，我们大家都当作开玩笑这样来提的。既然他刚才把三个问题又提出来了，我也把我当时在国内，我怎么答复他的讲给大家听听。

我就举了一条，我说"玄"字不避讳，周先生说还有六十四回散失了，也许在散失的部分里是避讳的。我说这句话是不能成立的，因为我举的是事实，事实是不避讳，你也应该用事实来回答我的事实，你不能用一个空想来否定我根据事实提出来的问题。我说我也可以同样的回答周先生，那个散失的六十四回里，你认为可能是避讳了，我认为可能完全都不避讳，这不是抵消过去了。我说这个空对空是不能作为论据的。结果底下全场鼓掌,满堂彩声,觉得我批驳得非常在理。周汝昌先生就说,我们都是开玩笑的。他顺着这个台阶就下来了。

事后美国的朋友和国外的学者朋友,尤其潘重规先生跟我讲,他说,冯先生你真了不起,你的脑子真快,回答得也非常得体。美国的好几位朋友,尤其周策纵,他说,非常感谢你,因为如果你们争起来,我们的会就麻烦了。你用玩笑式的办法,化解了这个难题,使大会能够和谐地开下去,我们主持会的人也感觉到非常高兴,而且你答复得非常有力,获得全场的掌声。

开完会我们就回到北京了,当时向中宣部也汇报了情况。但是我没有把周汝昌的情况详细讲,陈毓罴先生他们一起开会的都清楚。海外有很多报道,周汝昌辩难冯其庸,冯其庸当场答复,怎么怎么的。我当时带回来的台湾的报纸,国外的报纸不少,华文报不少,没有注意保存,几次搬家,这一部分资料都没有了。

由于这次的会议,我1980年6月回来以后,马上又收到斯坦福大学的邀请,请我到斯坦福大学讲学。9月30日,哈佛大学韩南教授来信,欢迎前去讲学。又得夏威夷徐家祯教授来信,约请前往夏威夷讲学。

1981年的夏天,我应邀到了加州斯坦福大学开《红楼梦》的专题课,讲了半年,学生非常欢迎,王靖宇教授也热情接待我。我在课程讲完后,又接受了哈佛大学的邀请。

我到哈佛去讲的时候,韩南先生主持会议。他先给我打了招呼。他说,国外的情况跟你们国内是不一样的,我们这里演讲最多几十个人听,就已经了不起了,济济满堂,几百个人听是不可能的,所以你不要奇怪;还有一个,我们自由主义惯了,可能听了一会儿就走了,你也不要奇怪。在中国是不可能听了一半就走了的,可是在这里想听就听,中间来了,也可能听了几句就走了,你都不要在意。只要有人你就讲,没有人不讲,没有关系的,都没有事。

没有想到我一开始讲了以后,听的人本来三四十个,后来不断增加,增加到大概有五六十个人。我还是按照我原来计划的讲,那时候头脑比较好，我也不带什么讲稿，就随口讲下去了。讲到后来，大家都非常佩服。北大汤一介教授的夫人乐黛云，社科院的汝信都在，都高兴得很。

韩南特别高兴，他说我们创纪录了，这么多人听，而且是只有来的没有走的，我们以前都没有这种情况。所以讲完就把演讲的报酬给我了。这是一种少见的礼遇。而且他说我们主持会议的人提出来，像冯先生这样的演讲，不是我们常规的演讲，应该加一倍的报酬，给了我两份报酬。

接着耶鲁大学就邀请我去了。耶鲁大学的主持人是余英时。见面以后，互相了解了。余英时也是钱穆先生的学生，在无锡国专的时候我听过钱穆先生的课，他是钱穆先生在香港创办的新亚书院的学生，比我晚。所以我一去之后，他一看我的经历，他说我们还是同一个老师，应该是同门，我们都是钱穆先生的门下。所以他特别高兴主持我的演讲会。

在美国还有一个礼节，演讲会到中间，如果对这次演讲评价非常高，会有人敬酒。突如其来，余英时先生宣布演讲暂停，由某某人来向冯先生敬酒。有人就拿了一杯酒，到讲台上来，大家底下就鼓掌，我就接受了他的敬酒。喝了酒，然后休息一会儿，我又继续演讲。在休息的时候，余英时就给我解释，说在美国有一种习惯，大家听了演讲非常满意，非常热烈的时候，就会有人提出要敬酒，表示这次的演讲非常成功。

继续演讲，我记得好像是到快要结束的时候，忽然有人递了一个条子给余英时。余英时拿着这个条子看了半天，没有说话。我以为是有人对这次演讲有什么不同意见。没有想到余英时拿着条子，就说，我还是给大家说一下吧，有位先生给我提出个问题，说斯坦福大学可以把冯先生请来，我们耶鲁大学为什么不能把冯先生请来？请主席回答。他说，这是批评我。因为他们那里并不是校长主持，这种学术活动都由知名教授来负责筹划的。所以他说，我现在就可以答复大家，耶鲁大学决定请冯先生来讲课，来做客座教授，时间可能是1982年的6月开始。当时他宣布以后，下面就热烈地鼓掌。而且他说，聘书一个月以后就送到冯先生那里。他还专门把我从宾馆里接到他家里住了一个礼拜，和他的家人在一起。表示出对我的特别尊重和热情，也反映了我们亲密的同门关系。

果然，我回到斯坦福大学，很快耶鲁大学的聘书就送来了。当时我也决定回国后，向学校汇报在斯坦福讲学的情况后，我再去耶鲁。

此事美国那边已经定了，聘书都拿来了。余英时教授告诉我，他是拿了一个基金会的一笔基金，那年的基金用在我身上了，所以我一定要去。因为他申请来了这一笔基金，就是用在我的讲学上的，而且这个待遇非常高，超出他们的最高报酬。我也答应一定会去。

我在美国讲学，是在斯坦福讲了以后，又在哈佛、耶鲁讲了，后来又到伯克利讲了一次。他们事先有个招呼，他说既然你在斯坦福、哈佛、耶鲁、伯克利讲了，低于这四所大学的地位的邀请，你千万不要去。他给我开了个单子，其他的，华盛顿大学可以。所以说一般来哈佛、耶鲁讲学了，其他学校就不去了，这是他们的情况。他这么一打招呼以后，我当然也不会答应别的地方的邀请了。

事实上想请我去讲的大学很多，一个呢我有课程，我有斯坦福预约的课程，我不能不按规矩来完成它；另外又有他们这么一个规定。其他的我就再没有去，华盛顿邀请我的时候，我已经到期了，我说只能以后有机会再来了。

有位作家笔名叫映芝[①]，她的真名字我忘记了。她的祖父一辈可能是商务印书馆的创办人。她每堂课都来听，听课的时候她就劝我，她说你应该来，耶鲁不是请了你吗？耶鲁大学是美国名牌大学之一。余英时先生邀请你，这个更不一样，余英时的地位轻易不会邀请海外学者的，你受到他的邀请是特殊的礼遇，有特殊的学术地位。再有一个她知道余先生准备的报酬特别丰厚，她说你在美国继续讲一段时间，最好再留几年，你回去就是个大富翁。

我说你不知道国内的情况，我说国家所有的干部，所有的人，大家情

---

① 应文婵（1912—1987），映芝是笔名，浙江慈溪人。1936年与丈夫沈志明共同在上海创设启明书局。1960年赴美考察，随即在美西华盛顿大学修习图书管理学；学成后任职于斯坦福大学胡佛研究所中文资料部，至1976年退休。著有诗集《闲吟集》，散文《闲笔集》《书斋志异》，短篇小说《月未圆》《巧遇》《金山得宝记》等。

况都差不多。我如果一个人变成富翁回去,我生活反而不习惯。我跟大家一样,我们都平平淡淡,都非常舒服。哎呀,她说你这样考虑问题,真是我们都想不到的。

美国还有一个朋友夏志清,他是苏州人,写近代史的,他在美国声望非常高。他为什么声望高呢?他的英文的语法水平很高,美国一般的人都达不到他的水平,很多专家的文章,他都要提出修改。唐德刚跟夏志清特别要好,他就说,冯先生一定要跟夏志清见面。有一天傍晚了,我们就一起到了夏志清家里。夏志清家里真是高朋满座,一看唐德刚来了,他们是最要好的朋友,特别高兴。唐德刚把我的情况跟他一介绍,夏志清特别感兴趣,他就说今天你来太晚了,明天我请冯先生吃饭,然后我们交流。当天因为他还有很多客人在那里,我们就先回来了,临走唐德刚还对他开玩笑,说你请吃饭不能赖,夏志清说你放心吧,我一定会认真隆重地请冯先生吃饭。

第二天唐德刚把我送到夏志清家里,已经快要到吃饭时间了,他说我们干脆到饭馆里去边吃边聊吧,结果一顿饭吃了好几个小时。他们都习惯了,边吃边谈,谈完以后他特别高兴,他说我没有想到能碰到你,因为他是苏州人,喜欢京戏也很想了解中国现在的情况,我如实地给他讲了中国发展的情况,同时讲了我当时交往的那些京剧界的老前辈、老朋友。他听了非常神往。他就说,我听你的讲话,我越听越想听,非常亲切,而且可信,你不是宣传,你给我讲的都是家乡的实情。

我和夏志清虽然见面次数不是很多,我在纽约的时间也不是很长。后来我到了夏威夷,夏威夷一个老朋友的儿子,博士生读完了,要求职,找工作。他们很想请夏志清帮忙,知道我跟夏志清相熟,他说能不能请你给我写个信,或者便条,我带着你的介绍拜访夏先生。当时我就拿了一张名片,在名片背后写了几句话。我说你拿这个名片找夏先生,结果他去了。我已经回国了。他从夏威夷打电话过来说已经到纽约去看过夏先生了,夏先生看了你的名片背后的几句话,感叹不已,说冯先生哪怕写几句话都带有很深的感情,夏先生说我的工作,我的问题一定帮我解决,不一定在纽约大学帮我解决，但是他会在纽约帮我解决，安排我的工作。

我经过夏威夷回来的时候，夏威夷大学还请我座谈了一下。有一位专门搞戏曲的罗锦堂先生，那个时候甲戌本在美国有影印本，罗锦堂先生就送了一本甲戌本的影印本给我。还有一位叫徐家祯。他父亲是著名的词人，在上海，跟我交情非常深，所以我一到夏威夷大学，他们就非常热情。还有马幼垣弟兄两个，也是研究小说的，都是很热情地接待我，让我参观了夏威夷周围的环境。

然后我从夏威夷飞回北京，那天是1982年1月17日，正是北京大雪。在夏威夷是夏天，我拍了很多他们游泳的照片。几个小时以后一到北京，正碰到北京大雪，隆冬的天气。

一回到北京，我就向人大报告了我在美国讲学的情况，并把所得的报酬交给了学校。学校也同意了我再去耶鲁大学讲学，但报到高教部，高教部却没有批准。由于这个原因，这个邀请没有去成。后来我给余英时先生一再解释，我说实在万不得已，不是我不来，因为我有许多不得已的苦衷，所以我不能来。后来余英时教授知道了内情，就谅解我了。

四

《红楼梦》校注本出版

1982年2月《红楼梦》校注本就正式出版了，出书的前前后后，我遇到很多的困难，这部书渡过了一个又一个的难关。

我们1975年开始校订《红楼梦》，这个时候，先是确定由人民文学出版社出版，所以人民文学出版社提供了我们校订用的底本——影印庚辰本。同时他们出版社又派了一位资深的老编辑王思宇，参加我们的讨论会，就是怎么校订这部书的讨论会。不是每次都参加，参加过几次。

那个时候，出书没有合同之类的手续，就是口头说。所以一开始就确定由人民文学出版社出版。因为1954年批判俞平伯、胡适的《红楼梦》研究的时候，也同时批评到人民文学出版社，说它出版的《红楼梦》用的本子不好。所以我们提出来重新校订《红楼梦》，很自然地决定这部书由人民文学出版社出版。

但是经过几年的时间，到了20世纪80年代初，中国艺术研究院自己创办了出版社——文化艺术出版社。他们就提出来，要由自己的出版社来出。他们要我出面跟人民文学出版社交涉，就说不给人民文学出版社出了，要给文化艺术出版社出。

我说，我不能这样做，我只是一个主持校订的人，参与校订的人那么多，我无权做这个主。而且由人民文学出版社出，是早已确定了的，我无权改变原来已经决定的事。我们这个组是由文化部管，文化部交给中国艺术研究院代管，因为当时袁水拍是艺术研究院院长。我说，你们要拿回来自己出，你们得公家出面，你们中国艺术研究院，或者中国艺术研究院文化艺术出版社，正式派人跟人民文学出版社商量，不能由我去商量，又不是我个人的著作。

我们的校订组不是属于中国艺术研究院的，我们是文化部下面的一个独立的组织，经费也是文化部拨的，而且全国调集了这么多人一起来校订。虽然后来他们一年以后又都回去了，主要是我和其他几位同志一起坚持了七年，把校订工作弄完的。我们没有领过一分研究院的工资，我的工资还是人民大学发给我的。

这个过程中间，尤其"四人帮"垮台以后，有很多同志劝我回去，不要再干了。还有"四人帮"一垮台，文化部的军代表华山想解散我们校订组。以前还多次要我们去参加《水浒传》的讨论，我们也没去，我们校订任务很重，不能再去顾及《水浒传》了。

我当时有两个原因不能回去。一个原因，我们校订这部书，不是"四人帮"给我们的任务，这是国家给我们的任务。如果"四人帮"垮台了，我们就回去了，这不成了都是"四人帮"让你们搞的了吗？正是因为这一点，我说，只剩我一个人，我也要顶到底。好多人都被单位调回去了，包括李希凡也被人民日报调回去了。我还有吕启祥、林冠夫、陶建基，三四个人吧，都是没有单位来要回去的。第二个原因，我是为了这部书。因为这部书我们进行到这个程度了，再往前走就完成了，往后退就白费功夫，几年的功夫白费了。由于这两点，我说我不能回去。

有的朋友很认真地来劝我，你回去吧。后来我就给大家讲，我说万一有什么问题，我一个人来承担。万一这部书出来以后，受好评，受肯定，那我们写得清清楚楚，不是我一个人校的，是校订组完成的，是大家的功劳。如果有什么问题，你们都已经回去了，就剩我们几个人了，我是副组长，主管业务的，我来承担这个责任。

紧跟着书出来之前，就是艺术研究院的几位领导不断地来，要我去把这部书要回来。我对他们很有意见，我觉得他们不讲情理。就是因为这部书能赚钱，出版社才刚刚创办，拿回来了对他们非常有利。但是你不能叫我为难啊。我不管怎么样，不是你们本院的人，是被借调来的人，你不能为难我。我也不能有那么大的权力，说给谁就给谁。何况这部书的校订，是当时国务院文化组的安排，是中央批准的，根本与研究院无关。

这不是我的个人著作，我个人著作我愿意给哪家出都可以。这么多同志参与这个工程，至少我们整个小组要讨论。后来我征求小组的意见，小组都一致表示不能这么做。因为原先人家提供了底本，参加了我们的校订会议，而且当时明确了由他们出，虽然那时候都没有签合同的规矩，但也不能言而无信啊。何况这是唯一的一家国家的文学性的出版社，我们校订的《红楼梦》来替代它原来出版的《红楼梦》，那是顺理成章的事。那次李希凡没有来，我单独问了李希凡的意见，李希凡也说，你不能给他们，我们跟别人已经讲好，已经许诺好的事怎么能够出尔反尔？

后来我们退一步了，只要你们去与人民文学出版社协商同意了，人民文学出版社愿意给你们出，我们不坚持，这就已经是最大的让步了。他们非要逼着我去说，我不去，他们的眼睛都瞪着我，让我非常难受。尤其是我们科研处的一位领导，看到我不愿意这样做，路上碰到了，带着一种仇恨的眼光看我，让我非常难受。

后来，他又说是林默涵同志同意在文化艺术出版社出版。我说林默涵同志说了我当然要听，但是你把林默涵同志的文字给我。他说，他没有文字，只有口头上讲的。如果这样，我说，我不能作为根据，因为你一句话说过了就没有了，我怎么交代啊。我说，我自己找林默涵同志。因为我跟林默涵同志特别熟，他对我也特别好。我们1963年的时候，整整的一年，一起在颐和园写东西。

我就跑到林默涵同志家里。我把这部书完成前前后后的情况，都详细告诉了林默涵同志。林默涵同志说，你的决定是正确的，他们没跟我讲这个。你们老早就跟人民文学出版社确定由他们出版，人民文学出版社提供的底本，人民文学出版社的编辑来参加了你们的一些活动，这些过程他都没有讲，只是说，你们长期住在研究院，校完这部书了，希望这部书给研究院出，我就表示同意了。林默涵同志说，他们都没有跟我说实话，所以我说同意由他们出不能算数。他说，你放心，由我来直接通知他们，我同意还是回到人民文学出版社去出版。

林默涵同志真的通知他们了。然后这位出版社的负责人又来找我，私底下悄悄跟我说，给你五万块钱，你去把这部书拿回来。这下子让我生气了，把我当成是为了钱不给他们了，给我五万块钱就可以把这部书要回来了，就不讲信誉了。我就火了，我说你们这样，我更不能拿回来了，我只能坚决反对了，做人首先要守信用。

在这件事情上，真正使我非常为难，我在研究院的日子不好过。但是我永远不能忘记的是党委书记苏一平同志，他始终支持我、安慰我，不同意他们要我把书拿回来的意见，更给了我很大的精神上的支持。

我在中国人民大学教书，借调到校订组来七年，学校没有给我提过一次工资，评职称也轮不到我了，因为我被借调出来了，不在学校里了。在艺术研究院这边你是外来户，你是借来的，根本不管你的这个。只有一个月几块钱的车贴，来去乘公共汽车的补贴，我也经常不去领取，忙于事务都忘了领这个钱。

这部书出版以后，稿费总数我记不住了。按照当时的规定，组织上面安排的集体创作，稿费60%上交，我就把整个的人民文学出版社结算下来的稿费60%上交给艺术研究院了，一分钱没有少。

剩下的40%，我们参与的人分，由我来主持提出一个初步意见。我们参与的人分两种，一种是七年坚持到底的，我、吕启祥、林冠夫，还有稍微晚一点来的陶建基。陶建基是参加注释方面的，我是校和注同管，注释由吕启祥总负责，由我最后定稿。那么坚持七年的大概四个人，其他人都是一年就回去了。那稿费分配呢，我们坚持七年的人，我记得我是250元，吕启祥、林冠夫是200元还是250元，我记不大确切了，名单是公开的，参加过一年的，是150元还是100元我记不大清了。

我初步提出一个方案以后，有的同志都已经回去了，我就把方案打印出来寄给他们。我特别记得上海师大的孙逊，给我回了一封信，后来我去上海他又跟我讲。他说，只有一条意见，我们只有一年，你七年，你拿得太少，我们拿得太多，其他的没有任何意见。还有一个同志也提了意见，也是一样，他说，你个人太少，因为毕竟你总负责，而且是贯穿了七年。我说，如果说有这样的意见呢，我就不改了，我说不管一年还是几年，大家都很辛苦，希望大家高高兴兴。稿费的安排就是这样定的，大家都非常高兴。

我说，我也不在乎这一点点。其实多给我一百元钱，又起什么作用？七年工夫，我在人民大学的很多事情都耽误下来了，但是这部书我们完成了。我们着眼于国家交给我们的任务，我们如期地比较高质量地完成了任务。特别是李一氓同志，他是国务院古籍整理出版规划小组的组长，他是总负责，全国的古籍整理都是由他管的。他读了我们新校注的《红楼梦》以后，专门写了一篇评论文章，认为这本新校订的《红楼梦》，可以做《红楼梦》的定本。这是最高的一个评价了，我们也都感觉到国家满意了，国家认可了。

人民文学出版社当然是赚钱赚多了。严文井亲自跟我讲，后来出版社的社长也跟我讲，人民文学出版社每次遇到经济上有困难了，就再印一次《红楼梦》，就马上补上来了。好多年前，跟我讲已经发行到整整的300万套，最近听说已经到了500万套了。一套是三本，开始是三本，现在改成两本了，500万套，数量多大！

我们校订的任务结束以后，书不断再版再印，都有稿费啊，这个稿费我们贡献给中国艺术研究院红楼梦研究所，我们个人再不拿一分钱了。因为不可能每次都去分，分也无从分起。所以我提出来今后的稿费，都捐献给红楼梦研究所，作为它的经费，所以人民文学出版社每印一次，红楼梦研究所就可以拿到一笔稿费。

尤其是2009年，我们又修订了一次《红楼梦》的校注，参加的人是我和吕启祥、胡文彬、李希凡。我们是重新从头至尾再校改了一次。我觉得我们合作得非常愉快,把几十年来积累下来的新的知识,准确的知识,我们都改上去了;把原来理解得不准确,需要改的,我们都改掉了。所以现在你到人民文学出版社买的都是2009年以后我们重新校改的这本稿子。我估计以后我们也不太可能再修订了,因为大家年龄都不小了,像我是90岁了,跟我一起搞的也都80多了,不可能再有那个精力了。而且《红楼梦》搞到这种程度,我觉得不是不能再校,而是需要更大的功夫了,没有新的史料出现,没有新的本子出现,那就很难。当然现在是层出不穷,《红楼梦》也出了不少,各有各的理由。其实要再弄个校本当然并不是难事,但是真正从学术意义上来讲,我想我们下七年功夫完成这样一部书,实在是不容易。

1982年到2009年,二十多年了,我们几个一直没有停止《红楼梦》研究的人,对《红楼梦》本身也有更多的进一步的认识,对里面许多语言、情节有进一步的了解,觉得需要修订。修订更多的是补充,有的不懂,当时没有加注,后来懂了应该加注,也有发现当初理解得不准确,有的注要改,改的是少量,主要是要增加。

《红楼梦》里有很多南方的词汇,比如说有一个地方说到衣服穿得"狼犺",这"狼犺"刚好是我们无锡土话。我小时候母亲给我做了件大的棉衣,穿在身上,母亲就说,这衣服做得不合适,"狼狼犺犺"。可见曹雪芹是了不起的人物,各地的方言,他都能够容纳,而且他语言知识非常丰富。也因此有人认为《红楼梦》不是曹雪芹写的,因为有很多外地方言。

我有一次跟别人讲,我说,你认为侯宝林是哪里人?侯宝林我跟他也熟,他住在我们艺术研究院(恭王府)的前面一个巷里,我也去看望过他,跟他聊天。他喜欢收藏古董,他知识面真是很广。我以他为例子。我说,你如果是以口音来定籍贯,你怎么定侯宝林的籍贯?全国各地的话他都能地地道道地说给你听,一次相声就可以说多少地方的方言,他要说上海话,上海人听起来非常地道,他一会儿杭州话了,给你唱越剧了,他又地地道道越剧的腔,我说你怎么定他的籍贯?所以天下就是有这样的有才气的人。

我还有两位同事,一位同事是知名的哲学家萧前的夫人、吴玉章校长的秘书,她的特殊才能就是语言的本领,到哪里几天,那个地方的方言全部会了。可以跟当地老百姓讲土话。另外一个是王昆仑的女儿王金陵,她跟我一起下干校的,跟我一起在江西余江干校。余江当地老百姓的话,简直是无法听懂。王金陵下去,不到一个礼拜,一口余江话,跟老百姓有说有笑。她们两个都是随便什么话都能听懂,而且马上用当地的语言跟当地人交谈上了,这是我亲自遇到的。用这个来证明,一个作家掌握大量的各个地区的词汇,而且加以提炼写作是完全可能的,不能因为一本书里容纳了各个地方的方言,因此你看到这部分是我们地区的方言,就怀疑这个作家是我们这里人。这是不正确的。

五

列藏本《石头记》的回归[①]

列藏本的事情，起源是咱们的《参考消息》上面发表了孟列夫（缅希科夫 Лев Николаевич Меньшиков）和李福清（Riftin, Boris Lyvovich）两个人合写的文章。当时咱们中国是研究《红楼梦》的一个热潮时期，苏联说他们藏有《红楼梦》最好的一部抄本。

别人看到这期《参考消息》，拿来给我看了。我觉得很意外，也弄不清楚苏联这个本子究竟是好是坏。因为那个时候咱们跟苏联没有联系，赫鲁晓夫之后，中苏已经基本上断绝关系了。后来国务院主管古籍整理的李一氓同志，他是革命老前辈，而且文化上面非常有修养，喜欢藏书，所以中央让他担任古籍整理出版规划小组组长。他也看到了这期《参考消息》了，他很重视，就想把列藏本弄回来。一直跟咱们外交部、文化部和国务院三方面沟通，也通过他的关系跟苏联沟通。苏联表示希望中国派专家去鉴定，但是说了这个话以后，却迟迟不行。

[①] 当时的苏联科学院东方研究所列宁格勒分所所藏的《石头记》抄本称列藏本，共35册，线装。清道光十二年（1832年）由帕维尔·库尔梁德采夫从中国带回去的。帕氏当时随同俄国的宗教使团于1830年来中国，两年后就因病离开北京回俄国，回去时带走了这部《石头记》的手抄本。

九　红楼梦研究所

　　李一氓同志就叫他的秘书沈锡麟先生找我，就讲希望我去苏联。我说我当然可以去，我愿意去。他说，最好还能够推荐一位专家，我就推荐了周汝昌。我觉得他毕竟是研究《红楼梦》时间那么早的一个人，年龄也比我大好几岁。李一氓同志也同意了。另外还派了中华书局的总经理李侃，因为将来的目的，是想由中华书局来出版这部抄本。

　　人选决定好了以后，外交部、文化部、国务院三方面通知我不要离开北京，等着苏联的签证。这中间就发生了姚迁事件。等了很长时候，终于苏联签证来了。

　　在1984年12月，很寒冷的季节，我、李侃、周汝昌，我们三个人就到苏联去了。临走前李一氓同志找我们谈话，明确了我担任组长，让我代小组发言。而且李一氓同志特别关照，他说，对外发言就由冯其庸一个人代表你们小组发言，免得大家讲话讲得不一致，反而麻烦。你们事先商量好，冯其庸代表小组讲话，其他人就不要发表意见。你们如果有不同意见，回来再争论，在那里不能争论。我听了这个，觉得是很自然的事情，也不可能在那个地方有什么争论。

　　李侃不是专门研究《红楼梦》的，他代表中华书局去的，鉴定主要是靠我和周汝昌。事先我自己做了一点准备。我估计到那里不可能有那么长的时间看，整个《红楼梦》抄本看下来，那得看到什么时候？我就把国内的《红楼梦》抄本的最主要特征记住了，己卯本有什么特征，庚辰本有什么特征，甲戌本有什么特征，还有其他的戚蓼生本什么特征，我记在心里了。我想只要查对这几个特征，就能够马上判断出来他们那个抄本究竟是什么时间的本子。幸亏我做了这个准备，因为列宁格勒，现在叫圣彼得堡了，12月份是白天最短的季节，整天昏昏乎乎的，白天也见不到太阳，都是那种傍晚的味道，所以我们到图书馆看书，白天都必须开灯。

　　我们到了莫斯科，住了一夜，住在我们莫斯科使馆里。第二天，我们就乘火车到列宁格勒，火车整整开了一天，到了列宁格勒，下雪，快要傍晚了，就没有来得及去看。第二天，东方研究所的李福清和孟列夫先陪我们看东方研究所的图书馆里藏的、我们敦煌的文献和西夏的文献。我当时

291

有点着急，看了一部分敦煌文献、西夏文献以后，我跟孟列夫说，我们是专门来看《红楼梦》抄本的，当然敦煌文献、西夏文献我都想看，可是看《红楼梦》的时间就没有了，因为我们的时间很匆促，咱们还是先看《红楼梦》抄本，解决了这个问题以后，咱们有时间再来看你们馆藏的东西。孟列夫就说，好好好，就安排我们第二天下午到图书馆里看列宁格勒藏的《红楼梦》抄本。

我就照我的办法，自己心里有几条我写好，拿去一对，马上就判断出来了，这个本子是脂砚斋体系的本子。最重要的，描写林黛玉的眉毛这一段文字，咱们国内所有的早期抄本都不一样，大多都不顺，但是一读它那两句话，就非常顺，而且非常确切。我也明白了，咱们的本子，有的是抄的人马虎，一句话少抄了几个字，所以就不通了，因为有的本子可以看出来，基本的文字应该是列宁格勒那个本子的文字，抄的时候出了问题。可是列宁格勒这个本子，这两句写得非常确切。写林黛玉的眉毛这两句，我们国内的本子都没有这样完整的准确的句子①。

再看它的纸张，跟我们现在看到的甲戌本、己卯本、庚辰本的纸不一样。还有列宁格勒这个本子，一翻开来，有两排装订的孔。因为线装书，如果是装一次，只有一排装订孔。现在有两排装订孔，那证明这本子是第二次装订了。线装书是折起来的，衬在折页中间的衬纸是乾隆御制诗集。乾隆皇帝的诗集被拆开放在《红楼梦》的抄本里当衬纸了，这说明什么呢？说明装订的时间肯定不是乾隆时期，要是乾隆时期，你把皇上的诗集当作衬纸夹在小说里，那马上就成大罪了，你对皇上大不敬啊。

从这些情况来看，我初步判断：第一，这是脂砚斋体系的一个本子，是比较有价值的；第二，从它的纸张来说，跟甲戌、己卯、庚辰都不一样，接近后来嘉庆年间的纸了，因此我想它抄定的时间，不会比前面我们的几

---

① 甲戌本："两湾似蹙非蹙笼烟眉，一双似喜非喜含情目。"己卯本："两湾似蹙非蹙罥烟眉，一双似笑非笑含露目。"庚辰本："两湾半蹙鹅眉，一对多情杏眼。"戚叙本："两湾似蹙非蹙罩烟眉，一双俊目。"列藏本："两湾似蹙非蹙罥烟眉，一双似泣非泣含露目。"

个抄本更早，可能是乾隆后期，甚至于更晚；第三，它的重新装订的时间，肯定在乾隆以后，因为乾隆时期不敢把皇上的诗集拆开来当衬纸衬在这部书里，到了嘉庆初年也不敢轻易这么弄的。嘉庆毕竟是乾隆的后人，哪有对自己的先祖那么大不敬的啊。但是第二次装订的时间，无法确切说它一定到什么时候。还有第二次装订以后，重切过一次，因此在每一页上面切掉了一点点。

当时昏昏乎乎的天气，昏暗的灯光，我拿一部分看，李侃拿一部分看，周汝昌拿一部分看。大约看了两个多小时吧，天就完全黑了，根本看不见了。他们的设备也很差劲，我们就只好不看了。说好第二天上午再看，看完以后马上就要开会。

所以当天晚上吃完晚饭以后，我们就要商量明天开会咱们怎么来评这部抄本。

我们不敢在房间里讲话，因为大家都明白，所有的房间里都有窃听器的。使馆也交代，你们有什么要紧的话，都到外面露天的茶座里商量，它不可能有窃听设备。我们记住了使馆的交代，所以我们这些事情，都是在茶座里商量的。

从北京出来的时候，李一氓同志清清楚楚交代，我担任组长，由我来发言。

第二天我们上午又去看抄本，实际上时间已经很紧迫了，大概翻了一两个小时。我看看也没有跟我那三点基本的看法相矛盾的资料，我就想好了，我就照这三点意见来讲。

东方研究所的所长，叫佩德罗相，他主持会议。我们大使馆的秘书许恒声参加了这个会，他是全程陪同的。开会的时候，佩德罗相就说，请你们的冯其庸组长讲话。因为我的身份，去的时候就跟他们交代明确了。

当时我们中方的意图，是希望通过《红楼梦》这件事能够跟苏联逐步沟通。因为那时候完全是处于一种断绝交往的状态，也不是个办法。那么我们要从政治上去跟他们沟通呢，也不合适。所以实际上我们中央的意图是想通过《红楼梦》这件事能够逐步沟通。我自己感觉到，我们来鉴定《红楼梦》不是单纯的学术问题，否则也用不着国务院、外交部、文化部三方面会同以后让我们出来。我想好了，如果列藏本实在不行，我也不能说它很好、有价值，但是看了以后确实列藏本是有价值的，这样我就好办了。

我就说，我看了以后，第一，我认为这是一部有价值的抄本，它的底本应该就是脂砚斋的本子，抄定的时间，我不敢确定，但是，它最早也是在乾隆后期，也可能是嘉庆初年。第二，列藏本经过重装，因为有两排装订孔，而且衬纸是乾隆的御制诗，重装的年份应该是比较晚了。第三，列藏本值得影印出版，值得中苏两国联合出版。其实第三条是最关键的，他们也希望能够通过列藏本来打开僵局，他们也愿意出版。

我讲了这第三点以后，他们热烈鼓掌。主持会议的东方研究所的所长佩德罗相就说，到吃饭时间了，冯先生已经说过了，列藏本有价值，值得我们联合出版，咱们吃饭吧。这样，中苏联合出版的原则基本确定了。

佩德罗相宣布吃饭，孟列夫还说了几句话。他说，冯先生真了不起，就看了几个小时，把列藏本看得那么透彻，评价那么准确，我们非常佩服。

吃饭是自助餐，比较好的自助餐，随便挑，我也就找了吃饭的地方，拿了个盘子坐下来吃饭。正在吃饭的时候，他们外事局副局长别兹罗德内依，跑到我旁边。他会说中国话。他说，冯先生你是个大好人，你知道吗？如果你否定了列藏本，我们的孟列夫、李福清就要挨批评了。为什么我们约你们来鉴定，又一直拖着没有马上发签证呢？就是怕你们的专家来了，说列藏本没有多大价值，我们李福清、孟列夫两个人写的东西不是内行，我们丢不起这个脸，所以不敢让你们来。后来商量来商量去，还是觉得要请你们来看。我发言的时候，我还说了，李福清、孟列夫写的文章是有价值的，对列藏本的基本评价是准确的，有这么一句。所以别兹罗德内依说，你这句话对他们是最大的帮助，我们的宣传部会大大地鼓励他们，你是个好人。这样我才了解了他们内部的情况，原来迟迟不发签证是怕我们去了否定了列藏本，他们就不好办了。

李福清、孟列夫的评价说在《红楼梦》所有的抄本中间，他们列宁格勒藏的是最好的本子，那个当然不可靠，真正好的还是我们自己的己卯本、庚辰本，甲戌本也好。整体来说我们这三个抄本比其他的抄本早得多，只有个别词句不如列宁格勒的列藏本。

我们马上就把这个情况汇报到国内了，国内一听也非常高兴，奖励了我们。

我们当天夜里就回莫斯科，火车一夜就到了莫斯科了，住在莫斯科中国使馆。莫斯科天气特别冷，使馆的条件也并不好。我睡觉的时候，被子不小心掉在地上了，受冻以后发高烧。使馆马上就派医生来给我打针、吃药。

本来马上要开会协商合作协议的，恰好苏联的国防部长去世了，他们当时很紧张，也没有告诉我们。原来说第二天要开会，结果第二天也没有开会，什么消息也没传来，我们都很着急，不知道怎么回事。他们开始也没公布国防部长去世的信息，咱们大使馆也不清楚究竟是出了什么问题。当天只是来打了个招呼，说我们有要紧的事，来不及开这个会，请我们等一等。当时大使馆也摸不着头脑。后来使馆清楚了，他们因为国防部长去世了，要筹划丧事，来不及安排会谈了。因为那将是一次正式的中苏双方的会谈，他们政府的领导人，可能还有外交部的人要参与。除了东方研究所的佩德罗相以外，还有苏联国家出版委员会的领导也要参与，相当于我们现在的出版总署，所以他们很慎重。

我重感冒生病，医生来打了退烧针，稍微有点好转。我跟李侃两个人住一个房间，周汝昌因为年龄比我们大，使馆考虑到他年龄大了，睡觉什么怕会受影响，让他安安静静一个人睡一个大房间。

李侃说，我们是不是先草拟一个协议，送到使馆请大使过目或者要修改的再修改，正式会谈的时候就有个文本了，否则如果谈了大家同意，再回去起草，再来讨论，太费时间了。我说，你想得很好，我现在病了，你先写吧，反正意思都有了。他就说，那没问题，我就照你的意思，先写出来。他就起草了一个联合出版的协议，稿子写好了，拿来给我看，我看了以后，也没有多大意见，文字上面稍微做了一些修改。

我们把起草好的协议给杨守正大使，杨大使看了以后也觉得很周到，也很符合外交文件的要求，没有什么修改。我们要跟苏联签联合出版的协议不能单纯的中文，还要有俄文本。杨大使就马上派人翻译俄文，因为这里专业的用语很多，翻译有一定的难度，他们翻了好长时间才翻好，隔了两三天以后，直到他们的事情处理完了，正式开会了，才翻译出来。所以当时我们都只看到中文的文本。

12月24日下午3点进到会场，我们的两位翻译梁沈修和许恒声一看会场，就告诉我，今天的会议是成功的会议。我说，为什么？他说，苏联有个规矩，如果是热情的，友好的，放的是最好的一种牌子的巧克力。今天你看一路长长的条桌上放的巧克力，都是最高级的巧克力，这说明今天会议一定会成功的。他们一直在使馆里，经历过很多这类的会了。

等到要开会了，俄文本才全部翻译好印好，送到会场上，发给大家。苏联方面看了以后，马上说，非常好，这个协议起草得非常好，我们没有任何意见，只有一个要求，书出版以后，能不能给我们200套？协议上写的是出版以后，我们赠送给苏联100套书。李侃同志是中华书局的领导，马上说，这个没有问题，当时就改成200套。

他们苏联方面主持会议的人，说了一句好极了，会议圆满结束。会议就一二十分钟，很快地就通过了。我们的杨守正大使也非常高兴，他说我们这个会议开得那么痛快，那么顺利。马上就汇报给国内了，跟国内通了电话，国内也非常高兴，就授权杨大使签字。因为我们只是一个小组，不能代表国家，代表国家的一定要是国家的机构。所以外交部、文化部、国务院的三方面联合就通知杨大使，由杨大使代表中华人民共和国跟苏联签署合作协议。当天晚上我们就乘飞机回来了，总算是完成了这件事情。

我们协议上面写的，列藏本出版的时候，由中国两名专家联名写一篇序言，由苏联两名专家李福清和孟列夫联名写一篇序言，一共用两篇序言，协议里写得清清楚楚。回来以后，李一氓同志就跟我说，你年轻一点，你就起草吧，文字就在三千字左右，不必论述，就说明列藏本有价值，可以联合出版，就可以了，其他学术性的问题以后再说，不要在序言里论述。起完草，署名还是周汝昌、冯其庸，周汝昌年龄大。我说，这没有问题，只要三千字，我一个晚上就写完了，稿子署名写的是周汝昌、冯其庸，第二天就交给了中华书局。中华书局马上送给李一氓同志看了，李一氓同志说，起草得很好，然后马上叫人送给周汝昌。结果周汝昌不理这篇文章，回来后自己老早写了一篇文章，交给《云南民族学院学报》发表了，题目就是《"在苏本"旧抄本〈石头记〉论略——中苏联合影印本代序》，而且署名是周汝昌，他独自署名。他拿着我起草的稿子连同他已经发表的刊物，还在那个刊物上面写着"请照此发排"，叫人送给李一氓同志。李一氓一看就火了，他派我们到苏联去看列藏本，协议上说明，双方都是两个人联名写序言，苏联是李福清、孟列夫两个人，我们是周汝昌、冯其庸两个人，周汝昌写"请照此发排"，只有他的名字。李一氓同志看了非常恼火，把文稿给他的秘书沈锡麟先生，跟沈先生说，不要理他，就用冯其庸起草的这篇文字，他既然不愿意署名，就署冯其庸一个人的名字。

沈锡麟先生把李一氓同志的意见告诉我以后，我说，不能这样做，用我起草的文章是可以的，不能我一个人署名。周汝昌不愿意署名，署我们中国艺术研究院红楼梦研究所的名，沈锡麟先生把我这个意见告诉了李一氓同志，李一氓马上说，冯其庸考虑得周到，就照他的意见办，文章用他写的，署名就是中国艺术研究院红楼梦研究所。

后来苏联的那篇序言也送来了，写了有三万多字，李一氓同志一看，觉得这篇文章根本不行，无法发表。又叫他的秘书沈锡麟先生来找我，说这篇文章不能用，一个是太长，一个它讲怡亲王府在扬州，列藏本是从扬州传到北京的，完全是瞎说一气。我们现在的和平饭店就是在怡亲王府的遗址上建起来的。历史博物馆的书库里还有一幅怡亲王府图，开始大家都弄不清楚究竟画的是哪一家的王府，后来我有一次跟我们红楼梦研究所的几个人去看这幅图，一看以后我说这是怡亲王府的图，为什么呢？怡亲王管水利，雍正时期的"营田水利"等于现在的水利部，是怡亲王管的，这幅王府图上面有"营田水利"几个字很清楚。所以我说这个应该是怡亲王的王府图。现在怡亲王府已经没有了，这个图还存在。后来又找到其他的几个证据，怡亲王府有几个堂名，这幅图上面都写着，那一下就完全对准了。所以李福清、孟列夫写的怡亲王府在扬州，列藏本是从扬州传来的，完全不对。其他还有很多不合常识的东西，怎么办呢？李一氓同志就说，一定要压缩，最长不能超过一万字，要我帮他重新压缩。

我一看这篇文章根本没有办法压缩，不是那种讲得有道理、话啰唆一些的文章，可以简化一点。他讲得都不对，我也没有办法，只好重新给他写了一篇序言，一万字左右。我把改写的序言交给李一氓同志，李老看了很满意。

苏方的这篇序言，我写完以后是由夏箓涓和外交部的一个朋友王凤祥，他们两人担任俄文翻译。所以寄给苏联的序言，已经翻好俄文了，因为不翻俄文，光是中文，孟列夫、李福清当然是懂中文的，其他人不懂中文没法看。

苏方的序言改写完以后，由外交部送到苏联去了。李福清到北京来，住在和平饭店。李一氓同志让我拿着给他们修改的序言稿子，去找李福清，我们要听他们的意见，对序言修改稿有什么意见，因为还没有得到他们正式的答复。我去看李福清，李福清就告诉我，你这个文章改得很好，我们都赞成，没有任何意见。那我们就放心了。我告诉他，你说的怡亲王府在扬州啊，这是完全不对的，你现在住的和平饭店就是原来怡亲王府的老地址，王府已经没有了，现在改成和平饭店了，它的位置就是当年的怡亲王府。怡亲王府图在历史博物馆还可以看到。他才完全明白，所以他说，这篇序言你定了，我们就不再动了。所以这篇序言就得到了解决。最后我们中方的序言，就用了中国艺术研究院红楼梦研究所的名义，苏方用了孟列夫、李福清的名义。

后来列藏本就由中华书局出版了。出版以后，学术界的评价，还是觉得列藏本确确实实是一部很重要的抄本。我原来的几点意见，讲得也很确切。

就在列藏本快要出版的时候，李一氓同志又让他的秘书通知我，要写一篇简要的三五千字的短文，介绍列藏本的情况，否则你冷清清的光是抄本影印出来，外面都不知道，也不合适。所以在书出版前，发一篇短一点的文章，介绍列藏本的内容，同时告诉大家，列藏本快要出版了。这样，我又马上赶了一篇，因为这是很简要的，没有什么特别争论的，我就把我们去苏联看列藏本的过程和我发言的基本意见，写了一篇短文。

接着正式给我们一个通知，说你们的任务已经完全圆满的完成，事情也了了，意思就是以后没我们的事了，就来了这样一个通知。表示这件事已经结束了。

我们去苏联拿回列藏本的情况，基本上就是这么个情况，我跟李一氓同志的交往也是从这个时候开始的。

六

探访五庆堂曹家墓

我在研究《五庆堂曹氏宗谱》的过程当中,发现其中有一个人,他叫曹德先。《五庆堂曹氏宗谱》里记载说他"葬顺天府房山县张坊镇西,涞水县之沈家庵村北,铁固山阳,玉蟒河西"[①]。我忽然想,有这么具体的地址,我能不能去查查有没有这个墓地?

我要查这个不是为了曹雪芹祖籍了,而是竟然有人说《五庆堂曹氏宗谱》不可靠,那我要查查它究竟记载的是不是事实,我要证实《五庆堂曹氏宗谱》是不是可信。看到这条记载,还有其他好几个地点,我就忽然想起可以去实地调查。

当时我们校订组在艺术研究院。那是1977年12月,我就向艺术研究院要了一辆吉普车,约了几个朋友,到张坊镇。因为我查地图有张坊镇,距离北京大约有两百来里路,我说姑且去试试看。当时我身体也好,也希望能查实。我们就开了一辆吉普车,到了张坊镇,但是"沈家庵村""玉蟒河"

---

① 《五庆堂重修辽东曹氏宗谱》:曹德先"顺治九年壬辰七月初七日,同定南王(按即孔有德)尽节广西省城。(中略)葬顺天府房山县张坊镇西,涞水县之沈家庵村北,铁固山阳,玉蟒河西。"

究竟在哪里？就不知道了。

一个同去的朋友就说，这里的农林局长叫袁德印，是不是到他那里找找，打听一下。在当地一问，大家都知道，农林局局长，就马上告诉我们他住在哪里，我们就开车到他家门口。

开到门口，刚好他在睡午觉。一招呼，一介绍以后，我问他，有没有"沈家庵村"。他说，有，当年抗日战争时候，我打游击，就在沈家庵村。沈家庵旁边的铁固山都属于太行山系。他说，但是路很窄，很偏僻。我们就说，你能不能带我们去？我们自己找就很难。他说，行，没事。他马上起来，就上了我们的车。

经过弯弯曲曲的，崎岖的道路，最后是开到沈家庵村了，我高兴得不得了。我脑子里想得很是容易，以为这地方可能姓曹的多。我问村里的干部，我说，这里有姓曹的人吗？他说，没有。我说，怎么会没有呢？我就想了一下，我说，那有姓曹的坟墓吗？他说，那有，有一个曹家大坟。我心里非常高兴，我说，那你能不能带着我们去看看？他说，就在后面山上。就带着我们到了铁固山，老百姓叫"纱帽山"。因为那座山，尖尖的山峰，两边平着展开来，就像个纱帽。带到那里一看，那个坟堆平掉了，但是这一层梯田，一大片，全是当年的墓地。我一眼看到旁边有一个茅屋，我就问，这个茅屋是干什么的？他说，那是原来看坟的人住的。我说，里头还有人吗？他说，还有人，就是当年看坟的人。

我就马上走到茅屋里去，茅屋很小，里面是土炕，炕上有个老太太，已经快七十岁了，叫言凤林。

我就问那个老太太，我说，你原来是做什么的？她说，我是给曹家看墓的。我说，你是什么时候来的？她说，我记不起来了，就是民国发大水的那一年。那个老人记不清年代是很自然的。我说，那你记不记得你看的是哪家的坟墓啊？她说，五庆堂曹家的嘛，我家祖祖辈辈都是为他家看墓的。我就问，五庆堂是哪里的五庆堂？她说，北京的。因为那个时候，曹家都已经移到北京来了，曹家的三房也到北京来了。这都没有问题了。

接着我又想到，坟堆完全平掉了，那我说，那你看坟的那个时候，是几个坟堆啊？她说，七个坟堆。刚好五庆堂谱的记载，有七个人葬在这里，完全一致。

更有意思的是，我问那个干部，你们平这个坟墓的时候，有没有挖坟？他说，挖了。我说，你们挖到什么了？他说，什么也没有，就是一个木盒子，有几块骨头。这又对上了，因为曹德先是跟着定南王孔有德，驻防广西桂林的。那个时候明朝的势力还没有完全消灭，当时南明李定国的一支部队，正在攻打桂林城。后来桂林城被攻破了，定南王孔有德放火自焚了。曹德先全家，历史记载是300余口，全部烧死在桂林城里。后来事情平定以后，清王朝为了表彰忠实于清王朝的人，就赐葬曹德先在沈家庵村铁固山底下。铁固山旁边就是一条大河，老百姓叫拒马河，水势很急。这个完全对上了。因为如果说，挖坟挖出来大棺材，里头什么什么，那就跟这个历史事实不符了。就一个木盒子，装了几块骨头，那说明真是全部烧死在桂林了，从那里捡了几块骨头来，赐葬在这里了。所以这个历史情节啊，一样一样都对得很准。

这部《辽东五庆堂曹氏宗谱》，有《清史稿》二十多位历史人物的记载，又有沈家庵村这个曹德先等人的墓葬证实，它的历史可信性就完全没有问题了。

十
《项羽不死于乌江考》及其他

一

《蒋鹿潭年谱考略》

1983年我完成了多年以来没有完成的《蒋鹿潭年谱考略》。蒋鹿潭[①]是清代太平天国时期的一个著名词人,他是不赞成太平天国的。他词里记载的很多讲太平天国的情况,他的一首词有个小序,就有"贼趋京口","报官军收扬州",称太平天国军为"贼"。他的词里面,类似这样的地方很多。但他是一个穷困潦倒的低级盐官,与普通老百姓差不多。

整个太平天国期间,填词最有名的就是蒋鹿潭,他客观地反映了太平天国的情况。诗呢,南京有个诗人,叫金和,他是用诗来写太平天国的社会情况,也是不满意太平天国的。

当然跟蒋鹿潭一起的还有许多词友,当时都聚集在苏北淮海这一带。像《十三楼吹笛谱》的作者丁至和,也是一个著名的词人,词也非常好。

我小时候,在老家街上的一个旧书摊上,无意中买到一本《水云楼词》,刻得非常精,是浙江杜文澜刻的。杜文澜的刻本是有名的,叫曼陀罗华阁

[①] 蒋鹿潭(1818—1868)名春霖,鹿潭是他的字,世人出于尊敬,多以鹿潭相称。他是清代咸同年间人,籍贯江苏江阴,一生落拓不得志,虽有才学,但只做过几年盐场的小官。丢掉官职后,靠着盐商和友人的接济,住在泰州溱潼镇的水云楼中读书、写作。中年过后不再写诗,专事填词,存世的106首词刊刻为《水云楼词》。

刻本，我刚好买到这个本子。

这个刻本喜欢用特别古的字。比如"梦"字，我们通常写作"夢"，它写作"寢"。散步的"散"，它刻成"柀"。我那时候是初中一年级，开始看着这个字，都不认识。反正也没有书读，后来反复琢磨琢磨，慢慢都明白了。这个"散"字是琢磨了很长时候，后来从上下词意来看，只能是个"散"字，所以也读懂了。

《水云楼词》等于是我读古书的一个读本，我反复琢磨，有的不明白的，到后来弄明白了。后来我上了无锡国专，我自己的一本不知道怎么弄丢了，我很惋惜这本书，刚好我的同学中有一位是常州人，他也有一本。他说，你喜欢《水云楼词》，我也不研究这个，我把这本词集送给你吧。他就把他藏的这本《水云楼词》送给我了，我一直保存到现在。

1948年我到了上海无锡国专分校读书。当时上海所有的古书店都集中在四马路、福州路，只要一有空，我就到古书店去看书。古书店的老板都跟我交成朋友，有时候我去看得太晚了，来不及回去了，就睡在他们店堂里，像他的伙计一样，卷个铺盖在店堂里睡觉了，经常是这样。

1950年温知书店的老板王兆文告诉我，何其芳同志想托他找几部古代的戏曲方面的书，刚好他以前经手卖给我这一套书，他专门为了何其芳同志跑到无锡找我。他说，你能不能让给何其芳同志？我那时候还在无锡教中学，还没有跟何其芳同志认识。王兆文从上海跑到无锡，专门为这个事来跟我商量。我觉得我如果不同意，有点不太好意思了。我就马上同意，我说，你已经答应给何其芳同志找这部书了，一下也找不着，你把我这个拿去吧。等我到北京以后，这部书影印出版了，我赶快就买了一部，现在还在我的书架子上。

我在上海，找《水云楼词》的资料。我不是找这个本子，这个本子我已经有了，我要找跟蒋鹿潭交往的人的书，用来互证，可以弄清楚蒋鹿潭的身世和当时的处境。所以，我挨着次序，一家一家的旧书店，每一家书店我都翻过了。只要不是成套的，只要是散的书我都一本一本挑。皇天不负苦心人，果然被我找到一本蒋鹿潭的《水云楼词》，而且上面还有蒋鹿潭自己的图章,"水云楼"三个字的图章。这等于是一件文物了,我高兴得不得了。后来仔细翻翻,这个《水云楼词》比较厚,后面半部分是叫《十三楼吹笛谱续》。刚好我还在无锡买到《十三楼吹笛谱》的正篇,作者是丁至和。没有想到在上海的旧书店,意外的买到《水云楼词》跟丁至和的《十三楼吹笛谱》的续篇合在一起,我高兴极了,就买回来了。我无锡国专毕业的论文,就是《蒋鹿潭年谱考略》,当时的老师是吴白匋老师,看了以后非常欣赏,就马上通过了。

到了北京,我想把《蒋鹿潭年谱考略》再增补一下,想出书。结果"文化大革命"期间,原来我毕业论文那个稿子,因为蒋鹿潭是不赞成太平天国的人,我怕造反派一看,反对农民起义的人,你也给他做年谱,又是一个罪名。所以当时这部原稿就毁掉了。毁掉以后我非常可惜,这是我这么多心血收集起来的,而且是我的毕业论文。

"文化大革命"以后,我就下决心重写。因为原始资料一点没有丢,都保留得很好。1983年的时候全部重新写好。写完以后,齐鲁书社给我出版了,这一次在我的文集里重印这部书,我又做了很仔细的校订,可以说这次出的我比较满意。

从文学的角度来讲,太平天国时期的蒋鹿潭的词,我非常喜欢。我从小就喜欢词,宋代的那些豪放派、婉约派词人的词我都认真读过。

我读了这么多词,我也喜欢填词,我的《瓜饭楼诗词草》(《冯其庸文集》卷十六《瓜饭楼诗词草》)这本书里面下半部分是词。为什么词少诗多呢,因为诗的格律平仄容易记,我是脑子里记住了,走在路上,任何时候有感触了,都可以写成。词要按谱来填的,长短句,有的平仄的用法不好记。一个办法就是背熟一些古代的词,比如《满江红》,"怒发冲冠,凭栏处,潇潇雨歇",就根据这个词句来填。但是也记不了那么多,有时候一个很长的词牌,句子搞错了就容易出差错。所以填词的人往往是要有个词谱,按照词谱上平仄的要求来填。所以我就填的比较少,但是我喜欢的还是词。

后来进一步研究了《水云楼词》和蒋鹿潭的身世,我也非常为这个人惋惜。他原来在河北大兴,父亲叫蒋尊典,在大兴做什么官,后来又到湖北荆门。蒋鹿潭一直是没有什么功名,在苏北做盐官,这是一个很低级的官吏。

他满腹才华,填了不少词。他主要居住的地方是东台溱潼镇,距离扬州很近。他当年住寿圣寺水云楼里,所以他自己的词集称《水云楼词》。现在给他重建了一座水云楼,就在寿圣寺旁边的湖里一个小岛上,外面全是湖泊,长满了芦苇,环境非常幽美。因为寿圣寺被当地老百姓弄来开工厂,弄得不伦不类了。我去看了一次,给他们写了篇文章,也把我藏的《水云楼词》提供给他们影印,印出来一部分作为纪念。

后来不知什么样原因蒋鹿潭做的盐官被辞掉了。辞掉以后靠盐商接济他的生活,每次去向盐商拿钱,都是他夫人黄婉君去领的。后来,时间长了,他夫人跟盐商好上了,他发现了这个情况后,非常伤心。但是他又非常喜欢他的夫人,他夫人会弹箜篌,他填的词,都由他夫人用箜篌来伴奏的。这与南宋姜白石当时一样。现在传的姜白石的词有带旁谱的,后来把旁谱翻译出来了,就可以唱姜白石的词了,是杨荫浏先生解破了这个谜。蒋鹿潭的词都是由他夫人用箜篌伴奏以后定稿的,所以尽管他发现这个情况以后很伤心,也不愿意抛弃他的夫人。最后他想了一个办法,就是离开当地,也不用盐商的接济了,带着夫人到浙江先去找杜文澜,就是为他刻印《水云楼词》的杜文澜。[①]

[①] 杜文澜与蒋鹿潭唱和词,其一《三姝媚·赠蒋鹿潭》:"空怜归去好。听千山啼鹃,泪痕多少。注酒瓶空,算袖中还剩、散花新稿。逝水年华,判断送、斜阳芳草。憔悴谁知,红豆愁抛,玉龙悲啸。 谁劝春明频到,更气压云虹,意轻风鸟。典却貂裘,堕苍茫尘海,芰衣秋老。爱作词人,待绣出、餐霞幽抱。还怕黄粱邀梦,炊香未了。"其二《忆旧游·与蒋鹿潭话黄鹤旧游》:"记波涵紫堞,雾幕丹梯,频展吟眸。念尔南冠久,问江城玉笛,曾听吹否?去尘顿如黄鹤,萍迹话浮鸥。自战鼓西来,楚歌不竞,望断空楼。 前游。漫回首,便十里春风,何处扬州。磷火迷荒岸,任雕镂金粉都付沧流。素丝暗寻霜色,词客病工愁。怕赋冷晴川,萋萋草碧鹦鹉洲。"其三《无闷·鹿潭病店,谱此以代〈七发〉》:"长剑当年,敲碎唾壶,豪气都无千古。便黯淡青衫,壮怀如故。酒醒偏怜短鬓,渐镜里、霜痕惊秋絮。家山何在,杜鹃唤彻,不如归去。 迟暮,尚羁旅。又赁庑人孤、病愁争主。漫证破情禅,药炉茶杵。我有新筥迟尔,且醉听、檀槽歌金缕。更莫咏、却疟花卿,旧日草堂诗句。"其四《长亭怨慢·悼顾莺娘,为鹿潭作》:"最凄绝、枇杷门户,几阵轻阴,落花辞树。月暗西楼,夜鹃啼血竟何处?玉眸迟

可能那个时候杜文澜是在苏州，通报呢，据说是杜文澜不见他。当时什么原因不清楚，究竟是通报的人故意障碍呢，还是杜文澜不念旧情不见他，不清楚。他也没办法，他就想到浙江的衢州去找宗源瀚。

他的小船到了吴江垂虹桥，桥旁边有一个亭子叫垂虹亭。宋代米芾有诗，其中有一句叫"垂虹秋色满东南"，是个有名的名胜地方。他的小船到了垂虹桥那里，他夫人抽大烟，因为烟瘾发作，跟蒋鹿潭又闹又吵，蒋鹿潭没有办法，就在那个地方投水自尽。他死了以后，他夫人又重新回到东台。

蒋鹿潭有很多朋友，其中有一个叫陈百生，他单名叫陈宝。蒋鹿潭的《水云楼词》里，陈百生写的序，写得非常漂亮。

据记载，蒋鹿潭惨死，他夫人黄婉君回来又有些行为不端，陈百生看了实在气愤不过，就逼着黄婉君吃生鸦片死了。据说黄婉君临死的时候，求陈百生给她写一篇传，不要把这些事情写上去，只写她跟蒋鹿潭怎么好。陈百生也答应她了，但是后来据说没有写。

后来蒋鹿潭的遗体被运到江阴，他原籍是江阴人，运到江阴没有地方埋葬，就放在一个寺庙里。到了清末民国初，有几个文化界的老人，可怜蒋鹿潭的身世，想要把他埋葬掉，可是事情没有完成，他们自己也去世了，所以结果就不知道了。

在我的文集里，《蒋鹿潭年谱考略》和《水云楼诗词》辑校合在一起了，所有相关的史料，《水云楼词》的评价，许多词话里的评论都集中在一起，包括后面的《十三楼吹笛谱》，因为也是少见的孤本。我记得蒋鹿潭在《水云楼词》有两首词是赠丁保鑫的，丁保鑫就是丁至和。[①]

我觉得丁至和的词也跟蒋鹿潭是一个路子，也写得非常好，我怕散失，所以校订了放在我这本文集了。

暝，知未尽、牵衣语。唱惯鲍家诗，忍更向、秋坟听取。　　细数。自香瘢爇后，只共艳辰百五。春心费尽，算换得、雨酸风楚。当时若、休见云英，瘦不到，腰围如许。待剪断垂杨，还怕愁生霜缕。"

① 丁至和有《诉衷情·和水云楼主人悼旧欢顾莺》："药栏烟雨暗愁人，花落不成春。记得温帏慵启，幽怨锁眉痕。　　环佩冷，月黄昏。掩重门。夜寒风恶，说与啼鹃，空赋招魂。"

二

吴梅村墓的重建

1983年还有一件重要的事,我去苏州找到了吴梅村①的墓。

吴梅村是清代初年的大诗人,他的诗歌影响极大。1979年我在人民大学带研究生,第一届是三个研究生,其中有叶君远,给他定的题目就是吴梅村的研究。当时他还有点犹豫,为什么呢?吴梅村实际是降清的,给投降分子写东西,是不是将来会遭批评?我不同意这个想法,我说吴梅村是文学史上不可以缺少的一个人物,清后期的人受他影响这么多,不研究吴梅村,怎么理解什么叫"梅村体"?我说,作为文学史来看,他是链条中间一个环,一个环扣脱掉了,上下就接不起来了,为了历史,应该把它连接起来。叶君远就听我的话,进行吴梅村的研究。

为了研究吴梅村,我专门到苏州去找他的墓地。第一次没有找到,到了邓尉,看到邓尉有名的"清""奇""古""怪"四棵柏树,到现在还在那里,

---

① 吴伟业(1609—1672)字骏公,号梅村,别署鹿樵生、灌隐主人、大云道人,汉族,江苏太仓人。生于明万历三十七年,明崇祯四年(1631年)进士,曾任翰林院编修、左庶子等职。清顺治十年(1653年)被迫应诏北上,次年被授予秘书院侍讲,后升国子监祭酒。顺治十三年底,以奉嗣母之丧为由乞假南归,此后不复出仕。他是明末清初著名诗人,与钱谦益、龚鼎孳并称"江左三大家",又为娄东诗派开创者。长于七言歌行,初学"长庆体",后自成新吟,后人称之为"梅村体"。

那真是少见的。

老百姓告诉我，吴梅村墓就在顾鼎臣墓旁边。顾鼎臣墓一下就找到了，可是旁边没有吴梅村的墓。那个地区都是卖花的，种梅花，也种各样其他的花。我就嘱咐当地的花农周德忠，我说，你留心看看道路上啊、桥边啊，有没有吴梅村的墓碑。

我苏州有个老朋友叫徐文魁，他写信来告诉我说，吴梅村的墓在潭东高家前。我就马上又去苏州，刚好徐文魁有事要出去，他就安排另外一个朋友陪同我到那里去。到了潭东高家前，那儿一大片全是梅花。一个老太太在梅树林里锄地，还包了个头巾，我就跑去请教她。我问她，这是不是吴梅村的墓？她说，是吴梅村的墓，被平掉了，但是原来的基础，砖砌的墓基还在。我又问她，你怎么在这里？她说，我是给吴家看坟的，我们世世代代给吴家看坟的。

我当然很高兴，这是活的史料啊！她指给我看，整个一片梅林，全是吴梅村的墓。这个墓平掉了，但是基础都还在，高出地面一点点，砖都可以看到。我要求给她拍张照，这个老太太不愿意，我趁她锄地不注意，就拍了一张，没有正面的，现在这张照片也找不到了。

隔了几年，苏州的朋友来电话说，有位企业家愿意捐助一笔钱，重修吴梅村的墓。但是等到我们去重修的时候，周围的地都被侵占了，吴梅村的墓就剩下那么一小块了，也没办法再把它扩大。吴家也没有人了，也不能把这块地再要回来了，就剩下一小块一个坟，大约10平方米，重建了新墓。我为吴梅村墓写了一块墓碑，叶君远写了吴梅村的传，我又写了吴梅村墓重修记，都刻在墓周围的石墙上，总算保留了吴梅村墓的原迹。

我的老师钱仲联先生听说我找到了吴梅村的墓并重修了，高兴得很，要我带他去看看。那个时候老先生年龄已经九十多了。有一次我到苏州去看他，约好了一起去。老先生当天下午穿得整整齐齐在家里等我，看到我去很高兴，马上上车，到了吴梅村墓。钱仲联先生看到吴梅村的墓，就对着墓三鞠躬，我们一起拍了照，同去的还有苏州的画家钱金泉，然后我们一起回来。钱仲联先生是著名词人，我就跟他说，吴梅村的墓失而复得，总算是重新给它勉强恢复了,你能不能填一首词留作纪念?他说,写一首诗很容易,填词要动脑子,我想想吧。后来很快就给我寄来了一首《贺新凉》,我依韵和了一首寄给他,他也很称赞①。

之后,忽然间江苏省里不知哪个机构,认为我们看错了,说我们发现的那个墓,根本不是吴梅村的墓。我们当然着急了,因为我做任何事情都很认真,很严格的,不是哗众取宠,我也没有登报,也没有跟别人讲。何况我们找到了吴家看墓人,是她亲自指出的,怎么会有错呢?

我那个老朋友徐文魁是苏州人,他也是非常认真的人。他后来写信告诉我,他说,咱们恢复的那个吴梅村墓,一点没有问题,为什么呢?他找到一个旁证,有一个记载,吴梅村的后人去祭奠,祭奠完了以后,就在附近的石壁山上有一段题记。他专门去查了,把这个题记也找到了,题记上写得清清楚楚,他祖宗的墓就在石壁山旁边,他祭完了墓去石壁山游览,在那里题字②留个纪念,两相对照一清二楚。我后来也专门去了苏州,到了石壁山,看到了这段石刻题记,吴梅村墓就在石壁山旁边相距很近,我还趁此游了石壁山。所以这个误传的说法,总算是消除掉了,吴梅村的墓一直保留到现在。

---

① 2006年6月16日,冯其庸陪同95岁的钱仲联先生到苏州邓尉去拜谒大诗人吴梅村墓。归后,钱老填《贺新凉》词寄先生,词前小序云:"冯其庸诗人偕谒吴梅村先生墓。墓为君新考定核实,颇为壮观。君亲题'诗人吴梅村之墓'新碑于墓前。"词云:"诗派尊初祖,数曼殊南侵年代,梅村独步。姹紫嫣红归把笔,睥睨渔洋旗鼓。彼一逝,早如飞羽。东涧曝书差把拍,问其他家数谁龙虎?输此老,自千古。　　娄东家衖吴东旅,累声名淮上鸡犬,不随仙去。遗冢堂堂斜照外,赖有冯唐频顾。重树立丰碑隆处。我客吴趋随谒拜,仰光芒石壁山前路。伟业在,伟如许!　壬午夏九十五岁钱仲联。"冯词《贺新凉》小序:"壬午夏,从梦茗师访梅村墓于石壁山前,梦师作《贺新凉》词赐寄,因即用梦师韵勉成此阕。"词云:"底事冲冠怒。为红颜、天惊石破,只君能语。魑魅魍魉同一貉,忍见故宫狐兔。天已堕,臣心如剖。故旧慷慨都赴死,问僇翁、何处逃秦土?天地窄,寸心苦。　　一枝诗笔千秋赋。捧心肝、哀词几阕,尽倾肺腑。我叹此翁天欲丧,幸有文章终古。更认得松楸故堵。重树丰碑石壁下,仰词翁百岁来瞻顾。魂应在,感知遇。"

② "戊辰春,祭扫先七世祖梅村公墓,路过来游。太仓吴诗永志。"

三

《项羽不死于乌江考》

1985年5月份,我到安徽宿州去,因为什么事情去,我有点记不起了。到了宿州,我请宿州的朋友王少石,还有几个朋友,陪着我到垓下去,垓下就是项羽"垓下之围"的那个垓下。因为我当时心里一直记着一件事。

这件事说起来话长,我还是在无锡国专读书的时候,当时有一门课是由朱东润先生教,朱东润先生开很多课,《诗经》《史记》《杜甫》。我因为课程冲突,《史记》我去听了,《杜甫》我也听了,这两门课是我喜欢的课,我认真听了。

《项羽本纪》是当时朱东润先生讲《史记》的时候最重点讲的文章,全文讲了。当然朱东润先生讲的时候没有涉及项羽死在哪里,就是把《项羽本纪》的整篇文章讲了,重点讲文章。因为《史记》的文章不仅是记载事实,文章实在写得好,我们那个时候主要是从文学的角度来读《史记》的。我同时还看了其他很多历史上的著名人物评论《史记》的文章,当时脑子里就产生了对《项羽本纪》这篇文章和整个《史记》非常深刻的印象。

我自己当时就想,我毕业以后,要把《史记》和杜甫作为我研究的重点。我想写一本《史记》地理考,因为虽然以前有过涉及《史记》地理的文章,但是没有详细地记载每个地方的历史沿革,所以读书的时候不太清

十 《项羽不死于乌江考》及其他

楚哪里是哪里。《项羽本纪》第一句就是"项籍者，下相人也"，读的时候不查资料，不注释，就不知道"下相"在哪里，"下相"实际上就是现在的宿迁。

有一年我专门到宿迁调查。那时候南京博物院的院长姚迁还在，姚迁帮忙，不仅派车，还派了个年轻的干部陪着我，说冯先生一个人出去不方便。到了宿迁，还调查了好多地方，有苏北的盱眙。盱眙为什么重要呢？这是项羽立楚怀王孙心为义帝的地方。我去找盱眙，结果找到盱眙，一对照，才明白现在的盱眙已经不是原来的地点了，换了地方了，名字还叫盱眙，但是地点不是当年的立楚怀王孙心为义帝的盱眙了。

我就问当地的老乡，古代的盱眙应该在哪里？他们当地人当然清楚，说在北面老子山那边。我就到老子山，找到了原来的真正的盱眙城遗址，已经荒芜了。但是这是真正项羽立楚怀王孙心为义帝时期的盱眙。另外我在那里还查到了东阳少年起事的城。这个城也在，我去看了，城墙还完完整整，四周围的城墙、城门都还在（没有门了，就是土城了，缺口都在），四周围还有护城河，也都完好无缺。

我曾经说过，读历史书你觉得遥远得很，但是当你走到这个地方，就觉得许多的历史都在眼前。那个时候可能是"文革"刚过去吧，我说东阳少年才是真正的造反派，是真正反秦的部队，"文革"期间的造反派是胡乱瞎闹。

蚌埠北面有个地方叫固镇，固镇就是垓下的所在地。1985年我到垓下去，看到垓下古城还在，面积不大，是一个很小的城，四周围都是城墙、土墙，外面还有护城河，护城河里长满了芦苇。有一面没有护城河了，可以进去，我进去仔细看了。附近有一个老百姓堆砌的厕所，砌墙的都是汉代的砖。松松垮垮的泥土堆的，面上就有一块，有花纹，是汉砖。我一看花纹是西汉的，颜色是红的，我随手一拿就拿下来，现在还保留着呢，这是真正汉代的垓下的遗物。

我到垓下，看到垓下北面群山起伏，都是不高的山头。据说当时张良命令士兵吹箫，唱楚歌，项羽听到四面楚歌，觉得自己都被包围了，他以为自己底下的人都叛离他了,"四面楚歌"就是这个来历。据说虞姬就在那里自杀了,觉得已经没有办法了,自己如果再跟项羽在一起,带累他,让他无法打仗,虞姬忠于项羽,就自杀了。这是流传至今的传说,但是事实可能就是这样。

当时刘邦的部队很多,包围项羽很严密,防止他向东南方向逃,项羽偏偏从西北突围了,刘邦的军队没有想到他往那边走。突围的时候,项羽是带着虞姬的尸体突围的,突围出来以后,到了灵璧,他觉得马上放着一个尸体无法战斗,就把虞姬的脑袋割下来拴在自己的马上,把虞姬的尸体就葬在灵璧。所以现在灵璧有个虞姬墓,我也看了,也拍了照片。

我就照着项羽突围的路线,一直往前走,走到淮河边上,那次没有过淮河,只记得有个地方还有块大石头,说是项羽在那里停留休息的地方。这一次调查的是垓下和灵璧这一带,经过调查,心里清楚了很多。

项羽的故事,我调查了很多遍,我是断断续续去调查的。后来1985年的7月份,我又去一次,重新调查了垓下,从垓下一直过了淮河。过了淮河的第一个点叫钟离城,钟离古城现在老百姓叫它霸王城了,为什么呢?项羽从垓下突围出来以后,渡过淮河以后就在那里收集残部,跟着他突围出来的八百余人,到了钟离城以后,收集残部,只剩一百多人了。我原来一直不清楚钟离城在哪里,经过这次调查,明白了这个古城叫钟离城,应该现在还在。我去的时候城墙也在,堆着很高的土,长满了草,看样子城墙的墙壁很厚,距离淮河很近的,上岸以后没有多远就是。

杜甫的诗《同谷七歌》"有妹有妹在钟离,良人早殁诸孤痴。长淮浪高蛟龙怒,十年不见来何时。"有这么几句,杜甫说的"钟离"就是这个钟离城,证明钟离城在淮河边上,"长淮浪高"嘛,后来被称为霸王城了。我到钟离城调查了以后,就顺着路往南走,一直到阴陵。因为《史记·项羽本纪》讲的,渡淮以后收集残部,就从这里往阴陵走了,到了阴陵问田父,田父说往左走。

实际上从钟离城出来以后,项羽迷失了方向,快到阴陵的时候碰到田父,他问田父,田父应该是面向项羽,项羽是向西南方向,田父是面对西北方向的，田父跟他说往左，田父说的左，应该是西边，不是东边。项羽往左走，"乃陷大泽中"，《项羽本纪》的文字是这样写的，一往左以后就到大泽了。大泽是什么意思呢？就是陈胜吴广起义的大泽乡，是个低洼地，一片水草。我跟着那个路线就到了大泽，我看大泽已经是一片汪洋了，就像一个湖泊了，架了很长很长的桥，这座桥太长了，我上桥走了，可能有一两公里长。我去的时候很晚了，在桥下农村的店铺里吃了顿晚饭，看着月亮亮得很，我还拍了一张照。然后在当地找到了阴陵城的遗迹，阴陵也是古城，已经把阴陵城的遗址发掘出来了。

项羽当时是"陷大泽中"，就是走错路了，他应该往东走的，结果往西走了，走到大泽，走不通了，项羽就马上回来，再往东走。所以追他的部队就追上了。本来是项羽在前，灌婴在后，跑得很快，没有追上，等到一走错路，这一回头再往东边走，灌婴的部队就追上他了。

现在还有一个地方叫刘会桥，我那次没有去成，那时候的刘会桥还是一座古老的桥，是不是西汉时候的桥很难说了。等到我后来要去看了，他们拍了照片给我看，重新修建了，加长了，但是地点没有变。为什么叫刘会桥呢？据说就是灌婴追到了项羽，在那里接战了，这个地点在阴陵的东面，在东城的西面，还没到东城。项羽在这里跟刘邦的军队接战了，就是且战且退，往东城那面退，到了东城。

现在东城遗址也挖出来了，也立了文物牌子"东城遗址"。我开始去的时候还没有牌子。东城这个地方很古老，在东城的范围以内，就是明显的汉代的遗址。在当地，汉代的砖头到处都是。

东城西边大概有一两里路，那一带都是丘陵地带，有一座比较高的土山，当地老百姓叫嗟虞墩。据说项羽到了这座土山，我分析应该是《史记》里记载的四溃山，现在还有好几层楼那么高，面积也不小，现在也立了牌子了。我后来去看，虞姬墓有一块牌子，因为据说项羽到了这个地方，他马上不是还有虞姬的头吗，他觉得已经没有出路了，因为汉军包围他好几重，没有办法走了，他要决一死战，所以把虞姬的头拿下来，埋在那个山下的土里，现在老百姓在那里立了一个牌，"虞姬墓"，这个土山现在还很高，还可以看得到，很明显的。

项羽就在那里跟灌婴的军队接战，从阴陵到这里，就剩28骑了，经过一次接战又牺牲了两骑，只有26骑。于是项羽命令，下马"持短兵接战"，他自己也不骑马了，他把马送给了自己的另外一个人了，然后就拿了短兵"接战"。"身亦被十余创"，身上被十多次伤了，最后他底下的人说，赶快去乌江，渡江，乌江那里我有船。项羽就说，"天之亡我，我何渡为！"天要亡我，我为什么还要再去渡，没有意思了，所以就自刎了①。

这是第几次调查我记不清楚，这一次我一直到了乌江，当天晚上是住在乌江的招待所。那天也是月亮特别亮，我在月亮底下都可以看书。这么一路看过来，我就觉得，许多历史的事迹在我脑子里一直反复，我也睡不着，我还记得在那里写了几首诗。然后从那里渡江到了南京。

我就一路想，项羽为什么要渡江？因为他是下相人，他是起兵在吴中，就是苏州，所谓江东就是指这个江以东，南京苏州这一带是他的发源地。他从垓下突围出来的目的是想渡乌江。但是实际上已经不可能了，一路败退，人也越来越减少，从钟离城就是现在的霸王城，跑到阴陵，再从阴陵跑到东城，28骑剩下26骑，最后马也没有了，只持短兵了，"汉军及诸侯兵围之数重"。在这种情况之下，这个地方距离乌江还有多远呢，还有120公里，根本没有可能再走出去了，我经过反复的这么几次调查，我才弄明白项羽是在东城自杀的，何况《史记·项羽本纪》记得清清楚楚"身死东城，尚不觉寤"，其实司马迁早已经说清楚了。

还有一个记载是说项羽从东城出来，经过九斗山。记载说是他在九斗山又打了九次仗，然后败退到乌江，想渡江，后来他不愿渡江，在乌江自刎，实际上这些是后来的传说了。

---

① 乌江亭长舣船待，谓项王曰："江东虽小，地方千里，众数十万人，亦足王也。愿大王急渡。今独臣有船，汉军至，无以渡。"项羽笑曰："天之亡我，我何渡为！且籍与江东子弟八千人渡江而西，今无一人还，纵江东父兄怜而王我，我何面目见之？纵彼不言，籍独不愧于心乎？"（见[汉]司马迁《史记》，韩兆琦评注，岳麓书社2004年版，第190页。）

十 《项羽不死于乌江考》及其他

我调查完了回到北京以后，我忽然想到九斗山没有查，说是在全椒县的境内，秦汉时期那个地方没有设立县，全椒县是汉以后设立的，现在叫全椒县，地点是没有变。我就托安徽文化局的局长计正山去调查。

我现在的这篇文章，也是读了计正山的文章引起的，计正山有一篇论文，提出项羽不死于乌江，而是死于东城。这时我正在做《史记》地理考的调查，我是以《项羽本纪》为试点的。我看到了计正山的文章，引起了我的兴趣，我多次到定远去调查，也是计正山陪同的，我就对计正山说，我没有到九斗山调查，你在定远，定远到全椒县很近，你开个车，去把九斗山查一查。因为要确定项羽究竟死在哪里，如果死在东城，那就不可能再跑到九斗山了；如果是跑到九斗山，那肯定东城没有死啊。结果没有想到，计正山跑到全椒县去查，怎么找也找不到九斗山，因为有的书上说九斗山是在全椒的东南，有的又说是九斗山在全椒的西北，弄不清楚究竟在哪里。结果全椒县政府的头头就告诉他，我们县根本不存在九斗山，这是传说。1958年新修了县志，全县普查了，不存在九斗山，我们新的县志里已经澄清了。根本没有项羽跑到九斗山打九仗什么的，连这个山都没有。

我怕有差错，我跟计正山同志商量，我说你紧挨着和县，秦汉的时候还不叫和县，现在叫和县了。我说，九斗山不在现在的全椒，是不是在和县？你干脆再到和县看一看。他又到和县去查了一遍，和县更没有什么九斗山了，老百姓说从来没有听说过有九斗山。实际上，所谓九斗山是一种不存在的以讹传讹，所以后来我写了一篇《项羽不死于乌江考》，同时写另外一篇《千百年来一座有名无实的九斗山》，我把九斗山调查的情况，以及《全椒县志》里明确地记载不存在九斗山，这些都引进去了。

《中华文史论丛》作为重点文章，把两篇文章一起发了。他们反复跟我通电话，他们非常重视这篇文章。千百年来从来没有人说过项羽没有死于乌江，但是根据我的考证，根据《史记》本身的记载，其实真正认真读《史记》，里面记载得明明白白的，《项羽本纪》里写得很清楚，"身死东城，尚不觉寤而不自责"，"岂不谬哉"，这是司马迁的结论。项羽死在东城，还老说"天亡我，非用兵之罪"，还不认账，还认为是老天要灭亡他，不是他自己打不过别人，这荒谬得很。司马迁就明确写项羽"身死东城，尚不觉寤"。

《高祖本纪》明确记载，"使骑将灌婴追杀项羽东城"，特别是《史记·樊郦腾灌列传》，灌婴的传记里明确记载"追项籍至东城，破之"，因为他是斩杀项羽的，也是一清二楚，凡是参与这次战斗的人的记载里都写着"斩项羽于东城"。历史记载清清楚楚地写着项羽死于东城。东城遗址现在被挖掘出来，而且紧挨着阴陵，地理位置一清二楚，没有任何可怀疑的。

那么后来的项羽死于乌江的传说，是因为《项羽本纪》里面有过一段文字，他的部下劝他，大王赶快过乌江，只有我有船，在乌江停着，你可以渡船过去，这一段记载是《史记》里有的。后来的许多误传也是从这里开始的。

因为古代的《史记》，原始的《史记》并不是写在纸上的，都是一块一块竹简串起来的。当时《史记》是一部大书，它一篇文章一卷竹简都不够，那么有断脱，有差错是很自然的。北京师范大学有位教授叫李长之，写过一本司马迁的考证的文章，他提出来，《史记》有很多脱漏、缺失，别人补的文字很多。他证明《史记》从那个时候传到后来是有脱漏的，有些是很明显的。所以《史记·项羽本纪》这一段文字有没有脱漏的文字也很难说。

根据我自己的分析，至少五千人包围了项羽，项羽只有26个人了，哪有可能再从外面跑进来一个人，告诉他，咱们赶快跑乌江去吧，然后项羽说，我不去，哪有这个可能呢？这里肯定有文字上的差错和脱落。不管文字有没有错漏，但是"身死东城"是一个结论，这个结论跟《高祖本纪》，《樊郦滕灌列传》都一致，而且跟地理位置又一致，这个可以说是千真万确。

唐宋以后的诗文里，确实有说项羽在乌江自刎的，李清照的诗"生当作人杰，死亦为鬼雄。至今思项羽，不肯过江东"。此意也指是在乌江，不肯过江东，但是这是后来的诗了，不是汉代的，秦末汉初的记载了。我们真正讲史料，接近原始的时间越近越可靠，后来很多书都是你抄我我抄你，都是陈陈相因。真正要认真起来，必须调查原始资料，一个是文献里的原始资料，一个是地址的原始地址。

现在阴陵城也发掘了，东城也发掘了，钟离城现在也在，垓下也在。

你沿着这个路径走过一遍,你就一清二楚,你就明白。到了这里离乌江还有120公里,只有26个人了,长兵器也没有了,马也没有了,包围他的是五千人,好几重的包围圈,怎么能走得出去?从《史记》本身的文章,"天之亡我,我何渡为!",这个地点还是在东城,没有写他到乌江边上。第一次突围死了两个人,剩下26个人,然后下令下马"持短兵接战",最后是碰到熟人吕马童包围他了,他就说"若非吾故人乎?",你不是我的老朋友吕马童吗?现在听说"汉购我头千金",汉刘邦那边,用千金买我的脑袋,"吾为若德"我给你点好处吧,我把头给你,就自刎了,"乃自刎而死"。整个事件的地点都没有离开东城,从文意来分析,没有一句交代他已经到了乌江边上了,他们也追到乌江边上,没有这个交代。

而且从东城以东,往全椒那个方向去,项羽的故事没有了,连九斗山都不存在。这都说明后世的诗文里是一种传说,最明显的是元人杂剧,《萧何月下追韩信》,也是讲到项羽乌江自刎,实际上后来普遍的认为乌江自刎,就是因为民间传说,加上戏曲舞台的传播,都信以为真了。

我那篇文章发表以后,影响很大,在史学界就轰动了。香港饶宗颐先生就特别称赞,说冯先生这篇文章写得非常有分量,我年龄大了,我写不了这样的文章了,因为要查很多地方要走很多路。山西的姚奠中先生,今年101岁了,我见他的时候是99岁,他是章太炎唯一现在还存在的学生。他就跟我说,你这篇文章我读了三遍,写得真好,现在的人没法写了,因为现在的人只注重看文字,不实地调查,你这是把文字和实地调查结合在一起。从这个角度来读书,把书给读明白了,他觉得非常对。河南大学的专讲《史记》的王立群教授给我来了电话,他也非常称赞,他是经常在中央台讲《史记》,他也认为我考证得非常精确。还有南京的卞孝萱教授,给我写了封信,他称赞这个文章太好了,以后有人要辩论,我来帮你辩论。卞先生前两年突如其来去世了。

总之,不少老一辈的学者,都很认可我的这篇文章。韩兆琦先生告诉我,他新出的《史记笺证》,全部采用我的意见,把那些传说性的东西都去掉。他说,项羽死在东城,是一点都没有错,还送给我这一部书。

但是也有反对的，和县的人、乌江的人就反对。据说是开了个学术讨论会，我看那个报纸上报道，在会上大骂冯其庸。我也没有理睬，为什么呢？他们现在争的是什么？争的就是旅游点，项羽没有在乌江自刎，人家就不去旅游了。到现在，据说还有人反对。但我相信我根据的都是原始史料，他们根本都不敢碰这些原始史料。没有史料证据，说空话是没有用的。

四

姚迁[①]事件

　　姚迁是南京博物院的院长。他做学问非常有见解,他是文博方面一位真正的高层专家,研究青铜器,研究文物,他还是国际文博界的一位重要的人物,国际影响也很大。

　　我认识他很早。我因为研究《红楼梦》,曹家是江宁织造,我多次到南京去调查曹家的事。我到南京博物院查江宁织造曹寅时期他们织造的料子还有没有保留。因为缎匹上面都有名字,江宁织造某某人造。调任了,别人继任了,别人造的也有江宁织造某某人造。

　　我多次到南京,都是姚迁帮着安排。后来姚迁帮我查了库房,江宁织造的,曹寅经手造的料子已经没有了。他告诉我,一部分支援杭州博物馆,调给他们一部分,但是里头有没有我要查的料子也不太清楚。那时候没有重视《红楼梦》的相关文物。但是查出来不少康熙时期的墨,有的是朱墨,有的是黑的墨,但是没有查到曹寅的墨。我记得曹寅的墨,周绍良手里有一锭,我还看过,现在他都捐给国家博物馆了,捐赠的时候还开过一次展

[①] 姚迁(1926—1984),原名姚宪昌,江苏如东人。曾任南京博物院副院长、院长。编撰著作有《长征故事》《南朝陵墓石刻》《六朝艺术》《中山陵》《太平天国壁画》《桃花坞年画》《江苏文物总录》等。

览会。

由于姚迁的努力,在南京成立了江苏省的红学会,等于是我们红学会设立的分会,但是没有分会的名义。我们合作得很好。

为什么1984年会出现"姚迁事件"呢?因为江苏省委有一些老同志喜欢文物,尤其是字画,经常到南京博物院去借有名的字画去看。

按说这种做法都已经不合适了,因为博物馆的藏品,一般不能外借给私人的,只能展览的时候你来看。有些专家来了专门要看哪一件,调出来看,这也是可以的,借回去看是绝无可能的。但是因为他们是省委领导,姚迁也无奈,就让他们借回去了。但是姚迁非常认真,他都记录了,谁借什么,借的时间多久,到时间他就去催,催不回来他也去催,经常是隔一段时间就去催。后来这些老同志心里有点不高兴了。

有一次,有一位老同志就跟我打招呼,他说,你以后有事不必去找姚迁,你们红学方面的事找我们就行了,姚迁有问题,估计要退下来了。我也不知道什么原因,也没有去问。

后来是姚迁跟我讲的。好几位老同志借了博物院的字画不还,姚迁非常头痛,当然,他职责所在,不能不去催。

后来,南京博物院的姚迁手下的几个人告诉我,姚迁遭到了诬陷。他们想把他弄下来,先是诬陷姚迁生活上有问题,结果姚迁是个非常古板的,正正派派的人,查了半天,任何蛛丝马迹都没有,所以这个不能成立。接连不断地,又说姚迁经济上有问题,因此又查。查了半天,一分钱的毛病也找不着,他根本是奉公守法,朴朴实实的一个人,所以又不能成立。

有一次南京博物院收到一件文物,姚迁做了鉴定,当时就讲了鉴定的具体意见。南博有个干部就把它记录了,还写成文章,他自己想发表,但是,因为他是一般的干部,也没有研究,他怕发表不了,就把姚迁的名字放在一起了。人家一看有姚迁的名字,当然就发表了。发表了以后,此人再去告诉姚迁,还把稿费要给他一部分。姚迁一知道这件事情就批评了他,说,你怎么自说自话就写文章,博物院的藏品你写文章应该先告诉我,另外你怎么不征求我的意见,把我的名字也放上去了?就批评了他一通,钱当然没有要。当时就是这么一件事情，后来就是因为找不到姚迁别的什么事情了，就借着这个说他剽窃某某人的文章。

南京博物院的许多干部都是支持姚迁的，觉得这是个大笑话。因为此人在文物研究上没有什么学问，只是记录姚迁说的话，还瞒着姚迁写了文章，还私自把姚迁的名字用上去了，只是为了保证这篇文章能发表，反过来却说是姚迁剽窃他的文章，而且这件事情很快就见报了，报上一公布，引起舆论哗然了，特别是境外反应非常强烈。我看到台湾几份报纸，就骂中国共产党，说中国共产党的干部都是这样的，自己没有能耐，把别人的东西霸占为自己的。姚迁当时气得不得了，可是有冤无处诉。

有一次我看到他，那时候还没有到最后严重的地步。他告诉我，他到医院去看病，连护士都对他带着一种另外的让他很难受的眼光，他看病都没有地方看了。我那时候还安慰他，事情总归可以弄清的，不要着急。

我回来以后，恰好是外交部、文化部、国务院三方面通知我，叫我不要离开北京，要去苏联鉴定列藏本《红楼梦》。实际上姚迁事件已经发展得越来越严重了，姚迁有可能要被撤下来了，姚迁有冤无处诉。

我本来还要去帮他忙，想解决这个问题，结果组织上通知我不要离开北京。我就写了封信给姚迁，我说，我现在无法来，因为要到苏联去，等我回来以后，我一定来看你，帮你解决这个问题，你千万不要着急。但是实际上姚迁受到的压力很大，尤其看到境外把他名字登出来，说他剽窃别人的东西，台湾也借此攻击中国共产党，他当时压力很重。

后来徐湖平告诉我，姚迁拿到我的这封信以后，泪如雨下，不断地说"来不及了，来不及了"。他家里的人以为他是说，省里要给他定罪了，等冯先生来不及了，以为是这个意思。其实他觉得有冤无处诉，下决心以死抗争了，所以当天夜里就上吊死了。据说第二天发现了，地上都是掉的眼泪，一大片，还有很多香烟头，抽了不少烟。这件事情一出来，整个江苏省里面也惊动了，整个省委里也有好多了解内幕的，为姚迁抱不平的，文博界也惊动了，大家都为姚迁抱不平。姚迁死我还没有出国呢，正在这个时候通知我到苏联去了，所以我没办法赶到南京去。我就去了苏联。等从苏联回来以后，我就赶到南京。

后来当南京博物院院长的徐湖平，还有几个人都非常了解内情。但他们在南京不好给我讲，怕被对方发觉。他们就跟着我到扬州去，才敢原原本本都告诉我。而且把省委几个老干部与姚迁的谈话记录，到姚迁死以前的所有资料，全给了我一份。我一看更加觉得气愤，这记录，完全是"四人帮"那时的做法，强迫姚迁认罪，但他们也没有任何证据。

这样一个认认真真为国家工作的干部，遭了诬陷了，自杀了，这多让人痛心啊。而且给国外那些反对我们的人以借口，借着姚迁的事情，诬陷我们的共产党，我就下决心，一定要把这件事情弄清楚。

但是南京与我比较好的朋友都来劝我，你不要管这个事了，对你不利。这个不是一般的事情，是省委的事情，你能跟江苏省委对着干吗？我说我哪能跟江苏省委对着干啊。我是为了要弄清楚这件事情，不是要跟谁斗。我说，你们明明知道姚迁受冤，难道受冤不应该申诉昭雪吗？他们没有话说了。

最严重的是《光明日报》为了姚迁连发两篇文章，都是压姚迁，批判姚迁的。这个造成了姚迁心理上的最大压力。从来没有为了一个人剽窃文章发《光明日报》的评论文章的，所以实际上《光明日报》在这件事情上是起了非常坏的作用。姚迁之所以心里会受那么重大的压力，也是由于这些原因，不仅仅是江苏省委给他的压力，连《光明日报》都发表文章了，而且是报纸的评论文章[①]。我是从来没有看见哪一家报纸为了某一个人剽窃人家一篇文章，发表报社的评论，何况姚迁根本不是剽窃，要说剽窃是这个人剽窃姚迁的。这是姚迁鉴定的讲话，他记录下来写成文章了，还署上自己的名字。这不是等于剽窃姚迁的文章吗？

我在扬州拿到这些材料，具体情况都清楚了，我非常气愤，我觉得我无论如何应该伸张正义。回来以后，南京的朋友一再劝我，你不要再管这

[①] 1984年8月26、27日，《光明日报》连续发表《南博院长姚迁以权谋私侵占科研人员学术成果》《姚迁在执行知识分子政策方面存在严重问题》等二篇报道，并配发评论员文章《知识分子的智力成果不容侵占》。

个事情了，由它去吧。我说不行，我一定要管。我给夏老师说，你不要管这个事情，姚迁是我多年的好朋友，我了解他的情况，他受了这么大的冤，我们作为朋友连一句话都不说，这是不应该的。我说，万一因为姚迁的事情，我承担什么风险，我也不后悔，你也不要管。夏老师也没有阻拦我。

我先找时任总理秘书的白美清，他也是人民大学我的学生。我就到中南海找了他，把材料交给他。白美清很快给我回了电话，说总理知道了。我因为同时反映好几件事情，他说第一件姚迁的事情中央一定管，其他事情暂时不管了。

我怕事情搁下来，我接着找了习仲勋同志。我们艺术研究院的党委书记苏一平跟习仲勋熟，他说你应该找习仲勋，中央的老同志里习仲勋是最正义、最认真的人。所以我写了封信给习仲勋，习仲勋就通知了调查部，调查部就找我，说习老关照他们一定要听我的意见。所以把我请到调查部去，我就去讲了三个小时，把前前后后的情况都讲了。完了以后，我说，我愿意签名，愿意承担责任，如果我讲的这些话，有虚构的，有假的，我愿以自己的党籍来保证，我可以承受党的任何处分。但是，这件事情，组织上面一定要处理，给他平反。调查部的同志说不用签字，你说的每一件事，跟我们去调查的情况都一致，没有任何虚构的情况，你也不必签字，我们一定会把这情况向中央如实反映。

但是过了一段时间，还是觉得没有任何动静。因为我手里有复印件，我复印了一份，又跑到《红旗》杂志社，《红旗》杂志的主编当时是王忍之，他后来是中宣部部长。他是无锡人，1949年以前，我们做地下工作，互相认识，但是那时候我还没有参加党组织。1950年我入党了，跟他在一个支部，他也是那个时候入党的，所以我跟他熟。

我就把姚迁的情况原原本本给他讲了，他就说，那你直接找耀邦同志，耀邦同志了解你，他多次跟我讲话提到你。耀邦同志是了解我，因为什么呢？我的《曹雪芹家世新考》刚出来，他就让他儿子胡德平到我家里要这本书。耀邦同志是中央领导人里最喜欢读书的人。

我说，我怎么能找耀邦同志？你帮我把材料送去吧。他说，那可以，我帮你送去，你写封信，你就在这里写吧。我就在《红旗》杂志编辑部，拿着《红旗》杂志的信封和信纸，写了一封给耀邦同志的信，简要地说明这件事情对党的损害太大了，而且姚迁同志确实是蒙冤，应该给他正式昭雪，同时也可以把台湾那些反共的人的那些话加以澄清。我就写了封短信，王忍之同志就拿了这封信，到耀邦同志那里去了。

那个时候《红旗》杂志的编辑部在沙滩，我回到张自忠路家里，打了个电话到王忍之那里去，编辑部的人接的，他说王忍之同志给你送信去了，还没回来呢。没有几天，耀邦同志下命令，组织一个调查组，到南京去彻底调查姚迁事件，一定要平反、昭雪、见报，才准许调查组回来。

经过这一番调查，一清二楚，姚迁是为了保护国家的文物，最后遭到种种打击、诬蔑，弄得他觉得已经走投无路了，国内外都传开来了，所以他上吊自杀了。

最后由江苏省委给他正式平反，平反的时候请我去，当时省委书记也去了。其实这件事情，省委书记早点过问也不至于这样，一直是听之任之，等到人死了，平反了再出来。我去参加悼念的时候，跟我一起去的还有咱们北京的文博部门的老前辈谢辰生同志。当时参加姚迁的追悼会，我们两个人是一起坐火车到南京的。

姚迁的事情，到此算是全面地平反，但是人已经没有了。后来由徐湖平担任南京博物院的院长了。

十一
调任中国艺术研究院

一

职称评审

1986年，中国艺术研究院领导班子里老干部要退了，苏一平就提出来，一定要把我调到艺术研究院去。苏一平是艺术研究院的党委书记，他是个剧作家，陕西人，为人非常忠厚。我认识他比较早，1975年我刚到艺术研究院去的时候，袁水拍同志就给我介绍了他。苏一平当面跟我讲，要调我到艺术研究院，我也表示同意，但是当时还没有正式调。

苏一平希望我担任中国艺术研究院的常务副院长。苏一平是非常厚道的人，我觉得这个人是很难得的，跟我也是互相都很理解。苏一平几次找我说，调动你一定没有问题，王蒙部长亲自到人民大学去调你，希望你担任常务副院长，你来管艺术研究院。

中国艺术研究院是属于文化部管的。人民大学一直不同意把我调到中国艺术研究院，王蒙同志亲自到人民大学去了，王蒙同志一去，人民大学的校长就不好再拒绝了。人民大学就同意我调过来了。

我跟苏一平同志提出来，我说，我希望把李希凡调过来，让他来当常务副院长。我比他年龄大几岁，我希望年纪轻一点的、精力好一点的人来管艺术研究院。但是苏一平同志一直不太同意，他说，我们希望你当常务副院长，老干部退了，你从1975年到1986年，在艺术研究院11年了，大家对你是非常了解的。我还是坚持,我说我不想当常务副院长。后来是同意把李希凡调来了,同意我不当常务副院长。我又建议正式调了吕启祥,还有好几个人都调来了。

到任以后,从1986年到1996年这10年我主要做院里的学术管理工作。我分管美研所、音研所、戏研所、舞研所,还主持研究院的学术工作。音乐研究所当时力量是非常强的,原来的老所长杨荫浏已经去世了,我去的时候,是一位有名的音乐考古专家,叫黄翔鹏。我刚借调去的时候他身体还可以,到我当艺术研究院副院长的时候,他已经病了,一直躺在床上,吸着氧气,床边有一个很高的氧气瓶。

我到了艺术研究院以后,又担任文化部系统高级职称评审的主任委员。这个是我在艺术研究院的十年中,最难主持的一件事情。因为当时名额比较少,艺术研究院本身研究人员就不少,都是搞各方面的理论研究的,不少人都有著作。

当时我主持整个文化部系统的所有机构的高级职称的评审,各单位的名额并不是我分配的,是部里规定的,给研究院多少,给中央美院多少,给音乐学院多少,它都是上面定好了再告诉你的。我只能把各单位的意见、要求反映给部里人事处,部里人事处再把名额加以调整。所以比如说给中国艺术研究院若干个研究员的名额,那么你要在艺术研究院范围以内,尽量选最优秀的人让他评上。因为他们研究人员之间,互相也了解,个人的成就也都清楚,你如果评得不公平,大家也不会认可。哪怕只有两个名额,你只要是真正评得恰到好处,大家都会心服口服。如果你徇私,搞一些小名堂,那你以后无法进行这项工作了。整个评审工作完全是由学术委员会参与的人无记名投票的,所以一点也不能徇私。

我是艺术研究院的领导,我也不能偏向艺术研究院,如果偏向艺术研究院,别的单位就会感觉到你不公平。但是这些都还没有太大的问题,最大的问题来自要评的人。

我们艺术研究院有位党委书记,也喜欢写点短篇小说什么的。到职称评审的时候,他就让戏研所的老所长,也是艺术研究院的老领导,给我写了一封信，推荐他，希望把他评为研究员。每一次的评审，研究员的名额只有几个。艺术研究院这么多研究所，每个研究所都有许多专门的研究人员，都出了专著。光这些出过专著、够得上评的水准的专家就有很多位。一个党委书记，又不是搞研究的，只是写过一些短篇小说，你怎么能来争这个名额呢？不是让我为难吗？我当时拿到这封信，马上就面临开会了。

开会时候，我毫不犹豫，我把应该遵守的纪律规矩向大家宣读了以后，我就宣读这封信。我说，因为这封信涉及我们的评审工作。把整个信向大家念了一遍，我当场就宣布，我说按照评审的规定，这封信无效。因为我们评审的条例有规定，评审的唯一标准就是作者的研究成果和评委的投票，其他的都不能作为依据。

我一宣布这封信无效以后，底下热烈鼓掌，说冯先生真敢做，别人恐怕就不好办了。我说，不好办也得办，我如果同意他的推荐，让他评上，那我怎么对得起这么多参评的真正的研究人员。我说，这位同志可能会不满意，他也只不满意我一个人，跟大家无关，因为是我宣布无效的。这样维持了我们评审的原则。否则你推荐一个，他推荐一个，那我们还评什么呢？

我宣布这封信无效，我们还是照正常的评审，各抒己见，该怎么投票你们自己投，不受任何影响。这次当然他就评不上了。所以参与评审的委员，都高兴得很。因为不光是艺术研究院的人担任评委，还有中央美院的、中国音乐学院的，其他机构的，都有参与评委会的。大家都很高兴，也很佩服，冯先生敢于这样做，顶住了，否则的话，以后不好办了。这次的难关算是过了。

我主持评审的时间是十年，经历的评审好多次。还有一次，我们基本上评得差不多了，最后再通过一次就结束了。这时候有一个评委突如其来从一个小包里面拿出来一个小本子就念，这个人什么时候讲过什么话，什么时候讲过什么话，在他看起来都是错误言论，因此不能评他为研究员。

这次我实在忍耐不住了，我当时就发火了。我说，我们评委开会是看他的研究著作，没有要你记他哪年哪月什么地方讲过什么话。我说，职称评审没有这个规定，连每个研究人员平时的言行都要记录下来，那还得了。

十一　调任中国艺术研究院

我说，你这是"文化大革命"的做法，已经过去了多少年了，今天你还要拿出来。这算什么话。当时我一发火，他被我批评得满脸通红。一起参与评审的许多其他同志都非常高兴，说冯先生真是毫不徇私。所以当时虽然参与评审的人多，能评上的很少，但是每次评完以后，大家都心服口服。

还有几次，有的参与评审的人，特地拿了礼品，送到我家里。我一看，当然就明白是什么意思了。我就劝他，你不能送东西，我也决不能接受。如果凭投票你评上了，可能大家觉得你够格了，能评上，但是你给我送了东西，人家就会说是你送东西起作用了，反而可能会影响你的评审。你千万要明白这个道理，我们都是读书人，实事求是，够就是够，不够就是不够，请大家投票决定。当时有好几个人都是这样，我也都用这个办法劝他们，最后都让他们拿回去了。后来都传开去，大家就再也没有人送东西了。这样，就使每届的评审工作能够稳稳当当、太太平平、正正规规地评审下来。

我在1986年到1996年一直主持文化部系统的高级职称的评审，没有出一点点差错，而且下面的反映都非常满意，觉得冯先生在这些问题上没有掺和一点个人因素，尊重大家的评审的权利，绝对按照学术成就，大家投票来决定。在我主持文化部系统高级职称的评审十年中，我觉得，我们文化部系统的高级职称评审，一直是正正规规的。

我连写了三封信要求退休，开始一直没有让我退，跟我解释，等找到合适的人你再退。第三次写信的时候，我已经七十多岁了，也超过太多了。1996年，总算让我退下来了。我退休以后，文化部还希望我继续主持高级职称评审。我就再三跟部里的有关领导讲，我说，我1996年离休，已经七十好几了，我已经主持了十年，我知道主持这个工作不容易，我现在已经离休了，再要主持高级职称评审有点不合理。人家也可以说你既然退了你怎么还来管这事？我不能再做了。再有一个，一般都是六十岁退休，我到了七十多了才让我退的，我还有多少时间留给自己？我辞了好几次，总算后来是退了，以后就没有让我再承担什么任务。

二

我与刘海粟大师

我跟刘海粟先生的交往是这样的,"四人帮"垮台以后没有多久,当时的文化部部长是黄镇,黄镇要给刘海粟先生在北京办一个画展。

那时候我在艺术研究院。我都没有想到的,突如其来,刘海粟先生跑到恭王府我的办公室找我。这个老人尽管快要一百岁了,他一点没有大画家的架子,想到要看你就来了。那天我恰好不在办公室,我到别的地方去了,没有碰上,他就留了一个条,说要跟我见面。我看到这个条以后,就连忙去宾馆里看他。我以前没有见过他,但是上海画界的朋友都跟我讲过他的事,我也看过他很多作品,我也很佩服他。我和他见面真有点一见如故的感觉,因为我们都喜欢艺术,也喜欢文学、诗词,大家有共同爱好,所以没有第二句话,客套都没有,一下就谈得非常兴奋。

他就跟我讲,他要在北京办画展,画展有个序言。我的朋友江辛眉跟他也非常熟,江辛眉向他推荐我来写画展的前言。他高兴得不得了,他说冯先生的文章写得这么好,我的画展的序言一定要请冯先生写。所以他到北京来以后直接到恭王府找我。他提出来要我写序,我当然愿意写,也能写。

但是刘海粟的对立面还有不少的,尤其是他长期以来跟徐悲鸿关系不好。徐悲鸿虽然已经不在了，他的夫人和他的学生，都还是对刘海粟耿耿于怀。我要给他写序的消息传出去以后，收到了好几封信和电话，警告我不要给刘海粟写序。我印象特别深的是，有一个人说，你如果给刘海粟写一篇序，我们就写10篇文章来批判刘海粟。我也不知道美术界是这么一个状况，我当然非常不赞成，大家是搞艺术的，艺术就靠观众自己来欣赏，用这种手段怎么行呢？

但是刘海粟毕竟年龄大了，已经九十好几快要一百岁了，要是他知道这个情况，不是把他气坏了吗？所以后来海老有时候来看我，问我写序的情况，我当时非常为难。他要展览的画我也都看了，要写画展的序，不成问题。但是，如果是要引来这么多麻烦，这对老人不是一件小事情啊。

所以我也不敢告诉他，我说正在写。他看我有点犹豫，他说你怎么回事啊？你写文章那么爽快的。后来他不知从哪里听到有人这样威胁我，而且写这封信的不是一般的画家，都是知名度很高、跟我也比较熟的。海老就又来找我，他说你是不是怕那个？他说我是一辈子被别人批判，一辈子斗争过来的，越是这样，我越有信心、越有勇气，你不要害怕。

我说，我不是害怕，我要写没有问题，你开一个画展，是喜事，不要弄得人家来捣乱，我主要是这样的想法。

后来，我就避开了刘海粟先生把情况跟黄镇说了。黄镇我原来不太熟，因为刘海粟的事情见过几次面。我说这件事，我的想法是你多多协调，最好由别人来写，免得引起麻烦。我的年龄也比海老小得多，如果是年龄高一点的人来写，资望更高一些可能也会更好一些。黄镇非常能办事的，他一了解这个情况，他说我来安排，你放心好了，你不用写了。

后来，黄镇安排了原中央美院的院长出面来写。当时反对海老的人，不少都是中央美院出来的，中央美院的院长写了文章，那些人也不好再说话了，你们自己老院长写的序言，你怎么好再说什么。再加上黄镇做了很多工作，协调下来，所以这个展览顺顺利利地开起来了。

我印象中这是"四人帮"垮台以后的第一个展览，开得非常热闹，海老也很高兴。海老也理解了当时黄镇的一些努力，没有再计较谁写了，尤其是比我资历更高的，又是美术界的领导人物来写，他觉得这个更好，对这个展览更有利，所以也就不埋怨我不给他写文章了。因为我后来也给他写过好多篇文章，他都非常高兴。

海老一百岁的时候，在上海举行盛大的庆祝会，那天到了500多人吧，我也去了，海老非常高兴。我到了以后，先到他住的宾馆，工作人员说一律不让见。不让见也有道理，因为马上要开庆祝会了，特别劳累，百岁了，确实不能来一个见一个，那还得了。我就把我带去的送给他的东西放在宾馆的传达室。我说，请你帮我转交给海老，不要去通报了，我就回去了。结果传达室把东西一送去，海老连忙叫人追出来找我。我那时候已经走开了，我也没有告诉他我住哪个宾馆，所以没有能见面。

第二天开幕式，海老在讲台上面讲，我要把一百岁作为这一生新的开始，重新努力作画，为国家创造一些艺术财富。他的讲话很流畅，思路也很快，我觉得非常难得，这样一位百岁老人。海老讲演结束以后，很多人都跟他握手。他忽然间看到我了，连忙过来招呼，他说，昨天我追你都没有追上，我正想跟你好好高高兴兴地聊一聊。我说，你现在太辛苦了。这个百岁的庆祝，摆了很多宴席，他一个一个宴席上都要打招呼，老人家太劳累了。

当天我觉得他太劳累了，我跟他的夫人夏伊乔打了招呼，我说今天海老太劳累了，我就不去跟他说话了，让他早点休息，到今年的秋天，9月份吧，我再到上海来，然后我们好好畅谈。夏夫人也非常明白，毕竟百岁老人不能太劳累，就同意了，我就回来了。

到这一年的8月我去绍兴，在绍兴的宾馆里看电视，突然看到海老去世的信息，我当时震惊得不得了。

以前海老在国外的时候，有过几次谣传他去世。有一次我在上海，上海文化局的局长方行请我吃饭。他很客气，在上海一个有名的饭馆，也有很好的黄酒。还有上海博物馆的王运天，我们几个人一起吃饭。吃到一半，突如其来传来说刘海粟去世了，我们大家心头都非常难受，这一顿饭吃了一半，大家就没有情绪再吃饭喝酒了，就回去了。

回去以后,我们大家都觉得不相信,不对头。因为他人在美国,我说,干脆我打电话联系联系看,究竟是怎么个情况。结果我一个电话打过去,接电话的是夏师母,我也不敢说别的事,我说问候你和海老,海老身体怎么样?夏师母说,挺好挺好。海老也来接电话了。我没有敢说谣传去世的消息,我说,我打电话问候问候你。得到这个确切消息以后我马上告诉方行、王运天这些朋友。

还有一次,他在台湾,别人又谣传说他要留在台湾了,不回来了。我的一首长诗里还写到这件事。我就坚决跟朋友讲,我说不要听这些谣传,海老在德国,德国总理邀请他定居在德国,他没有接受;他住在美国,也没有想留在美国的念头。他怎么会留在台湾呢?不可能的。后来,没有多久,海老果然回来了。

有一次我应邀到香港去,海老的女儿在香港,海老那时候正住在香港。他住在九龙的海棠阁,我到了香港后,跟他通了电话,就去看望他。在海棠阁见到了他,他高兴得很,他说,难得你从北京来,我要宴请你,为你接风。他就嘱咐他女儿,订香港哪一家大酒店。他说要他指定的最隆重的方式欢迎冯先生,他邀请了很多香港的名流和书画界的名人,也邀请了几位台湾过来的名人。他亲自主持欢迎宴会,让我非常感动。那次在香港,他还约我再到海棠阁合作画画,我们合作了一幅六尺的葡萄,由他题字,还把我的名字写在前面。我说不能这样,他说由我题字,当然应该把你写在前面。我觉得海老胸怀宽阔,待人诚恳,无论是年轻、年老,只要是同胞,只要是有共同语言,就会敞开胸怀。

那次我在绍兴听到海老去世的消息以后,精神上受到很大打击。因为我去绍兴是从上海经过的,在火车站等几个小时的火车,我不能进上海市内去看望他,来回时间不够。没有想到,到了绍兴,吃完晚饭,无意中看电视,一下子看到电视上播出海老去世的消息,当时心里非常非常难受。后来接到他的家属给我的通知了。追悼会那天,我从北京赶到上海参加追悼会。

参加追悼会的人多得简直没有办法,殡仪馆的大厅和外面,层层叠叠的人，根本无法进去。我在院子里被人堵住了，无法过去，后来海老的家属看到我，他们连忙出来，分开许多人把我拉到里头去。等到追悼会结束以后，他们又帮着送我出来，我才告别回来。海老去世我写了好几首悼念他的诗。海老给我画的画、写的诗我都保留着，他会忽然高兴起来就题一首诗送给我，海老还给我写过好多封信。

记得有一次他忽然问我，叫人带给你一幅画，你收到没有？我说没有收到。问他是交给谁的？他说，我哪记得住是谁啊，他说他是你的老朋友，我就把画交给他了。我说，你上当了，没有听说过这个事，也没有人交给我画。看他的人也多，他确实是从来不设防的心胸，从来不提防人家，更不去想是人家骗他。

原因是我写了一首《黄山歌》，刘海粟不是十上黄山吗？他画的黄山最多，我把古往今来画黄山的画家都一一写下来，一半写古人，一半写刘海粟画黄山。在那首诗的后面，我还开玩笑说，以前的米芾只拜石头，我说我和你不是拜石头，我们是拜黄山，所以希望你能画一幅"双痴拜山图"作为纪念①。我是从诗的角度写的，并不是真要他画画。

---

① 《黄山歌》一九八二年八月十三日金陵赴宿州车中口占："我梦黄山五十年。黄山梦我亦当然。画图几识春风面，文字曾参笔底禅。 我昔曾见梅瞿山。遗貌取神弃俗眼。 嶙峋突兀清到骨，秀出天外两峰间。 古松蟠屈如卧龙，欲待云雨飞上天。 此老精神元不死，妙笔长留后人参。 又有山僧名石涛，元气淋漓笔如椽。 纵横捭阖不可挡，变幻莫测如云烟。 我昔见其山水幛，悬之壁间气森然。 此画至今不能忘，闭目如对山人颜。 又复见其汤池图，吟诗欲上莲峰巅。 此翁一去五百载，巨名长令后人怜。近代画黄欲数谁，举世皆知黄黄山。 宾老用笔如锥沙，瘦硬干枯透纸背。 墨色黝然深且秀，此境得之晨夕间。 世人看山取皮毛，欲赏黄画难更难。 岂知山灵现神处，正在雨后夕照清风明月间。 虹叟看山九十载，得此真意诚难哉。 可惜世人都不识，令人千载发浩叹。 当今画黄谁第一，毗陵老人刘海粟。 九上黄山气如虹。巨笔扫出天都峰。泼墨泼彩皆随意，笔墨已同造化工。 最难风雨雷电日，此老竟在最高峰。 铺纸挥毫和雨点，烟云飞入画图中。 忽见虬龙欲腾去，却是海老走笔泼墨所画之古松。 我对此老钦且佩，纵横今古无与对。千年育秀谁之功，自是黄山七十二奇峰。我今游黄第五回，冒雨直上鲫鱼背。天公怜我痴且顽，顿开笑颜扫阴霾。 莲峰露出半面妆，耕耘、玉屏肃相待。 四顾茫茫皆云海，忽然身在飘渺间。 次日复登莲花峰，极目欲尽东海东。苍山万重皆锦绣，青天削出瘦芙蓉。 游山归过桃源亭。忽逢海翁作烟云。 清风故人不

后来隔了一段时间，海老又画了一幅葡萄送给我，题了诗句，我记得是"骇倒白阳，笑倒青藤，唯有其庸，不骇不笑"。这幅画我一直留着。

有一次他说，一定要到我的瓜饭楼来看望我。那个时候我住在张自忠路五层楼上，也就是瓜饭楼。我就跟他说，你不要来，我住在五层楼上，你爬五层楼太累了。他夫人还有旁边几个人都说，你不要上去了。他说，我黄山都上去了，还上不了五层楼？一定要去。我觉得快要一百岁的人怎么能让他爬五层楼，当时也没有电梯，后来，我们想了一个办法，就约在恭王府见面，我说我那里有画室，你高兴要画画，在那里可以随便就画，我自己的画，也挂在恭王府我的办公室里，我也不用再找了，你去了就可以看到。后来他就同意了，就约好了在恭王府我的办公室见面。

恰好那一天，李鹏请他吃饭。我事先都不知道。海老先告诉李鹏，我不去了，我已经跟冯先生约好，我要到冯先生办公室去看望冯先生。后来别人告诉海老，说菜都给你定好了，宴席都准备好了，怎么能不去呢？后来他夫人也劝他，总理宴请你，你不能不去啊。他说，我也不能不到冯先生那里去，跟他约定好的，我怎么能够不履行自己的诺言呢？而且我也非常想去看看冯先生的画和他的办公室，你把宴会推迟两个小时，让我先到恭王府见了冯先生我再去。这个我都不知道。

他到我的画室以后，有说有笑高兴得很。看了我的画室里挂的画称赞说这是真正的文人画。他说，画自己会说话，不用别人去宣传，所以你的作品挂起来，是好是坏，别人说没用，画自己会给读者讲话的，他说你的画就是真正的文人画。我不断地看到旁边的人催他，说车到了。我也不明白，我以为他女儿要接他去吃饭，因为他有个女儿在北京。我只看到海老老是摆手，我也不明白，我也没有问，也没有在意。我和海老兴致勃勃地坐在我办公室聊天，讲字画。

期遇，相视而笑莫逆心。海翁命我题新图。挥毫我亦胆气粗。题罢掷笔仰天笑，世间痴人翁与我。千载此会难再得。惟恐天风海雨吹去无踪迹。归来濡墨不暇思。走笔吟此黄山诗。忆昔米颠只拜石，我与海老却拜山。愿乞海翁如椽笔，画取双痴拜山图，留此惊世骇俗之奇迹。"

后来别人说，车开到我的办公室外面的那个二进院子里了。夏师母跟我说，海老还有事，咱们今天就到此结束吧。我说，好好，老先生太劳累了，我以为他女儿催他回去休息，吃饭呢。我就送他出来，走出我的办公室，走到院子里，夏师母就送给我一卷纸。我看到他上了一辆很大的、很高级的车，我也不知道是李鹏派来接他的车。

等到车开走以后，有几个跟着海老的没有去，因为李鹏只是宴请海老夫妇两个人，其他的人就没有去。留下来的人告诉我说，李鹏总理请他吃饭，他叫李鹏推迟两小时，后来又叫他，干脆你把车开到恭王府来接我，所以车开到这儿了。我才知道原来是李鹏请他吃饭。

夏师母给我的一卷纸，是一幅字，写的是"瓜饭楼"，海老给我写的匾。我看了当然很高兴。

有一次，我们一起在劳动人民文化宫的露天剧场看戏。海老特别喜欢京戏，我也喜欢京戏，我们那次看的是李小春的《闹天宫》。忽然下起雨来了，周围旁边有些人碰到下雨就走了，开始雨还不大，台上还在演。大家劝海老说，走吧，你年龄大了，不要淋雨了。海老说，只要台上还演，我就不走。我们大家就陪着他坐着。后来雨越来越大，台上没办法演了，台上告诉大家不能再演了，大家请回吧。海老这才站起来，我们到了宾馆，他外头一层衣服全湿了，赶快把他衣服脱下来，给他换上衣服。他就是这样一个豪情，而且又重情的人。

他诗写得很好，词也填得很好。他画上的诗词，有时候是我一个朋友江辛眉帮他题。有时候他画好了，说，你帮我题吧，他是相信朋友。

有一次我去黄山，听说海老也到了黄山了，住在小白楼宾馆，我就和几个安徽的朋友到小白楼找他。他意外地看到我去了，高兴得不得了。他留我多住两天，他说，我要上山画画，咱们一起上山吧。我说，我已经来了几天了，已经定好明天的车了，另外我还要上课，还有其他工作，不能像你那样，随便可以停留。他说，太可惜了，你打个电话回去，推迟几天。我想想也不好，不好随意推迟，因为课程摆在那里了，所以我说我还是要走了。

当时黄山管理局局长给我安排的车,第二天我们准备走了,没有想到那辆车开了没有多久就坏了,开了一小段,还没出黄山。那个时候也很困难,不是随便就能换一个车的,当天就走不成了。我说那我们还是上山去看看,否则白浪费一天。那个时候身体很好,都是用脚走的。结果走到桃源亭,刚好海老在亭子里画画,一看我去了,他就笑了,我说你走不成吧,你看,你还是回来了。我说,车坏了,也没有办法了。他说,你坐下来,我刚画好的画,你给我题。我就在桃源亭给他题了两幅画,他在旁边很高兴,连忙拍了照片,这个照片现在还保留着。这是一次难得的在黄山跟他聚会。

他第十次上黄山的时候,让我跟他一起去。但是我当时在艺术研究院,我不是想出去玩儿就可以出去玩儿的。我就电话里跟海老说,我不好以这个理由去请假,我还是祝贺你十上黄山回来,再开一次画展。后来他真的十上黄山回来以后,开了一次画展,我给他题了几首诗,在我的诗集里都有。

前前后后跟海老的交往,从1976年"四人帮"垮台开始,一直到他去世,前后快有二十年了。我到他香港住的地方也去过几次,他每次到北京总会要跟我联系,总会要跟我在一起。

海老还特别跟我说,朋友交往,要多想人家的好的地方,不要去计较别人对你不好的地方。别人一跟他提他跟徐悲鸿的关系的问题,他都教人家,这是过去的事了,不要再提了,不要去埋怨人家,已经过去了,不要再提了。他就是一再讲,对别人要多记人家好处,不要去记人家对自己不好的地方。

我自己确实深深感觉到,我跟他一二十年的交往,从来没有听到他说一句别人的不好的话,背后批评别人的话从来没有,都是满腔热情地对待别人,也满腔热情地对待生活。

海老的一生,是战斗的一生,是创造的一生,他的艺术,会与历史同寿。

三

我与百五寿星朱屺瞻老画家

我最早听到朱屺瞻老画家的名字，记得是1969年或者是1970年。那时我在江西余江干校，每年有一个月的探亲假。我从江西回北京时，途经上海，每到上海，我总是要去看望老友，园林艺术设计专家陈从周兄。有一次我看望他后，临别时他对我说，上海还有一位老画家，叫朱屺瞻，绘画高迈奇古，迥出时人，兄不可不识。从此我就一直记住了这个名字，希望有机会拜识。

1976年下半年，我的邻居石门老人张正宇先生病重。张老是一位艺术的绝世奇才。尹光华兄特地从无锡赶来照顾张老。他随身带来一幅兰竹长卷，是屺老送给他的。他要我题这幅长卷。我展卷一看，大为吃惊，屺老的用笔，纵横离披，如疾风暴雨、惊涛骇浪，真是令人赞叹不已。以前我只听从周兄说，现在我看到了真迹了。光华要我作题，我就为他题了一首长诗，题为《屺瞻老人兰石歌》，诗云："平生倾倒济道人。画石画兰皆入神。嶙峋骨突随意写，离披纵横得其真。此翁一去五百载，寂寞空山秋复春。昨夜尹君持缣来，谓是屺堂新墨本。开卷瑟瑟清风起，满室生香气氤氲。兰叶葳蕤自生光，磐磐巨石遗混沌。我谓尹君君知否，此是珍物慎勿损。当年灵均楚泽畔，亦曾滋兰之九畹。一从沉沦湘水后，遗踪千载竟潜遒。今君得此真不易，屺翁巨笔费搜寻。君闻此言重再拜，掩卷犹觉郁森森。我对此图长太息，欲求生绡十万尺。拜上天南屺瞻叟，画取湘江兰竹石。"光华回去后，屺老看到了这首诗，也很高兴。我们虽还未见面，却从此神交了。

1977年9月，屺老应北京的邀请，来为人民大会堂、北京机场作画。同来的还有上海名画家唐云、谢稚柳、陈佩秋、陈秋草等人。屺老是由他儿子人和陪同前来的，到京后，住北京饭店4062号房间。但屺老来京，事先我不知道，有一天却忽然接到屺老从北京饭店寄来一封信，告诉我他已到北京，住北京饭店，本星期天要来看我。我接到信后，大喜过望。那天是星期四，我立即给屺老打了一个电话，我说，你是老前辈，怎能来看我？今天下午我就去看你。他一听我下午就能去看他，特别高兴。下午，我到了北京饭店，找到了屺老的房间，见面之后，大家高兴极了，因为多年的想望，终于一朝见面了。我们畅谈了约两个小时，临别时，屺老拿出一幅《梅竹图》长卷嘱我作题，我为题云："梅花竹里无人见，一夜吹香过石桥。此姜白石词境，予于屺老画卷中得之。此卷画于卅年前，维时寇氛尚炽，神州陆沉，屺老画此，冰心亮节，讽世之意存焉。予于屺老，倾倒已数十年。曩予居梁溪，不得师事白石翁，长以为恨，今屺老八十六岁高龄来京华，予幸得拜识，欲为门墙桃李，屺老其许之乎？屺老画笔，纵横超迈，清逸古拙，卓然于世，与古贤相接，此人所共识者也。其庸冯迟拜读于瓜饭楼中。"

此后数日，我陪同赵朴初先生拜望朱屺老，相谈甚欢，还陪同屺老到后海拜望张伯驹老，两老相见，分外高兴。从张伯驹老家出来，即顺道看恭王府后花园，屺老极赏后花园的一道土岗，以为古拙有气势。花园最后的一座假山，以为是明清之际的建筑，非后来所能模拟。屺老的这个见解，正好与我的老友园林专家陈从周的见解相合。于此也可见屺老的鉴古眼力。之后又拜访了周汝昌，周汝昌报之以诗曰："八十六龄老画师。丈寻长卷最雄奇。相逢一席无凡语，话到名园始创时。"

后来又游潭柘寺，一路野花盛放，归后作花卉册赠奚小彭。9月20日，我又陪同纪老到西城白塔寺请雕塑家郑可先生为纪老作浮雕,郑可是著名雕塑家,我们先后去了两次,才完成了纪老的浮雕像。

同月29日,我陪同纪老和纪老的儿子人和同游八达岭。想不到纪老竟能直上八达岭第二烽火台。两旁游人,见此鹤发童颜之老人,竟能到此高处,皆赞为"神仙中人"。此时正是秋光正浓的季节,举目四顾,群山起伏,而满山红叶,秋色绮丽,处处都是画境,纪老对此风光,留恋几不忍别,直到下午3时始下岭。之后,又去香山正白旗访曹雪芹遗迹,又到白家疃看怡亲王祠。祠旁有一座小石桥,桥西传为曹雪芹住处。今仍存一排简陋的民居,但已非乾隆时之建筑。

此行,纪老先后为我作《兰石图》《瓜饭图》。10月6日,我去看纪老,恰好碰到著名作家冰心女士和她丈夫吴文藻来看纪老。纪老为我做了介绍。我还没有来得及说话。不想冰心竟说:"你就是冯其庸,见到你太高兴了,我读了你许多文章,太好了。"我连忙说:"你是老前辈,我从中学就读你的文章——《寄小读者》。我是读你的文章长大的。"冰心说:"你太客气了。"我说:"这完全是事实。"这次意外的相遇,增加了许多热烈的气氛。等冰心、吴文藻告别后,纪老又铺纸为我作四尺整幅《兰石图》,以为赠别。因为他后天就要回上海了。

这一次在北京停留的时间较长,跑的地方也多,见的人也多。后来我知道纪老又去了一次八达岭,又到了八达岭高处。这是令人难以想象的。

1979年7月,纪老又受聘来北京,为人民大会堂作巨幅《红梅图》,又为颐和园藻鉴堂作《秋兴图》《葡萄图》等。此次纪老与夫人陈瑞君同来,仍住北京饭店。此次纪老来,我不知道。7月22日,我去游避暑山庄,恰好纪老偕夫人也去游避暑山庄,住避暑山庄宾馆。我也住在避暑山庄宾馆。我们在客地相逢,备感高兴。

回京后,我又陪同纪老去访张伯驹,恰好张老外出了,未遇;又访夏承焘先生,晤谈甚欢;再访赵朴初老,朴老拿出端砚数方请纪老鉴定。下午访李一氓老,晤谈半小时告别。此次又为我作《黄叶村著书图》,因上次我陪同他去香山和白家疃寻访曹雪芹遗迹,印象极深,故为作此图。纪老告诉我，这是他满意之作。

1980年6月我去美国参加首届国际《红楼梦》研讨会，请屺老作一小幅，以为贺礼。屺老满口答应，并说你不要管大幅小幅了，反正给你画就是了。不想过了几天，屺老为我画了四尺整幅《藤花图》，并题："首夏清和新雨晴，溪头花下有香生。一九八零年四月中旬，画奉首届《红楼梦》国际研讨会，上海梅花草堂主人屺瞻年八十九。"这幅画我带到了美国，在会场上展出，轰动了前去开会的世界各国的专家。

1983年，屺老以九十二岁的高龄，偕夫人陈瑞君，应美国旧金山市政府之邀，参加即将举行之国际机场开幕典礼。屺老为作丈二巨幅《葡萄图》高悬于机场大厅，所有到会的宾客无不为之震动。屺老这次访美，震动了美国的文化界、艺术界。

我当时因事常去上海，去上海总住延安饭店。因为从延安饭店后门，可以直到屺老家里，只需几分钟的时间。有时屺老也来看我。屺老还为我画过两个长卷，一个是泼墨《兰竹》，有两米四长，屺老题曰"激楚回风"，从这个题句，就可以感到这幅画纵横捭阖、满纸激情的气势。屺老告诉我，为画这幅画，他请四个年轻人磨墨，等墨磨够后，然后挥毫泼墨。这幅长卷，人人看了赞叹，觉得这是一件绝世重宝。屺老另外为我作的一件横幅长卷，是重写他到北京香山正白旗和白家疃的感悟，与以前给我画的《黄叶村著书图》意境和用笔又不一样，也是一件不朽之作。

1995年，屺老已经一百零四岁，还举办画展。我特地赶到上海去祝贺，并为画展题诗。其一曰："风雨纵横百五春，沧桑阅尽眼更新。江山万古如椽笔，卓立乾坤第一人。"其二曰："移山有腕笔生花，四海烟岚聚一家。画到匡庐飞白玉，无边清气满中华。"当天的展览十分热闹，到会的观众也是人山人海，屺老还在搭好的露天高台上讲话，晚上还为前来祝贺的嘉宾每桌敬酒。我感到屺老太辛苦了。画展当然是十分成功，无不赞叹。我参加了开幕式，看了展出的屺老的杰作。第二天我回来了，因怕留在上海，增加屺老的疲劳。

没有想到1996年4月20日上午8时，屺老在华东医院去世了。享年一百零五岁。消息传来，我十分悲痛，随即写了两首挽诗，其一曰："悲音海上动九州，举世人伤失杞侯。画笔曾惊天地外，胸怀淡泊似素秋。耆年百五人间少，玉轴千秋策府稠。最是长城城上望，江山万古笔端收。"其二曰："画史长年第一人，纷披彩笔泣鬼神。江山有待翁生色，天地无翁不氤氲。百草千花为翁发，群岩众壑为翁鸣。骑鲸今日归去也，留得千秋万岁名。"

回顾杞老的一生，他对艺术的贡献，他对国家的贡献，他永远是载入史册、令人怀念的人物。

四

我与紫砂大师顾景洲[①]、高海庚、周桂珍和徐秀棠

紫砂壶是我们国家的传统艺术。从明代开始，文人就重视紫砂茶壶了。

因为在唐宋时候，喝茶跟现在完全不一样。唐代的人怎么喝茶，我们现在还很难具体地说。宋代的人喝茶，在《水浒传》里有些具体的描写，西门庆到王婆的茶馆里喝茶，叫点茶，它那种茶不是我们现在的这种茶，它是几种调料合成以后喝的，带味道的，所以它有各式各样的茶。宋代也留下来《斗茶图》，就是茶的比赛，斗茶，看样子又是另外一种喝茶方式了。从黄山谷、苏东坡写的诗来看，近乎现代冲的清茶。

黄庭坚《双井茶送子瞻》："人间风日不到处，天上玉堂森宝书。想见东坡旧居士，挥毫百斛泻明珠。我家江南摘云腴，落硙霏霏雪不如。为君唤起黄州梦，独载扁舟向五湖。"苏东坡《黄鲁直以诗馈双井茶次韵为谢》："江夏无双种奇茗，汝阴六一夸新书。磨成不敢付僮仆，自看雪汤生玑珠。列仙之儒瘠不腴，只有病渴同相如。明年我欲东南去，画舫何妨宿太湖。"

[①] 顾景洲的"洲"字，"文革"前用"洲"，"文革"后用"舟"。

可见当时喝茶是先把茶叶磨碎，然后用水煮。评比的标准是茶杯里面上的水泡多少，以多为胜。所以东坡诗说"白看雪汤生玑珠"。

宋代有名的茶碗好多都是黑颜色的，你就觉得不可理解，碧绿的茶水倒在黑颜色的茶碗里，怎么能够看得出来？当时这种黑颜色的茶碗，它盛的茶本身也带颜色，加了许多别的调料，像牛奶，它需要黑颜色来陪衬。现在冲清茶的时候需要白瓷碗，或者淡青的瓷碗，这样才显得好看。

用开水泡茶叶的做法真正盛行是明代以后了。文人讲究喝茶，讲究好的茶叶、好的泉水、好的茶具。泉水不能烧到十分开，用当时的形容词来讲，像风过松树的声音，"呼噜呼噜"，听到有松声就可以了。这样的水拿来冲茶，才能恰到好处。为什么呢？因为绿茶的叶子很嫩，太烫的水，就把叶子烫老了，嫩的味道就没有了。

由于讲究喝茶，就讲究茶壶。紫砂壶有一种透气性和严密性，它不漏水，但是它透气。为什么传说紫砂壶泡了茶不馊，就是因为它透气。事实上，也不是完全不馊，如果你搁好多天，当然都馊了，只搁一夜不会馊。再加上更重要的一个因素，紫砂壶后来经过文人的品题，把书法绘画结合到紫砂壶上了，它往往是名家制作，名家题字或者名家画的画刻在上面，就形成紫砂的一种特殊文化。所以一把紫砂壶卖得很贵。

小时候，我家距离宜兴很近，当时宜兴的紫砂厂在无锡火车站附近有一个店面，宜兴的紫砂壶经常拿到无锡来卖。我当时有一个刻图章的朋友，叫高石农，他也喜欢紫砂，也给紫砂的专家顾景洲刻过图章。有时候我们两个人一起到火车站旁边那个紫砂店里去看看紫砂壶。我就是在那里认识顾景洲的，他不常来，那次碰巧遇到了。那个时候紫砂壶不算太贵，普通老百姓买一把，还是可以的。

20世纪50年代，我有一次到宜兴去，买了一把茶壶。那时候还是合作社时期，壶上都不准署个人的名字，一有个人名字就是个人主义啊什么都来了，所以都是署某某合作社。我买了一把合作社的紫砂茶壶，拿回来用，用了很长时间。我隔壁的紫砂大师周桂珍，看到我这把茶壶非常欣赏，说这把壶虽然没有署名字，但肯定是名家做的，否则不会那么好。这是1949

年以后合作社时期的作品。

因为高石农的原因，我跟顾景洲先生从20世纪50年代起就熟识了。顾老当时已经是做壶的第一把手了，在宜兴紫砂厂里，他是最权威的。

顾景洲先生的工艺水平那是真高。他眼睛也很好，顾景洲先生到八十多岁眼睛还非常好，不用戴眼镜，就能看到很小的字。我跟他交往时间长了，他教我每天用盐擦眼睛。他说，开始的时候，你用盐擦眼睛，很疼，所以先用盐水擦，盐水擦了一段时间，你眼睛可以接受盐水了，再蘸着盐末擦眼睛。这样会保护你眼睛，眼睛会一直很好。因为顾景洲先生做茶壶，最关键的除了手以外，就是眼睛。他一辈子一直这样做，保持眼力。他到去世前，看小字都不用戴眼镜。

我经常到宜兴紫砂厂去，顾景洲先生单独有个工作室。周桂珍同志也有一个工作室，还有她的丈夫高海庚也有一个工作室，他还是宜兴紫砂厂的厂长。我去了以后他们就请我在紫砂壶上写字，我也有兴趣，一把茶壶拿在手里，拿着毛笔就在上面题诗、画画。所以我跟顾景洲先生、周桂珍、高海庚、徐秀棠，还有蒋蓉都很熟。徐秀棠他是紫砂雕塑人物的大师。

顾景洲的壶为什么被人那么重视，现在他的一把壶拍到一千多万了。第一，他不失传统；第二，他做得精细、有灵气。他一年一般只做三把壶四把壶。他晚年说一定要给我做一把壶，我感觉到他一年才做三把到四把壶，我怎么能去占有他这样的时间。所以我们尽管是好朋友，互相欣赏，但是我都劝他，你不要为我做壶，我看看就行了。

结果他去世前，他就说，我一直没有给冯先生做壶，他再怎么不要，我也要给他做一把。他做壶，他的习惯，做好了，要看几个月，放在一个缸里看着。他就告诉高振宇说，这是给冯先生做的。但不幸，他没有多久就得病了，开始也没有觉得有什么大问题，拖来拖去没有注意治，后来感觉不行了，送南京没有来得及，就去世了。

现在基本上老一辈的都没有了，顾景洲先生不在了，蒋蓉也不在了。高海庚去世得更早，他夫人周桂珍搬到北京来了，就在我隔壁。所以我也不到宜兴去了，以前我常去。我跟宜兴紫砂厂许多老一辈都结成很亲密的朋友。一去就被他们围住了，有时候几乎整天坐在工作室里给他们写茶壶，一个人写好多把。都是他们拿了茶壶来请我写，写了以后，有时候徐秀棠刻，有时候另外一个人刻。他们烧好了，刻好以后，总归要给我送一把。我当时也没有特别在意，别的朋友看见喜欢要呢，他们就拿去了。

还有一位汪寅仙，我那里有一个水盂，是她做了以后送给我的。前两天沈阳的一个朋友来看到，他说，你把这样珍贵的水盂放在这儿，随便不小心人家拿走了就可惜了。

顾景洲也经常到北京来，我城里的家他去过好几次。他最得意的徒弟叫高海庚，是周桂珍的丈夫。高海庚的艺术真好，所以顾老亲自当着高海庚的面在张自忠路给我嘱咐的，他说，我的传人就是高海庚，没有其他的人，只有海庚能领会我的创作意图，得到我的技法。当时周桂珍也跟着顾老学，那个时候周桂珍就能做壶，但是她家务事多，她就不太做壶，因为顾老收了她的丈夫做徒弟，也没有考虑别的。结果没有想到高海庚突如其来去世了，高海庚一去世，她非常痛苦，家庭怎么办？那个时候高振宇还是小孩子。

开始我还不知道，我到无锡，到了无锡人家请我吃饭，问我，你明天到哪儿去？我说当然到宜兴去，他说，你到宜兴去找谁？我说当然去找海庚，他说高海庚早不在了，你怎么不知道？我说我不知道。他说，去世已经快要一年了。那我说我更得去了。我到了宜兴以后，到他家里找了周桂珍。周桂珍对着我就哭，说没有想到，意外地突如其来心脏病，没有能够救得过来，伤心得也没有告诉你。现在，她觉得毫无办法，孩子还小，一个女儿在南京，儿子就是高振宇，今后怎么办？

因为我看过她做的壶，高海庚把她做的壶送给我一把，高海庚自己做的壶也送给我一把，我才知道她做壶的水平非常高。我就跟她说，你只有靠自己来解决自己的困难，我说你的壶艺水平这么高，你继承海庚的事业，你把紫砂壶这个事情做起来。她想想也只好这样。

我说，你做的壶我都给你题，另外我把我自己"瓜饭楼"的图章，专门给她留下来。我说，你这个壶底下盖"瓜饭楼"的图章，或者你的图章和我的图章盖在一起,这样便于卖壶。我一题字,一盖图章,确实卖得很好。她本来工艺水平很高,慢慢地她自己就卖开来了,我也不太去了,不用我题了。现在有我和周桂珍两个人共同的图章的壶也成了最早的文物了。

我最近还弄丢了一把特别好的壶,就是周桂珍做的。这把紫砂壶做好了以后,她特别满意,她在壶底里刻了她自己的名字,别人不注意,不知道壶底里有名字。我在楼上书房里,一直用着。有一次,我泡满了一壶茶,隔了一会儿,我拿起壶盖,想看看壶里的茶,不想一提起壶盖,整个茶壶都提起来了。我惊喜得不得了,因为这是古人评壶的最高标准。我还有一把曼生壶,也是提起壶盖就能把整个茶壶提起来,这说明周桂珍的壶艺,已到了古人的最高标准。

我那个桌子上堆的东西太多了,有时候泡茶用它,有时候不用,看看。结果有一次要清理桌子,却发现这把壶已经没有了,找不着了,找到现在,一年多了,影踪也没有,可能是被人拿走了。

我把这把壶提起壶盖就能把整壶茶提起来的情况告诉周桂珍。她说她不知道这个情况,她只是认真地做,一丝不苟,做完了就交给别人了,所以自己不知道使用的这种情况。

日本香港都喜欢她的茶壶,所以很快她的茶壶就风行天下,她儿子高振宇的茶壶,还有她媳妇徐徐的茶壶都已经很出名了。

我在紫砂壶上题字,都是一只手拿茶壶,一只手拿了笔就在壶上写。有一个好处,可以随时调整行款,因为句子是我自己脑子里想出来的,这地方空间不多了,你就减少两个字,句子照样通,这地方很宽,你再想一句,加一句,行款很自然就均匀了,好看了。所以我每次去都是拿着就写。别人要在紫砂壶上写东西,都得先写在纸上,再翻拓上去,那总归是差得多了,而且行款难以掌握。题几个字,还可以得体,如果要做长题,那就困难了。

有一次我到周桂珍的工作室去,三把大型的提梁壶刚做完,放在那儿。刚好顾景洲先生过来了,他随便一看这个茶壶。他跟周桂珍说,你做完了吗?周桂珍说做完了,顾景洲先生就问,你量了口沿没有?周桂珍说已经量了，用量卡量的。顾景洲先生说，你试试我的眼睛，再量一次，就叫两个学生来，拿了量卡，再量，就差那么一根头发丝，不在一个水平面上。所以顾景洲了不起，一个是工艺的欣赏水平，一个是创作能力。手的本领要好，还有一个是眼睛，眼睛不好，很难做到这个水平。那个时候顾老身体很健，所以一听我来了，就过来看我，有时候我到他的工作室跟他聊天，他的徒弟我都熟。说这些话也有几十年前了，顾老去世也已经十多年了。现在就是周桂珍了。

现在周桂珍做的壶是越做越好了，她也是严格的，不让任何一个人掺和的，都是自己一个人完成的。周桂珍目前是做紫砂壶的第一把手了。我们也是几十年的交往了，他们现在住在我隔壁，有时候她做好茶壶，就拿来，请我给她题字。还有她儿子高振宇做的茶壶也拿来让我给他写字，那是很方便。有的人买周桂珍的茶壶还特别指名一定要我题字。

周桂珍的儿子高振宇在日本学陶瓷，走以前也是会做紫砂壶的，回来以后，我是艺术研究院副院长，因为他属于艺术范围，我就建议他到我们艺术研究院来，成立一个陶瓷研究室，所以高振宇到了艺术研究院。

有一次我开画展，为了要送送客人、朋友，我就跟徐秀棠商量，我说，要做石瓢。石瓢那个样子很古典、很好。他说，现在做石瓢已经没有人了，厂里没有人了，他就从退休的专做石瓢的老工人中找了一位，给我做了200把壶，做得真好，泥色也好。上面的题字，刘海粟题了一部分，我题了一部分。刘海粟题在纸上，请他们翻上去。我是到宜兴，每把壶都自己写上去。展览会结束以后，也就送得差不多了。

徐秀棠是特别擅长塑人物、塑佛像，他平时也做壶，还有其他紫砂艺术，他样样都能、样样都精。他是一位难得的紫砂全才。

紫砂是属于一门专门的工艺，是一门很有文化深度的艺术，不是一种简单的工艺品，既是实用的，也是有很多文化素质包含在里头的。

紫砂壶有自己造型的规范，它继承了我们先秦以来的青铜器造型，但是并不是青铜器所有的造型都能够用到紫砂壶上，只是一部分可以用。紫砂壶的另外一个传统是跟我们早期的陶瓷器密切相关。紫砂壶有传统的玉器、传统的青铜器、传统的陶器瓷器作为它的传承，作为它的依傍，它不超出这个范围，同时又经常有新的意思出来。

　　紫砂壶，确实你要做到位太难了，难就难在掌握这些线条和造型的既规范又美观。不同的人做同样造型的一把壶放在那儿，艺术效果就不一样。现在周桂珍已是紫砂壶的双大师了。艺术就是靠这些，所以紫砂的出入太大了。

五

我与武侠小说大家金庸

我跟金庸不是开始就认识的。我上中学的时候,认识一位老师,他是金庸的哥哥,叫查铮弘。

当时我在无锡省立工业专科学校读高中一年级,回来听别人说,青城中学请了一个姓查的老师,讲课很好。我听说这个信息,就专门去听课了。听完课,我觉得他讲得确实很好,知识面也很广,就很自然地跟他熟识了。他一接触我,觉得虽然我那时候才高中一年级,但是知识面也很广,兴趣也浓厚,就邀请我到他前洲镇住的地方去。我就经常去看望他,跟他也非常投合,文史哲各方面,我们无所不谈。

他是一拿到工资以后,就请客吃饭,大家都来,不到月末,钱就用光了,再想法子借钱,我也不断地帮他忙。我们处得很好。有一次他忽然跟我说,你喜欢看武侠小说吗?我说我喜欢看,他说,那让我弟弟给你寄点小说看看,我说你弟弟是谁啊?他说,我弟弟就是金庸,是亲弟弟。那个时候跟香港联系,不是很容易的,我当时也没有想到去要金庸的小说看,但是,当时就提到这件事情了。

查铮弘先生教了几年以后,就不再继续教了,可能人事上的关系不是很协调。他就回到海宁老家去了,就没有再回青城中学。这个时候也是接近解放了。

后来他给我写了一封信,他说,在前洲镇他住的那个地方,还有好多东西没有收拾,他也没有办法来拿。他想让我帮忙给他送到海宁去。他给我两个地址,上海有他一个亲戚,可以放他的东西,如果我去不了海宁,就送到上海也可以。我当时很热心,也很仗义。我就把他的东西打成一个担子,挑着担子上火车去上海。

我那个时候一直在农村种地,当时也很困难,我也没有钱。如果要送到海宁去还要花一笔钱,我没有能力,我就想把查铮弘先生的东西送到上海他的亲戚家。

到了上海,下了火车,我挑着担子,找到查先生的那个亲戚家。告诉他的亲戚,查铮弘要我送的东西,他告诉我可以寄放在你这里。结果他那个亲戚不愿意,不接受。当场我就批评他,我说,我跟查铮弘没有任何亲戚关系,仅仅是朋友关系,我从无锡挑了担子给你送到上海,你寄放一下,让他来拿都不行?这几个包裹也占不了你多少地方,你说得过去吗?被我批评了一通,那个人算接受下来了,我就回家了。后来查铮弘写信告诉我,这个亲戚也不是很热心的,后来他去上海亲戚家把东西拿回去了。这个时候还没有跟金庸有什么关系。

1950年我刚到无锡第一女中教书,突如其来,金庸的哥哥写封信来告诉我,他父亲是当地的大地主,被镇压了。但是他本人不受影响,为什么呢?他一直不在家,跟家庭没有多大的关系。当地的组织处理事情,还是比较讲道理。他的家庭财产都充公了,生存不下去了,想要我帮忙。我当时也是热心肠,我说,你自己先来,说一说情况,然后我找朋友想法子给你安顿好了,你再把全家带过来。

当时他就来找我了。我一看他,很憔悴,瘦得很,衣服也不像样了。他原来穿的服装很整齐,仪表也很好,是很文雅的读书人的样子。一看他这个样子,我也很同情他。我当时还写了一首诗。我就给他回去的费用。我说,你现在不能留下来,你先回去,我这里给你落实了,你全家再过来。他就先回去了。

我找到了我无锡国专时候的老师冯励青先生。他当时是无锡国专最年轻的老师，讲文化史，我也听过他的课。他实际上是无锡国专地下党的负责人，一直参加革命，而且人也是非常诚恳、朴实。我那个时候一直跟地下的外围组织有关系，他也清楚我倾向进步，搞学生运动都是我带头。当时的冯励青先生已经不在无锡国专了，他在南京的一个大学当校长。我就写信给冯先生，我说，我有这么一个朋友，能不能请你帮忙安排工作。我原原本本把查铮弘的历史，他家庭情况也都告诉冯先生了。

冯先生也是一个非常仗义的人，觉得查铮弘家里的事情已经处理完了，他本人原来一直是教书的，现在生活无着，家里几个孩子和夫人都没有办法生活。冯先生接受我的建议，他说，到我学校来，我来给他安排工作。这样落实以后，我就给金庸的哥哥查铮弘写信，我说你可以带了全家到南京去找冯励青先生。

查铮弘全家就到了南京。后来他来信告诉我情况，孩子和夫人都安顿下来了。没有想到"文化大革命"一开始，造反派就借这个问题攻击冯励青先生，说你把被镇压的人家的儿子弄来了，反正给他种种罪名，把他批斗得很厉害，最后冯先生气愤不过，就从楼上跳下来自杀了。

查铮弘当时也还在那里，他本人反而没有受多大的罪，后来他在那里也待不住了，就迁到现在江苏的六合。因为我那时候也被关起来批斗了，也不知道具体情况，这些是事后才告诉我的。冯励青先生因为他跳楼自杀，我心里实在难受，但是冯先生的家属也都很明智。"文革"以后平反的时候，冯励青先生一点问题也没有，完全是无罪的，可是"文化大革命"中把这样一位校长就批斗死了，我听到这信息的时候，非常伤心。

有一次我到扬州去，我知道查铮弘在六合，就到六合去找他。他夫人我也熟，因为他夫人原先一直在我们老家，他的几个孩子，我也都很熟。见到我，他很高兴，当时他年龄也大了。他的孩子也长大了，夫人已经去世了。大孩子叫查传统，现在江苏六合。

邓小平主持中央的工作了，在杭州接见金庸。金庸到了杭州，就要他哥哥到杭州去见面。查铮弘从六合到了杭州，见到金庸以后，查铮弘把前

十一　调任中国艺术研究院

前后后的经历，都给他弟弟讲了，嘱咐金庸，你一定要帮我谢谢冯其庸先生，我们家要不是冯其庸先生，就完全是没有了，多亏他救了我们全家。

金庸当时就给我写了一封信，说他知道了他哥哥情况，向我表示感谢。后来金庸回到香港以后，又寄来了500元钱。那个时候可能是20世纪80年代初，我记不清时间了。我拿到这500元钱，我觉得我怎么能要人家的钱。我帮助他哥哥是出于一种道义，不是为了钱，而且冯励青先生为他牺牲了，这不是钱能够表达的。所以我也没有告诉查铮弘，我就把这500元钱给他寄过去了。我说，你弟弟寄来500元钱让我转给你，你收着吧。查铮弘也不知道这钱是金庸给我的，以为是他弟弟金庸让我寄给他的，他就接受了。

从这个时候开始，我跟金庸开始通信了，他很感谢我，觉得我那么仗义。有一次他说，你简直就是我小说里的人物。刚好是1981年9月份，我去美国讲学，经过香港。金庸知道我去香港了，高兴得很，可能就是那次第一次见面的。当时他在香港名气已经非常大了，非常隆重地接待我，也向我道谢，我好像记得他送给我一部他写的小说。

我在斯坦福大学讲学的时候，斯坦福大学的图书馆有金庸的小说，斯坦福大学有一大批人都是金庸迷，都喜欢金庸的小说。我讲课之余，有空就看他的武侠小说，结果越看越着迷了，确实写得好。我高兴得不得了，在美国的半年时间，有时候通宵读他的小说。因此跟金庸更加有联系了，我们通信不少。

从香港回来以后，我和金庸也经常联系。后来，金庸得了心脏病，心脏要搭桥，动了大手术。我听到这信息以后，写了一封非常有感情的长信。手术完了，他比较平稳以后也写了一封很长的信，表示对我的感谢。

以前我们不提倡武侠小说，后来慢慢开放了，金庸的小说也就慢慢在国内有市场、有销路了，而且越来越好。我就建议，在大陆出一套金庸武侠小说的评点本。金庸同意评点，但是不希望有很多人来评，希望我一个人来评。金庸专门叫他儿子到红庙来找我，说他父亲的意思，最好由我一个人评下去，而且每评一本给我多少报酬。当时我没有同意，我说我喜欢评金庸的书，不是为了要钱，我是有兴趣，同时也觉得金庸的小说禁得起评。但是，如果是我一个人评，要评多少年？你这书就无法按计划出版了，而且我也不可能把这么多时间全都放在评金庸的小说上。金庸说，怕他们评得水平不够。我还是坚持，我说请我熟悉的老朋友来评，他们的水平都不低。

后来金庸基本上同意我的意见了，就交给文化艺术出版社出版，出版社的社长是卜键，此事由卜键来主持。由我来组织评点的人员，当时冯牧还支持这件事，可是冯牧很快就去世了，就没有参与这件事情了。社科院的王春瑜也参与了评点，他是研究明史的，文笔也好。还有卜键参与评点。有五六个人吧。我评两部，一部是《书剑恩仇录》，一部是《笑傲江湖》，评完以后，出版了，发行得很好。香港也发售，金庸全部都看了。

他就跟他儿子讲，跟别人也讲，整个的书里，冯其庸先生点评的《书剑恩仇录》和《笑傲江湖》最有文采，最契合他。他请人转告我，能不能再给他评几本？我说我实在精力时间都有限。后来中央台拍他的电视剧什么的，我都是很支持的，但不容易拍好，拍了几集，我觉得还可以。

前前后后金庸给我写的信有好几十封，现在都在，尤其他心脏病手术以后那封信，还有看到我评他的小说的信。金庸跟我同年，都是1924年的，比我小几个月。最近听说他身体还好。

六

和田青去德国

1996年我离休前,田青要带着佛教音乐队到德国去演奏。他希望有一位艺术研究院的领导带队,他提出来,希望我去。后来院里大家商量了一下,因为我主管音研所,派别的人去也不熟悉,尤其音研所的田青提出来希望我去,所以院里觉得还是我去比较合情合理。所以我就借这个机会,跟着佛教音乐队一起到了德国。

在德国马克沃勃道夫音乐学院,进行了佛教音乐的演奏。说实在话,我对音乐就是外行,佛教音乐也是外行,一点不懂。我小时候多次听过瞎子阿炳的演奏,我觉得瞎子阿炳的演奏我能听懂,能理解,其他的音乐我真的不懂,佛教音乐也一样。我只觉得声音非常和谐,听起来很自然,至于其中的奥妙,那只有他们专业的人员才懂。反正我去也不管演奏的事,我只是帮着管好这个出国的队伍。

我们的演奏很成功,也发生过一些问题。田青把散在各处的演奏比较好的人集中在一起,组成一支佛教音乐队。其中有个队员是别的单位借调来的——1996年那个时候经济也困难——这个人私自带了一些商品性的东西,到国外去卖。田青知道了,他觉得自己组织的团,有人偷偷地做买卖,将来传出去就很难听了。田青很着急,就不让这个人卖,这个人就跟田青吵翻了，坚决要回北京。田青也火了，说你走就走，这个乐队少了你，照样能够演奏。因为在德国除了这个地方的演奏以外，还有别的地方要去。这个人真是决定要走了。

我一看这个情况，我就马上找田青，我说你不能让他走，为什么呢？我说，不是说少不了他，而是说我们在这里还有很多演奏的任务要继续。因为你等于是把他开除了，他如果回到北京给你随便乱说，你也不能辩白。他回去给你胡编一些事情，给你传出去以后，你有口难辩，而且也许会产生其他的麻烦，所以你不能让他走。相反，要严格地训诫他：我们是代表国家的形象出来的，你这么做小买卖怎么行呢？你一个人做买卖，别人以为我们的队员里大家都是做买卖的。我说这个道理是所有的参与这次演奏的人员都会维护的，可以讲得很清楚，大家也会拥护。

我一说以后，田青马上就觉得，说你考虑得非常周到，我只是一时气愤，他要走，我觉得也不是少了他就做不了事，没有想到破坏的一面。

然后我就过来给这个人讲道理，田青也给他讲道理。我跟这个人也讲，你得到一点小小的利益，使整个的我们代表国家出来的这样一个演奏的队伍，大家都蒙上一个不干净的名声，怎么说得过去。后来这个人终于被说明白了，说服了。这个人也不再跟田青闹得那么僵了。这样我们在德国该去的地方都去了，完成了演奏任务，也得到了比较好的评价，平平安安回来了。

在此期间，我们的整个演奏完了，在德国还有一点停留时间，德国离法国那些国家都很近，我女儿从维也纳过来，带着我到巴黎去了一次，参观了巴黎的凯旋门啊，巴黎圣母院啊，特别是卢浮宫。

我有个好朋友陈庆浩在法国巴黎，他也喜欢研究《红楼梦》，所以我们一直有交往。去了巴黎以后，我住在陈庆浩先生家里，陈庆浩带着我去巴黎图书馆看敦煌藏卷。然后再回到德国。

七

史华慈与《浮生六记》《红楼梦》的翻译

我德国有一位老朋友，叫史华慈（Rainer Schwarz）。史华慈有两个，一个是老史华慈，一个是年轻的，这个是年轻的。他翻译中文翻译得真不错，他的中文确实好，文笔也非常流畅。他翻译《浮生六记》请我写序，我给他写了篇序。因为《浮生六记》的作者沈复，一度住在我老家附近东高山下。我们那个地方总地名叫堰桥，山西边的叫它东高山，山东边的叫它西高山。我也曾经到记载的东高山下那个地区去调查过。

《浮生六记》的作者沈复的生年，是乾隆二十八年，曹雪芹是乾隆二十七年除夕去世的。曹雪芹去世第二年，《浮生六记》的作者出生，所以容易记得住。

我也喜欢《浮生六记》，《浮生六记》的文笔实在是好，我觉得它的文笔实在不在《红楼梦》之下。好多人开始都认为我写文章是受《红楼梦》的影响。《红楼梦》我是很晚才读的。我真正受影响的是《浮生六记》，因为我那时候读的《浮生六记》虽然只剩下四记了，前面四记的文笔之美，叙事的曲折，表达人的思想感情的细腻、委婉、周到，真是很难得的。

《浮生六记》的文字雅洁而又平易，充满着生活情趣。因为它都是记载自己身边经历的，自己感情上难忘的许多事情，记什么就是什么，没有隐藏什么，而文笔呢，委婉、妥帖，让你读起来真是难忘。我小学五年级借来一部《浮生六记》，当时一读就接受了，这写得真有味道。

我除了到了东高山调查沈复住的地方以外，我还到了扬州。因为《浮生六记》有一个女主人叫陈芸，就是沈复的夫人，确实是古典女性当中令人十分难忘的一个形象。陈芸在扬州去世以后，葬在金匮山。

1975年以后，我因为校订《红楼梦》，经常要去扬州，当时扬州的地委书记叫钱承芳，是一个扬州通。他对扬州的历史文化古迹非常感兴趣，而且也多次做过调查。我就请教钱承芳，你知道金匮山吗？他说当然知道，你为什么要找金匮山？我说我知道陈芸的墓就在金匮山，他说，我也听说过。那天已经傍晚了，一时他兴致来了，马上叫司机开车，我们到金匮山。但是开到金匮山，已经黄昏了，太阳下去了，一片暮色，根本看不清楚了，只好又回来，这次没有看成。过了几年我再去，西苑宾馆的朋友告诉我，金匮山挖墓——金匮山有大批的墓地，想开成可用地——一个墓挖了一半，还没有挖下去，这个墓的棺材已经挖开了，里头有一个玉镯，上面有个"芸"字。陈芸不是有个"芸"字吗？传说她葬在金匮山。玉镯上面有个"芸"字，跟陈芸葬在金匮山的说法能够符合起来，所以就引起了我们特别的注意。熟悉《浮生六记》的朋友，也想到了这一点。

那次好像不是钱承芳带着去的，是扬州的另外一位朋友。因为赶快要去，马上找了个车就开到金匮山。我看到了这个墓，一半挖成平地，一大半还没有挖开，刚好一个角挖开了。我没有看到玉镯，说这个玉镯子已经送到市里去了，我一直没有看到。后来陈芸的墓就没有再挖下去，可能被保留下来了。当时我建议扬州市政府，这个墓不能再挖了，要保留。他们把玉镯送到市里去，市博物馆也很重视，后来是怎么样善后，我没有再知道。

史华慈先生翻译德文本的《浮生六记》，我给他写序言。我也给他讲了，有关我接触到的《浮生六记》作者的家庭的悲剧，离我家很近的东高山是他住过的地方，以及我在扬州调查的情况，他也非常感兴趣。

史华慈先生原来是德国驻中国使馆的翻译，那个时候，德国大使馆聘请他，每次有什么重要的事情，从德国到中国来，他翻译最好了，所以总是由他担任翻译。每次他从德国来，总是要到我家来看望我。我总是留他吃饭，然后我们一直聊天。我们成了好朋友，他每次来中国，一直到他工作完了回去，总会到我家来好多次。

1996年我随着佛教音乐团到德国。史华慈先生就在东德，那个时候德国已经统一了，但是东西德国的痕迹还在。东德的人，生活比较困难，西德比较优裕一些。他知道我到德国以后，他特地从东德东柏林到马克沃勃道夫找我，也有很长一段路程。

他们德国人有一个特点，做事计划非常规矩的，也可以说很死板的，今天做什么就做什么，到哪里就是哪里，用多少钱，怎么花，都是计划得好好的。我了解他的经济情况，更知道他的生活困难的情况，所以我跟他说，我到你那里，所有的费用我自己带着，不让你增加负担。他也很老实，他说完全尊重我的意见。说实在话，他也拿不出计划以外的钱，来安排我的事情。我们都互相理解，互相明白。

他来接我到了东德，我就住他家的一间房子里，他夫人搬到别墅去了。他们都是这样的，另外还有别墅，你看他生活很困难，但是生活非常讲究。然后陪着我到柏林的博物馆、图书馆。有一次我到柏林去参观博物馆，看到一大批被他们从吐鲁番抢去的出土文物，现在我们吐鲁番没有很高大的佛像了，他那里有很高大的佛像，都是从中国吐鲁番拿去的。

德国国家图书馆里还有很多抄写的经卷，这也是史华慈先生告诉我的。我要求去看，结果他们不开放。史华慈毕竟是德国人，还是大家知道的一位翻译家，史华慈去跟他们讲，讲我的情况，希望他们能够照顾我这个情况，让我看，对方同意了，由史华慈陪同，看了几个库房。那些经卷是从吐鲁番拿去的。我没有时间来专门研究它，我就是从书法的角度看看。打开来，许多经卷都保存得非常完整，装裱得一卷卷的，都是唐宋的装裱啊，太难得了。

我匆匆忙忙看，还不让拍照。这个史华慈先生实在是很老实很诚恳，说规定不让拍照，就不拍照，他劝我也不要拍照。我说你好好跟他们解释，我难得来一次，看到有中国的文物，拍一张照留个纪念。这个也不是他们德国自己的东西,没有任何机密。后来他想想也有道理,我也不可能再来德国,再来看这些东西,所以他就跟图书馆的领导把这意思说了,图书馆领导也算是基本上理解了,就让我们拍了几张照片。因为不是我拍,是别人帮着拍的,陪同的图书馆的人员拍的,拍得不理想,都模模糊糊。因为到那里去不准带相机的,我也没有办法。

等到看完了,上来呢,我跟他们图书馆馆长见面,我就告诉他,你们哪一卷哪一卷——我记得住那些卷的号码——从书法的角度来讲,是非常了不起的。我到法国的巴黎也看了敦煌的经卷,那些经卷里,从书法的角度看,我说我没有看到像你们藏的那么好的。他一听高兴得不得了,他说,那你能不能多住两天,帮我们整个看一看。我说,不行,明天我就要乘飞机回去了,以后有机会再来吧。因为超出我的计划范围了,我要从柏林赶回我住的地方,所以没有能再帮他们看其他的经卷。

史华慈先生翻译《红楼梦》有好多年了,长期的接触过程,慢慢地交往越来越多。第一次他到研究院去找我,从德国大使馆出发到了研究院。因为我那时候是红学会会长,同时也是《红楼梦学刊》主编,中国艺术研究院副院长,所以他专门到北京来看望我。他说他正在翻译德文本的《红楼梦》,他告诉我前人的翻译,很多不理想,也不完整,他翻译的是最完整的一部八十回的《红楼梦》。他翻到许多难理解的地方都来找我,因为他中文水平高,我就给他讲解。有的地方,一讲他就明白了,他自己也解决了许多难题。

后来史华慈先生翻译的《红楼梦》德文本出版了。他太古板了,上了出版商的当。这个出版商跟他说好了条件,实际上是欺骗了他,仅仅给了他极少的报酬,就把他的书拿去出版了,出版商究竟卖多少钱都不告诉他,给他的稿酬非常薄。

北京社科院有一位女同志在德国留学,她跟史华慈熟,也知道史华慈跟我很熟,所以来看望我,就说起《红楼梦》德文本发生了这些麻烦。我说,你告诉史华慈,把他的本子拿到中国来出,因为他们合同上没有规定不能拿到中国来出。我说,在我们这边一点没有问题,你在德国有德文本,你在中国发行你的德文本，序言什么的可以做些修改，又是在中国出版，你合同里也没有限制你不可以在别的国家出版，为什么不可以？你又没有违反合同。没有想到这位史华慈先生，诚实到这种程度，他说坚决不可以，既然跟人签了合同了，就不能玩儿花招了。我尽管上当吃了人家的亏，但是我要信守合同诺言，只能签一次合同，除非等到这个合同过了期了再说，在这期间怎么变动出版都是不行的。

所以这部《红楼梦》德译本始终没有在中国出版，本来完全可以在中国给他出的，那时候我跟外文局都熟，他们也会接受。因为史华慈的中文水平确实很好，对中文理解得好，另外他自己是德国人，当然就翻译得很好，很准确。他的德文版的《红楼梦》没有能在中国出，其实中国缺少这样一部德文的本子。

有一年我们开《红楼梦》研讨会，我说，你只要来，来去路费和食宿都由我们《红楼梦》学会提供。我说《红楼梦》学会如果提供不了的，我个人也可以提供，我们是老朋友，难得见面一次。开始他答应了，后来也终究没有来成。现在已经很多年了，也没有再见面。我还留着他的地址，估计他地址也不会变。他在德国东德市区有一栋房子，另外郊区有个别墅，喜欢养狗，他自己也带着那些狗，有时候他夫人到郊区去，就带着狗去。

这是在我离休以前，到德国去的事情。这次我在德国跟他见面以后，一直没有再见面。史华慈先生也不大到中国来了。从德国回来没有多久，我就离休了。

十二

《红楼梦》"三汇"

一

《红楼梦》论汇

我在研究《红楼梦》的过程中，发现我们许多人写文章的时候，把许多事情当作是自己第一次发现、第一次论述。其实古人在这上面已经有很多创见。所以我计划编《红楼梦》的"三汇"书，"文汇""史汇"和"论汇"。

"论汇"，就是论文的汇编，我准备把最早一直到今天研究《红楼梦》的单篇文章，全部把它收集起来，印成书，使得今后研究《红楼梦》的人，知道我们整个《红楼梦》研究发展的历史和具体的论点。但是这个工作我没能完成，后来吕启祥编了两巨册这样的书，由人民文学出版社出版，等于弥补了我这一未完成的计划。

二

《脂砚斋重评石头记汇校汇评》

"文汇"就是我后来实现的《脂砚斋重评石头记汇校汇评》。我还在任上的时候，我倡议编一部《脂砚斋重评石头记汇校》。因为《红楼梦》本子太多，你如果是在一句底下说某本作某，某本作某啊，任何头脑清楚的人都记不住这么多，两三句以后都搞不明白了。怎么可能把这么多异文都记在头脑里？所以我想出来一个"排列校对法"。

"排列校对"就是把十二种本子，各占一行排列起来，竖排横向对齐地看。因为基本上差不多，只是文字上稍微有一点差别。凡是相同的，就用一个"s"的符号，就不用再看了；凡是不同的都标出来，读者一看，明白各本的差异。

第一行是全文，是庚辰本，第二行是己卯本，然后是甲戌本，都排列下来。这样有个什么方便呢？差异的地方，一目了然，因为相同的都没有写出来。如果一行一行都写出来，都印上去，反而淹没了，读者只有自己去对了。现在一个"s"符号，意思就是这句话几本都一样。这样翻一页，这一句就是一行，各个本子有什么变异全看到了。这样一来，使得读书的人可以一下子掌握十二个本子的差异，有的时候忽然发现这几句几个本子都一样，那说明这几个本子是一个源流下来的。

《脂砚斋重评石头记汇校》①第一本出来以后，正是我过生日，那天大家高高兴兴要吃饭，忽然来了一个电话，一个朋友告诉我，发现《脂砚斋重评石头记汇校》里错得太厉害了。我就马上拿起书来核对，发现确实抄错很多。我那时候没有想到，照着本子抄还会出那么多差错，句子完全不对头。当天我心里难受得晚饭都几乎没有吃，尽管那天是我的生日。因为这对不起读者，人家花了很多钱买了你的书，却有这么多的差错。

我们没有马上印第二本，就先把第一本重新做了校订，做了勘误表，随着第二本②出来的时候发给买第一本的读者，弥补一下。

我的这部书是给文化艺术出版社出版的，当时文化艺术出版社的领导叫黄克，跟我关系挺好的。他担心这部书，等于工具书一样，也不是读本，能卖出去吗？但是因为我们关系特别好，他觉得作为一个学术成果，应该把它印出来。没有想到，一印出来就卖得很好，影响很大，觉得太难得了，想出这个办法，等于拿了一本书，十二种本子的差异，一目了然了，大家都要这书。这套书一共五本，大本子，很厚。五本出完了以后，黄克告诉我，原来以为是要赔钱的，觉得为这部书赔点钱也愿意，结果出版社还赚了一大笔钱。我当然也很高兴，没有让出版社赔钱，我心里也比较好一些。

《脂砚斋重评石头记汇校》出版以后，就风行，大家都觉得这种办法太好了。但是后来这部书没有再版，为什么呢？我们也收到读者善意的建议，你这个办法很好，但是只有正文，没有脂砚斋的批。我们读《红楼梦》必须要读脂砚斋的批语，这样我们还是离不开原来的抄本，还得把原来的本子拿来。他就说，你能不能把脂砚斋的批语也放进去？这是个难题，因为脂砚斋的批语那么多，每一本都不一样，无法像正文一样排列起来。但是他提出来的问题，也确实是个问题，既然有了你的本子，还离不开脂砚斋的本子，那么读者不是还一样麻烦吗？

我后来也觉得没有脂砚斋的批语，确实是一个大缺陷。读者还是要找

---

① 《脂砚斋重评石头记汇校》第一册，文化艺术出版社1987年版。
② 《脂砚斋重评石头记汇校》第二册，文化艺术出版社1988年版。《脂砚斋重评石头记汇校》第五册，文化艺术出版社1989年版。

原书来对。因为甲戌本、己卯本、庚辰本和其他的本子，都有脂砚斋的评的记录，但是文字其实就这一条，各种本子正文的文字有出入，针对同一句正文的评论各个本子也有出入。要是能够把这些都记录下来，在同一个本子上，正文有多少差异，脂砚斋批语有多少差异，各本的情况一目了然。

当时只想到脂砚斋批语无法校，各本的批语不一样，出入太大了，无法校。后来我一想，不管它能不能校，必须要保存这些批语，各个本子的批语都保存在一个本上，那读者就不用再去翻腾了。

我又想出来一个办法，在排列校对法的基础上，留出一个天头，很长一段天头，我自己设计的稿纸样本。天头上把脂批放上去，各个本子的批语，批在哪个位置我就写在上头，把所有的十二种本子上只要有批语的都按照原位置加在上头。

我重新设计了格式，可容纳这些不同的批语的格式。设计好了，我也找了印刷厂给我把这个设计的稿纸专门印出来了。

我自己没有时间，我在艺术研究院担任行政工作，不可能有时间做，我也找不到完全理解我的意思，而且很细心地、准确地把它抄录下来的人。因为第一次的经验教训，各个过程中间都出了很多问题。直到后来我想起来上海有个研究《红楼梦》的朋友，就是季稚跃同志，他是踏踏实实的，从来不哗众取宠的，刚好从单位退休下来了，没什么事。我跟他一说，他很高兴，马上就答应了，他说正好他自己已经退下来了，没有别的具体任务，他来做这个工作，对他来讲是非常有意思的。

各个脂砚斋的抄本都是我给他提供，我给他准备好，我说你做第一校，主要是按照格式把它记录下来，我负责再给你核对一遍，你抄我核，这样就不会再出现以前的毛病了。

一般的人要了解《红楼梦》原始抄本的差异，或者是脂砚斋的批语，还有一些不是脂砚斋的批语，我们也加上了，后来人也有批，我们也加上去了，这样就完整了。脂砚斋批语的，我们就有"脂砚"两个字，人家也看得出来。拿了这部书在手里，所有《红楼梦》的清代抄本都在这里，而且中间的源流关系，语言的差别，都一目了然。

后来因为排版经常出错,我们就自己抄,正文和批语都是季稚跃同志抄的,细心地抄,细心地对。他抄完一部分,我核对一部分,因为怕还有差错。他抄得很仔细,基本上没有发现差错。因为他自己抄完,自己核一遍,发现有错,他当时就改掉了,所以给我的稿本都很完整。但是我也认认真真把十二个本子放在一起,一句一句对读,光对读就读了很多时间。都是手抄本,不像木刻的字,整整齐齐。所以花了很多时间。

我记得季稚跃前前后后写了三年,因为所有的本子放在一起校,等于十二部《红楼梦》,当然甲戌本只有十六回,但是有的是完整的八十回,像戚序本这一类的有三种,都是完整的。《红楼梦》稿本也是完整的,还有程甲本也是完完整整的,这样等于是有好多部完整的八十回的《红楼梦》,都得一字一句对照着读,所以工程就非常大。但是总算最后完成了。

正要完成交稿的时候,上海又发现了一个新的抄本,拍卖行拍卖的。上海的朋友就寄了点样子给我看,我一看,我说这是脂砚斋体系的本子,有价值,尽管它不全,只有十回。

那个朋友也没有告诉我,他就开始拍,他的目的是想拍了送给我,结果碰到一个竞拍的人,本来起价只有八千元,我那个朋友说最多一两万元钱,问题不大,所以一直跟着拍,拍到三万了,他也跟上去,结果后来一直拍到八万。那个时候八万,不像现在。他又没有把握,这个本子究竟怎么样,他也没跟我说他准备是送给我的,他怕万一没有太大的价值,再跟下去就没有意思了,他就没有跟下去。结果被杭州一位朋友卞亦文拍去了。

没有想到过了一段时间,卞亦文到北京来拜访我,要请我看一部《红楼梦》抄本。我一听《红楼梦》抄本当然感兴趣,但是没有想到拿来一看,这就是上海拍卖的那一部,也是等于跟我那个朋友竞拍的那个人。

我说这就是原来上海拍卖的那部抄本,我有复印件,一对,一点没有错。我就告诉他,这个本子有价值的,上海拍卖的时候还有一个人跟你竞拍吧?他说是。我说,这是我的朋友,他是要拍了送给我,现在你拍到了也一样,我也不一定非要据为己有才算好。他送给我一部复印本。这部抄本后来影印出版了。

十二 《红楼梦》"三汇"

所以后来，我马上就赶着把这个本子又加到校本里去。幸亏我们留了一个空行。所以原来计划的是十二种抄本，那么现在是十三种抄本。也等于是《红楼梦》最早的抄本，只要是手抄本，是根据脂砚斋本子手抄的抄本，以前人抄的，不是今天人抄的，都收到《脂砚斋重评石头记汇校汇评》这部书里了。

以后会不会还有新的本子出来？这个无法知道。目前所有的《红楼梦》抄本，可以说是都汇集在这个校本里了，它的异同也都用排列的办法显示出来了，包括脂批也完完全全的都收纳进去了。

此书是由国家图书馆出版社出版的，多亏社长郭又陵的支持，我非常感谢。全书一共三十卷，我算算我们前后花了13年还多一点，总算完成了这部很难很难完成的一部汇集。上千万字的句子，因为我们抄得细，基本上跟正文没有出入。这个功劳应该是季稚跃的，他最艰辛。是他辛辛苦苦把这些抄录下来的，我虽然是核了一遍，但是核对跟手抄差得远了，我只需要读。

序言里也说清楚，手抄是他完成的，我做了核校。我们两个人总算共同完成了《红楼梦》抄本研究上的一部巨著，提供给大家的，较为可靠的一部工具书。至于要阅读《红楼梦》也可以，因为你根据这个第一行，一行行地读下来，你同时看到十三个本子有多少差异，也很有趣。而且这样一归纳以后，它的抄本渊源也清清楚楚了。比如说戚蓼生序本，南京图书馆藏本，还有蒙古王府本，三个本子都是一样的，可见这三个本子是一个祖本。经过这样一归类一排列以后，各个本子的渊源、差异就一目了然了。比如写林黛玉的眉毛，各本都不一样，比较下来列宁格勒藏本是最完整，最可信，现在我们新的校本都用这句话了。

开始主要是没有人帮我抄，设计我老早就设计了。第一次印刷出来以后，得到读者的建议，我隔了一段时间又想出这个新的办法，这个办法我觉得还是比较可取的。

总而言之，我们非常圆满的完成了《脂砚斋重评石头记汇校汇评》。十三种本子在一起，校对了正文，十三种本子上所有的评语也都汇集在一起了，所以是一部研究《红楼梦》的有用的工具书。北大一位教授写了篇文章讲，校勘古籍方面，对于复杂的古籍很难弄，我创造了一个新的校订的办法。

这部书的唯一遗憾呢，就是前面凡例里，凡相同的用"s"符号，这个"s"没有印出来，因为电脑上发过去，这个符号发不过去。我们那个时候也不懂，出版社的责编也马虎，他也没仔细看。等到印出来后，凡相同者用"s"，这个"s"没有了，变成"用　符号"，少一个字，空的。所以凡例里这一句，人家看着不通。这是唯一让我一直记在心上的一个遗憾。

三

《红楼梦》"史汇"

我想编一部《红楼梦》"史汇","史汇"就是历史文献的汇编。关于曹雪芹、李煦,还有他们的家属有关的历史记载,都散在各种书里,现在一般人要找,很难一下找全。

我就提倡,要研究《红楼梦》这部书,你一定要弄明白作者的历史状况,家庭的历史状况,时代的历史状况,只有把这些历史资料都收集齐了,你才能看到这个人生活在什么样的历史环境、家庭环境和社会环境之下。

如果不了解这些方面,孤零零地看这个人,你就无法理解他的作品。具体讲,李白、杜甫应该都是差不多时代的人,但是李白比杜甫大十岁,李白经历的早十年非常重要,因此李白主要是盛唐时期的诗人,虽然后来占到一点"安史之乱"的时期,但是重要的时期都在盛唐期间过了。杜甫比他小十岁,杜甫就完完全全经历了"安史之乱"以后的种种艰难困苦,所以这个十年之差,时代背景就不一样了,李白的诗,高唱入云,整个充满着一种兴奋昂扬的精神。而杜甫的诗,却反映了"安史之乱"的社会真实状况,以及战后的民生凋敝,社会穷困的现实,所以后人称他的诗为"史诗"。

编一部《红楼梦》"史汇"这个计划没有能完成。原因是当时承担编"史汇"的一个人,他为了要我把他调到研究院,答应来了就给我做这件事,结果调来了一年,一个字也没有写,最后还说我给他准备的条件不好。

后来我在多次增补我的《曹雪芹家世新考》时,尽量把我们掌握的曹、李两家的有关史料,补充进去,这样也算带有一点"史汇"的意思。

十三

《红楼梦大辞典》
《八家评批红楼梦》红楼随谈

一

《红楼梦大辞典》

我后来想到编一本《红楼梦》的辞典,把《红楼梦》里难解的一些词语,集中起来解释。所以我就做了一个比较大的计划,就是整个《红楼梦》从开头第一页读下去,遇到有障碍的地方都做解释,帮助读者来读《红楼梦》,遇到什么问题,可以查对着看。也因为当时出版界出了很多《红楼梦辞典》,花花哨哨的不少。我就提出来编一部《红楼梦大辞典》。

这件事也搞了好几年,主要工作是吕启祥负责,她其实是实际的主编。她对《红楼梦》研究也很深,也研究得很有成果。委托她来负责,她是尽心尽力,也非常认真。前后搞了五年多,稿子都经她看过修改过了,基本定稿了,我再看最后一遍。

《红楼梦大辞典》的许多专业条目,是请院外的著名专家来写的,如医学条目是名医巫君玉写的,服饰是请专家黄能馥写的,家具是请陈增弼写的,如此等等。所以这部《红楼梦大辞典》具有很高的学术价值。

这部《红楼梦大辞典》,在中国艺术研究院文化艺术出版社出版了。主编是两个人,我和李希凡,李希凡没有参与具体工作,因为他是艺术研究院的常务副院长,我们是《红楼梦》研究非常要好的朋友,这些工程共同来完成,意义更大一些,他也支持这项工作,他还审读了一部分稿子。我

十三　《红楼梦大辞典》《八家评批红楼梦》红楼随谈

在原稿上写着副主编是吕启祥，但她谦虚，不愿意署副主编，她在发稿时把自己副主编的名字删掉了。

第一版的《红楼梦大辞典》出版以后，反响特别强烈，原先出的一本本的《红楼梦辞典》后来再也不出了。因为我们这一部都概括得非常完整，规模比他们大得多，解释比他们准确得多，所以出版社不断再印。

现在这部《红楼梦大辞典》已经决定由人民文学出版社出版，重新做一次全面的增补和校改，仍由我与李希凡任主编。由张庆善负责，由胡文彬、吕启祥一起参与增补。新版出来，肯定比第一版会更好。因为毕竟又过了三十多年了。

二

《八家评批红楼梦》

我感觉得清代人评论《红楼梦》的方式跟我们后来不完全一样。我们现在是习惯写论文了，长的短的都是论述式的。清代的习惯是评点，话很短，画龙点睛，不做整体的系统的论述，就是一句一句，一段一段，或者一回一回地评，这是不同的时代，不同的评论方式。

清代人的评点派著作本来是分散的，有的虽然是一本书，但是不附《红楼梦》原文；有的是笔记式的评几句，也有的是全书从头至尾一句一句一段一段评到底的。例如王雪香评本、张新之评本等都是整部评的。我把八个最重要的评论《红楼梦》的清代人的评点文字收集到一块，把散见的文字放到他评的原句底下或者原句的上面，这样使读的人读的时候大概可以掌握清代评点派红学有多高的成就。

所以我编了一部《八家评批红楼梦》，所谓八家就是指清代八家有名的评点《红楼梦》的论述，这些书有的是完整的书，有的是散在各种笔记里的，我选的八个最有名的，把他们的评都归到一起，像王雪香这些最有名的人的评。看他们是针对《红楼梦》哪几句话来评的，我就放到这几句话的眉评，或者这几句话的底下，做双行小字评。这是我在任期间做的一件重要的事情。

我为什么这么做呢，因为上海古籍出版社出过《〈红楼梦〉三家评》。我仔细一看，徒有其名，因为它就这三家，都不完整的。比如说某一家，你至少要把某一家评的文字弄齐了归到书里，结果只是取了他一小部分，那么这一家也不是真正的一家，只是这一家的一部分。这三家都如此，名义上三家，实际上都是蜻蜓点水。我觉得对研究来讲不利，因为你不去追根究底了，以为某某人就这么几条意见。

所以我就想，既然这样，我来着手编一部《八家评批红楼梦》。那时候清代这些评点派的东西我反复看，我感觉到清代在《红楼梦》的问题上是有很多贡献的。按照我的理解，虽然他们表达的方式不同，但是我们后来发现的很多问题，他们都有所论述。所以我就写了一篇长篇的文章，叫《重议评点派》。

我列举了11个重大问题，《红楼梦》评点派的这些人，对这11个重大问题，都已经论述了，包括《红楼梦》作者是曹雪芹，评点派老早就已经提出来了，不是到了胡适以后才提出来。胡适当然有功劳，因为他发现了《红楼梦》的作者是曹雪芹以后，他把曹雪芹的家世大体查了一遍。所以他提出来曹雪芹的祖籍在辽阳。周汝昌认为曹雪芹的祖籍在河北丰润，社科院一位老先生杨向奎，八十多岁了，他是丰润人，他一口咬定，曹雪芹祖籍是丰润，而且连《红楼梦》都不是曹雪芹写的，是他们丰润人曹渊写的。

这个话说得实在太没有道理了，我后来写了一篇很长的文章批驳他。因为杨向奎炫耀自己当年跟胡适就讨论过，他坚持曹雪芹祖籍是丰润。在文章里我说，你提到当年跟胡适讨论过，这是事实，历史有记载，但是讨论结果怎么样你为什么不公布？因为胡适有一篇很短的文章答复杨向奎，胡适说曹雪芹祖籍从最早的第六代老祖宗说起，都不在丰润，都是东北辽阳。第六代以上，没有任何资料，无可考，这个简单的结论，斩钉截铁。我说，你为什么不引啊？你为什么不再进一步驳斥胡适？

写完这篇文章后，我特别感觉到，应该把清代这些有价值的评点派的文字，完完整整地给它整理出来，使得我们今后研究清代的《红楼梦》评点，能有一个完整的资料。否则东一句，西一句，你以为这个王雪香讲得不怎么样，其实他不是光就这么几句话，他有长篇大论，也有讲得非常精的，也有讲得不妥当的。你如果光是把讲的对的拿出来，当然对作者有好处，但是他讲的错误的也还存在啊，也有影响的。所以我想要评论一个人，要一个完整的全人，不要只是展露一些只言片语。张新之，我觉得他有很精辟的话，也有非常错误的话。如果是按照他精辟的观点来看，真是了不起，按照他很荒谬的话来讲，这个人简直不值一提，可是这是一个人，你不能把他哪一面当成他完整的全面，所以我特地把张新之的《妙复轩评石头记》，所有的每一句都插到它原来评的位置上。这样集合起来，八个名家，完完整整的著作，不是片言只语，合到我编的《八家评批红楼梦》里。

但是当时他们评点的文字都是依据程甲本，因为真正《红楼梦》风行是程甲本以后的事。程甲本以前，《红楼梦》当然已经风行了，但是毕竟是抄本，数量有限，抄一部要多少时间啊。真正能够风行天下那只有木活字本出来以后，印刷容易，印刷起来快得多，发行量就大。乾隆五十六年，程甲本出来以后，第二年就印程乙本，为什么呢？当时毛毛糙糙印出来了，因为销量很大，很快就发现前八十回和后四十回有很多接不上的地方，所以赶快匆匆忙忙改，改得让前后能够基本上接上去，第二年再印。程乙本跟程甲本相比改动多少字呢？吕启祥做过一个很认真的统计，以前没有认真统计过，我们后来是为了认真起见，吕启祥一段一段对着读，把改动的文字都列出来，然后统计了一下，大概有两万多字。

《八家评批红楼梦》原来是在文化艺术出版社出版的。当时帮我抄录的人是我从前在老家教书时候的一个学生，他过录得比较毛糙，所以第一本排印出来以后，发现许多疏漏，有时整篇评漏抄。当时责编是李文合，他先发现这个情况，告诉了我。我又亲自校对，我把八家的原书一句一句对，发现他确实漏掉很多，错误很多，弄得我当时心里非常难受，不知如何是好。还是多亏李文合的主意，决定全文补齐后重排，这样虽然推迟了很多时间，但书的质量保证了。可惜李文合去世太早了，我至今一直怀念他。

现在此书已经出版了好几版了，先是北京文化艺术出版社出了一版，后来江西教育出版社拿去出了第二版，这次我的《瓜饭楼丛稿》出版的时候又重版了一次，印得比以前好，以前的错别字也纠正了，以前有些规格不太理想的，这次设计得更理想了。

三

红楼随谈

经过《红楼梦》的校订注释,又经过《红楼梦大辞典》的编写,一晃就是几十年了。我们在对《红楼梦》的认识解悟上,又自然地向前走了几步,对《红楼梦》也断断续续地产生了一些感悟和增加了一些实际知识。有些《红楼梦》的语言你看起来很平淡,其实却牵涉到一个风俗,比如有一回:秦钟死了,贾宝玉跟柳湘莲说,有没有到秦钟的坟上去看看,十月一了,我要去祭扫一下,大致这个意思吧[①]。我们当时校和注的过程中,都没有当一回事,后来上海有一个读者给我写了封信,说你在《红楼梦》的校

[①] 见《红楼梦》第四十七回 "呆霸王调情遭苦打 冷郎君惧祸走他乡":"宝玉便拉了柳湘莲到厅侧小书房中坐下,问他这几日可到秦钟的坟上去了。湘莲道:'怎么不去?前日我们几个人放鹰去,离他坟上还有二里,我想今年夏天的雨水勤,恐怕他的坟站不住。我背着众人,走去瞧了一瞧,果然又动了一点子。回家来就便弄了几百钱,第三日一早出去,雇了两个人收拾好了。'宝玉道:'怪道呢,上月我们大观园的池子里头结了莲蓬,我摘了十个,叫茗烟出去到坟上供他去,回来我也问他,可被雨冲坏了没有。他说不但不冲,且比上回又新了些。我想着,不过是这几个朋友新筑了。我只恨我天天圈在家里,一点儿做不得主,行动就有人知道,不是这个拦就是那个劝的,能说不能行。虽然有钱,又不由我使。'湘莲道:'这个事也用不着你操心,外头有我,你只心里有了就是。眼前十月初一,我已经打点下上坟的花消。'"(曹雪芹著,无名氏续:《红楼梦》中国艺术研究院红楼梦研究所校注,第438页。)

注本里对"十月一"没有注释,其实应该注释,因为这是北方的一种特殊风俗,"十月一送寒衣",要给已故的人上坟,因为天冷了,要送冬天的衣服了,所以有"十月一送寒衣"的风俗。我一看到这封信,就觉得太重要了。这个读者叫萧凤芝,前几个月来看过我一次,我也是第一次见到她。

我就记在心里,我们的《红楼梦》校注本上加了注,还找到了福格的《听雨丛谈》作为文献的证据。我在我的手批本上还特别把这个批出来了,为什么呢?我证明了北京确实有这个风俗。刚好给我开车的司机,他是老北京,我就问他,你们北京有没有"十月一"这个词。他说有啊,就快到了嘛。他说,我们每到十月一要送寒衣啊,就是进入冬季了,要给已故的亲人送衣服,怕他们寒冷,所以,有一句俗话,就是"十月一送寒衣"。我那时候住在红庙,我去红庙周围的老乡家里去请问,问这个事,都说有这个风俗。这样我才在我的《瓜饭楼重校评批〈红楼梦〉》里面专门批了一段,我觉得这个《红楼梦》包含的知识实在是丰富得很。

民俗,南北有区别,像我们老家就没有"送寒衣",上坟、祭扫都是有的,清明的时候要祭扫坟墓,冬季没有这样的事,所以我们也不懂,读《红楼梦》读到"十月一"这个地方也没有领会,这是用的一个风俗,不是普通的随意的一句话。我们编的《红楼梦大辞典》,凡是我们能够接触到的,理解到的,有内涵的,这一类典故或者是词汇,我们尽可能地做了解释,列了词条,让读者一下可以查到。

最近,我分别写了两本书的后记,一本讲《红楼梦》思想,一本讲《红楼梦》庚辰本有关的问题。我又得到一个新的启示,我觉得《红楼梦》本身包含着非常浓厚的诗的素质。《红楼梦》从头至尾读起来,你要不间断地一气读到底,或者你反反复复读,你会感觉到整个有诗的感觉。虽然是散文的形式,用散文形式来写的,实际上它带有诗的素质,还有一种诗词的表达形式。

诗词当然也有不同风格了,像五代时期,到"花间"那一派,都是意在言外、指东说西,不是明示的,都是有寄托的,所谓寄托遥深,寄托得越深,让你连想都想不到,这才奥妙。但是诗词里也有一种直白的,比如苏东坡的"大江东去浪淘尽,千古风流人物",字面上的话就是他要讲的话,气势磅礴。辛弃疾的许多词也都像口语一样。

《红楼梦》的特点就是含蓄、不直说,有内涵,有隐喻。但《红楼梦》也不可能都不直说,我说的寄托遥深,在《红楼梦》是少数地方,有一点意内言外,指东说西,因为作者无法把自己的话直白地说出来,直白地说出来就会遭祸。比如:乌进孝送租。贾珍在大堂里面等着他,说,你老不死的,你到现在才送来,就这么点东西就算了?乌进孝说,老爷你不知道,今年北方大雪,我们走了几个月才走到,另外收成也很歉收,微薄,所以这些粮食东西都是只能是尽点意思了。他接着说,听说你们大小姐晋封了贵妃了,皇上把皇宫里的金银财宝都赏赐给你们了,都搬到你们家了,贾珍就说,你这个老不死的你哪里懂啊,我们如果再要省亲一次我们就完蛋了①。这句话大家看了,随意就看过去了,但是你仔细琢磨琢磨,这话里有话,因为前面脂砚斋就批了"以省亲事写南巡,出脱多少忆昔感今",他无法表达,就是用写省亲这个场面来写康熙南巡时候的一种辉煌隆重的场面,这个辉煌隆重的场面的花费都是曹寅花费的,因此落下很多的亏空,导致自身遭了罪,他这不能都说出来,一说出来皇上还能饶过你吗?

所以《红楼梦》里类似这样一种欲言还休,吞吞吐吐,意内言外,这种手法不止一次地使用。元妃省亲那一回,元妃夜里看到豪华的场面,灯烛辉煌,自己在轿子里说,太靡费奢华了,这句话是很通常的,也是对景,

---

① 见《红楼梦》第五十三回"宁国府除夕祭宗祠 荣国府元宵开夜宴":"只见小厮手里拿着个禀帖并一篇账目,回说:'黑山村的乌庄头来了。'贾珍道:'这个老砍头的今儿才来。'……乌进孝道:'回爷的话,今年雪大,外头都是四五尺深的雪,前日忽然一暖一化,路上竟难走的很,耽搁了几日。虽走了一个月零两日,因日子有限了,怕爷心焦,可不赶着来了。'贾珍道:'我说呢,怎么今儿才来。我才看那单子上,今年你这老货又来打擂台了。'乌进孝忙进前了两步,回道:'回爷说,今年年成实在不好。……'乌进孝笑道:'那府里如今虽添了事,有去有来,娘娘和万岁爷岂不赏的!'……贾蓉等忙笑道:'你们山坳海沿子上的人,那里知道这道理。……再两年再一回省亲,只怕就精穷了。'"(曹雪芹著,无名氏续:《红楼梦》,中国艺术研究院红楼梦研究所校注,第463—464页。)

完全对的,可以说赞赏,也可以说是叹息,但是有人说这些话里有内涵。他其实就是说康熙南巡太奢侈糜费了,他不好直接说南巡太奢侈糜费了,借着省亲的场面,又是赞赏又是叹息。你也不能说她不对,她就是感叹,哎呀,你们搞得太隆重了,这一句话,实际上它有内涵的。

省亲之前,王熙凤跟赵嬷嬷的对话也是这样的。赵嬷嬷说当年省亲,银子花得像淌海水似的。王熙凤就说,不知道他们哪里来那么多钱啊,这花钱花得这么厉害,赵嬷嬷就说,这无非是把皇帝家的银子往皇帝身上使而已[①]。两个人对话很普通很平常,但是脂砚斋那里批了一段话,"以省亲事写南巡"。要不是脂砚斋批这么一句话,别人想不起来,这里是暗指南巡耗费之大,而且是把皇帝的银子往皇帝身上使,实际上是说,他哪里亏空,都是你花费掉的。最后算账算到曹寅头上,曹寅死了就算到曹頫头上了,后来子子孙孙背这个债,雍正上来又把曹頫抄了家了。抄曹頫家的时候,派人去事先监视,怕他转移财产,结果回来的人告诉说曹家根本什么也没有了,只有几十间空房,还有几十张当票,还有别人借他的银子的借据几十两银子而已。有一本书上记载,雍正看到这个报告也为之恻然,心里也有点觉得不忍心,没想到他这么穷,还以为他是藏了多少钱呢,才抄他的家。这段对话就是说明,曹家并没有用亏钱,用亏的钱都是用在皇帝身上了,因为皇帝不来曹家也不会花这个钱。

我找到一本无名氏写的《圣驾五巡江南录》,就是讲康熙第五次南巡的,那豪华的场面令人难以想象。那还只是一次啊,康熙一共六次南巡,四次由曹寅接驾的。这是我后来看了许多奏折以后才发现,连造船都是由曹寅经办的。这上面写的,先是曹寅报告康熙,康熙南巡的长江用的大船,内

[①] 见《红楼梦》第十六回"贾元春才选凤藻宫 秦鲸卿夭逝黄泉路":"赵嬷嬷道:'唉哟哟,那可是千载希逢的!那时候我才记事儿,咱们贾府正在姑苏扬州一带监造海舫,修理海塘,只预备接驾一次,把银子都花的淌海水似的!说起来……'……凤姐道:'常听见我们太爷们也这样说,岂有不信的。只纳罕他家怎么就这么富贵呢?'赵嬷嬷道:'告诉奶奶一句话,也不过是拿着皇帝家的银子往皇帝身上使罢了!谁家有那些钱买这个虚热闹去?'"(曹雪芹著,无名氏续:《红楼梦》,中国艺术研究院红楼梦研究所校注,第137—138页。)

河用的小船，已经全部打造完成，这个费用多大，要一大批船只啊。康熙没有出一个钱，全叫曹寅去经办了，皇宫里就没有花一个钱。到了扬州，曹寅又有一个奏折，一次接待就御宴一百桌。这个御宴吃什么东西，当然我们想象，给皇帝吃的能够马马虎虎吗？这个可不得了，而且御宴一百桌，并不是一次啊，一次南巡就是多少次御宴一百桌，然后群臣祝寿，敬献礼品，曹寅的父亲送的礼单上，就是唐宋时代的名人字画真迹，献给康熙的，都有单子，多少种。这要多少钱啊，这些耗费都算在曹寅的头上。

后来有一次安徽巡抚，这个名字我已经记不起来了，他也有亏空，上面来查他，你怎么造成这么多亏空的？这个巡抚说，就是因为圣驾南巡，为了办什么事，我用亏了多少多少。结果康熙看了大发雷霆，我出去会让你们花这么多钱吗？我一路上关照了，所有的饮食都由我们自己备办，官不宿民舍，你怎么来诬陷我，就把他革职了。所以后来谁也不敢说给皇帝南巡花多少钱，李煦、曹寅明明是为这个花了大量的钱，不敢说一句。

康熙心里也明白，所以康熙有一次在曹寅奏折上批的，大致的意思是说，曹家的亏空，我知道它的原因，还有一个讲到，太子阿哥们也不断地向曹寅要钱，他也不好推辞，他有他的难处，造成这许多亏空。这是康熙自己批在曹寅奏折上的。所以实际上曹家的败落，直接原因就是康熙南巡。但是《红楼梦》不敢直说，只能采取这种闪烁其辞，意内言外，说半句留半句的手法。

《红楼梦》这部小说跟《三国演义》《水浒传》《西游记》都不一样，它有一些地方，是让你无法具体了解的，因为他不敢都写出来，因此，你也无法完全猜透，只能知道一个大概的意思。但是总的来讲，《红楼梦》形成一种特殊的风格，就是刚才我说的，除了大量的文字是直白的，可以读的，明白故事的来龙去脉的，少数的地方有含着半句，有半句没有说出来，甚至有的地方刚一露头就收回去了这种地方，这是跟其他小说不一样的地方。所以这些地方，需要我们反复读《红楼梦》才能体会到，尤其要了解曹雪芹的家史。

所以我主张编《红楼梦》的"史汇"就是这个原因，因为历代许多人对《红楼梦》做了解释，要把这历史上很多重要的记载和曹雪芹的家庭的兴衰，拿来对照读《红楼梦》，就会给你很多启示。如果直白地，只读《红楼梦》，不参照有关的史料，这《红楼梦》始终是不能参透的。

在主持整个《红楼梦》的校注和《红楼梦大辞典》的编写过程中间，我觉得经过大家的共同的努力，是把《红楼梦》有些不太好明白的问题，往前推进了不少。

我曾说《红楼梦》带有诗的素质，我后来想起鲁迅老早就说过了，说《红楼梦》是"无韵之离骚"，离骚当然是一首长诗了，鲁迅这句话是赞赏得最恰当不过了。《红楼梦》不用韵，但是有诗的内涵，所以鲁迅这句话实际上已经说在前头了。

你闭起眼睛想想《红楼梦》写到薛宝琴穿一件大红斗篷，站在雪地里，贾母远远看到，说，你们看像什么？众人说，这像仇十洲画的一幅画，雪中的美人。这意境是诗的意境，又是画的意境[①]。

《红楼梦》最了不起的，是里面描写的人物都是独特的，个性非常鲜明突出。你闭着眼睛想象，晴雯跟袭人就无法混淆，林黛玉跟薛宝钗也无法混淆，王熙凤跟其他人也无法混淆。

比如"冷月葬诗魂"，"诗魂"是指林黛玉。我曾经有过文章分析，林黛玉本身并不仅仅因为漂亮，她有诗人的气质，所以曹雪芹是给她写了一句"冷月葬诗魂"。而且这一句带有一种预言的性质，预示她的悲剧的命运，是在凄凉冷落中去世的。庚辰本上是"冷月葬死魂"，旁边原笔改的"诗"，后来我在列宁格勒发现苏联的本子上也是"冷月葬诗魂"。还有程甲本，也

[①] 见《红楼梦》第五十回"芦雪广争联即景诗 暖香坞雅制春灯谜"："贾母笑着，搂了凤姐的手，仍旧上轿，带着众人，说笑出了夹道东门。一看四面粉妆银砌，忽见宝琴披着凫靥裘站在山坡上遥等，身后一个丫鬟抱着一瓶红梅。众人都笑道：'少了两个人，他却在这里等着，也弄梅花去了。'贾母喜的忙笑道：'你们瞧，这山坡上配上他的这个人品，又是这件衣裳，后头又是这梅花，像个什么？'众人都笑道：'就像老太太屋里挂的仇十洲画的《双艳图》。'贾母摇头笑道：'那画的那里有这件衣裳？人也不能这样好！'"（曹雪芹著，无名氏续：《红楼梦》，中国艺术研究院红楼梦研究所校注第438页。）

是"冷月葬诗魂"。"冷月葬诗魂"是对的。

有的朋友坚持要"花魂",我说《红楼梦》里美的不光是林黛玉,薛宝钗也长得很美,用牡丹来形容她,牡丹是花王,也是美。《红楼梦》里,曹雪芹创造的林黛玉这个形象,并不是要创造一个绝世美人,而是要创造一个带有特殊个性的,带有诗人气质的这样一个美人,所以她不仅是美,她更重要的是有诗的气质。用"花魂"来形容林黛玉,不完全契合林黛玉的气质、个性。

从《红楼梦》的文笔,《红楼梦》塑造的人物形象的气质,从曹雪芹创作意图来说,只能是"诗魂"才确切。他并不是要写一系列的漂亮的人,并不是这个意思。要说美,除了薛宝钗以外,湘云的美,还有后来来的几个人,也各人有各人的美,少女的一种特殊的美,他都写出来了。但是把《红楼梦》最主要的人物写成最美的不是曹雪芹的目的,他要写的是历史上从来没有写过的,这样带有明显的诗人气质的,带有偏僻个性、独特个性的典型形象。

所以《红楼梦》尽管是用散文写的,创造的很多意境是具有诗的意境的,自始至终,从第一回到八十回一直贯穿下来。后面的四十回当然就差多了,有艺术敏感,有艺术经验的人读到后四十回,味道就走了样了,就不是那么耐人寻味了。

尤其是人物的思想都变了,本来林黛玉是孤高自赏,特别看不起读书做官去进行科考,但是后四十回,林黛玉也劝贾宝玉去考试。这个人物前后的思想都完全不一致了,所以后四十回不可能是曹雪芹一手写下来的,只要你反复多读读,就会感受出来。俞平伯最早就提出这个问题,我觉得俞先生还是很敏感的,从艺术欣赏,文学欣赏的角度来讲,这种最早的原始的感触,是很珍贵的。

我还有本《论〈红楼梦〉思想》,专门讲《红楼梦》的思想的。因为《红楼梦》的思想如果不先进,在当时不属于进步的思想,那也就没有意思了。这实际上是明朝后期发展起来的一种新的思潮,应该说是初期的民主的思潮,以李卓吾为重要的代表人物,批判传统的孔孟之道、程朱理学,尤其是攻击程朱理学。《红楼梦》里贾宝玉、林黛玉为代表的这两个人物，说的一些话，看起来是小孩子的话，但是实际上都是当时反程朱理学潮流中的一些话。

以上，就是我读《红楼梦》，断断续续的一些随想，希望得到读者的指教。

十四

十赴西域，探寻玄奘取经之路

一

游天池和调查吉木萨尔

我想去西域探寻玄奘取经之路的足迹,是很早就萌生的。直到1986年8月份,应新疆大学的邀请,我到新疆去给新疆大学讲学,才终于到了西域。讲学完了,刚好是9月份,我就去游天山,同时去调查吉木萨尔,那里以前是唐代统治新疆的北庭都护府。

那时候夏老师也来了,我们一起先到天山的天池去游览。我很想去天池,因为民间传说中,天池就是西王母的瑶池,这当然不能当作历史来看,只是一个传说。天池它是个高山湖泊,海拔在4000米以上。

我们四点就起来了,天还黑呢,上了车,从乌鲁木齐出发。我朦朦胧胧还继续睡,走了有很长一段时间,我醒过来,已经在半路上了,刚好遇到太阳出来。我是第一次看见沙漠里出太阳的景象。因为出了乌鲁木齐就是无边无际的大沙漠,忽然间,眼前一个红太阳出来了,一点点云雾都没有,太阳的颜色就像红红的鸭蛋黄,孤零零的一个大红球。通红的太阳一点点地在往上升,以前从来没有见过这样的场面。

进了天山,一路景色很好,有几个地方有瀑布。我要求下车看。他们说,上山的时候不能停,因为还有很多路。后来,下山的时候,他们停车让我下来了。太漂亮了,瀑布底下是水潭。我把手伸到水里去,冰冷,刺骨的冷，手就不敢在那个水里停留，因为太刺骨了。为什么呢？虽然那个时候是9月，但是这是山上冰雪融化的水，所以跟普通的水完全不一样。

上了天池，他们很热情地接待我，专门安排了一个船，是给我和我们同事一起用的。船一直开到天池的南岸，我们还下来，在沙滩上走了一小段。天池那里的山有个缺口，看到博格达峰就在前面不远，比飞机上、比别的地方看得清楚得多。那真是一座冰峰，笔直地矗立在面前，当然实际距离估计还有很长一段路。天池里还有一些鼓出来的小岛一样的地方，有点建筑，我们也去看了一下。上岸以后，他们要我写字，给他们写了点字。后来我回家也写了一些诗。

下天山的时候，我要求到吉木萨尔去。吉木萨尔也有好几种翻译，有一种翻译是叫金满城。以前我看日本人的书，提到吉木萨尔都是说的金满城，后来看到咱们自己的书，就翻译成吉木萨尔，这个可能更确切。一路上，我们经过很多次问路。我们走的是吉木萨尔的南面，有一次在天山脚下，问一个老乡，碰到那个老乡恰好要到那里去，他可以直接带我们去，因为光是口头指点，在大沙漠里，无边无际，不知道怎么走。所以有了他带路，我们觉得非常放心，不会由于走错路，耽误时间。因为在这种大沙漠里，一出路，再一拐弯，无边无际，东西南北都搞不清楚。

去吉木萨尔的路上，给我印象深的是大蒜。有几个村庄，广场上堆的都是大蒜，堆得墙壁一样。我不知道，我说，这是什么东西？他们说这里特产大蒜，都是出口的。这种大蒜比一般的大蒜大出好几倍，雪白的，长长的白的秆子。当时我记得他们还给我带了一小把，他们说，你尝尝。他们老百姓，都是吃一口馕，然后咬一口蒜。咱们普通吃的蒜，蒜的味道很重。新疆那个蒜，一口口咬，很脆，很嫩，也没有那么大的蒜味。

接着，我们继续往前走，就到了吉木萨尔，这是什么地方呢？就是唐代统治西域的北庭都护府的故城，面积很大。现在看到的城墙，就像一层楼高的土墙，北门还很完整，就是两道城墙，中间有个大缺口。城墙非常厚，都是泥土夯土做成的。有一道一道的槽，起码六七道，想象当年大概是用的闸门，是嵌在深深的土墙里的。我拍了照片。

在吉木萨尔，我们进去的是西边的门，也没门了。西边的城外有一座庙，叫作西大寺，现在听说都开发出来了。我去的时候还一大半都埋在泥土里，就是一座土山一样的，顶上露出来一排房子。管理人员开了门以后，看见一间一间的房子都是佛龛，都有壁画。这个寺庙被挖出来的时间可能不长，我说的时间不长，也有好几年了。

墙上的壁画颜色还很新鲜，都是佛教故事，连环画式的，实在太好了。特别是有一张壁画，仔细看，上面白的线条鼓出来了，用手摸可以摸得出来，线条比墙壁高出来很多，这在画的技法上来讲，叫沥粉堆金，以前我在别的地方没有看见过这样的鼓出来的线条，就是在这里第一次看到，也第一次理解古书上讲的沥粉堆金的情况。

后来我又去过几次，有一次去的时候，碰到新疆下了大雨。这个地区本来是一直干旱，那一年突如其来地下大雨，有些房子不严密，就漏水，沿着壁画墙壁"哗啦哗啦"流下来，壁画上流了很多水、泥土。我去的时候，天已经晴了好长时候了，墙壁也已经干了，但是水的痕迹都清清楚楚，把壁画破坏了不少。现在听说全部开发出来了，作为游览点了，不知究竟情况怎么样了。因为这里要真正全部开发，可能还有很多珍贵的东西。因为原来有土堆着，谁也动不了，可能有一点保护作用。

我想到当时边塞诗人岑参，他写的"故园东望路漫漫，双袖龙钟泪不干。马上相逢无纸笔，凭君传语报平安"（《逢入京使》）。岑参是在北庭都护府任职的，他也到过吐鲁番。当地老百姓告诉我，这里有一条山道，可以直通吐鲁番。前几年在吐鲁番发掘的地下文献里，有一个像接待客人的招待所记录的账簿，几月几日岑判官领马料多少斤，后来他们史学界查这段时间姓岑的判官，只有岑参，而且吐鲁番的北面就是北庭都护府[①]。岑参在北庭都护府供职，当时北庭都护府的都督应该是封常青。岑参写的许多边塞诗，包括"千树万树梨花开"，应该就是写这里周围的景色。

[①] 《唐天宝十四载交河郡某馆具上载帖马食历上郡长行坊状》，简称《长行坊马料账》。该文书于1973年出土，其中多次出现"岑判官"。这位"岑判官"就是唐北庭都护安西北节度判官岑参。

二

去古龟兹国[1]经干沟古道

我当时在新疆游览完了天山、北庭都护府以后,又到了库车。库车就是古代的龟兹国。当时的交通比现在差远了,新疆大学原先想派车送我过去,我说不能这样,因为路程太远了。学校请我讲学要花费多少钱,我坚决没有让他们派车,我请他们帮我买长途汽车票,本来乘飞机也可以到,但是好像不能到库车,只能到喀什。我希望乘汽车,走得慢,一路上看得清楚一些,只是比较辛苦。我说,这个不怕,主要想多看一些。那个时候,去库车也是从乌鲁木齐出发,长途旅行都是天不亮就上车了,从乌鲁木齐去库车,一天到不了。

非常有意思的是,车要经过达坂城,然后经托逊到焉耆,这一路要经过三百里的干沟。这是当年玄奘取经走过的原始古道,至今未变。我有幸重踏玄奘的足迹。他当时是从高昌直接经这南走的。

干沟两边全是土山,就像黄土高原,风蚀以后都形成山的形态,几百米高,中间一条土路。9月份新疆还很热,干沟有好几百里路,就像火炉,所以汽车常出事情,出什么事情呢?就是油箱烧起来。因为太热了,热到

---

[1] 今库车。

那个汽油都会着火,但是长途汽车也不停,他们有经验,开到什么地方,再把油处理一下。

这个景色确实非常难得,我给它取了个别名,我说这是"旱三峡"。长江三峡我走了好多遍,都是乘船。这个干沟,路程也有好几百公里长,一天时间都走不完。我是非常高兴,觉得难得经历这样一次游览,重走玄奘之路,看到这种特殊的景色。但是也只走了这一次,后来每次去,他们都不走"旱三峡"了,因为公路修好了,这个地方太危险,太吃苦,所以绕开这里走了。后来的人就没有机会走这条路了,但是不走这条路,就不知道这个山的奇特和路途的特殊。不知道当年玄奘有多辛苦。

过了"旱三峡"以后,我们到了库车的前一站,叫焉耆。据记载焉耆附近还有阿父师泉,泉水长流,玄奘曾去过,至今存在。但这次我没有能去,前几年我的朋友去过。我们下车后,焉耆汽车站旁边就是很大的农贸市场,摆满了各种各样的羊肉摊,周围全是羊肉膻味,我们下来以后,在羊肉摊上吃羊肉,然后住宿。有张照片非常难得的,就是焉耆前面有一条大河叫开都河,玄奘就是在这里摆渡过河,然后到库车的。

第二天天不亮就上车,到了库车,住在军队农四师的招待所。我到了库车才真正领略到西域的特殊风光,光看乌鲁木齐看不到新疆的特色,因为它还是一个大城市,不到南疆,不知道新疆的奇特和广阔。尤其不到库车,不知道西域山水奇特。

这个奇特是你无法理解的,有的是一座大红颜色的山,有的是一座黄颜色的山,有的是一座白颜色的山。库车的北部有一个地方老百姓叫它五色山,我专门去了一次,远远就看见那儿一大堆山,红的、绿的、蓝的、白的、黄的,都聚在一起,碰到太阳好,光线好的时候,真是五彩斑斓。但是必须碰到大晴天,太阳光亮,照得反差大,拍起来效果才非常鲜明。有时候光线往往不是那么理想,常常是飘来云彩,把那个山头的太阳光挡住了,色彩就显示不出来。幸亏有一次我去,天上有云彩,但是阳光还好,拍了一张照片,比较满意。因为如果整个天上一点云彩也没有,也光秃秃的,很不好看,刚好有一大堆云彩,这边的阳光还没有完全被云彩挡掉,打到山上去，有的山头很亮，颜色很突出，有的稍微暗淡一点，拍到照片上还能分清楚不同的颜色。我也就这次碰到这样好的光线。所以我画了很多新疆的山水，尤其是库车的山水。

库车有一个地方叫盐水沟，这也是玄奘取经走过的原始古道。两面奇峰，中间一条很窄的山路。路边上是一条水沟，水沟对面又是很怪的山峰。我们是往西边走，水沟左边是南面，南面的山都是倾斜的，就像一个一个手指头一样指着青天，而且这些山都是红颜色的。有一座山峰简直就像一把刺刀尖一样直直地指着天空。

马路右边的山峰，就像大海的波浪一样，一排排倒卷过来的样子，然后定住了。我看了真是惊叹。我至少去了六次，为了看这地方。拍照很难，因为太远了分不清层次；太近了又拍不了这种壮观的大场面。我也试着要到盐水沟对面，爬到半山，再用长镜头俯拍，稍微带一点俯拍，拍这个倒卷的山峰。但是很难，因为要跨过水沟，再爬上山峰，都没有路，要自己冒险上去。所以我始终没有拍成，但是我从那个倒卷的山峰底下，一排排都走，都看，真是太壮观了。当时只有我一个人，有时候有司机跟着，有时候司机要看车，我只好自己往前走。有一次我记得，我是一直往前走，山峰聚在一块，指向青天，远远看真是壮观。我想看看那是什么形态，就沿着这一排排倒卷的山峰往里走，走到最远处，它是陷下去的，很深的山谷，我就不敢走了，因为不知道再进去是什么样的情况，有没有野兽，有没有什么别的。

但是这种天然的地貌实在是太好了，在别的地方是看不见的。可是拍照也拍不全，无法表现。所以回来以后，我就用画画的办法，用写意方法画了很多山。这也只能表达那么一点意境，真实情况航拍也许可以，或者是爬到另外一座山峰的半山往底下拍。我没有这个条件，体力也不够。总而言之，盐水沟让我永远难忘。

从盐水沟一直往西，经阿克苏到别迭里山口，然后跨越南天山出口，对面就是吉尔吉斯。这就是玄奘去印度，出国境的山口。这条路我只到了南天山的山下，我那次到了别迭里山口，那里还有一个唐代的烽火台，叫粟楼烽，再往前是一座小桥，过桥就入山口，我那次是过了桥，没有入山口。

我在库车，多次到了玄奘去过的昭怙厘寺，当地人都知道这个名胜。玄奘在《大唐西域记》里记载得一清二楚，昭怙厘寺分东西两寺，东寺在河的东岸，西寺在河的西边。一般只能到西寺，因为没有桥，想过河没有办法。

后来我终于到了东寺，路线是一个朋友告诉我的。他也是打听到的，他也去了几次，到不了东寺。后来他打听到，要顺着河往南走，走很多里路，然后有个村子，村子是跨河的，所以河上有桥，从那个村子的桥过河，然后再往回走，就到东寺了。

我知道了有这一条路，花多少时间多少精力我都愿意，我说我一定要去。因为我已经去过四次，可是没有能到东寺。第五次我知道了有这条路，我就做好了充分准备，一早天不亮就起来了，不再到西寺去了，就乘着吉普车，沿着河一直往前面的村庄走，开了很长时间果然开到一个村庄。我们的车过桥再往回走，已经在河的东面了。河边大片的戈壁滩，汽车没有开过戈壁滩，我们步行越过戈壁滩，然后就爬到半山到东寺去。

因为东寺基本上没有人能去，所以保存的东西比西寺要多，尤其是那个白塔很完整。当时夏老师也一起去了，还有我的助手高海英也一起去了，他们高兴得不得了。因为太难得了，估计以后再来很难，所以在东寺停留的时间比较长。东寺离地大概一两层楼高以上就开始有寺庙建筑了，然后层层往上。最高的地方我没有去，因为怕时间来不及，我也非常满足了，也拍了好多可以保留的镜头。

三

找到玄奘取经回国的明铁盖山口古道

我去西域做调查，从1986年到2005年，刚好是20年，帕米尔高原我上去三次，和田去了五六次，库车也是六次。

1998年是第七次去新疆，这次也是到了帕米尔高原，这是我第二次上帕米尔高原。第一次到了红其拉甫这一带调查，没有任何结果，等于是一次观光旅游。等到了1998年我又上去了一次。其他的几个口岸，就是对外交通的口子，我挨着次序，差不多都调查了一遍。怪石沟这一带西部的口子，我先后都去过，都对不上玄奘的《大唐西域记》所记载的情景。

1998年到了帕米尔高原的塔什库尔干，那个地方有一个咱们部队的招待所，我就到招待所住。因为上次已经去过一次，再加上南疆军区也已经电话告诉他们我要上去了，所以他们早有准备。

我住的地方刚好跟招待所的领导靠得很近，我听着他们在商量，说明天怎么安排冯老的活动？有的人说到红其拉甫，有的人说到哪里。我一听着急了，我说，我不是来观光的，我上次已经看过一次，没有必要到那些地方去了。我说，我这次一定要到明铁盖。他们一听说是明铁盖，就说不能去，明铁盖路程很艰难，没有正式的道路，吉普车虽然能开，但是颠簸得非常厉害，你的年龄已经这么大了，禁不起这样颠簸。我说不行，我这次来，目的就是指着明铁盖来的，如果不能去明铁盖，别的地方我哪儿也不去。我一定要到明铁盖，你不要管颠簸，你只要有车把我送到那里，我就满意了。后来他们一看我那么坚持，就同意送我去明铁盖了。

道路当然很颠簸，一直等于是跳着走的，"嘭咚嘭咚"地跳。从塔什库尔干到明铁盖，塔什库尔干是海拔4000米，明铁盖是4700米。走到接近明铁盖的一个地方，我们部队有一个边防站，是喀喇其库站。到喀喇其库站，停下来吃饭、休息。

边防站领导带着我走出房子，到外面看看，旁边有一条大河，叫喀喇其库河，河水奔流得非常急。我想调查玄奘记载的公主堡，我就说公主堡能不能看见？能不能去？他们就把我带到河边，原来那里有一座木桥，已经被大水冲掉了，没有桥了。他说你要去公主堡，就过河，沿着山根的小路，沿着这条河，一直往北走，可以看到隐隐约约的堡垒一样的山头，他就数着第几个山头，其实我看不大清，都是他告诉我第几个山头排着数过去，大致可以看到公主堡的那个山包。

可是无法过河，因为那个水倾斜度很大，奔腾很急，也看不到有多深。他先是想让我骑在马上过去，但是也不放心。如果水淹进马耳朵，马就没有办法了，就会淹死，人也就无法救了。因为水流这么急，万一马失蹄，陷下去就被水冲走了。后来说找两个战士，架着我，背着我过去。我说不能这样，深浅都不知道，万一一脚到了深的地方了，我们三个人都无法挽回。所以我只好说不去了。

我就决定不去了，说完不去，就回头了，回头无意中看见旁边插着一个路牌，指的方向是往上，写着"瓦罕通道"。我一看就高兴得不得了，我说我寻了半天就是要寻找"瓦罕通道"。因为唐代的文献记载，玄奘回来是从瓦罕地区回来的。现在有一条小道叫"瓦罕通道"，那意思是通到瓦罕去了，那他从瓦罕回来肯定是从这里回来的。所以我马上把这个意思告诉他，我说这指向哪里，他说到明铁盖，我说那我们往明铁盖走，我原来计划的也是去明铁盖。一看有"瓦罕通道"，又指向明铁盖，我就非常兴奋。我说，一定要到明铁盖去，这下连边防站的政委也非常有兴趣，他说，那我跟你一起去。我们就一起上了吉普车，继续往上走。

山越来越高，没有路。从山顶上流下来一条水道形成浅滩，夏天雨水充足和冰雪融化的时候，山顶上的雪变成汹涌澎湃的洪流往下冲，所以河道很宽。到了9月以后山上早结冰了，也不下雨，所以水道就一下就变小了，很宽的水道中间只有一点点水流了。吉普车刚好沿着水道旁边的斜坡，稍微倾斜一点，就可以往前开。一路就开到明铁盖前哨的哨所。

守护明铁盖山口的有一个碉堡，战士背着枪，在那个碉堡顶上守望。我们到了哨所的营房停下来，听守在明铁盖的战士讲，这是当年唐玄奘取经回来的地方。他们说，这是世世代代的牧羊人传下来的话，前面还有一个波斯人的墓。我请他马上带我去看那个波斯人的墓。波斯人墓已经是基本上快消失了，但是还有一大堆石头，大大小小的石头，在墓顶上有几块比较大的石头，还放了一个羊头，很大的羊头。这个羊头看起来是有人专门去放在上头的。

他们说前面拐弯的地方有一个冰洞，冰洞里还有冻僵了的尸体，是哪个年代的大家都不知道。他们的战士告诉我，到冰洞口子就顶不住了，那个冷气直往外散，根本不能进去。我想去看看，我也没跟他们打招呼，我也不知道边疆前线的情况，我就往河道前面的拐弯走。前面是一排冰峰，冰峰背后就是克什米尔，印度和巴基斯坦争端的地方。到那个冰峰为止，这边是我们的，那边是他们的。

按规矩我们可以走到冰峰再过去大约30米，但是一定要两边的边防站互相打招呼。比如我们中国边防站通知那边的边防站，我们有人过来考察，要过这个地方，他们许可，那你过去就不会有问题，如果你没有得到许可，你靠近边境了，你就要特别警惕了，万一引起误会，开起枪来就麻烦了。

我当时不知道这些规定，背着相机，就往水道的拐弯处走。因为那时候水已经没有多少了，能跨得过去。我想至少看看冰洞究竟在什么位置。他们也不知道我想去看，他们发现了以后，连忙拼命地往我那面赶，把我拉回来。他们说千万不能再往前走了，按规定你再要过去一定要跟他们打招呼，否则的话他们就当作你要越过边境去了，那就要发生误会了，这样我就只好回来了。

  我记得玄奘《大唐西域记》里面记载的是个藏宝洞。有一次波斯商人回去的时候,带了大批的骆驼、珍宝,结果碰到大风雪,严寒,最后堵在一个洞子里,全部被冻死了。他们感觉到已经危险了,先找了一个地方把珍宝藏起来了。老百姓说有一个地方是藏宝洞,但是究竟在什么位置不知道①。

  有一位战士告诉我说,一个牧羊人在浅滩上捡到了一件宝物。当然我们也没有看见,战士也没有看见,只是听人说。但是这些传说给我一个明确的信息,就是玄奘确实是从这个口子上下来的。

  因为从这个口子往下去,《大唐西域记》记载的几个点都找到位置了,波斯人的墓,底下的公主堡。《大唐西域记》里的标题是《汉日天种》,记载了一个故事:中原的皇帝有一个公主,远嫁到西部的一个国家,对方国家派人来接,这里派人送,碰了头以后一起往西部走。走到现在叫公主堡的这个地方,碰到那个国家内乱,就通知现在不能去。因此就在现在叫作公主堡的那个城堡里停留下来了,停留的时间比较长,公主忽然怀孕了,后来生了一个健壮的小男孩。当时双方的人都非常紧张,说这个怎么交代呢?娶亲,半路上生下孩子来了,要处死护送的人。忽然伺候公主的丫鬟说,我们公主怀孕是上天的意思,每天中午,太阳升到最高的时候,天上下来一个非常威武的将军,就跟公主好,之后公主就怀孕了,所以现在生的孩子也很健壮,很威武的。这样就免了迎送两方面的灾难。也因为有这种事,也不好再回去了,所以就停留在这个城堡里了。玄奘记载了这个故事②。

---

  ① 《大唐西域记》:"葱岭东冈。四山之中。地方百余顷。正中垫下。冬夏积雪。风寒飘劲。畴垄舄卤。稼穑不滋。既无林树。唯有细草。时虽暑热。而多风雪。人徒才入。云雾已兴。商侣往来。苦斯艰险。闻诸耆旧曰。昔有贾客。其徒万余。橐驼数千。赍货逐利。遭风遇雪。人畜俱丧。"([唐]玄奘述,辩机撰:《大唐西域记》卷十二《奔穰舍罗》,广西师范大学出版社2007年版,第184—185页。)

  ② 《大唐西域记》:"今王淳质,敬重三宝,仪容闲雅,笃志好学。建国已来,多历年所,其自称云。是至那提婆瞿呾罗(唐言汉日天种)此国之先。葱岭中荒川也。昔波利剌斯国王娶妇汉土。迎归至此。时属兵乱,东西路绝,遂以王女置于孤峰,极危峻,梯崖而上,下设周卫,警昼巡夜。时经三月,寇贼方静,欲趣归路,女已有娠。使臣惶

十四 十赴西域，探寻玄奘取经之路

公主堡这个名字是斯坦因去调查这个地方的时候简称的，因为公主在这个城堡里待过，所以大家说这个地方就叫公主堡了。公主堡也在这条线路上。但是我上去的时候是从塔什库尔干坐吉普车到明铁盖，没有经过公主堡，只是远远看到公主堡在前面，可是隔着一条大河。所以我一直不明白，玄奘是怎么去公主堡的。实际上我现在走的是1949年后新开的近路，不是玄奘下山原来的瓦罕通道。

不管怎么样，几个重要的点都走到了，玄奘从公主堡下来以后是塔什库尔干，唐代的石头城还在，玄奘在那里住了二十天，这都有记载，都是原地方，一点没有差错。这许多地点，就可以形成一条线路，玄奘确实是从明铁盖山口，一路往底下走，然后到了塔什库尔干，到了石头城，在石头城停留了二十天。所以玄奘回来走的瓦罕通道，从明铁盖山口下来，这一点可以确信无疑。只是他为什么会到公主堡，这个疑问还未解决。

惧，谓徒属曰：'王命迎妇，属斯寇乱，野次荒川，朝不谋夕。吾王德感，妖氛已静。今将归国，王妃有娠。顾此为忧，不知死地。宜推首恶，或以后诛。'讯问喧哗，莫究其实。时彼侍儿谓使臣曰：'勿相尤也，乃神会耳。每日正中，有一丈夫从日轮中乘马会此。'使臣曰：'若然者，何以雪罪？归必见诛，留亦来讨，进退若是，何所宜行？'佥曰：'斯事不细，谁就深诛？待罪境外，且推旦夕。'于是即石峰上筑宫起馆，周三百余步。环宫筑城，立女为主。建官垂宪，至期产男，容貌妍丽。母摄政事，子称尊号。飞行虚空，控驭风云，威德遐被，声教远洽，邻域异国，莫不称臣。其王寿终，葬在此城东南百余里大山岩石室中。其尸干腊，今犹不坏，状羸瘠人，俨然如睡。时易衣服，恒置香花。子孙奕世，以迄于今。以其先祖之出，母则汉土之人，父乃日天之种，故其自称'汉日天种'。然其王族貌同中国，首饰方冠，身衣胡服。后嗣陵夷，见迫强国。"（见［唐］玄奘述，辨机撰：《大唐西域记》卷十二《朅盘陀国》，第183—184页。）

四

到明铁盖山口立玄奘东归古道碑记

2005年我去了两次新疆，先是中央电视台要拍摄玄奘回归的纪录片，知道我前前后后去过这么多次，而且发现了玄奘回归的山口，他们就来采访我，希望我能够带着他们去拍一次。

他们为了把这个事情做得隆重一点，希望能够在那里立一块碑。我说，立碑这件事情我很赞成，但是，应该跟喀什市政府协商，用他们的名义和你们的名义共同来立这块碑，不能外来的人自己跑到他那个地区去立块碑。我说，跟喀什市政府协商，他们也一定会欢迎的，因为这等于是帮他们立了一处名胜古迹。

后来跟喀什市政府联系，喀什市政府当然非常高兴了，因为刻一块碑花不了多少钱，难得中央电视台跟他们合作。他们邀我写了碑的题名，"玄奘取经东归古道"几个字。写完以后，喀什市政府负责去刻。

我记得是2005年8月15那天，我们上山的，先到明铁盖选好位置。那个碑，老等不来，为什么？那个开车的人不太认路，走错路了，稍微走了点弯路，等到来的时候太阳已经偏西了。在高山上面，跟平地完全不一样，九点钟太阳还很亮的，因为它山高，太阳下山还没有从那个山上下过去。

等到来了以后就开始立碑,终于把这块碑立得端正了,地址也是我帮他们一起选的。要靠近山口,另外我们的边防岗哨要看得见。如果看不见,人家给你推倒了,搬走了,你都不知道。我们选的位置非常合适,再往上就是明铁盖的山口,刚好站岗的人能很清楚地看到,天天可以守护着这块碑。

这块碑立好了以后,中央台录了像,我们就回到了塔什库尔干。在我心里一直记着一件大事,尽管上一次我发现了明铁盖的山口,但是有一个问题我一直解释不了:我们上去没有经过公主堡,玄奘当年回来为什么要跨过这条大河,到公主堡去?这是个古代的城堡,不是寺庙,如果是一个很大的寺庙,他要去朝拜,那还说得过去。玄奘怎么非要去公主堡?我一直想不通。

玄奘肯定是从明铁盖下来的,这一点是不能动摇,但是我又一直解决不了他为什么过河到公主堡去这个问题。所以这次立完碑,回到塔什库尔干,我就跟他们商量,我说,明天咱们到公主堡去。他们有许多人没有多大兴趣,觉得公主堡怎么去法都不知道,都不想去。有的人就干脆说,没有路,去不了。塔什库尔干的政府也不肯派车,因为太危险。

后来我就找新疆师范大学的教授朱玉麒,我说咱们另外想法子,你去找牧羊人,牧羊人天天在山上牧羊,这个路他清清楚楚,只要问清楚怎么去,吉普车能不能开就解决问题了,我们可以自己找车。朱玉麒就去找了当地的牧羊人问,牧羊人说没有路,但是能去,只要有吉普车,就能够去,步行是不可能的,因为路太远。后来问这个牧羊人能不能带路,他说能带路。我们非常高兴,自己安排了两辆吉普车,愿意去的人都上车了。

路确实是很难走,一道道都是山涧,水流得很急,但是不宽,吉普车能开过去。开到最后一道很宽的山涧,车过不去了,但是水里有一块一块的大石头。他们年轻人从这块石头跳到那块石头,一步一步跳过去,我跳不动,我没有办法了。正在这个时候,来了一个牧羊人,牵了一头毛驴。他们说,太好了,找那牧羊人来,说你帮着这位老先生骑着毛驴过去吧。把我扶上毛驴,两边两个人扶着,前面一个人拉着毛驴,就过了那道山涧。

过了山涧,下了毛驴,走几步路就到公主堡了。公主堡在笔直的峭壁上面，底下是悬崖，旁边就是河道了，只有一条很窄的小道。跟我一起去的还有新疆军区的政委邢学坤，邢政委等于是保护我，不让我随便走。一看那笔直的悬崖，他说，你不能上去，我也不上去，我陪着你。他是能上去的，他身体很好，但是他为了照顾我，他也不上去。我们站立的小道旁边就是那条宽阔的河道，河面距我们站的公主堡下的那条小道50米高，而且小道紧靠着河边。

那次我的助手高海英也去了，她是山区的孩子，拿了一个相机，"啪啦啪啦"就往上爬，一点也不害怕。她到了顶上给我招手，她说，太险了，你不能上来。后来他们到了顶上，绕着公主堡走了，我们就看不见了。

我跟邢政委两个人在公主堡底下，站在沿着山根的一条很窄的小道上。刚好来一个牧羊人，我就问他，这条小道是通到哪里去的？他们说，这是往明铁盖去的，是真正的瓦罕古道。现在走的是1949年以后部队新开出来的一条小路，就是走近路。原来的路是从明铁盖山口下来，沿着左边山根的一条小路一直下来，经过公主堡下你们站的小道，一直到石头城（塔什库尔干）。我们站的小道旁边就是很宽的塔什库尔干河，水流奔腾得很急，就是我在边防站要过河，桥被冲掉了的那条河的汇合。这样我就恍然大悟，在唐代根本没有我们上去的那条路。这条路是1949年以后我们的边防部队新开辟出来的，为了近一点，不要绕着山根弯弯曲曲走很多路。这条新路是在河的对面，所以我上去的时候是在河的对面，直接就岔到明铁盖去了，它近了很多。这次不到公主堡，不遇到这个牧羊人，我永远也弄不明白玄奘为什么要到公主堡去了。

现在弄明白了，本来就没有我们原来走的那条路，本来唐代那条路就是沿着山根经过公主堡，然后到塔什库尔干的。也就是说，第二天我们自己找了老乡带路，乘了吉普车走的这条路，才是真正玄奘从明铁盖下来的古道。当然我们过山涧以前走的也是小路了，它还要沿着山边弯弯曲曲地一路再往底下走，还要经过很多个弯。但是不管怎么样，我就明白了，玄奘为什么会到这个地方，他是顺着路下来，这是必经之路，到了这个地方就听到了有关公主堡的故事传说了，所以他就记载了《汉日天种》这一段故事。从公主堡往下去就到塔什库尔干,石头城,那么顺理成章,这条路线完全贯通了。我恍然大悟,心里特别高兴。同时由于公主堡和这条唐代的瓦罕通道的发现,再加上守卫山口的士兵转述的民间传说,以及玄奘所记的史实,一一可以对证。因此,这条玄奘回归之路是可以确信无疑的。

因为我亲自到了公主堡,知道本来就有一条瓦罕古道,唐代的瓦罕通道是沿山根走的,所以必然要经过公主堡,这样彻底解决了我心里的一个疑问。

五

穿越罗布泊、楼兰，查证玄奘回长安的最后路段

就在这一年（2005年），我9月22日到了乌鲁木齐，25日就到库尔勒，准备要到罗布泊、楼兰去。第一天我们先去营盘，新疆考古所所长王炳华，他是新疆的老的考古专家，在新疆待了四十年，大漠里都去了不少遍。他就带我们先到营盘去，我也不清楚为什么要先到营盘去，营盘这个名字我是第一次听到，反正是大家说去嘛，我也就跟着去了。因为我还没有认真地研究罗布泊、楼兰周围一带的地理状态。以前我想去，心里觉得不太可能，所以也没有下功夫去调查。

在无边无际的大沙漠里看到了营盘古城，城墙很高，看到了营盘的墓地，看到了营盘的寺庙的塔基等等，还有许多暴露在地面上的骷髅，营盘古城还比较完整，但是已经变成一座荒城了。后来我回来读了有关的史籍，特别是读了《考古人手记》里记载的营盘的情况，我才明白，在古代，营盘是中西交通的一个枢纽，在那个时期相当繁华。现在对我们研究新疆的历史地理来讲，也是一个非常重要的地方。回来我才知道营盘有这么重要，而且营盘往东就直到玉门关了。

十四　十赴西域，探寻玄奘取经之路

那天从营盘回来，已经是夜里一点多了。我们出营盘的时候，还有一座烽火台，样子就像一个蹲着的兔子，叫"脱西克吐尔烽燧"。这座烽火台非常完整，连战士们守候烽火台的营房基本上还在，烽火台也没有破坏，一座完完整整的烽火台还在。斯坦因当年为了找这座烽火台花了很多时间和功夫，始终没有找到。

我们去找这个"脱西克吐尔烽燧"也是走了好几遍，当地的向导都找不到。我们大家失望了，以为不可能找到了，突如其来向导说，明白了，这个路怎么怎么走就能走到。所以大家很高兴，跟着向导的车子就往前走了，终于在太阳下山以前，我们看到了这座最完整的烽火台。

库车还有个克孜尔尕哈烽火台，那是另外一个形态。那座烽火台有二十多米高，还巍然屹立，完完整整。我每次去库车，总要到这座烽火台，离库车还有很远一段路，但是觉得这个重要地方不去，好像没有到这个地方似的。而且这座烽火台旁边的山上有克孜尔尕哈千佛洞，还有许多残留的佛像，我也去调查过。实际上，我们现在看到的烽火台，是与库车的那座烽火台一路连接的。

那天从营盘回来已经夜里一点多了，大家已经累得不得了了，不假思索就睡觉了。第二天9月26日，就开始出发到罗布泊、楼兰去，它是属于若羌的地界。我们一直开到米兰小镇，天已经要快黑了，我们就在小镇的旅馆里住下来了。

时间虽然还是9月份，但是实际上天已经冷下来了。去罗布泊、楼兰的人都在米兰镇上停留，那里卖御寒的军大衣啊这类的东西，进罗布泊时候要穿的，同去的朋友就给我买了一套军大衣、棉裤。因为我们没有估计到会这么冷，到了米兰，当地老百姓说，你们穿这点衣服根本进不去，因为都是在大沙漠里，到夜里很冷很冷，你穿这点衣服根本就不够。

第二天我就穿了军大衣和棉裤从米兰出发。米兰我以前去过一次，跟这次去印象完全不一样了。以前曾经有过一次，哪一年我记不起来了，我穿过塔克拉玛干，然后到过米兰。那个时候米兰长满了红柳和带刺的荆棘树、酸枣树，还有沙漠里各种特殊的植物。我记得我们在米兰的一个很大

罗布泊地貌一

的土堆，可能是佛寺遗址底下坐下来休息，因为沙漠里面汽车随便你开，只要没有那种陷下去的危险，那都不要紧。我们车上放了西瓜，大家还在那个佛寺遗址下面坐下来，捧着西瓜吃。那个时候还可以乘凉，因为有很高的红柳树、酸枣树。可是这次去，光光的一根草也没有了，一棵酸枣树都没有了，他们不说这是米兰，我都认不出来这是我以前来过的米兰。后来问当地人，才知道因为没有柴火烧，老乡就把那些树全砍掉了，就剩光光的沙堆了，还有矗立在地面上的一些遗迹。

穿过米兰就进入了罗布泊的南端。我们从罗布泊的南缘，一直往北开，中午以后就到了罗布泊的中心地带。那个地方立了很多石碑，有十几块吧，都是别人事先带着去的。就是某某人，比如我们有团，到了这个地方了，就预先带着一块刻好的碑，竖立在那个地方。我们也下来，大家在那些碑旁边照了一些相，休息一下。

车在路上开的时候，虽然颠簸，车还是不太慢，为什么？太慢了，路程就不行了，所以路上看不清罗布泊的各种各样的地貌。现在停下来以后，我借这个机会就仔细看。实际上罗布泊的地貌，一个地区跟一个地区都不一样。有的是像刚翻过的地，一块一块的；有的一片比较平。我们出来的

罗布泊地貌二

时候，到了罗布泊最低洼的地方，远远看去，有的地方碧蓝，有的地方像火烧一样，傍晚的太阳照在地面上反射出来一片通红。真正要描绘罗布泊，多在那儿待几天，早上，中午，晚上，各个不同时间，在不同地区看，地貌都不一样。

在罗布泊有一条不能逾越的规矩，就是你走路，不能离开有车的痕迹的范围。因为罗布泊看着好像干得不得了，他们告诉我有的地方表皮干得裂开来了，其实这个裂缝底下就是泥潭，全是稀稀的糨糊。你不小心，一踩下去，"呼啦啦"，人就沉下去，泥潭再合起来，就像没有人沉下去一样，非常可怕。所以他们讲彭加木后来无法找到，就是这个情况，不小心踩到这种地方，沉下去了以后，无影无踪了。

余纯顺牺牲的地方我们也看到了，因为他走偏了路，给他埋好的标志他找不到了。在罗布泊最可怕的就是没有标志，没有方向，不知道东西南北。白天热得不得了，夜里冷得不得了，一滴水也没有，怎么能支持呢？所以余纯顺就在那里牺牲了，因为走错路了，吃的东西也没有了，预先埋好的水都找不着了，最后自己被蒸发死了。他挖了几个坑，想躲开炎热的太阳，干燥的空气，但是躲不开。

在罗布泊帐篷里
记日记

2005年9月26日我们纵穿了罗布泊，到罗布泊北端就停下来了，天已经很晚了。罗布泊北端就是楼兰古城了。我们的汽车一停，许多年轻人也不休息了，下来就往楼兰古城里跑。我因为年龄大了，毕竟是颠簸了一整天了，他们有一部分人在搭帐篷，我就看着他们搭帐篷，搭完帐篷铺好床了，他们让我先到帐篷里躺在床上休息。我们等着煮好饭，伙食都是新疆军区的邢政委安排的，他调动了部队的许多同志帮我们管伙食，开了两大卡车的给养，鸡啊、羊啊，都是活的，如果带着杀好了的，很快就会坏了。所以尽管在罗布泊、楼兰，我们的伙食还是很有保证的，一点没有问题，喝水也是每天每人4瓶水。但是对我是不限制，我也喝不了，尽管干得不得了，但是有一点水喝也就解决问题了。

在西域我总有一种特殊感受，觉得天地之大，无法形容。我因为有糖尿病，一夜要起来好多次。我记得是夜里12点，我起来一个人走出帐篷，一看天上的月亮又明亮又大，因为它没有水汽了，全是干的地方，一点雾也没有，清清楚楚，光溜溜的一个大月亮，星星也比其他地方的大得多，亮得多，因为它没有任何雾气。

在罗布泊帐篷里开会　左起：冯其庸、高海英、李向东、朱玉麒、孟宪实、荣新江、王炳华、问题

我本来进罗布泊以前，有口腔溃疡，还感冒。许多朋友说，你就不要去了，你这样的情况怎么吃得消？我说，我要不去，这是我组织的，运输队什么都是我请部队支持的，我要不去，这机会失去了，我以后还能再去吗？我说，不管怎么样我得去。

结果到了罗布泊，住了一夜，感冒也好了，口腔溃疡也好了。后来我明白了，因为在这样的地方，什么细菌也没有。你说"新鲜空气"这四个字怎么来体会？怎么来形容？帕米尔高原上空气够新鲜的了，但是到了罗布泊去啊，特别感觉到真正的新鲜空气，一点污染也没有，什么东西也没有，一个昆虫都没有，因为它没有生存的条件，它干旱到生命都不能存在。那空气真是新鲜，无法形容，只有到那里去，鼻子感受得到，一到那个地方就完全不一样。

唯一发现有一些野骆驼的脚印，有时候还看到一些野骆驼拉的粪便，它是越过这个地方，它不是停留在这儿，它是从楼兰古城或者其他地区，走过去。这一次我在罗布泊住宿，给我很多感受，我觉得天地之大，相对来说，个人是确实太渺小了，跟这么大的天地来对比，无法对比。

411

在楼兰古城三间房前小憩

楼兰古城佛塔遗迹

楼兰古城建筑遗迹

我到帕米尔高原已经觉得不得了了，已经在海拔4900米的高度了，明铁盖是4700米，红其拉甫是4900米。但是因为它高峰林立，视野不能没有遮拦。到了罗布泊什么遮挡都没有了，就觉得天是圆的，地是圆的，我们人在两个圆的中间，自己好像就在中心一样，因为看看四边都是一样的，所以这种感受非常有意思。

第二天早晨吃完早饭，我们就进入楼兰古城。因为我不是考古专家，我对楼兰也没有研究，就是跟着大家，看看楼兰的佛塔，看看古建筑剩下来的一点点遗迹。王炳华同志他是老专家，他还给我们看一处魏晋建筑的遗址，他从土层的结构上面分析出来这是魏晋时期的一处建筑。楼兰很大，我们不可能有那个精力一天都把它走完，就把主要地区看看。

营盘就在楼兰的西北，楼兰在营盘的东南，距离不算远。这时候我完全明白了一个我琢磨了很久的问题。玄奘回来的时候，从明铁盖下来，到塔什库尔干停留了20天。再到《大唐西域记》

王炳华教授（左一）介绍新发现的魏晋遗迹

里说的朱俱波，现在叫棋盘乡，我也去调查过。然后到了于阗。玄奘回来，从于阗去长安，他不是沿着昆仑山、阿尔金山北麓一直往敦煌的方向，长安的方向走的。他到了于阗以后，又往北顺着大沙漠到了尼壤，再往前是纳缚波、楼兰。《大唐西域记》记到这个地方就结束了。

我一直琢磨这个问题，如果玄奘不往这面走，他为什么要记载这样一个方向？而且他记载这个方向的时候都已经进入大沙漠了，我算了一下，他离开于阗，已经有60公里了，已经进入沙漠深处了，无边无际的大沙漠了。他如果是沿着山下的小路往东走，他就不会向北到沙漠深处去。《大唐西域记》的指向还是往东北方向，经过罗布泊边缘，到了楼兰，那么我想有可能他是走这条路的。

现在我经过这一路到楼兰以后，我发现营盘就在它西北面不远处，而营盘是东西交通的一个枢纽。我明白了，当时玄奘直接往东边走的路可能不通，什么原因他没记载。估计当时是城邦小国经常有战争，有摩擦。他不能走那条路了，所以他绕道，从沙漠里走。尽管现在看起来一片大沙漠，那个时候都是城邦小国，城邦小国之间有交通来往的。他可以循着这条路慢慢地往前走，走到营盘那里就进入玉门关的大道了。这样，我算把玄奘回归长安的最后一个路段，从实际的地域上，我自己亲自走了一遍，弄明白了这一段路程。

后来我写了一篇短文章，写玄奘回归的最后一个路段，叫《流沙梦里两昆仑》，为什么叫"两昆仑"呢？因为明铁盖那个山也是昆仑山，但是它叫喀喇昆仑山，山的石头颜色是黑的。到了和田、民丰这一带呢，就不叫喀喇昆仑山，就叫昆仑山，山的石头颜色不黑了。所以我说两个不同的昆仑山，都在大沙漠的南缘。

从塔什库尔干下来，到朱俱波，也就是现在的棋盘乡，这一段路我还没有走。我是从下面经过大沙漠，到了棋盘乡，这是一个特殊的地区，比周围大沙漠要低下去两三层楼高，靠右边的山崖上，还有不少当年僧人静坐佛龛。棋盘乡盛产梨，至今仍与玄奘的记载一样。我一直走到弥尔岱山，当地人叫这个地方叫玉山，因为这个山出玉。

金庸的《书剑恩仇录》里讲到这个玉山，他写得很神奇，读起来很有味道。有一次我就给金庸讲，我说我真正到了你写的玉山了。我告诉他怎么个景色，他说，你真了不起！我是看看资料，随便想象写的，根本没有到过那个地方，也不知道什么样。我说，可是你的想象真了不起，写得真生动。就是因为看了你的书，我就想去找找这个玉山究竟怎么样。

我一直想，将来如果我身体好，我还想从帕米尔东边往底下走，然后一直到朱俱波，到棋盘乡，然后到和田。这样，整个玄奘回来的路，我就完全走完了，走通了。现在，还有这一小段没走。但是从地理上查证，两头都已经查到了，中间一小段不可能拐到别的地方去了，因为拐到别的地方去就不能到朱俱波，到朱俱波只有从帕米尔塔什库尔干下来这条路。

从楼兰出来，我们的方向是由北往南再入罗布泊，由北往南走了可能有三分之一的路程，又左拐往东，变成东西横穿罗布泊了。罗布泊多大？我们从西边往东边走的时候，走了一大段路，车停下来了，向导告诉我们，到了罗布泊的最低地了。

已经傍晚了，我就下车，看看地貌，有的像鱼鳞的样子，一片片鱼鳞，颜色一会儿是蓝颜色的，一会儿太阳下山时候照过来呢，就像火烧一样，通红。我非常想多停留一些时间，但是向导和带队的人说不能再停留了，再停留，夜里看不清楚了，就无法开车了，所以叫大家赶快上车。趁现在看得见，一直往东要走出罗布泊，走到可以停留的地方才安全。

这样我们走到天将要黑，大体上还能看得见，就停下来。那地方有个站，有点房子，有一个打电话的地方，当时我在那里又打了一次电话。

在罗布泊第一天住夜的时候，跟北京通了一次电话。我建议中央在中国人民大学国学院成立一个西域研究所，我把成立西域研究所的许多理由、道理写清楚了，这个信是写给胡锦涛总书记和温家宝总理的。我就在帐篷里跟北京家里通电话的时候，夏老师告诉我，说单位让她告诉我，胡总书记已经把信批下来了。我算算我们把信送出去不到十天，而且还批了四千万元，温家宝总理还加了一句，要监督执行，监督财政部拨款，让我们创办西域研究所。所以在党中央的大力支持下，中国人民大学国学院西域研究所，从2005年就创建了。

为什么要创建西域研究所呢？我觉得我们西部，新疆是主要位置，还有其他宁夏、甘肃，这一路都是西部。我们西域的地域多大！国外那些资本主义国家老打我们的主意，老认为新疆西部有一部分是他们的地区，另外西部埋藏在地下的宝藏是无穷无尽的，无法弄清楚，实在是我们将来发展自己的一个宝库。所以我建议中央，我说要早做准备，要对它的历史地理各方面进行研究，我们一直没有一个正规的研究机构，所以我建议成立一个西域研究所。

第二天，我们又往北走到龙城、白龙堆这一带去，结果我们的车拼命往前开，开过头了，后来发现已经过头很多了，再要回来也来不及了，反正都是大沙漠，就在边上找了一个有点土丘挡风的地方，扎营住下来。

住了一夜，第二天清早起来，再往回走到龙城。龙城实际上还在罗布泊的边缘。罗布泊全部干涸了，但是龙城这里还残留一小片水地，还看到太阳光照射下闪闪发亮的水地。我是因为那天已很晚了，就没有去。我的助手高海英她就跑到那个地方了，我是远远看到那片水地了，他们直接跑到那个地方了。所以说罗布泊干了也是事实，说罗布泊没有完全干透，还有一点地方有水，就是这个地方。《水经注》里记载龙城，"胡之大国也"，就是胡人的大国家。其实那个时候他不懂得西部的特殊地貌，他把风吹成的一堵堵城墙一样的地方当作城墙，所以说是胡人的大国。另外一个地方叫白龙堆，也是古代的沙丘，被风切割以后，形成一条条长的白龙一样的形状。为什么叫白龙堆呢？因为这里的沙漠是盐碱地，泛出来的盐分都变白，所以表面都是薄薄的一层白颜色。

龙城那个地貌很奇特，我们下来看了，真是非常有趣。在龙城，我是走了不少，反正在崇山峻岭里穿来穿去都可以穿通，但是弄得不好就迷路了，不知道怎么走出去了，所以我们都是带着很多人一起进去。

从龙城到白龙堆，然后往南走到了三陇沙，王国维的文章里提到三陇沙。实际上三陇沙是在玉门关外面，是大片的黄土地被风割成一条一条沙丘，也是盐碱地。他们说不下车了，我说难得经过这里，怎么能不下呢？我说，你们不下，我一定要下，你停二十分钟也可以，因为就在马路边上。他们就答应我的要求，车停下来了，他们许多对考古没有兴趣的就没有下车，我就带了几个人，直往三陇沙里走。气象真了不起，一道一道的沙丘，一道一道白龙一样的，又是一个龙城。但是我怕他们等我等得太久了，我拍了不少照，走了一些地方以后，就往回走了。我的助手海英也跟着一起

白龙堆雅丹地貌

去了，她本来是山区的孩子，爬山对她来说一点也不吃力。

从三陇沙上车以后再往玉门关走，到了玉门关关口。我以前来过一次玉门关，真正的汉玉门关。玄奘当年出去，没有经过这个玉门关。因为那个时候唐代玉门关已经不在这里了，已经内移了，他是从另外一条路经过吐鲁番出去的。我们现在从龙城、白龙堆、三陇沙进来的，玄奘回来的时候是走这条路进汉玉门关的。

我下来要再看看玉门关，恰好碰到最好的景色，太阳下山，把那玉门关照耀得通红，我背着相机，连忙拍了很多照。玉门关里还有几个点，但是路都很远，要是上午，我就往里头走了。有个古代的军事古迹地叫河仓城，也残破了，现在城墙还在。但是在里头比较远，我以前去过一次，也不能再去了。还有汉长城，很长很完整的汉长城，我也只能远远看到，走不到那里了。但是我第一次去是尽情在那里走了很长时间，拍了很多照片。这次最大的收获是玉门关被残阳照得通红，漂亮极了，拍的照片也是完全一个红色的玉门关。

我们回到敦煌，那时候敦煌研究院的樊锦诗院长知道我们去了，非常

汉玉门关长城

高兴地接待我们，我们就在敦煌住夜。这样第十次的西部的调查，到这个时候就算结束了。

我的腿一直到这一年的（2005年）冬天，2006年春天才开始犯病，不能行走。但以前的几十年一点没有问题，爬山什么都没有什么影响。罗布泊到楼兰到白龙堆、三陇沙，这些都是靠腿走的，现在却完全不行了。反正我也已走了不少地方了，年岁也九十多岁了，即使不能再走，我也无遗憾了。

十五
人大国学院和
安阳中国文字博物馆

一

国学院的创建

人民大学的纪宝成校长非常热心振兴国学，他已经呼吁了很长时间了，决定创办国学院。所以人大国学院的创建，完全是纪宝成校长的努力。创建国学院之前，他来看过我几次，希望请我担任国学院院长。我觉得他办事很认真，但是没有人实际支持他，也是很难办。我尽管已经离休了，已经退下来了，我觉得办国学院是一件好事，应该支持他，所以我答应担任第一届的国学院院长。

我事先跟纪校长商量定了，我只能担任两年，为什么呢？我说，另外再聘任专家来担任国学院院长需要有一定的时间，不是很快就能够解决的，所以我担任两年，两年中你再聘请别人。因为国学院是一个具体的实体，不能光挂空名头。我毕竟年龄大了，那年（2005年）10月就已经83岁了，实际上也没有太大的精力帮他们做了。国学院开创时期，所有的课程设计和调整，都是我跟他们一起商量了以后定下来的。之后，我就去新疆考察半个月，等从新疆罗布泊、楼兰回来，10月16日，国学院就正式开学了。

1949年以后的中文系都不是国学的系统了，都是古典文学的各种课程都略有一点，只是给你一点常识。不像我在无锡国专读书的时候，每一种课程都是很专业的。比如有专门讲《论语》的，有专门讲《孟子》的，都是按照专业课来读的，时间一般都要半年。我们当时先秦诸子的课，《庄子》就是王蘧常先生讲的。王老先生讲《庄子》讲得非常认真，非常细，整个一学期一篇《逍遥游》没有讲完，但是他治学的方法、治学的路子，而且他思考问题理解问题的精密、细致、深入，都是我们的榜样。尽管一个学期没讲完一篇文章，但是底下我们都明白了，该怎么来读书，该怎么来参考那些书。尤其是王老先生讲课的时候什么东西都不带，全是他自己脑子里记忆的。

我根据我在无锡国专读书的情况，参照了当时的课程设置来制定了我们现在国学院的课程的结构。国学院的课程设置有好多课程都是作为专门课程设置的，所以跟一般的中文系有所区别，更比一般的大一国文之类的那就完全不一样了。因为有很多专门的课程，不是像一般的学校选学几篇就算过去了。我在"无锡国专"时李白、杜甫都是专门的课程，杜甫讲一个学年，《史记》也是讲一个学年，不是说几堂课就过去了。

另外我也推荐了一些专家，有一部分是人民大学自己选择的。我们的常务副院长孙家洲，原来是历史系的，他很认真、很尽力。国学院的开创，他起了很重大的作用。因为我体力也赶不上，我有什么意见告诉他以后，他参照我的意见，结合实际情况，再做具体的布置，采取具体的措施。纪校长当时是人民大学的校长，他当然很关注，给予了很大的支持。因为就是他呼吁了才建立的国学院，所以他是创办人，更不用说他尽的力量了。在这样的几种合力之下，国学院正式开创了。

二

关于国学的概念问题

关于国学的概念问题,究竟哪些是国学,有一些学者认为传统的经史子集,传统的乾嘉以来的经学学派等等才是国学,其他的都不能算国学。这是一种概念,这也是历史上存在过的概念。但是我觉得,今天情况发生了很大的变化了,国学要作为一个国家的一门专门学问,固守传统的观念,已经不足以概括当前的实际情况了。我们56个民族,汉族的文化当然居主流,但是我们还有兄弟民族的文化。我们经史子集之外,还有很多其他的学问。

所以我借用北大一位哲学家张岱年讲过的,凡是我们民族的、自己的学问,都应该算国学,因为是我们国家以内的。国学是区别于另外国家,以这个作为概念,我们应该是包括一切学问。当然他的意思是国学里可以分主次,但是不能排斥我们自己的长期以来,多少民族合成的许多学问。原先西域学也不包括在里头,但是王国维一开始就已经注意到西部的研究了,因为那个时候开始出现了一些西部的简牍,还有斯坦因等早期盗取的大量西域文书。但是从王国维到现在多少年了,尤其1949年以后,我们西部出土了大量古代的经典,因为出土在西部就不算我们的国学?那当然不能够这样。而且我们进入西部也是很早很早的,中国的西部历史也是很悠久的，西部的民族跟我们的融合也是很早很早的。

比如我在吐鲁番阿斯塔娜古墓看到好多幅伏羲女娲的像，就是魏晋南北朝到唐代的作品，都在墓里出来的，因为那地方干燥，没有损坏。其中有一幅画像引起我特别的注意，就是伏羲像有两撇小胡子，戴一个小帽子，那说明什么问题呢，就是维族的人也把我们的创始神伏羲女娲作为他的创始神。这说明我们的汉族文化跟少数民族兄弟文化的融合已经很早很早了，这是我最早发现的，我去看了以后，我一下感觉到这个太有意义了。

据我记忆，像阿斯塔娜古墓里，这样的带有兄弟民族特色的伏羲女娲像，就有两幅。这批画没有都展出来，只展出一幅。我看到展出来的这幅，发现了这个现象，我一说以后，他们又从没有展出的里头找到了一件。

后来他们告诉我，库车也有一幅留着小胡子，戴着小帽子的伏羲女娲像，再次证实了这个创始祖的神话已经被我们兄弟民族维族认可了，而且认可的时间不是后来，是魏晋南北朝到唐，那是够早的了。我分析，兄弟民族把伏羲女娲作为自己的创始祖和它在民间流传的时间，应该比这几幅画的时间还要早得多。

所以我们今天来重新整理国学的时候，为什么不能够把我们民族发展的历史所形成的一个大的范围概括进去呢？所以我就提出来一个"大国学"的概念，要把我们兄弟民族的历史、语言、文化，也吸纳到国学里。后来我在《光明日报》发表了一篇文章《大国学就是新国学》，就是说我们今天的国学要更新，更新不是排除里头什么东西，而是要吸纳更多的兄弟民族的历史、语言、文化到我们的国学的范畴里来，使我们研究国学的人能够视野宽阔，不是仅仅拘泥于传统的乾嘉以来的经史子集。

三

西域研究所的建立

基于我的"大国学"的概念，我跟季羡林先生商量，我说要给中央写封信，建议在国学院成立西域研究所，把西域学通过正规的建制，纳入到国学的范畴里，这是"大国学"概念的具体实施，季羡林先生也非常赞成。他让我来起草，成稿后打印好了，我就请季先生一起署名给中央上书。我把我打印好的稿子我先签好名，在我的名字前面给他留了一个很大的空白，好让他签名。结果，他拿去一签，签在我的后头。我说你应该签在前头，你签在后头，后头就剩下那一点空缺了，太挤了。他说，你在国学院担任院长你当然应该在前头，我放在你后头才合适。后来没有办法，因为亲笔签的名，这样这封信就送到中央去了。我在罗布泊帐篷里的时候，中央台的同志就跟我说，现在卫星电话安排好了，你要不要给北京通个电话？我就在罗布泊帐篷里给家里打了个电话，一打电话，夏老师就告诉我，她说你们的报告胡总书记已经批下来了，同意成立西域研究所，而且还批了四千万创办的经费，先拨了一千万，其他还保留在我们的名下，需要用的时候可以用。

中央批准了在人民大学国学院创建西域研究所，我们请了各方面的专家。我们把原来新疆考古所的所长王炳华请到国学院来了。

我们又从德国请回了沈卫荣，沈卫荣虽然年龄不算太大，但是他精通西域各种中古的语言，尤其精通古藏文。因为这些语言已经是死语言了。季羡林先生是国内唯一一位精通中古时期西部语言的老前辈，他带出来好几位有突出成就的学生，足以继承季老的绝学。而沈卫荣同志，就是专研西部中古文字的专家。他一直在德国，是国外的西域研究的一面旗帜。有人建议我，把他请回来，而且他一回来，加上季老培养的学生，那我们的西域学就会兴旺发达了，西域学的研究重点就移到国内了。

　　所以我们就想法子跟沈卫荣先生沟通，我就说你在国外的所有的条件，不变，只要你回来，回来还有一个有利条件，你在海外看到的许多资料，都是以前流散出去的，1949年以后国内发现的有关资料，就再也不会流出去了。所以我说，你在国外这么多年，斯坦因他们那批资料你都很熟悉了，那么新的资料你没有机会看到，你只有回来才能看到。他一听就非常高兴，就马上答应回来。回来到我这里一碰头，才知道我们还是老乡，他也是无锡人。非常高兴，特别是说到，建立西域研究所要把这门学问传承下去，而且得到党中央的关注，所以他也非常愿意。

　　两年中，我帮他们制定了教育方针，课程设置，师资的聘请，同时成立了西域研究所。

　　我们正式成立了西域研究所。当时也计划要成立汉画研究所，但是由于人手不够，力量不够，至今没有成立。

　　从国学院的角度来讲，我们成立了西域研究所，目的是要把西部发掘出来的许多地下资料整理、研究。另外西部的发掘在一百年前斯坦因他们已经抢在前头了，那个时期出土的一些资料，都被他们拿走了。但是，因为时间毕竟经过了一百年了，他们也陆续都整理出来公布了。1949年以后，我们有更多的发现，因为我们国家强大了，管理也严密了，我们出土的东西，除了有少量被偷盗出去以外，正式的公开渠道都不能出去了。因此我们后来发现的许许多多重要的原始资料，都不传到国外去了，都是首先由我们研究出成果来公布。我们国学院编了一部吐鲁番新出土的文书，都出版了。

从国学的概念来讲，西部地区出来的许多东西是属于我们自己的文物，当然在我们研究范围以内。另外维族和其他少数民族兄弟创造的文化，也是我们祖国的文化大家庭里的一份重要的财富，我们不能把它抛弃。所以我们创立西域研究所，从文化角度来讲也是实现"大国学"的概念；从国防来讲，我们早一点掌握这些地区的原始资料，万一发生国际争端的时候，我们有我们的原始史料作证。

国学院2005年开办到现在不到10年，总的来说，现在发展形势还是很好的，毕业出来的学生不够分配，都争着要。我们自己还要留一部分，现在实现了本硕连读，硕士生毕业以后还要读博士，还要深造。

国学院的发展趋势非常顺利，大家重视起来了。开始有点反对，有些人不赞成叫"大国学"，后来我们坚持了我们的概念以后，慢慢大家也理解了，现在否定"大国学"的声音好像很少了。总而言之，现在为国学这一门学科开辟了一个新的天地。现在国学可能要作为一个学科，将来怎么能够在整个国家的教育体系中建立起来，因为它跟别的学科会有交叉。我听说他们正在思考，怎么把它严格区别开来，就一步一步走吧。

前不久我发表了一篇文章，我建议年轻的学生，尤其文科的学生，应该多读繁体字。因为研究国学离不开繁体字，我们许多文献史料不是用简体字写的，是用繁体字的，你如果连繁体字都不认识，你就无法进行国学研究。

王利器先生有一次叫他的学生到新华书店去买《漢書》，学生去了一趟说没有《漢書》。学生只认识简体字的"汉"，繁体字的"漢"不认识，明明那个《漢書》摆在那里，他不知道这就是《漢書》。他就回来告诉王利器先生说，新华书店没有《漢書》。王利器先生不相信，他说不可能没有，他就去看。去了才知道原来学生不认识繁体字，"漢書"两个字不认识。

所以我觉得，推广识读繁体字，确实是值得我们重视的，是有关国家的百年大计、千年大计。所以，我们必须要有一大批年轻人来读繁体字。从我个人的感觉来讲，我觉得简化字的问题是值得深入再研究的问题，为什么呢？简化以后，对年轻人来说就只读简化字了，繁体字就不读了。我们古书都是繁体字，包括许多珍贵史料，年轻人就看不明白了，就不会使用了，文化就有一个很大的危险，可能会中断，因为你不认识字了。我们中国的文化五千年没有中断，就是我们的文字一直传承下来，从来没有间断过。从大篆、小篆、隶书到楷书，一脉相承。我认为只要读文科的学生，都得学会认繁体字，这样我们的文化就不会中断。我们的国学也就不会中断。

四

安阳中国文字博物馆

2009年9月25日，河南安阳中国文字博物馆来人，说是奉河南省委之命，来请我出任中国文字博物馆馆长。我谈了几点意见：一、建立文字博物馆是大好事。二、我年纪大了，且从未研究过中国文字。我也喜欢读甲骨文、金文，但从未研究过，更未写过文章，担当此职不够格，也不合适。希望重新认真考虑人选。但是来人说，河南省委已经开会做了决定，徐光春书记提出来，一定要我出任第一任馆长。希望我不要推辞，支持他们。

到了11月4日，河南省人民政府在北京的河南宾馆举行"中国文字博物馆"馆长聘书颁发仪式，我不得不参加。我从河南省副省长手里接受了聘书，并做了讲话。之后，即参加馆务会议。当年11月15日，我去河南安阳，第二天上午，先参观殷墟博物馆。下午，中国文字博物馆举行开馆典礼，由我致辞。中央领导李长春、刘延东，以及河南省委书记徐光春、文化部部长蔡武先后都讲了话。第二天上午参观袁林（袁世凯的坟墓）。他们请我题字，我题了"历史鉴戒"四字。当天下午，与文字博物馆的工作人员会面，还参观了文字陈列馆，感觉很好，也提了一些修改的意见。

2010年1月30日至31日，中国文字博物馆在北京西郊宾馆召开学术委员会成立会，李学勤先生担任学术委员会主任，由我主持会议，并与李学勤先生一起为学术委员颁发聘书。

之后，我因为有病，特别是不能走路，平时只能坐着和躺着，所以博物馆的事，全由副馆长兼党委书记冯克坚主持。遇有重要的事，他们就到我家里来商量。

2011年8月，我任满，由李学勤先生任馆长，我任名誉馆长。

十六

《瓜饭楼丛稿》和《瓜饭楼外集》

一

《瓜饭楼丛稿》

《瓜饭楼丛稿》一共三十五卷。其中两卷，一卷是目录，一卷是叶君远教授给我写的年谱。其他三十三卷都是作为我的著作，这三十三卷分为三个部分，第一部分十六卷，全是我写的文章和书，包括《秋风集》《逝川集》《文心集》《春草集》《剪烛集》《墨缘集》《沧桑集》《漱石集》《解梦集》《中国文学史稿》《〈精忠旗〉笺证稿》《曹雪芹家世新考》《瓜饭楼诗词草》。

在前面十六卷里，《论庚辰本》这一本论文有重要的意义，因为它首先提出了"实践是检验真理的唯一标准"。虽然只有十万字，但是很重要。《论庚辰本》本来是单独一本书，在《瓜饭楼丛稿》里是合到《解梦集》里去了。最近商务印书馆又把《论庚辰本》单独重印了。

《解梦集》里还有《论红楼梦思想》，原来也是单行本，现在也由商务印书馆重出了单行本。学术界对这两本书的反映特别好，都想找单本。所以商务印书馆把这两本都拿去重新出了单行本。

《红楼梦》的抄本研究里，有一本人民文学出版社的《石头记脂本研究》，后来收到我的文集里编成《漱石集》了，把我后来研究《红楼梦》抄本的许多文章，也都放到《漱石集》里。

前面十六卷里还有很多重要的文章，像《逝川集》里有一篇《项羽不死于乌江考》，项羽乌江自刎。这是代代相传的说法，但是实际上项羽并没有在乌江自刎。我做了详细的考证，发表了文章，许多老前辈、学者都表示赞赏。还有《玄奘取经东归入境古道考实》，也是重大的发现，以前没有人发现过。还有好几篇文章，在学术界都产生了较大的影响。

第二部分有十卷，是我手批的《石头记》。就是甲戌本、己卯本、庚辰本，三个本子，我都加了评批。

第三部分七卷，是经过我整理、加工，有的纯粹是我自己亲录的，比如《红楼梦》文物图录等等。有四本是《八家评批红楼梦》，把清代重要的评点派的文字汇集在一起，按照《红楼梦》的正文，它批在《红楼梦》正文的什么位置，我也把它放在原位置，这样大家读起来方便一些。还有一部重要的书是《蒋鹿潭年谱考略》，《水云楼词》和《十三楼吹笛谱》两本词集，我整理了以后，也放在这一部分里了。我从小就喜欢词，《水云楼词》是我读初中时候得到的。

我所写的文字，这部丛稿基本上都收进去了。收的最早的文章是1942年，我读初中二年级，在无锡的报纸上发表的文章。那个时候日本鬼子还没投降呢。这部丛稿最晚的文章可能就是到2012年。

二

《瓜饭楼外集》

本来《瓜饭楼丛稿》三十五卷出完了,就没有什么事了。后来我想,我收藏的不少古代文物,如旧石器时代的石斧,新石器时代的陶器、彩陶,秦汉的古印,战国的青铜器,明代的民间青花瓷,还有郭沫若等老前辈给我的书信,近现代名家如陈曼生等的紫砂壶等等。还有其他很多东西,如果把它整理成书,对社会就能起一定的作用。所以我决定再编一部《瓜饭楼外集》,一共十五卷。

头两卷是我收藏的文物,从新石器时代的石器、彩陶开始,一直到明代末年的文物。清代有一点,我就没有都收进去,只收了一些名墨。头两卷这些文物,最有价值的两件已经都捐赠给国家了,一件是战国时期春申君黄歇的铜器,共五件。它的名称叫"郯陵君鉴",它是一件大青铜器,像现在的大锅。鉴的口径有五十多厘米宽,周围有铭文。那时还是"文革"后期,我怕被红卫兵砸掉,就无偿捐赠给南京博物院了,现在是南京博物院的一级藏品。还有一件珍贵的文物是正德皇帝的罪己诏,也无偿捐给第一历史档案馆了。结果,隔了几天档案馆给我来电话,说这是一件国宝。为什么呢?全国调查下来,真正的皇帝的罪己诏没有第二件,这是第一次看到实物,所以,他们就作为珍贵文物保存起来了。这次出书,南京博物院也好，第一历史档案馆也好，都给我拍了照片，放在书里了。还有一件文物，是唐玄宗要求入道的铜牌拓片，有刘铨福的长跋，铜牌原件现存贵州省博物馆。

还有一些珍贵的东西，我有四锭宋代的墨。因为宋代的墨现在实在不容易得，因为墨不容易保存。这是三峡修水库的时候，老百姓从坟墓里挖出来的，被我一位朋友——他原来是博物馆馆长，他当时已经退了——看到了，就给我来电话说，你要不要这几锭墨？要了我就给你买下来。我就说，一定要，结果他给我买了三锭，一共四锭，另外一锭别人买走了。我说你找找那个人，他如果愿意出让，价钱再贵一点都可以，免得当时出土的四件缺少一件。后来他去跟那个买墨的人商量，那个人就同意让给我了，也没有要高价。结果我那个朋友说，干脆就送给你算了，钱我付掉了。前面三锭是我付的钱，后面一锭是朋友赠送给我的。

2013年嘉德拍卖的鉴定专家来看望我，我给他看这四锭墨，他说这个不可能造假，因为这个东西你们拿到拍卖行去，没人懂，也拍不出钱。他说，要做到这个样子太难了，光上面那几个字，现在没有人能写到这样好，这种气息，不是现代人造假能造得出来的，而且墨一点分量也没有了，全部都已经碳化了。本来是一锭墨有一锭墨的重量，可是这四锭墨没有分量了，拿在手里轻飘飘的。这是长久的历史造成的，不是做得出来的，我还有康熙、雍正、乾隆，几个时代的墨，我也收了一批。属于文物部分的东西，都收在第一卷和第二卷里。

第三卷是印章，古印。我有将近六十方古铜印，最早是从战国时代到汉代。除此之外，还有近代名家的几方印章。此外我个人用的都是当代的篆刻大家给我刻的，有两百来方。整个编在一起，这一卷也比较丰富。

第四卷是墓志铭，我是从学术的角度来看待这些古代遗存的文物的。这些都是珍贵的历史资料，其中最大的一件，是唐代狄仁杰的族曾孙狄兼谟的墓志铭，有94厘米见方，这是少见的墓志铭。我全部墓志铭共二十多方，其中还有一件是武则天时期的墓志铭，有不少武则天新造的字。现在这些墓志铭都无偿捐赠给中国人民大学国学院了。

第五卷是汉代的金丝楠木做的家具。当时扬州发掘广陵王墓，一大批的汉代的金丝楠木，堆得几层楼高。20世纪70年代，当时国家经济困难，雇用了许多民工，就把这些金丝楠木的木板发给民工当工钱。民工都也不懂它的价值。我有一次到扬州去，他们请我去文化馆看电影，一坐下来，那个长的条凳，全是金丝楠木做的。我说这么珍贵的木头，怎么做这样的板凳？他说你要吗？我们有的是。我就一下子买了11块，4米多长，1米多宽，最厚的40厘米厚，有的是20厘米厚，都是一面红漆一面黑漆。这些金丝楠木全是广陵王墓外椁拆出来的。

当时一直寄放在扬州，之后他们帮我送到常熟去做家具了。做了一个大画桌，做得非常毛糙。后来有朋友帮我拆开了重做，做得非常满意。但是我拿到常熟去的那一批，除了这件大画桌以外，其他的都没有做成好东西。主要的大材料都被他们吞没了。

幸亏当时扬州这种金丝楠木的木板还能买到，我又买了一批。扬州的朋友帮我运到北京来了，搁在我仓库里，也搁了十好几年。刚好明式家具专家陈增弼来看我，看到了这一批材料。他说太珍贵了，我来给你设计做一套明式家具吧。但是他没有设计出几件，因癌症去世了。后来陈增弼的徒弟苑金章搞了个木器家具厂，他说老师没有完成的事，我来给你做。我就把一大堆木料统统交给他，做了一套三十几件明式家具，做得非常到位。大家都非常欣赏，中央美院已经好几次借去展览了。

第六卷是明代的青花瓷，就是明代的民间的老百姓用的青花瓷，不是官窑，官窑一件都上千万，我也收不起，而且也很难碰到。从艺术来讲，我不喜欢那种死死板板的，相反的民窑画碗的画工，他拿起笔来随意挥毫，是明代那种狂草式的画风。我一共收了有三百来件民间瓷器，恰好从时间排列，最早是明代洪武，朱元璋时代，最晚是到崇祯，明朝末年，每一个朝代都有，都能够排列出来，可以看到整个明朝的青花瓷的演变，绘画的演变过程。有的确实画得很漂亮。

第七卷是紫砂壶，紫砂专门作为一卷。紫砂名家做的壶，有一件是陈曼生的，还有几件是民国初年的紫砂大师做的，其他是当代的周桂珍做了有十来把，一共有二三十件。

还有八、九、十三卷是书信，其中最早的，年龄最大的，是上海的112岁的苏局仙先生，给我写过一批信。还有北京的沈裕君，也是100岁去世的，他是清代有功名的，年龄也很高的。还有四川的谢无量先生，他是孙中山的秘书长，谢无量先生在人民大学跟我共事，是吴玉章校长把他请来的，那时候他已经八十多了，学校不让大家去干扰谢老，我刚好住在谢老隔壁，说就由冯其庸一个人照顾就行了，谢老有什么要求告诉冯其庸，冯其庸去办。所以他有什么事就写个便条，叫保姆送到我那里。有时候是写封信来，积了有二十多封。结果"文化大革命"，那些造反派都知道谢无量的名气，一下就给我都抄走了，剩下的一封信总算还有信封，还有谢老给我写的三幅字。许麐庐先生看到了，他说你有谢老三幅字，那给我一幅，我们是好朋友，他自己就拿了一幅，所以还剩两幅字。

还有郭沫若先生给我写的信，大概十八九封吧，"文革"期间也是一下全抄光了。20世纪80年代，有个天津的朋友魏子晨帮我从天津收回来四封。后来太原文物商店又发现一封，通知我，要我花一万元钱去买。那个时候我哪拿得出来一万元钱买一页信纸。幸好太原一个朋友，拍了一张照片，拍得非常好，寄给我了。他是告诉我这封信在文物商店出现了，他们要一万元，你如果要，赶快来买。我说有你的照片我就不要原件了，我也拿不出一万元钱，我也没去。现在共有五封。

此外我那个时期的老一辈的写的信不少，启功啊，故宫的唐兰啊，还有钱仲联先生也写了不少，都是当代学术界第一流的，还有香港的、台湾的，一共180多个人，原来是想编成两本，现在算来算去无论如何两卷容纳不了，改成了三卷。

第十一卷是王蘧常先生的书信集。我的老师王蘧常先生，是书法大家。日本人说："古有王羲之，今有王蘧常。"他给我的信特多，且未丢失，故单独另编一卷。

十二、十三两卷是摄影集，一本是玄奘取经之路的摄影，包括出去和回来的国内的路线。我研究玄奘当时从长安出发到印度去，一路怎么走的？我把他西行的路线和回来的路线，基本上都弄明白了，我都拍了照片。库车的那个昭怙厘寺，玄奘自己的记载里就到了这个寺庙，这个寺，当然都已经破败了，但是遗迹还在。

还有一本是我拍摄的西域风光，我到南疆调查塔克拉玛干大沙漠，夏老师也一起去了，我的助手高海英也一起去了，拍了不少照片。真是你不去西部就不知道中国这么大，这么了不起。我们早晨五点钟左右从民丰上车，一直开到晚上，才整个从南到北穿过沙漠。后来一直到库尔勒，以后又到了库车住夜。大漠风光，真是气象万千，很难描述的。尤其是我2005年9月，我和王炳华、邢学坤、高海英和中央电视台的人，经过米兰，进入罗布泊。我们在罗布泊中心停留了一下，随后到了楼兰，从楼兰出来，又横穿罗布泊，到龙城、白龙堆、三陇沙，进玉门关，我拍了不少照片。还有以前拍摄的明铁盖和库车等地的照片。这些照片都收入这本西域录里了。

十四、十五两卷是我的山水画集。

到2014年7月，我们最后一本编完。商务印书馆今年年底打算要出书。《瓜饭楼外集》十五卷出完了以后，我估计我也没有精力再写什么东西了，只能是偶然写点短文章了。

2015年12月于瓜饭楼

后　记

这部口述自传，是从2012年8月8日开始的，至今已前后经历四年。延搁的原因，是因为我不断生病，有时一病就是几个月，这样就把这件事延误下来了。

原先开始口述时，只是说为了馆藏，供读者查阅，要录像、录音，没有说要转成文字出书。后来国家图书馆中国记忆项目中心又把录音转成文字了，我事先并不知道。但是口述录音与文字表述的区别是很大的，何况我的口述几次中断，前后也有脱节和重复，加上我是南方人，语言上也容易出差错，所以文字的加工费了很大功夫。

还有这部口述自传，主要是叙述我个人的经历，没有涉及学术界、文化界、艺术界的许多朋友，更没有涉及海外的友人，真正只是叙述我个人几十年来坎坷的经历。

这部口述自传又经过了我五次的增删和修改，现在终于定稿了。但现在的定稿，大量是我修改和增补的文字，所以已经不是纯口语化的记录了。我所以同意出书，只是为了存留一些历史的记忆。本书的图版，全是高海英挑选制作的。

整个录像、录音和转成文字，是田苗和宋本蓉等几位国家图书馆记忆中心的同志做的，文字的转化和整理主要是宋本蓉做的，我做了删节和文字的修改、增补。

谢谢他们几位的辛劳和耐心，使这部书终于能面世。

2015年7月8日冯其庸九十又三于瓜饭楼

图书在版编目(CIP)数据

风雨平生：冯其庸口述自传/冯其庸口述；宋本蓉记录整理.—北京：商务印书馆，2017（2017.2重印）
ISBN 978-7-100-12636-6

Ⅰ.①风… Ⅱ.①冯…②宋… Ⅲ.①冯其庸—自传 Ⅳ.①K825.6

中国版本图书馆 CIP 数据核字(2016)第 241913 号

所有权利保留。
未经许可，不得以任何方式使用。

风雨平生
——冯其庸口述自传
冯其庸　口述
宋本蓉　记录整理

商务印书馆出版
（北京王府井大街36号　邮政编码100710）
商务印书馆发行
北京新华印刷有限公司印刷
ISBN 978-7-100-12636-6

2017年1月第1版　　开本 787×1092　1/16
2017年2月北京第2次印刷　印张 28 插页 18
定价：78.00元